JN221335

可視化される差別

―統計分析が解明する移民・エスニックマイノリティに対する差別と排外主義

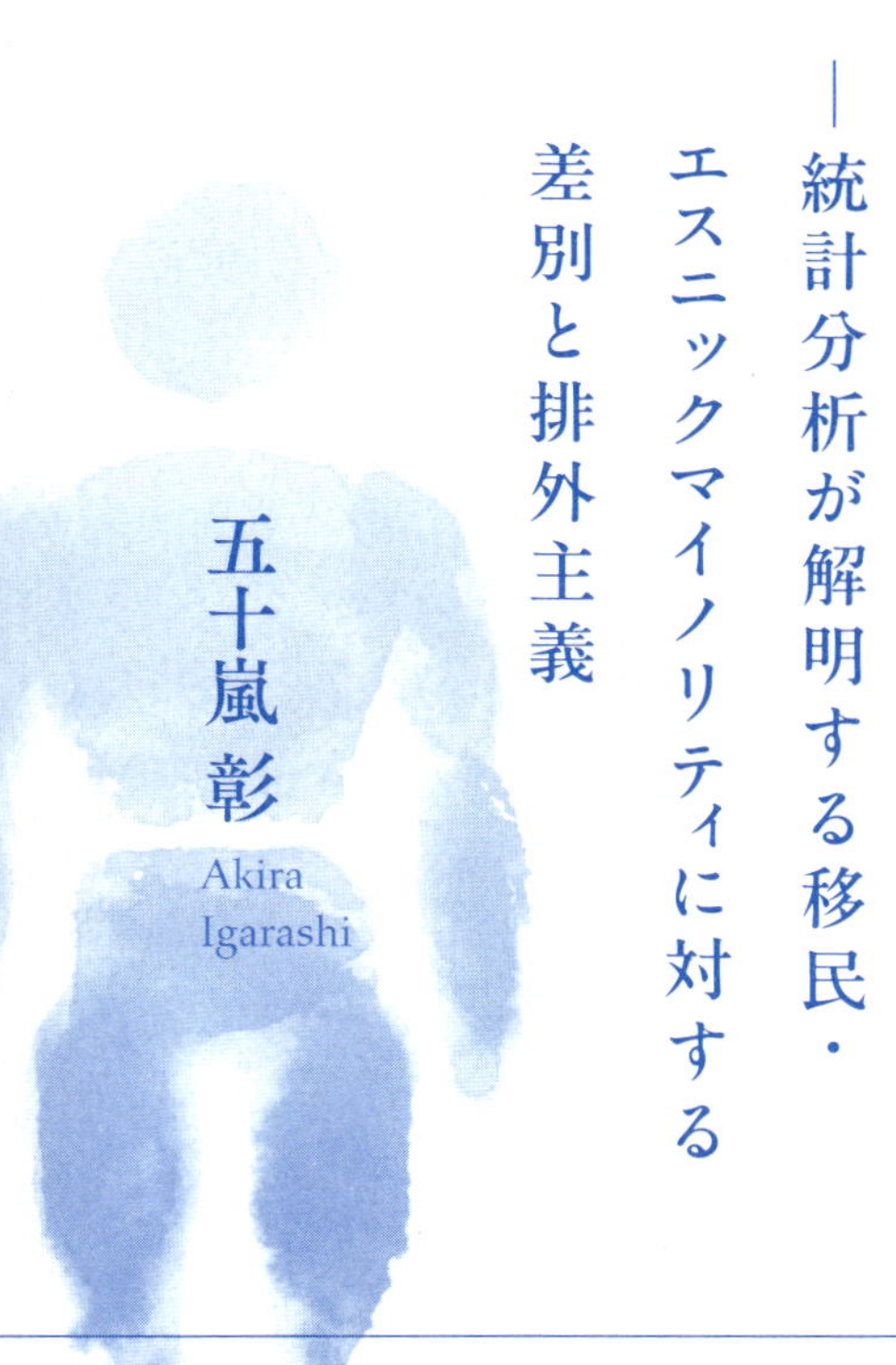

五十嵐 彰
Akira Igarashi

新泉社

可視化される差別

――統計分析が解明する移民・エスニックマイノリティに対する差別と排外主義

五十嵐 彰

CONTENTS

CONTENTS

第2部 排外主義の要因

第3部　差別と排外主義は減らせるか

CONTENTS

イラスト：秋田綾子

デザイン：山原　望

序章

第1節　「移民の時代」の差別研究

　現代は「移民の時代」と呼ばれている（Castles & Miller, 2009）。これは移民研究の第一人者であるカースルズとミラーによる呼び名であり、第二次世界大戦後の比較的平和な国際関係や国家間の政治的つながりによって実現した、大規模な人の移動を象徴する言葉である。現在ヨーロッパ29カ国内（シェンゲン協定加盟国内）であれば国境検査なしで移動できてしまうし、日本からビザなしで渡航できる国は192カ国にのぼる（Henley & Partners, 2024）。安価で安全な交通手段の発達やコミュニケーション手段・情報取得手段の発達も人の移動に拍車をかけた（Xiang & Lindquist, 2014）。生まれ育った国以外に居住する人は、2020年現在で2億8100万人、世界の人口の3・60％を占めている（IOM, 2022）。

　国際移住の増加は、一カ国内における文化的多様性ももたらしている。移民の中には出身国に帰国する者もいるが、場合によってはそのまま移住先の国に住み続け、家族を形成する者もいる。その子どもは、生まれながらにしてその国の文化や言語、習慣を身につけているものの、同時に親や出身文化の影響も多かれ少なかれ受けている（Voas & Fleischmann, 2012）。このような「エスニックマイノリティ」が一カ国内における文化の多様性の一端を担っているといっていいだろう。また、アメリカのようにそもそも第二次世界大戦以前から人種や文化が特に多様な国家もある。

日本も例外ではない。日本に住む外国籍者の数や割合は１９９０年まではほとんど変化がなかった。ところが、外国籍者人口は１９９０年には88万人、人口比で０・72％であったのに対し、２０２１年には２７２万人、人口比で２・17％と、この30年で急増した。[*1] これは日本の外国人割合としては過去最高で、その値は毎年更新されている。社会の少子化に伴い、日本の外国籍者人口は今後も増え続けると考えられるだろう。

差別の実態？

一般的に、出身国以外の国に居住する外国人や、移民、人種・エスニックマイノリティは、多くの困難に直面する。そのうち、最も代表的なものが差別である。ここでいう差別とは、国籍や人種・文化的出自を理由に異なる扱いをすることを指す。例えば外国人であるからという理由で、就職の面接に呼ばなかったり、飲食店の入店を断ったり、部屋の貸し出しを断ったりすることなどが差別に含まれる。おそらく差別という言葉それ自体は、日常的に見聞きする機会がよくあるのではないかと思う。例えばテレビやネットのニュースでは、出入国在留管理局（入管）の職員による差別的な扱いや、政治家による差別的な発言が取り上げられることが多い。小中学校の道徳の教科書には差別に関する教材が掲載されており（河野辺, 2020）、差別は良くない、と学校で習った人もいるだろう。

しかし、その言葉の知名度に比して、差別ほどその存在を捉えにくいものもない。日本を含めた世界の移民はどの程度、どういった場面で差別に直面しているのだろうか。そもそも差別はなぜ生じて、なぜ良くないことだと思われているのだろうか。こうした問いに答えることは、おそらく一般に想像されている以上に難しい。どの程度移民は差別されているのか、というとても基本的な問いに対してすら、答えることは難しい。

差別を捉える難しさを考えるために、実際の調査を例に取ってみよう。日本に住む外国人に対する差別を捉えるため、2016年に外国人住民調査が法務省の委託調査として行われた（人権教育啓発推進センター，2017）。この調査では日本に住む外国人住民に対して質問紙（アンケートのようなもの）が配布され、自身が受けた差別に関する質問に回答してもらっている。この調査によれば、過去5年間に日本で賃貸住宅を探した経験がある外国人住民のうち、外国人であることを理由に入居を断られたことがある人はおよそ39％であった。また職を探したことのある外国人で、外国人であることを理由に就職を断られた人は25％であったという。実に3分の1の外国人が入居に際して差別を受け、4分の1が就職に際して差別を経験している。

この調査はしばしば差別の証拠として用いられることが多いのだが、しかし、ここで得られた数字は字義通りに受け取ることはできない。こうした資料のもとになったのはすべて当事者である外

＊1 背景には労働者不足に伴う入管法などの改正（明石，2010）や、近年では技能実習生への依存度合いの上昇が挙げられる。

国人の証言であるが、就職や入居を断られるといった場合、その原因は、究極的にはわからないからだ。就職を断られたのは国籍のせいだろうか、それとも他の応募者が有能で、その外国人応募者に十分な経歴がなかったからかもしれない。つまり、実際には差別でなかったものを、差別として捉えているとも考えられる。反対に、就職を断られた理由は国籍ではないと思い込んでいるが、実は応募した企業は外国人を入社させない企業なのかもしれない。単に時流に沿って「外国人お断り」と表立って明言していないだけかもしれない。こうした場合、調査で得られた値よりも、差別はもっと多くなる。もちろんこの調査で得られた値が差別の実態を反映している可能性もあるが、要するに、実際の差別の度合いはわからないのだ（第1章で述べるように、こうした経験は差別の知覚などと呼ばれ、差別とは分けて研究されている）。

　差別を行っている側も、何が差別で何が差別でないかが、明確でないことが多い。日本で近年問題となっている、警察官による外国人に対する差別的な職務質問を例に取ってみよう。外国人に対する不適切な職務質問が相次いでいるという抗議を受け、警察庁長官は「人種や国籍などへの偏見が警察官にあったわけではないが、不用意な言動が認められた」と説明した（吉田，2020）。この発言は、外国人に対する悪意があって行われた行為でなければ差別ではない、という考えを反映した好例といえる。この差別の定義の仕方は、警察官だけでなく比較的一般に共有されたものではないかと思う。読者の方々の中にも、自分は外国人に対して否定的な感情を抱いていないから、自分は差別をしていない、と考える人もいるかもしれない。しかし、この考えは半分正解で半分不正解だ。否定的な感情をもとに外国人を不当に扱えば、これはもちろん差別に当たるが、第1章で詳しく述べるように差別の原因は何も外国人に対する否定的な感情だけではない。そのため、仮に外国人に対して否定的な感情をもっていない人でも、知らず知らずのうちに差別をしているかもしれないのである。このように、差別とは何を指し、どれくらいの人が差別を経験しているのか、そもそも差別をどのように把握したらいいかが、日本では十分共有されていない。こうした差別の捉えにくさは、本来差別から守られるはずの人たちにとって大きな問題をもたらすこととなってしまう。[*2]

第2節　本書の構成と試み

差別はこのように一筋縄では捉えることができない。差別は見ることができないし、差別の経験談でさえ差別を十分反映しているとは言い難い。それでは、どのように差別を捉えればいいだろうか。本書では、移民や人種・エスニックマイノリティに対する差別を「可視化」するために行われてきた研究をもとに、差別とは何で、どのように捉えられ、何が原因で、移民や人種・エスニックマイノリティに対して何をもたらすのか、といった内容を紹介したい。

＊2　例えば現在、日本には入居や就職、サービス提供に関する差別を禁止する包括的な法律が施行されていない。最も差別禁止法案に近いといえる労働基準法第3条は「使用者は、労働者の国籍、信条又は社会的身分を理由として、賃金、労働時間その他の労働条件について、差別的取扱をしてはならない」という条文であるが、就職時の差別については触れておらず、また範囲が国籍に限定されている。

本書ではまず、第1章から第3章にわたり、総合的に差別について論じていく。第1章は差別に関するいわば総論で、差別の定義、原因、検出方法についてまとめる。第1章では原因別に差別を二つのタイプ、嗜好に基づく差別と統計的差別に分けて紹介する。次に、差別を可視化する実験方法をまとめる。先述したように、差別を検出するのは非常に難しく、工夫が必要となってくる。多くの方法が考案されており、その発展と現代の潮流について紹介しよう。

第1章が差別に関する総論だとすると、第2章は差別の各論と位置づけられる。第2章では、第1章で紹介した研究方法や差別の原因を下敷きに、移民や人種・エスニックマイノリティが日常生活の各場面で直面する差別の実態について、明らかになっていることを示していこう。移民や人種・エスニックマイノリティに対して、労働市場や住宅・金融市場、警察、裁判、政治や果ては日常の場面でも差別が生じている。こうした差別の存在を、第1章で紹介する差別の検出方法をもって明らかにし、差別の発生過程に関し、嗜好に基づく差別と統計的差別に基づいた説明を加える。

第3章では、差別が移民や人種・エスニックマイノリティに対して与える影響の中でも、特に経済や健康、集団間関係、他者への信頼に対する影響をまとめる。第2章と第3章とを組み合わせてみると、日常的な差別が蓄積した結果、個人の生活を継続的に蝕（むしば）んでいくことがわかるだろう。

さて、第1章では差別には二つのタイプ、つまり嗜好に基づく差別と統計的差別とがあると述べた。このうち、嗜好に基づく差別は、移民に対する否定的な感情をもとにしている。それでは、人はなぜ移民に否定的な感情、つまり排外主義を抱くのだろうか。第4章、第5章では、排外主義に関する研究をまとめよう。第4章では排外主義を簡単に定義し、１００年前から続く排外主義の研究史を、当時の（主にアメリカの）社会背景をもとに紹介する。この間生じた多くの社会変動が、いかに偏見や排外主義に影響を与え、その後の研究の発展に寄与したかをまとめる。

第5章では、排外主義の主要な要因について可能な限り広く言及する。代表的な研究である脅威に重点を置いてまとめた後、それ以外の要因であるナショナリズムやメディア、社会経済的要因、そして社会の歴史の影響についても触れていく。例えば、年齢や住んでいる場所、学歴といった要素と排外主義を結びつけてイメージする人もいるかもしれない。こうした身近な側面についても、学術的に厳密な研究が進んでおり、その一部を紹介することとなる。

最後の第6章では、ここまで扱ってきた差別や排外主義を減らすためにできることについて簡単にまとめていく。心理学や社会学、政治学で盛んに研究されている集団間接触や境界策定、誤情報修正といった概念をまとめ、個人の経験が差別や排外主義を減らす可能性について論じる。さらに政策や制度がどのように差別や排外主義と関わっているのかを検討しよう。

さて、本書で扱う概念の関係性を簡単に図示した（次ページ参照）。差別の類型として嗜好に基づく差別や統計的差別、そしてそれ以外の差別があり（第1章）、それぞれが労働市場などの様々な場において現れてくる（第2章）ため、差別を経験した人々は何かしらの悪影響を受けることとなる（第3章）。それでは、差別はなぜ発生するのか。嗜好に基づく差別の原因である排外主義はどういった概念で（第4章）、なぜ形成されるのか（第5章）。そして、差別と排外主義に対抗するためには、どのような施策が求められているのか（第6章）。以上のように各章は関連している。本書はそれぞれの章を独立に読んでも理解できるように工夫してあるため、関心のある章から読ん

本書の構成

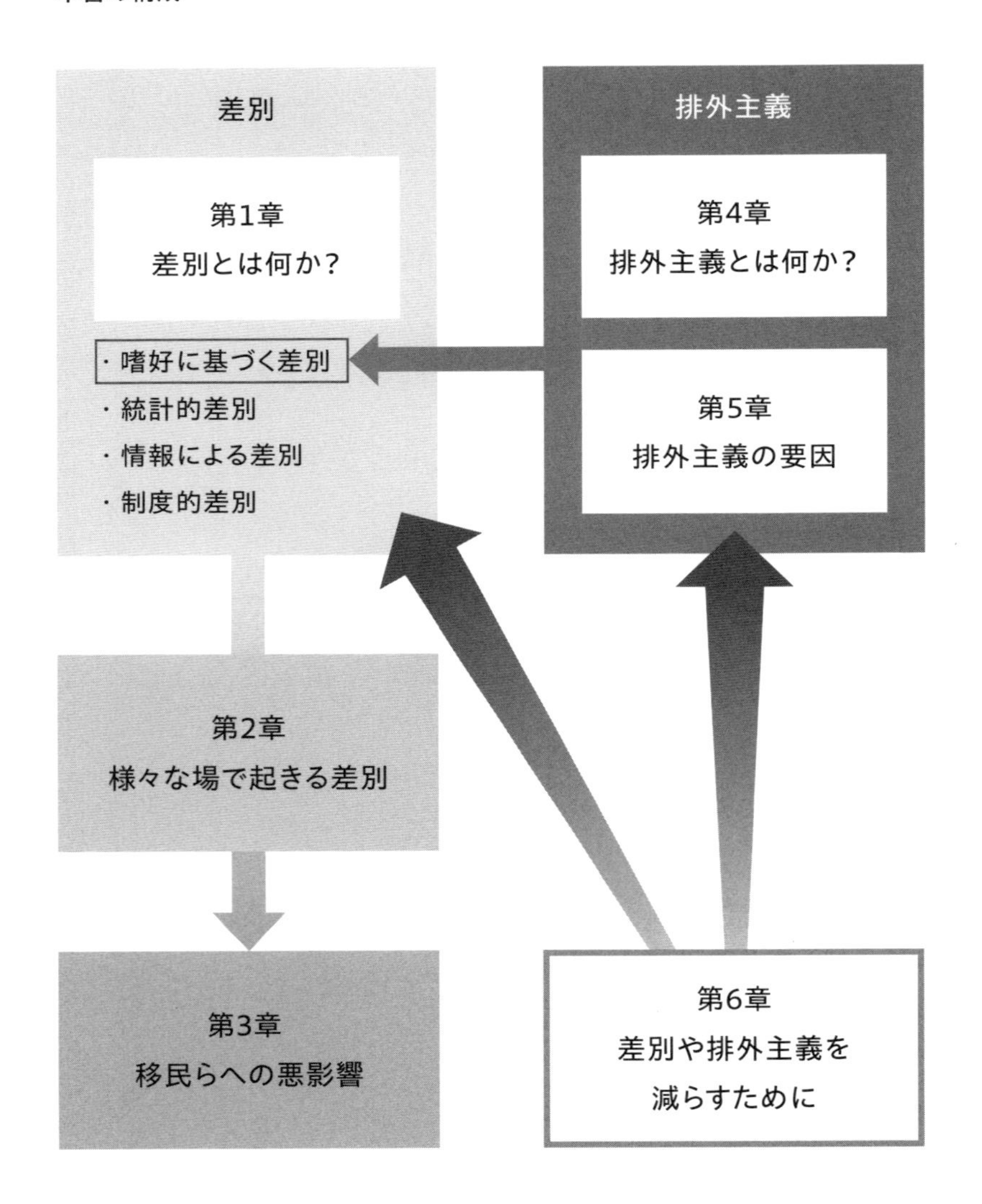

差別
第1章
差別とは何か？
・嗜好に基づく差別
・統計的差別
・情報による差別
・制度的差別
排外主義
第4章
排外主義とは何か？
第5章
排外主義の要因
第2章
様々な場で起きる差別
第3章
移民らへの悪影響
第6章
差別や排外主義を
減らすために

でもらって構わない。差別という捉えることが難しい概念の理解が少しでも進むことを期待している。

海外の研究を扱う意義

本書で扱う研究は、移民や人種・エスニックマイノリティが多いアメリカやヨーロッパで行われたものが中心となる。事実、移民研究を専門にする研究機関の実に3分の2がアメリカやヨーロッパに集中しており（Piccoli, Ruedin, & Geddes, 2023）、差別研究の出版点数もそれに比例しているといっていいだろう。こうした地理的な偏りは移民研究に限った話ではなく、社会科学全体でも見られる。例えば2010年から2016年にかけて、社会学において最も権威のある雑誌である2誌（*American Sociological Review*と*American Journal of Sociology*）に掲載された論文のうち、対象をアメリカとする研究は75％を超えていた。政治学や経済学になるとこの値は50％程度に減少するものの、それでもなお非常に大きな偏りがあることは明白である（Jacobs & Mizrachi, 2020）。心理学のトップ誌[*3]においては、アメリカを対象とした研究が68％にのぼり、さらに西洋社会を対象にした研究となると96％にもなる（Arnett, 2009）。心理学では、こうした偏った研究対象となる社会をWEIRDと呼ぶ（Henrich, Heine, & Norenzayan, 2010）。西洋で（Western）、教育水準が高く

＊3 *Developmental Psychology, Journal of Personality and Social Psychology, Journal of Abnormal Psychology, Journal of Family Psychology, Health Psychology, Journal of Educational Psychology*の6誌である。

(Educated)、工業化されており(Industrialized)、経済的に豊かで(Rich)、民主主義の(Democratic)社会という意味であり、それぞれの単語の頭文字をつなげた言葉である。英語の「変な」という単語(weird)にかけており、心理学や行動経済学の研究対象の多くがWEIRD社会出身者(特に大学生)であることを批判している。こうした傾向は、問題提起から10年経った現在でもほとんど変わっていない(Thalmayer, Toscanelli, & Arnett, 2021)。

それでは西洋社会、もといWEIRD社会と非WEIRD社会にはどういった違いがあるのだろうか。無論社会はそれぞれ異なっているし、それぞれ独自の制度や歴史をもっている。研究者も社会の間の差異に着目することがほとんどだ。実際、日本を対象にした一部の社会科学研究ではしばしば「日本型○○」といった概念が用いられている。この考え方は、西洋社会において発達してきた理論や考え方は日本社会には当てはまらず、日本において生じている問題や事象は、日本独自の理由によって説明される、とでもまとめられるだろうか。確かにこうした側面は一部では正しいだろう。例えば日本のひとり親世帯の貧困率や、インターネット上の巨大掲示板の発展史のような、日本社会の状況や実態を描き出す場合には、否が応でも日本に関する統計資料や歴史的資料を用いなければならないからである。

しかし、どういった世帯が貧困になりやすいのか、とか、インターネット上でヘイト表現を見た人が移民に対してどのような感情を抱くのか、といった、より抽象的な形で物事の関連を見るような研究では、必ずしも日本独自の現象が見られるわけではない。本書で見るように、他国で観察された排外主義や差別の規定要因は、だいたい日本でも同様に観察される。日本と他国とで類似の結果が得られる理由は様々だが、一言でいえば社会に特定の原因を想定していないから、といえる。例えば最終学歴と排外主義との関連で考えてみよう。最終学歴が高い（大卒や大学院卒など）人は、排外主義が低い傾向にある、という結果がアメリカで得られたとする。この結果は日本にも同様に当てはまるだろうか。ここで重要なことは、なぜ（学歴のような）ある物事が、排外主義などに対して効果があるのかを考えることである。ある物事が排外主義や差別に効果をもつ理由が、特定の社会の状態に依存せず普遍的な理由であれば、日本と他国で観察される結果が類似していることに違和感はないだろう。例えば、最終学歴が大卒だと、高校卒の人と比べてより物事を調べたり深く理解する訓練を積む機会が多い。そのため、移民に関して悪い噂（移民が犯罪率を高める、など）が流れてきたときに、その情報を批判的に検討する能力は、大卒の人の方が備わっているだろう。結果、最終学歴が高ければ、排外主義が高くなりにくい。どんな国でも大学で物事をより深く考える機会が得られる点は同じであるため、最終学歴が高いと排外主義が低いという傾向は世界各国で見られるだろう、と推測する。

一方で、最終学歴が排外主義と関わっている理由が、ある社会に限定されたものであれば、最終学歴と排外主義との関係は日本では見られないかもしれない。架空の例を出すと、アメリカの多くの大学では差別に関するカリキュラムが組まれており、大学に行く人はそのカリキュラムを受講するため差別をしなくなるが、日本ではそうしたカリキュラムがないために、大卒であっても差別をするかもしれない。つまり、ある物事と排外主義との関連を説明する際に、その説明が特定の社会に限定的に当てはまる説明か、そうではなく多くの社会で普遍的に当てはまりそうな説明か、ということが重要となる。排外主義や差別、より広くいえば社会科学で扱う多くの理論は、特定の社会のみを対象にしたものではなく、多くの社会に当てはまるような説明を考える傾向にある。そうした説明は、より多くの出来事を対象とすることができるため、有用だといえよう。本書でもなるべく、特定の社会にしか当てはまらないような説明は避け、多くの社会で普遍的に観察されてもおかしくないような考えを取り入れて執筆した。

ところで、もしかしたら社会のあり方によって、普遍的だと思っていた理由が成り立つ場合とそうでない場合があるかもしれない。多くの社会で学歴が排外主義と関連すると思っていたが、実は社会のある構造のせいで、学歴と排外主義の関連の仕方が変わってしまうかもしれない。異なる社会には様々な違いがあるためにこうした可能性は当然ありえるのだが、その際には、社会の間のどういった違いが、物事の間の関連を変えるのかを問う必要がある。漠然と「日本だから」といった理由で関連の違いを説明することは避けなければならない。また、仮に何か（日本型○○のような）日本独自の概念が移民に対する否定的な感情をもたらすとしても、だからといって、西洋社会で発達してきた理論や考え方が日本に当てはまらない、とは即座にいえない。多くの場合、両者は排他的ではなく、両立する。

もちろんアメリカやヨーロッパで行われてきた研究がそのまま日本に当てはまるかは実証的な問いでもある。つまり、検証してみないとわからない。よって、実際に日本においても同様のことがいえるかどうか、可能な限り各トピックの終わりに、日本で行われた研究をいくつか紹介し、差別や排外主義の原因となるものが日本でも同様に観察されるかを検証する。*4

研究の広がり

本書では、可能な限り学際的な視点から過去に海外で行われた差別や排外主義研究をまとめる。特に本書の場合は社会学、政治学、経済学、そして心理学の一部の視点から排外主義や差別の研究をまとめている。一口に差別や排外主義研究といっても分野ごとに大きな広がりがあり、分野を組み合わせて考えた方がより面白く、いろいろなことがわかる。それぞれの記述が浅くなってしまっている可能性もあるが、関心をもっていただけるトピックをさらに深掘りしてもらえるように参考文献は可能な限り充実させてある。

ただし、多くの研究を扱う分、結果が異なっている場合があるかもしれない。研究によっては教育年数が排外主義を下げるものもあれば、教育年数と排外主義の間には関係がない、という結果を示しているものもある（292ページ参照）。こうした結果のばらつきは社会科学の研究で頻繁に見られることであり、研究の失敗などとは考えずに読んでもらいたい。一つの研究結果で何か決定的な結論が出せるわけではなく、逆にたった一つの反証論文で従来の結論が一気に覆るわけでもな

＊4　アメリカやヨーロッパにおける研究に着目するのは、研究が進展しているからという理由もあるが、日本では差別研究があまり浸透していないという理由もある。仮にあるとしても理論研究や質的研究に限定されている。理論研究には、差別とは何かという概念的な話を扱ったりするものなどが該当する。質的研究は、主に差別を経験した人に対してインタビューなどを通して実態に迫るものだ。もちろんこれらの研究は重要だとしても、前節で論じたような理由から、差別をいつどれほど受けているか、そして差別の原因などを検討するにはあまり適切なアプローチとはいえない。

い。様々な結果があるために、多くの研究を収集し、傾向を見出すことが重要となる。多少読み進めるのが大変かもしれないが、本書はそうした構成を目指した。

ところで、排外主義や差別に関する学習・研究は当然本書だけでは完結しない。日本語で読める類書は非常に多くあり、本書に関心を寄せられる方はおそらく以下の書籍も興味深く読めるのではないかと思う。特に本書の範囲を超え、集団間の暴力や紛争に関心がある人は『暴力と紛争の〝集団心理〟：いがみ合う世界への社会心理学からのアプローチ』(縄田, 2022) や『紛争と平和構築の社会心理学―集団間の葛藤とその解決』(バル・タル著、熊谷・大渕監訳, 2012) が良いだろう。心理学の観点から偏見についてより深く知りたい人は『偏見や差別はなぜ起こる？：心理メカニズムの解明と現象の分析』(北村・唐沢編, 2018) が非常によくまとまっている。法学の観点からは、『「差別」のしくみ』(木村, 2023) が良いだろう。特に本書で扱う差別と、法律でいう差別は必ずしも同一ではなく、両者から学ぶ必要がある。そして日本社会の状況についてもっとよく知りたいと思った方は『日本の人種主義：トランスナショナルな視点からの入門書』(河合, 2023) を手に取ってもらいたい。

本書で紹介する研究の多くは、これまで日本で顧みられる機会が少なく、さらに主に統計手法に依拠しているために、理解しづらいかもしれない。補遺に社会科学における統計分析の進め方についてまとめておいたので、より深く知りたい方は読んでもらいたい。また、補遺の内容をよりわかりやすく、そして深く教えてくれる教科書としては『社会科学のための統計学入門』(毛塚, 2022) が非常に優れている。ただし、補遺に載せたような前提知識がなくても、可能な限り読めるように執筆したつもりではある。

移民やエスニックマイノリティの定義

以上が本書の構成とその背景にある考えである。最後に本項では、本書で扱う移民や人種・エスニックマイノリティという概念について簡単にまとめておこう。すでにこれらの概念や手法に親しみのある人は本項を飛ばしてもらっても構わない。

直接研究者たちに聞いたわけではないのだが、おそらく本書で扱うような研究が移民(immigrants)に言及する際には、国連統計局の定義を想定しているのではないかと思う。これは「通常の居住地以外の国に移動し少なくとも12カ月間当該国に居住する人」を指す。意外と短いと思った方もいるのではないだろうか。ちなみにこの定義はより厳密にいうと長期移民(long-term immigrants)を指し、短期移民(short-term immigrants)の場合はこの期間が6カ月になる。[*5]ただ、「通常の居住地」という言い方は非常に難しい。まず最も簡単な考え方は、自身の国籍がある国だろう。しかし、例えば日本生まれの在日韓国・朝鮮人のように、「通常の居住地」である日本

＊5 国連統計局は、より一般的にmigrantという単語を使っている。移民を指す言葉としてより一般的な単語であり、このうち出国する移民をemigrant、入国する移民をimmigrantと呼んで区別する。本書で扱うような移民研究において、多くの場合対象となるのはimmigrant、つまり新たに入国する立場としての移民である。

といえる。

の国籍をもたない場合もある。[*6] 移民という概念だけでは、捉えきれない対象が非常に多いのが現状

エスニックマイノリティという概念も論文では使われる。エスニシティ（ethnicity）とは共通の祖先や言語、宗教、国民性、身体的類似性、領土、歴史的経験といった共有の特徴に基づく自己認識を指す。これだけだと何をいっているかわからないかもしれないが、例えば筆者の五十嵐は日本生まれ日本育ちである。祖先もたどれる限りでは日本生まれ日本育ちだ。仮に筆者がオランダに渡り、オランダ国籍を取得しても、エスニシティは日本と思うことだろう。それは自身の先祖や言語、親しんだ文化などが日本のものであったからだ。オランダにそのまま永住し、子どもが生まれたとして、その子どもは自分自身のエスニシティを日本と思うかもしれない。日本語を喋れなくとも、そう思うことはできる。もしくは、オランダだと思うかもしれない。エスニシティとは主観的なもので、自分で選ぶこととなる。そしてエスニックマイノリティ（ethnic minority）とは、その名の通り少数派のエスニシティを指す。例えばイギリス政府は、白人イギリス人以外をすべてエスニックマイノリティとする、と定義している（GOV.UK, 2021）。

白人という言葉が出てきたが、これは人種（race）に当たる。人種という単語はエスニシティよりも耳馴染みがいいかもしれないが、アメリカやイギリス、一部の南アメリカで主に使われている概念で、ヨーロッパの国によっては人種という言葉を避ける傾向にある[*7]（Siebers, 2017）。アメリカの国勢調査で人種を尋ねる際には、白人や黒人（アフリカ系アメリカ人）といった見た目に基づく峻別に加え、中国系や日系といったエスニシティ／国籍に基づいた集団のまとめ方も含んでお

り、複合的な概念といえる。

あまり使われない用法ではあるものの、本書では簡単にするために人種とエスニックマイノリティを合わせて人種・エスニックマイノリティと呼んでいる。これはヨーロッパの研究とアメリカの研究とで扱うマイノリティが異なっているからである。多くの場合ヨーロッパではエスニックマイノリティを対象にした差別を研究し、アメリカではアフリカ系アメリカ人を対象にした差別を研究している。説明を省くための語彙で、一般的な用法ではないということを含みおいてもらいたい。[*8]

第3節　まとめ

本書は「移民の時代」と呼ばれる現代において、大きな問題となっている差別の実態を検証することを目的としている。アメリカやヨーロッパでは、実体のない、不可視な差別を捉えるために多くの研究が行われてきており、実験方法や理論の発展も進んでいる。しかし、こうした研究の蓄積は残念ながらあまり多く日本に伝わっていないのではないかと考えている。日本の差別研究の多く

＊6　これは日本における新生児の国籍取得制度が血統主義（jus sanguinis）、つまり親の国籍に基づいて決まるからである。血統主義と異なるのが、生まれた場所の国籍を取得できる出生地主義（jus soli）であり、アメリカやカナダがその代表例だ。

＊7　その理由の一つとして、肌の色のような生得的な特徴によって人を分類することを忌避する傾向が挙げられる。

＊8　英語では、ethnoracial minorityといった用法がある。

は、差別の被害者や加害者に対して（被）差別経験を直接尋ねるという方式をとってきた。こうした方法が功を奏する事例は無論あるものの、[*9] それだけでは見えてこない差別がある。差別を正確に理解している加害者や被害者は差別に関する質問に答えられるかもしれないが、例えば我々のどれくらいが統計的差別を自覚しているだろうか。何が差別かを、差別の加害者や被害者がわかっていない場合、当事者に直接尋ねる方法では差別を正確に捉えきることができない。

それでは、どのように差別を理解し、差別を捉え、測定すればいいのか。測定された差別はどの程度大きな問題であり、差別の影響を移民や人種・エスニックマイノリティはどれほど被っているのだろうか。差別を止めるために、どういった方策が効果をもつのだろうか。こうした問いに答えるために、主にアメリカやヨーロッパで発展してきた数々の試みを本書では紹介する。実体のない差別という事象を可視化することは、問題の存在と程度を明らかにし、解決法を考えることにつながる。過去に行われてきた研究に学ぶことで、日本の現状を理解する手助けになることを願う。

補遺：本章で用いる手法

本書では統計手法を用いた研究を中心に研究をまとめることとなる。これは排外主義や差別を扱った海外の研究の大部分が統計手法を用いているためである。本書では統計がわからなくても読めるように研究結果をまとめてあり、補遺を読まなくとも本書の内容は理解できる。ただ、ここでは関心のある読者のためにどのように分析が行われているかを簡単に紹介しよう。ここで記述する内容はあくまで本書の理解を促すためのもので、必ずしも社会科学の研究全体の理解が促されるわけではないことに留意してもらいたい。

社会科学の研究では、分析のために社会調査を行ってデータを集めることとなる。例えば教育年数（日本では高校までストレートでいけば12年、大学までいけば16年、といった具合）と排外主義の間に関連があるかを確かめたいとしよう。研究の多くは、以下のような手順で行われる。ちなみに念頭に置いているのは筆者が行う研究手順で、どちらかといえば社会学、政治学寄りだ。

①調査対象を決める

分析のために、まず調査対象を定める。つまり、誰の間での教育年数と排外主義の関連を見たいかを考えなければならない。ここでは便宜的に、日本に住んでいる22歳から70歳の人、ということにしよう。この人たちを母集団と呼ぶ。ここから行う調査の結果は、母集団に所属する人たちの行

＊9　例えば『結婚差別の社会学』（齋藤，2017）などは、被差別部落出身者に対する差別を様々な角度から検証した良書である。

動を推測するために行われる。もちろん、この母集団全体を調査することはお金がかかりすぎるので困難だ。そのため、この母集団の一部を取り出す。母集団のミニチュアのようなものだ。研究の内容や分野によるのだが、だいたい1000人とか3000人とかを収集する。母集団のミニチュアを作るためには、母集団から無作為に（ランダムに、ともいう）研究対象（これをサンプルと呼ぶ）を選び出す。無作為、あるいはランダムとは、母集団の人たち全員が、サンプルとして選ばれる確率が同じという意味だ。例えば男性だからといって選ばれやすいということはない。

②質問紙を作る

次に質問紙を作成する。質問紙とはいわゆるアンケートのようなもので、年齢や学歴に関する質問などが載せてある。例えば「あなたが最後に通った学校はどこですか」などと聞いたりする（回答選択肢は、〈1〉中学校、〈2〉高校、〈3〉短期大学……など）。このように事実として答えやすいものもあれば、外国人に対する態度のように抽象的なものもある。例えば「あなたは自分が住んでいる地域に外国人が増えることに賛成ですか、反対ですか」という質問によって移民に対する態度を測定する（回答選択肢は〈1〉賛成、〈2〉反対、〈3〉わからない、など）。質問紙を作る際には、回答を誘導しないように気をつけなければならない。例えば移民に対する態度の質問だと、「賛成ですか、反対ですか」と両方の可能性を文末に示す必要がある。「賛成ですか」で終わると、仮に真の回答が反対だったとしても、人は賛成と答える傾向にあるためである。*10

③サンプルを集める

①で定めた母集団から、調査対象（サンプル）を収集する。本書でまとめる研究でよく扱われて

いる方法は無作為抽出（ランダムサンプリング）による大規模調査、そしてウェブ調査会社を通じた調査である。前者の場合は、日本の場合だと例えば住民基本台帳や選挙人名簿など、母集団の一部のリストを閲覧することで実施される。住民基本台帳から数十人、場合によっては数百人の対象を選んだ上で、住所や名前を書き写し、②で作成した質問紙を郵送したり、実際に訪問して質問調査を行うこととなる。ウェブ調査会社を通じた調査は、ウェブ調査会社に登録しているモニターに質問紙を配布する方法である。ウェブ調査会社には数百万人のモニターが登録をされている。企業が商品に関する調査やマーケティングをする際に依頼をされる。大学の研究者もウェブ調査会社のモニターに対して学術的な質問紙を配布することがある。この方法は、母集団の全員が等しく選ばれる確率を有しているという無作為抽出の方法とは異なっている。なぜならウェブ調査会社に登録している人しかサンプルとして選ばれないからだ。このため母集団の構成員割合になるべく近づけ

＊10 質問紙作成に関心のある方は、鈴木淳子（2016）による『質問紙デザインの技法』などを見てもらいたい。質問のデザインについての研究は極めて多く実施されている。筆者が今まで聞いた中で一番衝撃を受けたのは、1から5の間で何か意見を回答してもらう質問の選択肢に「6 わからない」を加える際のデザインに関する研究である。ここで5と6の間に縦棒を入れるか入れないかで（入れた場合は「〜5｜6」、入れない場合は「〜5 6」）平均値が変わるという。「6 わからない」が縦棒で区切られていると、見かけ上の範囲が1から5となり、中間の値が3だと認識しやすい。区切られていない場合には、見かけ上の範囲が1から6になるため、中間の値が3・5になり、全体の平均値が上がる、という話である（Bogner, 2014）。ここまで細かい研究をし、そしてそれが意味のある差をもたらす、という驚きがあった。

るようにサンプルの選び方を工夫する。母集団の男性割合が51％であれば、ウェブ調査会社で選ぶサンプルの男性割合も51％にする、といった具合である。[*11] ここで収集したサンプルに対し、質問紙を配布し、回答を回収する。

④基礎的な分析をする

収集したデータをまずは簡単に分析しよう。例えば教育年数と、質問紙に回答してくれた回答者の移民に対する態度との関連を見る。教育年数や移民に対する態度といった項目を、変数(variable)と呼ぶ。この変数の中身は人によって異なっており、教育年数という変数の値が15年の人もいれば、19年の人もいるだろう。この二つの集団の間で、移民に対する態度に違いがあるかをまずは見てみる。

例えば、①から③の方法に基づいて、22歳から70歳の日本に住む人を対象とした郵送調査を実施したとしよう。ここで得られたデータを基に分析したところ、教育年数が長い人と短い人の間には、移民に対する否定的な感情の差があったとする。例えば、教育年数が15年の人のうち50％が移民に対して好意的な態度をもっており、一方で教育年数が19年の人のうち70％が移民に対して好意的な態度をもっている、といった具合である。この結果から、教育年数が長い人と短い人の間では、移民に対する態度の差がある、と結論づけることができる。

⑤因果効果を考える

さて、この分析で得られた結果に対して、もう一歩踏み込んだ解釈は可能だろうか。つまり、教育年数が高くなれば、移民に対する排外主義が低くなる、という解釈は可能だろうか。この解釈は、言い換えると、教育年数は排外主義に対して因果効果をもっているかどうか、という解釈になる。ここで因果効果とは、具体的には、Aさんが高校を卒業した（つまり教育年数が15年）場合と、同じAさんが大学を卒業した（つまり教育年数が19年）場合とで、Aさんがもつ移民に対する態度の差、ということになる。この差を検証するためには人生を2回経験しなければならないが、これは当然不可能だ。

そもそもなぜ、人生を2回経験しなければならないなどと言い出したかというと、高卒の人と大卒の人では学歴以外にも多くの側面で異なっている可能性があるからだ。例えば親の年収や住んでいるところなどが違っており、それが最終学歴と排外主義に影響を与えている可能性がある。言い換えると、最終学歴と排外主義との間に関連があったとして、これは大学に入ったことそのものが排外主義を下げるのか、それとも大学に入りやすい人が排外主義をもちにくいのかがわからない。例えば、親の年収が高かったり、住んでいるところが都会だったりするせいで大学に入りやすく、これらの属性が排外主義を下げているだけで、大学に行くことそのものが排外主義を下げているわけではないかもしれない。

＊11　極端な意見だと、ウェブ調査会社に登録している人の回答は無作為抽出ではないために無意味だという人もいる。ただ、アメリカで実施された研究だと、実験の効果はウェブ調査会社から得たサンプルであっても無作為抽出で得たサンプルであっても変わらないという結果もある（Mullinix, et al., 2015）。これは実験の効果が回答者の属性にあまり左右されないためだという（Coppock, 2019; Coppock, Leeper, & Mullinix, 2018）。

同一個人が人生を2回経験することが不可能な以上、代替的な考え方に沿った分析をしなければならない。つまり、個人ではなく集団を比較する。薬の治験がわかりやすいかもしれない。薬の治験では、病気になった人を、新薬を投与されるグループと偽薬を投与されるグループの二つにランダムに分ける（つまり治りやすかったり、男性だったり70歳以上だったりといった患者の事前情報と、どちらのグループに入れられるかとは関係しない）。そのため、この二つのグループはほぼ同じものとみなすことができ、唯一の違いが新薬と偽薬、どちらを投与されたか、ということになる。新薬と偽薬のその後の治り方や後遺症の有無などを比較することで、集団レベルの薬の効果を検証することができる。しかし、薬の投与ならこの方法でも通用するが、教育年数と排外主義の研究に直接当てはめるのは困難だ。学歴をランダムに割り当て、あなたは高校を卒業した後大学に行ってください、あなたは行かないでください、とランダムに分けることは非人道的だし、そもそも不可能だろう。

⑥分析を工夫する

こうした可能性を念頭に置き、分析を少し考える必要がある。まずは、教育年数以外の違いを揃えた分析をするのがよいだろう。このために、多くの場合、回帰分析という手法を使う。説明する対象の変数を従属変数（ここでは、移民に対する態度）と呼び、説明する側の変数を独立変数（ここでは、教育年数）と呼ぶ。そして、教育年数と移民に対する態度の両方に影響を及ぼすような変数を考える。これを制御変数（統制変数とも）と呼ぶ。例えば、日本は年々高学歴化しているため、年齢が若ければ教育年数は長い可能性が高く、移民に対する態度が肯定的になりやすい。教育年数が移民に対する態度と関連しているといったが、もしかしたら教育年数ではなく実は年齢が関わっているだけだったのかもしれない。年齢が移民に対する態度に効果をもっており、教育年数はその効果を代替していただけかもしれない。こうした可能性に対処するために、年齢の変数を制御変数として分析に追加する。こうすることで、仮に年齢が同一だったとした場合の、最終学歴と排外主義との関連を見ることができる。同様に、独立変数と従属変数に影響を与えているような他の変数を入れていく。

他の方法として、ある人に対して毎年同じ質問紙を送付して調査を行い、教育年数が1年延びたときに移民に対する態度が変わるか、という変化を見ることもできる。この形式のデータをパネルデータといい、この分析をパネルデータ分析という。パネルデータであれば、例えば遺伝や出身地など個人内の変化しない要因の影響を取り除いた分析ができる。パネルデータ分析と異なり、ある一つの時点（例えばある月やある週など）に一度に収集されたデータをクロスセクションデータなどと呼び、区別する。一般的には後者の分析の方が多いのだが、パネルデータもクロスセクションデータも分析の際には制御変数を入れていかなければならないのは同じだ。

⑦分析をさらに工夫する

しかしながら、多くの場合、パネルデータやクロスセクションデータの分析で因果効果が必ずわかるわけではない。例えば、制御変数をすべて分析に入れることは非常に困難だ。*12 教育年数と排外

*12 パネルデータを使った研究の因果推論については、Imai & Kim（2019）などを参照。

主義に影響を与えている変数など無数にあり、そのすべてが質問紙をもとにしたデータに含まれているわけではないからだ。そのため、分析にさらなる工夫が必要になる。

⑤で触れた、集団をランダムに分けるという発想に立ち返るのがよいかもしれない。ランダムといっても、くじ引きで学歴を分けるのではなく、本人の意思とは関係なく、たまたま学歴が分かれた、擬似的なランダム状況である。教育年数の効果を検証するにはいろいろなやり方があるが、例えば教育改革の結果、偶然にも教育年数が15年になったグループと、偶然にも教育年数が16年になったグループの移民に対する態度を比較した研究がある（この研究については293ページを参照）。偶然に教育年数の違いができたため、この二つの集団はランダムに分けた場合と同様、非常に似通った集団とみなせる。ただし1年間の教育年数の違いがあるため、仮に従属変数に何か違いがあった場合には、この教育年数が原因だと推測することになる。本書では、同じような考えで擬似的にランダムな状況を作り出した研究をいくつか紹介し、その際に分析の詳細を注で簡単に説明することにする。

質問紙実験（サーベイ実験とも）を使った研究も因果推論に適している。質問紙実験とは、回答者に配布する質問紙上で行われる実験で、提示する文章や情報を一部変えることによって、その変更の効果を見る方法である。例えばAさんには最近の日本社会の移民割合やその内訳といった情報だけを提示し、Bさんにはそうした移民に関する文章に加えて「移民は特許件数を大幅に増加させ、経済の発展に貢献している」という研究結果を提示する。その後AさんとBさんには、将来的に移民が増加することに対して「賛成」「反対」「どちらでもない」で答えてもらう。同じように、他の大勢の回答者にもどちらかの文章を見せるのだが、どちらの文章が提示されるかはランダムに決まっている。つまり、二つの集団（「移民状況のみ」群と「移民状況＋特許」群）に入る確率は同一であるため、二つの集団の属性はほとんど同じだといっていい。二つの集団で特許に関する文章だけが違っているので、仮に移民受け入れへの賛成の割合が特許群の方で高ければ、それは移民が特許を増加させることが移民受け入れに与える効果だということになる。これが基本的な質問紙実験の考え方で、他にも様々な方法に実験手法は発展している。質問紙実験の詳細は「オンライン・サーベイ実験の方法：理論編」と「オンライン・サーベイ実験の方法：実践編」を参照してもらいたい（秦・Song, 2020; Song・秦, 2020）。ネット上で無料で閲覧できる。

第1部

差別とは何か

第1章 差別の理論と検証

「移民の時代」と呼ばれる現代において、移民や人種・エスニックマイノリティに対する差別は特に注目に値する問題となっている。日本も例外でなく、外国人を入店させなかったり、警察官が外国人に対して集中的に職務質問したりする行為は、差別として問題視されるようになってきている。しかし、差別とは何で、なぜ差別が発生しているのか、人々の間に学術的な理解が浸透しているとは言い難い。こうした背景には、差別という言葉の浸透具合に比して、研究が盛んになったのが比較的最近だという事情もある。無論、昔から差別という言葉や現象は存在していたものの、本書が依って立つ研究手法が開発され、発展したのは2000年に入ってからだ。そのため差別の研究は比較的新しいものだといってよいだろう。

第1章となる本章では基本的な事柄を中心にまとめる。1節で差別とは何かを暫定的に定義し、続く2節では差別が起きる主要な原因である嗜好に基づく差別と統計的差別についてまとめる。3節では嗜好に基づく差別と統計的差別以外の、近年新たに提唱されつつある差別の理由について紹介する。続く4節と5節では差別の検出方法を紹介する。差別研究は21世紀に入って発展したと述べたが、ここまで研究が進まなかった背景には、差別というものの捉えにくさがある。序章で述べたように、単純に移民やマイノリティに「あなたは差別されたことがありますか」と聞けば差別を検出したことになるわけではない。4節ではこのような古典的な方法とその限界をまとめ、次に5節では実験手法を使った現代主流の検証方法をまとめよう。最後の6節では5節で紹介する手法を用いて、嗜好に基づく差別と統計的差別を検証してきた研究を紹介する。

第1節　差別とは何か

差別の定義

研究者によって差別の定義は様々であるものの、それぞれおおよそ似通っているといっていいだろう。[*13] 例えば、現代の社会学における差別研究を牽引してきたペイジャーは、人種に基づく差別を「人種や民族に基づいて行われる不平等な処遇」と定義した（Pager & Shepherd, 2008: 184. 永吉, 2020a: 204 の訳に基づく）。また政治理論研究のリバト＝ラスムセン（Lippert-Rasmussen, 2013)

＊13　日本の社会学の一部では、差別とは「現実の、あるいは架空の差異に、一般的、決定的な価値づけをすることであり、この価値づけは、告発者が自分の攻撃を正当化するために、被害者を犠牲にして、自分の利益のために行うものである」というアルベール・メンミ（Memmi, 1982=1996）の定義を、肯定的にせよ否定的にせよ差別の定義として用いている（佐藤, 2018; 山本, 2022; 好井編, 2016）。しかしこの言葉が指すものは第4章で見るレイシズム（206ページ）であり、差別ではない。この取り違えは、メンミの書籍を翻訳する際、彼が使っていた"racism"という言葉を「人種差別」と翻訳し、一部の社会学者がそれを「差別」と読んだことから生じたものと考えられる。

は、より一般的な意味での差別を以下のように定義している（石田，2019の訳を参考にした）。[*14]

Xがφすることによって Zと比べてYを差別しているのは、以下の場合であり、かつその場合に限る。

(i) ある属性Pを、YがもちZがもたない（とXが思っている）。
(ii) Xは、φすることでYをZよりも不利に処遇する。
(iii) YがPをもちZがPをもたない（とXが思っている）ために、Xは、φすることでYをZよりも不利に処遇する。

リバト＝ラスムセンの定義を具体的に言うと、例えば日本人の採用担当者（X）が、日本人の応募者（Z）と外国人の応募者（Y）とを比べて、外国籍（P）を外国人の応募者（Y）がもっているために、採用しない（φ）、といった状況を指す。この定義はあくまで包括的、一般的な定義であるが、リバト＝ラスムセンはここからさらにPとφがどういった種類のものを含むかも議論している。それらについては次項「差別の基準」でより詳しく述べよう。

ペイジャーの定義にしろ、リバト＝ラスムセンの定義にしろ、ここで重要なのは、差別とはあくまで行為であり、態度や心理的なものではないということだ。本章の後半で扱うように、排外主義が動機となった差別は無論存在するものの、排外主義をもつことそれ自体が差別ではない。排外的な感情をもっている人が、移民を嫌いだという理由で移民の背景をもつ応募者を雇用しなかったとしたら、そこで初めてその行為は差別となる。加えて、差別を行う主体は個人や集団、制度など様々である。制度が差別的な場合とは、例えば特定の人種や国籍をもつ人を特定の地域にしか住まわせないといったものなどを指す。[*15]

もう一つ着目したいのが、不利に処遇するという点である。つまり、ある集団に所属している人が、何か得になるように処遇することは差別には当たらない。ここで注意しなければならないのは、リバト＝ラスムセンが扱っているのは「冷遇差別（discriminate against）」とも呼べるもので、[*16]本書ではこの「冷遇差別」を一律に「差別」と呼び、不利な結果をもたらすもののみを対象として扱う。ところで、ある集団に所属していることで利益を得ることもあり、アファーマティブ・アクションがその代表例として挙げられる。性別や人種などの理由で冷遇差別を受けてきたり現在も受

＊14 補足すると、ここで表される差別とは、正確には直接差別（direct discrimination）を意味しており、処遇や扱いそのものが不平等な場面を捉えている。他方、仮にルールが一律で〝平等〟であったとしても、それが一部の集団に不利益をもたらす場合には、間接差別（indirect discrimination）と呼ばれる差別に当たる。例えば身長１７１センチ以上でないと管理職に昇進できない、というルールが性別にかかわらず適用された場合、ルールとしては平等だが、男性に比べて平均身長が低い女性に対して不利益をもたらすこととなる。日本では男女雇用機会均等法のもと間接差別を含む差別が禁止されるようになった。

＊15 経済学の定義（経済差別）はまた若干異なっている。例えばAigner & Cain（1977）をもとに、Lundberg & Startz（1983）は「生産能力の初期平均保有量が等しい集団が、均衡において等しい平均報酬を受け取らない場合」を差別としている。

＊16 石田柊による訳語である。本人とのやり取りを通じ、使用の許可を得た。

けている人に対して格差を是正する取り組みで、例えば大学に入る際に特別な枠を設けたりして、入学しやすくする措置などがこれに当たる。アファーマティブ・アクションは人種や性別によって扱いを変えることから字義的には差別であるが、正当化されるという論が現在主流のようだ（e.g., Lippert-Rasmussen, 2020）。アファーマティブ・アクションの是非に関する理論的な議論も行われており、関心のある人はそちらも参照してもらいたい。[*17] ただし、第2章（102ページ）では有名大学へ進学できたとしても、なお集団間の差別は解消に向かわないという実証研究も示す。

差別の基準

ある行為が差別とされるとき、その行為は個人の何らかの属性に基づいた処遇ということになる。ペイジャーの定義ではその属性とは人種や民族であり、女性差別であればその個人の性別という属性（もしくは集団への所属）に基づいた差別である。性別や国籍が差別の対象となることはおそらく共有されているだろう。

それでは、あらゆる属性や集団に対する行為は差別となりうるのだろうか。差別の対象となる属性を定める際によく用いられる基準の一つが、関連性（relevance）である（e.g., Halldenius, 2017）。これは、差別の対象となる属性（国籍や性別など）とある行為（賃金の支払いや採用など）とが関連性をもたないにもかかわらず、異なる扱いが生じている場合、差別になるという議論である。例えばある会社に勤めている社員のうち、全く同じ能力をもっている男性社員と女性社員を比較した際に、男性の方が女性よりも多く賃金をもらっているとしよう。賃金は本来仕事の能力のみで支払われるはずであり、さらに性別と能力とは関係がない。しかしこの場合は、賃金とは関連をもたない性別によって賃金が決まっているということになる。関連をもたない属性（ここでは性別）によって、その集団に対して異なる扱いをする場合、その行為は差別となる。しかし、関連性があっても差別となりうる場面もある。レストランの採用担当者が、顧客が外国人に給仕してもらうのを嫌がるだろうと想像し、外国人を店員として採用しなかったとしよう。これは経営判断として合理的かもしれないが、差別に当たる（Lippert-Rasmussen, 2013）。関連性のみをもとに判断することは、こうした危険性が伴う。[*18]

関連性が差別の基準として適当でないのであれば、どういった基準をもとに差別の対象となる集団を決めればよいだろうか。リパト＝ラスムセンは「社会的に顕著[*19]」（socially salient）な集団に対するものが差別になると論じた。その集団の一員であると認識されることが、社会における人々の

＊17 Lippert-Rasmussen（2017a, 2020）やBengtson（2024a, 2024b）など。南川（2024）による『アファーマティブ・アクション――平等への切り札か、逆差別か』がアメリカのアファーマティブ・アクションの歴史に関して詳しい。

＊18 アメリカで行われた実験では、関連性に基づいた判断は、仮にそれが制御不可能な属性（人種や性別など、自分で決められないもの）に基づいたものだとしても、人々は公正で正当だと認識する。つまり、関連性の議論は正当だと思われやすい（Tomova Shakur & Phillips, 2022）。しかし、本文中の例のように、その結果差別が残存してしまう。

＊19 Salientという言葉は日本語訳が難しく、目立つとか際立ったとかいう意味合いを含んでいる。

関わりを構成する上で重視されるものである場合に、その集団は社会的に顕著だといえる。例えば、火曜日生まれだということは日常的に人と関わるときに何の意味ももたないだろう。[20]もちろん、火曜日生まれを嫌う雇用主もいるかもしれず、自身が火曜日生まれだから採用されないという場合もあるかもしれない。ただ、仮に火曜日生まれだから採用されなかったとしても、その他の多くの雇用主はそういった採用基準を持ち合わせておらず、そのため生まれた曜日は社会的に重要ではない。他方で、人種や性別などは、意図するかは別としてそれ自体、人と人とが関わる際や、法律などの制度において重要となるだろう。[21]

ここで、時代や国によって何が社会的に顕著な集団に当たるかが違ってくる可能性も当然ある。多くの雇用主が曜日に基づいた採用基準を持ち合わせていないと書いたが、稀に血液型に基づいた判断をする人はいるだろう。日本では断続的に血液型に基づいた性格診断が流行し、採用面接の最中に血液型を聞くことがしばしば見られる。もし現在よりも多くの人が血液型に基づいた判断をするようになり、血液型の間に明確に上下の差が生まれてくると、差別の原因となる属性になりうるだろう。つまり、社会的に顕著な集団が人々の交流や制度によって決まっている以上、人々の考え方が変われば差別の対象となる集団が変わりうる。社会が変化していった結果、従来差別の対象として保護されてこなかった集団が保護されるという可能性も含んでいる。ここには例えば、特定の疾患にかかりやすい遺伝子をもつ人々に対する差別などが含まれる。

一方で、他の基準として、ヘルマン（Hellman, 2008=2018）は社会的文脈やその集団が扱われてきた歴史を重視している。[22]差別の対象となるのは、歴史的、文化的、慣習的に劣っているとされてきた集団であるという。例えば学校で教員が黒人の生徒と白人の生徒を教室の右半分と左半分に座らせたとしよう。教室の席を分けること自体は直接の害をもたらさないかもしれないが、アメリカにおいては人種隔離の歴史があるために、差別として強く反発されるだろう。しかし、こうした人種隔離の歴史がない国では、アメリカと同レベルの反発は出てこないだろう。[*23]

差別とは何か、どういった集団が差別の対象となるのかは非常に込み入った話である。本書では

＊20　ここから発展して、リパト＝ラスムセンは何か製品を作るのがうまかったとしても、それは人と人との関わりにおいて重要ではないと論じ、技能（さらには学歴）に基づく区別は差別の要件を満たしていないと論じている（2013: 30）。

＊21　ところで、同性愛者など目に見えない属性が差別の対象になる場合をこの議論はカバーしていないと思う人もいるかもしれない。しかし、異性愛者が多勢を占める社会では、当人の性的指向はわからないし、社会的な交流にも影響しない。同性愛者だと自ら明かさなければ、差別的な扱いを受けないように行動したり、自身の性的指向を明かすかどうか慎重になったりする。そういった意味ですでに社会的交流に影響がもたらされている。

＊22　厳密には、ヘルマンは定義の問題ではなく、ある差別を不正とするかどうかという点で歴史を持ち出している。

＊23　現代では、仮に人種隔離のような差別に関する過去の制度や歴史がなかったとしても、他国の歴史や規範を参照して差別的な扱いだとみなされる可能性もある。これは各国が社会的文脈を共有し、規範の伝播が発生している現代において特に見られる現象だろう（Meyer, 2010）。例えば顔を黒く塗る行為は、日本やオランダなどの文化的な行事でしばしば見られる（オランダにはシンタクラースという、サンタクロースの原型のような人物がおり、その従者であるズワルトピートは黒塗りで演じられている）。しかしアメリカでは、ミンストレル・ショー（19世紀にアメリカの白人が顔を黒く塗り、アフリカ系アメリカ人を否定的に演じた）を想起させ差別的であるという理由で一般的に行われていない。こうしたアメリカにおける経験が日本やオランダに伝播し、現代では顔を黒く塗る行為それ自体が否定的に捉えられている。

いったんペイジャーやリバト＝ラスムセンなどの基本的な定義に基づいて文献を整理するが、考慮すべき観点をすべて包括しているわけではない。差別の対象となる集団の具体例として挙げた集団以外にも、障害や年齢、顔、体型に基づく差別が議論されている。これらは国籍や性別のように比較的明示的なまとまりをイメージできる集団ではないかもしれないが、こうした人々に対する差別のあり方についての議論も進んでいる（まとめとしてLippert-Rasmussen, 2017bを参照）。日本語で差別についてまとめられた本としては『差別の哲学入門』（池田・堀田，2021）が最も平易であり議論が包括的であるため、関心のある人は参照してもらいたい。

第2節　二つの差別

嗜好に基づく差別

ここからは差別の種類について論じていく。まず嗜好に基づく差別とは、個人がもつ移民や人種・エスニックマイノリティに対する否定的な態度や感情をもとにした差別を指す。おそらく一般的に共有されている差別のイメージと合致するだろう。移民に対して否定的な気持ちを抱いているために、移民を差別する、というものである。この概念は経済学者のベッカーによって提唱され（Becker, 1957）、その後大きな影響力をもった。ところで、「態度や感情」と書いたが、社会科学における「態度（attitudes）」とは一般的な意味での態度とは違い、ある特定の対象に関する行動に影響を及ぼす心的要因とおおよそ定義される。本書では度々「態度」という言葉を使うことになるが、物事の好き嫌いや、良い悪いといった評価、くらいの意味で捉えてもらいたい。ちなみに、排外主義も、移民や人種・エスニックマイノリティに対する態度の一つである。

さて個人の否定的な態度をもとにした嗜好に基づく差別であるが、これは例えば採用の場面において、採用担当者や雇用主が移民を嫌っている場合に、移民を採用しない、という行為である。それだけでなく、周囲の態度も重要な要因となる。顧客が移民に対して排外的な態度をもっている（と雇用主が推測する）場合、雇用主は移民を雇用したがらなくなるだろう。移民の背景をもつ従業員に接客してほしくない、と思う顧客を逃してしまうことになるからだ。また企業に勤める他の従業員の態度も重要で、従業員が移民に対して排外的な態度をもっている（と雇用主や採用担当者が推測する）場合、移民の社員を雇うと会社内で軋轢が生まれてしまうかもしれないし、その結果会社全体の生産性や業績が下がるかもしれない。こうした事態を避けるため、雇用主は移民の背景をもつ社員を雇用しなくなってしまう。この場合に採用担当者や雇用主の排外主義は関係ない。仮に彼らが排外的でなく、移民に対してむしろ好意的だったとしても、顧客が嫌っているのであれば採用しなくなるということも十分ありうる。

経済学者はその後嗜好に基づく差別の議論を推し進め、この差別は経営判断として非合理的だと論じた（Arrow, 1973, 1998）。求人に対する応募者の中で最も優秀な人が仮に移民の背景をもつ人だったとしても、嗜好に基づく差別をする経営者は、その移民の応募者を採用しないことになるからである。応募者の能力に基づいて採否を決めた方が、会社の将来のためになるのだが、嗜好に基づく差別をする経営者はこうした優秀な人材を逃していくこととなる。こうした企業は合理的な経営判断ができないため、やがて淘汰されていき、最終的に嗜好に基づく差別は市場からなくなると予想されている（88ページ参照）。

以上が嗜好に基づく差別の概略である。嗜好に基づく差別は言い換えると、個人が抱く排外主義が、差別という行動として表れることを意味している。当たり前の話のようだが、そもそも個人の態度が差別行動に影響を与えるのだろうか。この点をまずは議論しなければならない。

嗜好に基づく差別の論点：人々の態度と行動に関連はあるか？

嗜好に基づく差別が実際に存在するかどうかは、より一般的にいえば、人々が抱える態度は実際の行動に反映されるのか、という問いになる。態度や感情が実際の行動に移されるかどうかは、社会学や社会心理学において古典的な関心であった。人はいつでも思ったことをそのまま行動に移すわけではないし、仮に自分の周囲が差別を快く思っていないのであれば、排外的な感情をもっていたとしても、そのまま差別という行動に移さないかもしれない。こうした態度と行動の乖離（かいり）に関する記念碑的な古典研究として、ラピエール（LaPiere, 1934）によるホスピタリティ研究を簡単に紹介しよう。[*24]

ラピエールは1930年から2年間、中国生まれの学生とその妻とともにアメリカを広く旅行した。行く先々でカフェやレストラン、ホテルに立ち寄り、施設を利用できるかを尋ねたのだが、ラピエールは意図的に中国人のカップル二人に質問をさせ、自身はその間車内など少し離れたところにいた。従業員が中国人に対して施設の利用を断るか、どのような対応をするかを観察していたのである。中国人カップルにはラピエールが観察をしていることを知らせてなかったため、この二人は自然な振る舞いをしていた。この旅行中三人は合計２５１軒の施設を訪問したのだが、利用を断られたのは1軒のみであり、さらにほとんどの施設で中国人カップルは好意的に迎え入れられた。

旅行が終わって6カ月経った後、ラピエールは旅行中に訪問した施設と訪問していない施設に質問紙を送付し、仮に中国人が施設を使わせてほしいと尋ねてきた場合の対応について回答を求めた。それぞれ１２８通の回答を得たのだが、実際に訪問した施設のうち92％が中国人には施設を使わせないと回答していた。[*25] これはつまり、人々の抱える態度[*26]（中国人に施設を利用させたいと思っているかどうか）と行動（実際に中国人に施設を利用させるか）との間には一貫した関連がないことを示している。排外的な態度をもっていたとしても、差別的に中国人を施設から排除しないの

＊24 ラピエールの目的は質問紙が正しく態度を測れていないことを検討することにあったが、その後の研究では態度と行動の関連という研究として位置づけられている。

＊25 質問紙は2パターンあり、中国人客の場合のみのものと、それ以外の国籍（ドイツ人、フランス人、日本人）に対する態度も同様に聞いたものがある。どちらも傾向としては変わらなかった。

＊26 ただしこれを態度ではなくて意図だとする批判もある。態度であれば中国人に対する否定的な感情によって測定されるためであるが（あなたは中国人を好ましく思っていますか、など）、ラピエールが用いた文章は、「中国人客があなたの施設を利用することを受け入れますか」というものだったからである。こうした批判やその後の研究の展開は『社会心理学再入門』に非常に詳しく書かれている（Smith & Haslam, 2012=2017）。意図と態度との関連は比較的強いこともわかっている（メタ分析として例えばWebb & Sheeran, 2006）。

だ。

ラピエールの研究を端緒に、質問紙で回答を集めた態度と行動の間の関連を検討する研究が増加した。60年代から70年代の時点ですでにレビュー論文がまとめられており、それらの多くはラピエールと同様、態度と行動の間には関連がないとするものだった（Ajzen & Fishbein, 1977; Wicker, 1969）。ただし、より時代が下った現代において、メタ分析（99ページ参照）として研究をまとめているものが多くあり（Glasman & Albarracín, 2006; Greenwald, Banaji & Nosek, 2015; Kraus, 1995; Oswald, et al., 2015; Schütz & Six, 1996; Talaska, Fiske, & Chaiken, 2008）、これらの研究では比較的安定的に態度と行動の関連を示している。そのため、一般的な傾向として態度と行動の間に関連がないということはなかなか難しいだろう。ただそれでも、ラピエールの研究に代表されるように時代やその背景、研究対象となるトピックや研究手法によっても研究結果にばらつきが出ることは否定できない。もしかしたら排外主義と差別との間には関連がないかもしれず、仔細に検討していく必要があるだろう。本章の最後で改めて、排外主義と差別行動の間に関連があるのかを見てみよう。

統計的差別

もう一つの差別の主流な類型として、統計的差別（statistical discrimination）と呼ばれる差別がある。統計的差別には大きく分けて二つの種類があり、（1）雇用主や採用担当が差別の対象となる集団（ここでは移民や人種・エスニックマイノリティ）に対して抱くイメージをもとにしたもの、そして（2）その集団の情報の質をもとにしたものがある。それぞれ簡単にまとめよう。

一つ目は、ある個人に関して手に入る情報が不完全である場合に、その個人が所属している集団の統計情報やイメージをもとに、その個人の生産性などを予測することから生じる差別である（Phelps, 1972）。例えば就職の場において、履歴書から得られる情報には限りがあり、そこから生産性（つまりどれくらい能力があって、どれくらい企業に貢献できるか）を推し量るには限界がある。そもそも生産性というものは、観察不可能だからだ。そこで、性別や国籍といった、応募者が所属している集団の属性から、個人の将来の生産性を予想することになる。採用担当は集団に対して何らかのイメージをもっており、このイメージを応募してきた個人に当てはめて、その人の将来の生産性を推測する。これが統計的差別が生じるプロセスである。仮に白人はアフリカ系アメリカ人よりも多くの場合生産性が高いというイメージがあったとして、アフリカ系アメリカ人の求職者が応募してきたときに、採用担当者が「この人はアフリカ系アメリカ人だから、生産性があまり高くないだろう」と考え、採用しないという具合である。[*27]

＊27 フェルプスは就職の場で、採用担当者は求職者個人の真の〝能力〟を、SPIといった試験などの目に見えるスコアと、能力を形成していそうなその他の要因で推し量るとした。この際、仮にアフリカ系アメリカ人と白人とのテストスコアが同一だったとしても、白人の方が将来の生産性が高いと信じるのが統計的差別である。統計的差別を論じる際に、フェルプスは真の能力のばらつき、つまり能力のある人とそうでない人の差が、アフリカ系アメリカ人の方が白人よりも大きいと仮定した。仮にあるアフリカ系アメリカ人のテストのスコアが白人のそれよりも高い場合、白人よりも高いスコアを取ったこのアフリカ系アメリカ人は非常に優秀ということになり、白人よりも高い賃金を得るよう

集団の生産性をもとにして個人の生産性を予測することは、もう一つ別の影響があるといわれている（Arrow, 1973; Coate & Loury, 1993）。人種・エスニックマイノリティの応募者もマジョリティの応募者も同様に採用し、採用後に従業員はスキルアップを推奨されるとしよう。何か資格をとったり、新しいプログラミング言語を覚えたり、といったものだ。こうした訓練を経た結果、より良い部署に配属されたり、昇給に結びつくような仕事を任されたりする。ここで管理職などが、人種・エスニックマイノリティの従業員は一般的に能力がないし、より良い仕事を任せられない、と考えているとする。人種・エスニックマイノリティの従業員は、管理職が抱くこうした考え方を敏感に察知し、自分たちがスキルアップをしたとしても、どうせ良い仕事を任せてもらえないのだと思い、スキルアップのために時間やお金を使うことをやめてしまう。結果、管理職の人々が想定していた通り、マジョリティはより良い仕事を任せられ、人種・エスニックマイノリティはそうした機会を得られなくなる。[*28]

ここまで述べた統計的差別は、採用担当者や雇用主が応募者の集団に対して抱く（生産者などの）平均的イメージに基づくものであった。他方、統計的差別にはもう一つ、採用担当者や雇用主が受け取る情報の質に基づくものもある（Aigner & Cain, 1977; Altonji & Blank, 1999）。企業では、能力に応じて給料が支払われる。しかし能力は目に見えないものなので、求職者や従業員は、自身の能力や生産性を何らかの形で表に出し（例えば求職の際には、学歴とか職歴など）、雇用主や採用担当者に自分の能力をわかってもらわなければならない。能力を測る指針になるものをまとめてシグナルと呼び、雇用主はこのシグナルに応じて求職者を採用するかどうか、どれくらい賃金を払うかを決める。この際に、シグナルから得ることができる情報の正確さが、集団によって異なっているというのがもう一つの統計的差別だ。これは仮に集団間に平均的な能力の違いがなかったとしても、シグナルが片方の集団の能力に関する情報をうまく伝えていて、もう片方の集団の情報をうまく伝えていない（つまりノイズが多い）場合には、能力に差があるとみなされて、賃金の差につながってしまう。またシグナルがうまく機能していないと従業員が思ったせいで、従業員がスキルアップを行わなくなり、結果的に本当に能力差（さらには賃金差）が表れてしまうかもしれない。

情報の正確さに差が出てしまう理由の一つに、文化差が挙げられる（Altonji & Blank, 1999）。例えば東京大学の卒業生とユトレヒト大学の卒業生とであれば、日本の皆さんはどちらの生産性が高いと判断するだろうか。おそらく多くの人が前者と判断するだろう。自身の慣れ親しんだ文化に応じて、生産性を推測しやすいシグナルとそうでないシグナルがある。これは人種やエスニシティだけでなく、男女差にも適用できる議論であり、雇用主や採用担当者が男性のエスニックマジョリテ

になる。これだと、単に能力に応じた賃金の支払いであり、差別とはいえない。そのため、集団別の能力のばらつきの大きさをリスクとして、ばらついているために採用したがらない、と解釈する後続の研究も出てくるようになった（Aigner & Cain, 1977）。これが情報の質に基づく統計的差別である。

＊28 このプロセスを予言の自己成就ともいう。予言の自己成就とは、思い込みなどによって行動した結果、その思い込みが現実のものとなる現象を指す。よく使われる例として、銀行が潰れるという噂が立ったために人々が殺到して預金を引き下ろした結果、実際に銀行が潰れてしまうというものがある。

ィだけに偏ることの問題が端的に示されているといえるだろう。

統計的差別の論点：情報の真実性

嗜好に基づく差別と比べると、統計的差別は経済的に合理的であり、効率的だという点が大きく異なっている。例えば、アフリカ系アメリカ人の80％は仕事をサボりがちであり、他方で白人のうち50％しかサボらないということがわかっていれば、仮にアフリカ系アメリカ人のすべての人がサボるわけではないにしても、アフリカ系アメリカ人の応募者を最初から採用しないと決めてしまった方が効率的と考えられるかもしれない。そうすることで、膨大に送られてくる履歴書に対してより短時間で対応できるようになる。事実、一般的に人々はこうした選定方法を正当化しがちである（Tilcsik, 2021）。

ただし、統計的差別が効率的だといえるのは、人々が信じる情報が正しい場合のみである。仮に情報が正しくなく、アフリカ系アメリカ人は、実は白人と同じく50％しかサボらないとしたら、白人からのみ採用することは全く効率的ではない。採用できていたはずの優秀なアフリカ系アメリカ人を逃していたことになるからだ。それでは、雇用主や採用担当者が信じている情報はどの程度正しいのだろうか。経済学において統計的差別を研究する際には、基本的に雇用主は正しい情報に基づいていると仮定している。仮に採用担当者がもともと信じていた情報が正しくなかったとしても、雇用したアフリカ系アメリカ人などが実際に働いているところを見て誤った情報をアップデートするし（Altonji & Pierret, 2001; Farber & Gibbons, 1996）、アップデートできない企業は淘汰されていくのだと考えられていた。

しかし、採用担当者が常に集団の生産性を精査して、正確な情報を有しているわけではない。つまり、統計的差別に用いられる情報には、個人の主観がある程度入っていることになる。事実、近年の経済学の研究では、人々がもつ情報の正確さに焦点を当て、差別の原因として再分類するような分析を行っている。例えばボーレンらは差別の原因を排外主義（嗜好に基づく差別）、正しい情報、そして不正確な情報に分割し、不正確な情報に基づいた差別の存在を指摘している[29]（Bohren, et al., 2023; Bohren, Imas, & Rosenberg, 2019）。先述した例のように、実際はアフリカ系アメリカ人の50％がサボりがちなのにもかかわらず、80％がサボっているかのように採用担当者が思い込んでいた、ということだ。ボーレンらの研究によれば、正しい情報を提示することで、採用担当者の差別の度合いが減少したという。

またそもそも採用担当者や雇用主が、雇い入れた従業員の仕事ぶりを見て、その従業員が所属する集団（アフリカ系アメリカ人など）に関する情報をアップデートしないかもしれない。社会学のインタビュー研究によれば、事前にアフリカ系アメリカ人に対して否定的なステレオタイプがある雇用主が、優秀なアフリカ系アメリカ人を雇用した場合、その否定的なステレオタイプを捨てたり

＊29 不正確な情報を用いる理由の一つに、一部のアフリカ系アメリカ人の行動を見て、アフリカ系アメリカ人全体に当てはめているという可能性がある（Bordalo, et al., 2016）。ボーレンらは集団間の不平等を是正するために不正確な情報を修正することが重要だと論じており、情報を修正することで集団の立場が逆転する可能性すら指摘している。

せず、雇用したアフリカ系アメリカ人が例外的に優秀なのだと考えるようになるという（Pager & Karafin, 2009）。つまり、アフリカ系アメリカ人が優秀だという情報の更新が行われないままになるのである。このように雇用主や採用担当者が信じている情報が誤っているかもしれないし、誤っている情報をアップデートしないかもしれない。これでは統計的差別が合理的で効率的な経営判断だという点に、疑問符がついてしまうだろう。

最後に、統計的差別は社会的な効率性を欠くという議論もある。採用担当者が、アフリカ系アメリカ人のうち80％がサボりがちなのだと信じ、統計的差別をして、アフリカ系アメリカ人を採用しなくなる。こうした採用活動を続けていれば、アフリカ系アメリカ人のうち20％のサボらない人すらもやる気がなくなってしまい、結果として社会全体の効率性が下がることとなる（Schwab, 1986. ただしNorman, 2003も参照）。

第3節　差別研究の新たな方向性

近年では嗜好に基づく差別と統計的差別以外にも、差別の発生原因が提唱され始めている。一つは情報を得る際の行動の違いに立脚するものであり、もう一つは制度的差別と呼ばれるものである。これらのタイプの差別は従来の嗜好に基づく差別と統計的差別では説明できない現象であり、今後の研究の展開が期待されている。

情報取得行動

統計的差別は不完全な情報に基づいて発生する差別の類型であった。例えば採用行動の場合には、採用担当者は応募者の履歴書から生産性に関する情報を得ようとし、その行動には、応募者の属性によって差がないという前提があった。つまり、応募者がアフリカ系アメリカ人であっても白人であっても、生産性を推測するために費やす時間は同じだと暗黙に考えられてきた。しかし実際は、応募者の属性によって、採用担当者の情報取得に費やす時間が異なる可能性が近年指摘されている（Bartoš, et al., 2016）。

この研究では、労働市場と賃貸住宅市場のように、選抜の過程が異なっている二つの市場を対象としている。それぞれ情報収集の仕方が異なっており、異なる仕方で差別が発生しているという。まず少数の良い人々を選抜する労働市場では、採用担当者は人種・エスニックマイノリティなどの差別される可能性のある集団の情報に対して注意を払わなくなる。なぜなら、選ばれるのはほんの一部の応募者であるため、その他の多くの選ばれる可能性の低い応募者の情報は必要ないからだ。この判断は嗜好に基づく差別や統計的差別と相まって下される。事前に移民や人種・エスニックマイノリティに対して否定的な感情をもっていたり、移民や人種・エスニックマイノリティの中に良い候補者がいないと思っていたりすると、この集団の情報には特に注意を払わなくなるのである。他方で、ほとんど選抜がなく多くの応募者が選ばれる市場（例えば公立学校や賃貸住宅市場）では、差別される可能性のある集団はかえって多くの情報を求められる。この市場では多くの応募者が選ばれるため、応募者が提供する情報は、一部の良くない応募者を見つけ出し、排除するために使われる。そのため、良くない応募者となる可能性の高い移民や人種・エスニックマイノリティから情報をより多く求めることとなる。

この研究では、チェコの労働市場と賃貸市場とを対象に分析が行われており、労働市場では採用担当者が人種・エスニックマイノリティの応募者の履歴書を見る時間は短く、他方で賃貸市場では大家が人種・エスニックマイノリティの応募者の情報をより多く取得しようとしていた。同様の傾向を示した研究に、デンマークで行われた公立学校への問い合わせの研究がある（Olsen, Kyhse-Andersen, & Moynihan, 2022）。学校入学に関する嘘の問い合わせをデンマーク系の名前とイスラム系の名前で行ったところ、返信の確率や入学拒否の度合いは変わらなかったものの、イスラム系の名前で問い合わせたときの方が追加の情報を求められる確率が高かった。

制度的差別

社会学者であり現代の差別研究を牽引してきたペイジャーは、経済学の雑誌に社会学的な知見の重要さを強調する論文を掲載している（Small & Pager, 2020）。同論文では「制度的差別（institutional discrimination）」の重要性が提唱されている。[*30] 制度的差別とは、会社などの組織や法律によって行われる差別である。人々は会社のルールや法律に従って行動し、結果として差別的な扱いをしてしまうため、個人の偏見（嗜好に基づく差別）や経済的合理性（統計的差別）とは関係ない、という考え方である。

制度的差別の一例として、アメリカにおける不動産のレッドライニング（redlining、赤線引き）

がある。1930年代の大恐慌時に、住宅所有者資金貸付会社（Home Owners' Loan Corporation, 以降はＨＯＬＣ）が差し押さえを減らすために創設された。ＨＯＬＣは債務不履行にあるローンを買い取ったり、ローン期間を長期化したりすることで、アメリカ人が家を手放さず、持ち家を取得しやすいようにした。同時に住宅ローンの信用リスクを評価するために地域をＡからＤの４段階に分け、ＣもしくはＤ評価に当たる地域は投資するにはリスクが高すぎるという評価をした。この際、アフリカ系アメリカ人住民の割合が多い地域はそれだけでＤ評価とされる確率が高まった[*31]。低評価を与えられた地域は資産価値を減じ、白人はそうした地域を避けるようになり、他方でアフリカ系アメリカ人は低評価の地域に集住するようになる。ＨＯＬＣはすべての地域を評価したわけではないが、評価された地域では評価されなかった地域と比べてこうした人種的な居住分離（residential segregation）が促され、現代においても強い影響を保っている（Faber, 2020）。また、低評価を与えられた地域では現在でも白人とアフリカ系アメリカ人との居住分離が生じている（Aaronson, Hartley, & Mazumder, 2021）。第２章で論じるが、不動産業者はアフリカ系アメリカ人の借り手に対してアフリカ系アメリカ人が集住している地域を紹介する傾向にあり、居住地の差別的な分布が

＊30 Pager & Shepherd（2008）でも制度的差別について細かく言及されており、この論文中では構造的差別（structural discrimination）という名称を用いている。
＊31 レッドライニングという言葉は、地図を評価に応じて4パターンに色分けした際に、D評価の地域が赤に塗られたことに起因している。

制度的に維持されることになる。レッドライニングは制度的差別の好例であり、過去に施行された差別的な制度が当時の人々の居住パターンを決め、それが現在にも影響を与えている。

一見すると平等な企業の制度が差別的な雇用を生む可能性もある。アメリカやヨーロッパでは社員が自分の知り合いを通じて新入社員を会社に紹介するリファラル入社という制度がある。日本でも近年浸透し始めているし、知り合いの伝手で入社するという話は全く聞かないものではないだろう。こうした個人がもつつながり、すなわちネットワークを通した入社は一見差別とは無関係のようだが、結果として人種間の差異を生んでしまう。人々は自分と似た属性をもつ人とネットワークを作りやすく、これは人種やエスニックグループにも当てはまる（これをhomophily、日本語では同類選好などと呼ぶ。McPherson, Smith-Lovin, & Cook, 2001）。このため、白人は白人同士で、アフリカ系アメリカ人はアフリカ系アメリカ人同士で仕事を紹介し合うことが多くなる。白人は給料の高い会社に勤めていることが多いために、白人ネットワークをもっていれば良い仕事に就けるが、アフリカ系アメリカ人ネットワークのみをもっている場合には良い仕事を紹介してもらいにくいことになる。[*32] このように、仮に統計的差別や嗜好に基づく差別がなく、一見平等なルールが敷かれているようでも、その基礎となる要素（ここではネットワーク）に集団間の差異がある場合、結果として差別的な帰結を助長することとなる（Pedulla & Pager, 2019）。

制度的差別は他にもある。例えば、日本やアメリカ、その他多くの国では禁錮刑以上の刑に処されている場合、投票することができなくなるが、これは人種や性別などに関わらない平等なルールである。しかし、収監される確率が人種やエスニシティによって大きく異なっていれば、最終的に投票できるグループに偏りができてしまう。アメリカでは黒人10万人あたり1501人が収監されている一方で、白人は10万人あたり268人となっている（Gramlich, 2020)。そのため自身の意見を表明する場が、アフリカ系アメリカ人の方がより限られているといえる。[*33] これも平等なルールのもとであっても、その基盤となる要素（ここでは人種別の収監率）の分布が異なっているために生じる差別といえる。

第4節　差別をいかに測定するか（1）非実験方法

序章でも述べたように、差別は目に見えない分、非常に捉えにくい。本書のテーマでもある「差別の可視化」のために、過去の研究者たちは様々な方法を用いて差別を測定しようとしてきた。方

＊32 さらに近年では、ネットワークを通した就職の際にアフリカ系アメリカ人が差別を受けない条件として、白人の従業員の紹介を受け、さらに人事に偏見がない場合にのみ差別されないということが明らかになっている（Silva, 2018)。ネットワークの構造に加え、嗜好に基づく差別が複合的にマイノリティに対する不利益をもたらしている。

＊33 犯罪をしたから収監されて当たり前だと考える読者もいるかもしれないが、問題はそこまで表層的ではない。アフリカ系アメリカ人に対して参政権が与えられた地域では、アフリカ系アメリカ人の収監率が高まったという研究があるし（Eubank & Fresh, 2022)、アフリカ系アメリカ人の収監率増加の結果、白人が支持する保守政党の議員がより当選しやすくなるという傾向もある（Uggen & Manza, 2002. Behrens, Uggen, & Manza, 2003も参照)。次章で述べるように、そもそも裁判それ自体に人種差別が存在する。

法は大まかに分けて2種類あり、実験を用いない方法と、実験を用いた方法である。現代の社会科学では実験を用いた方法が主流なのだが、それ以外の方法も欠かすことができず、それぞれに有用性と問題点がある。先行研究に則り[*34]（Fibbi, Midtbøen, & Simon, 2021; Pager & Shepherd, 2008）、本節ではまず、実験を用いない方法を概観しよう。①差別される側に直接聞く方法、②差別する側に直接聞く方法、③統計分析による方法である。

①差別される側に直接聞く方法

実験を用いない方法の一つ目は、移民や人種・エスニックマイノリティなど差別を受ける可能性がある人に対し、差別された経験の有無や頻度を直接尋ねるものだ。例えば「あなたは去年1年間で、どれくらいの頻度でご自身の人種やエスニシティ、国籍をもとにした差別を受けましたか」といった質問をし、それに対して「毎日」「週に1、2回」「月に1回」といった選択肢の中から頻度を選んでもらうことで測定される。こうして測定される〝差別〟は「差別の知覚（perceived discrimination）」だとか「差別経験（experiences of discrimination）」などと呼ばれる。この方法を言い換えると、ある経験をした個人が、その経験が差別だったかどうかという判断をすることとなる。差別を測定する方法として、おそらく日本ではこれが主流なのではないかと思う。外国人住民に対して日本における差別経験を尋ねたり（人権教育啓発推進センター，2017）、差別的な職務質問経験を尋ねたりする調査（明戸・有園・古池・宮下，2023）が行われており、こうした調査の結果をもとに弁護団やNPOなどが何らかの主張を行うことがある。

実際に差別を受けた人に質問をするため、差別経験は実際の〝差別〟の頻度を正確に捉えられているると考える人もいるかもしれない。しかし序章でも触れたように、この方法で測定する差別はそこまで正確ではない。差別をされた側に直接聞く場合には、帰属（attribution）の問題がつきまとうためだ。帰属とは他人から何らかの処遇を受けたときに、その処遇の原因が何にあるかを推測することを指す。面接に呼ばれないといった、ある不当な処遇の原因を自分の国籍やエスニックグループに帰属させた場合に、人々は差別を知覚したり差別を経験したりすることとなる。しかし、帰属は常に正しいわけではない。例えば移民の背景をもつ人が、仕事の面接に呼ばれなかったとしよう。面接に呼ばれなかった理由がこの人の国籍のせいであれば、それは差別になる。ところが、面接に呼ばれなかったのは、採用担当者がこの人の履歴書に目を通し、能力が低いと判断したからかもしれない。このように差別される側の判断だけでは、ある経験が差別なのかどうかは究極的にはわからず、処遇を受けた側はあくまでその原因を推測することしかできない。こうした理由から、研究の際には、差別される側に直接聞いて測定される概念を、「差別の知覚」とか「差別経験」と呼び、「差別」とは区別して捉えている。

＊34　本文では触れなかったが、差別の訴えをもとにする方法もある（Fibbi, et al., 2021）。ただしほとんどの差別が実際の訴えとして表面化しないため、差別の測定方法とはいえないだろう。どういった企業で差別の訴えが多いかという研究もあり、例えば被雇用者の人種に基づいて職場が分かれていたり、人種マイノリティの上司が少なかったり、事業所の人員が少なかったりすると差別の訴えが起きやすい（Hirsh & Kornrich, 2008）。

それでは、人々の差別の知覚はどれほど正確なのだろうか。差別の知覚とは、移民や人種・エスニックマイノリティが〝実際に〟経験した差別に加え、差別に対する敏感さが合わさったものだともいえる。客観的に差別と認定されうる行為を受けた際に、移民や人種・エスニックマイノリティはその経験を過小報告する可能性と、過剰報告する可能性がある（Major & Sawyer, 2009）。前者は「矮小化（minimization）」といい、自身が経験した処遇を差別ではないと否定してしまう傾向を指す。例えば、差別の被害者であると主張すると周囲から面倒な人間だと思われてしまうかもしれないという懸念や、自分が所属している集団が差別を受けるような集団だと思われたくないという認識があるせいで、矮小化が起きる。もう一つの可能性として、差別を過剰報告する「警戒（vigilance）」がある。移民や人種・エスニックマイノリティは、自身が差別の対象となる可能性が高いと自覚しており、そのため他者からの処遇を差別と認識しやすくなってしまう。なぜなら、他者からの処遇を、差別と捉えた方が自分の身を守りやすいからである。自らの身を守るための過剰防衛といってもいいかもしれない[*35]。

以上のように、移民に対して差別経験を尋ねる場合には、差別を〝正確に〟捉えることができない可能性がある。しかし、差別の経験や差別の知覚が移民や人種・エスニックマイノリティの主観的な判断だとしても、それが現実ではないと断じたり、過剰な反応だと周囲が嘲笑したりするのは明らかな誤りであると強調しなければならないだろう。次章で見るように、他者からの処遇を差別だと認識することで、精神的・身体的な不調などをきたしてしまう可能性があるからである。ただ差別を測る上で、差別経験という変数には帰属の問題がつきまとうということを押さえておきたい。

②差別する側に直接聞く方法

次に、潜在的な差別者による報告を用いる場合もある。これはエスニックマジョリティや国民を対象とした質問紙調査や、質的調査の枠組みにおけるインタビューを通して測定される。質問紙は、例えば「あなたは今まで、異なる人種やエスニックグループの人に対し、異なる扱いをしたこ

＊35　差別の知覚は主観的な判断であるため、知覚のしやすさには個人差がある。特に近年では、「統合のパラドクス（integration paradox）」という概念が盛んに研究されている。これは、社会経済的に差別をより経験しにくそうな移民（例えば教育レベルが高い移民）が、実は差別をより経験しやすいという、一見すると逆説的に聞こえる現象である。しかし多くの研究が統合のパラドクスを支持する結果を示している（メタ分析としてSchaeffer & Kas, 2023）。統合のパラドクスが生じる理由として、三つの説明が与えられている（Steinmann, 2019; van Doorn, et al., 2013）。一つは、より教育レベルが高い移民はマジョリティがいる場により参加しやすくなり、マジョリティと接触する確率が高まった結果、差別を経験してしまう。二つ目として、教育レベルが高い移民はそれだけ認知的能力が高く、ホスト社会の言語スキルの高さやホスト社会のメディアへの曝露などにつながり、結果としてマジョリティによるマイノリティ集団の差別的な描写などに、より頻繁に触れることになる。三つ目として、教育レベルが高い移民は、自身の相対的な社会的地位や賃金の度合いを考える際に、自身と同じエスニックグループの成員ではなく、周りのマジョリティと比べることになる。その結果、自身の教育レベルが高いにもかかわらず、思ったほどの賃金を得られていない現状に自覚的になり、この差異は差別を通して不平等に扱われた結果であると認識し、差別を受けているのだとより思うようになる。日本の移民も、非正規雇用・自営業に比べて正規雇用であれば日常のより多くの場面で差別を経験する。加えて、居住年数が長い移民は、差別を経験する人としない人のばらつきが、居住期間が短い移民に比べて大きい（齋藤, 2024）。後者の結果は、日本人と付き合いがある人とない人というばらつきが、居住期間が長い場合に生じやすい（逆に、居住期間が短い場合にはそうしたばらつきが生じにくい）ために得られた結果と考察される。

とがありますか」といった質問を用いる。[36]

研究対象であるマジョリティに対して深層インタビュー（トピックを絞って行う聞き取り調査）を行い、差別をした経験を聞き出す方法もある（e.g., Pager & Karafin, 2009; Rosen, Garboden, & Cossyleon, 2021; Shih, 2002）（具体例として、56ページのPager & Karafin, 2009を参照）。この方法では、研究者らが雇用主に対して対面で採用時の状況や採用後の考え方を質問していき、採用担当者がアフリカ系アメリカ人に対して抱いている考え方を引き出すこととなる。こうした知見は質問紙を使った統計・計量研究では明らかにすることができないため、相互に補完的な役割を果たすといえる。

ただし、差別をする側であるマジョリティに対して聞くことには、当然問題がある。まずは、差別が一般的には好ましくない行為だという規範が社会的に共有されている際に、自身が行った差別行為を過小報告する可能性がある。人は規範に反することを避け、社会的に望ましい回答をする傾向があり、そのため質問紙の回答や対面の深層インタビューにおける語りで報告された差別は、本来のものよりも少なく見積もられている。事実、社会的に望ましい回答をしない環境を作り出す実験手法を用いた研究（Creighton & Jamal, 2015. 第5章248ページ参照）によると、マジョリティは移民に対する否定的な態度を隠す傾向にあることがわかっている。つまり、過小報告リスクに加え、この測定方法では自身が意識しない差別を測定することができない。例えば、先述した統計的差別は一般的に悪意のある差別として認識されにくい（Tilcsik, 2021）。そもそも統計的差別を差別の一類型と考えている人も少ないだろう。そのため、こうした差別を自己申告では捉えることができない。

③統計分析による方法

実験を使わない差別の検出方法の三つ目は、統計分析を活用した方法である（統計手法については32ページ補遺を参照）。これはマジョリティとマイノリティの両方を対象にした調査を用いて行われる分析である（e.g., Kampelmann & Rycx, 2016; Neal & Johnson, 1996; Ritter & Taylor, 2011）。賃金や就いている職業の社会的評価、そもそも就業できているかどうかなど、集団間で差別が起きた結果、差異をもたらしていると考えられる変数に着目する。その上で、こうした変数と関連があると思われる変数の、集団間の分布の差を調整する。例えば、白人とアフリカ系アメリカ人との間の賃金差を見ると、学歴や個人の能力が影響していると考えられる。白人の方が全体的にアフリカ系アメリカ人よりも学歴が高いかもしれず、その差のせいで白人とアフリカ系アメリカ人との賃金差が生じているかもしれない。こうした変数が賃金に対して与える影響をすべて制御した上で（つまり、学歴が白人とアフリカ系アメリカ人との間で同じだとして）、それでもなお賃金などに集団間の差異が残る場合、この差異をエスニック・ペナルティ（ethnic penalties）と呼ぶ。エ

＊36 研究によっては、国民やエスニックマジョリティに対して質問紙調査を行い、移民に対する態度を差別と捉えて分析するものもある（Pereira, Vala, & Costa-Lopes, 2010）。しかしこれは態度と行為としての差別を混同したものなので、注意が必要である。

スニック・ペナルティは、賃金のもととなる変数をすべて制御した上で生じるため、これを差別の間接的証拠とする場合もある（まとめとしてCharles & Guryan, 2011やNeumark, 2018など）。

この分析方法は特に経済学でよく用いられている。賃金や雇用などの差異を直接測定できるというメリットがある一方で、賃金などに影響を及ぼす変数をすべて統制することは困難だろう。例えば個人のやる気や対人スキルなどは調査データに入っていないことが多いからである（Pager & Shepherd, 2008）。統計分析によって仮に白人とアフリカ系アメリカ人の間に賃金の差があったとして、この差は差別だけを反映しているわけではなく、やる気や対人スキルなど、調査データに入っていない変数の集団間の差異をも同時に反映していることになる。

第5節　差別をいかに測定するか（2）実験方法

4節でまとめた三つの手法には、それぞれ独自の有用性がある一方で、正確な差別の検出という意味では課題を残している。こうした課題に対処した方法が、実験を取り入れた差別の検出方法である。本節では監査調査法という名称でまとめられる二つのフィールド実験、そして質問紙上で行われる実験であるサーベイ実験を取り上げよう。フィールド実験とは、実際の現場や人々が生活する場で行われる実験を指す。例えば、実際の求人に対して履歴書を送り、面接に呼ばれるかどうか結果を待つ、といった方法などが含まれる。実際の現場で実験を行うことで、人々が移民や人種・エスニックマイノリティをどのように処遇しているかがわかる。

本節で紹介するフィールド実験は、①対人監査（in-person audit）、②一致監査（correspondence audit）と呼ばれる二つである。この二つを合わせて監査調査法と呼ぶ（audit study）[*37]。監査調査法とは「フィールド実験の一種で、研究者が個人（現実または仮想）の一つまたは複数の特性を無作為に設定し、これらの個人をフィールドに送り出し、その特性が何らかの結果に及ぼす影響を検証するもの」（Gaddis, 2018: 6）である。現代社会科学の差別研究は、監査調査法なくして語ることはできない、といっても全く過言ではないほどに主流となった方法である。

対人監査は図表1－1のように、実際に人を面接などの場に派遣する方法であり、一致監査は図表1－2のように、履歴書や何か文章などを研究対象となる会社などに送付する方法である。両者に共通する特徴として、履歴書や求職者を送り込む先、例えば企業の求人や不動産業者の入居者募集などは基本的に本物であり、そこに研究者側が用意した偽物の履歴書や求職者などが送り込まれる。企業の採用担当者は求職者や履歴書が偽物だとは知らされず、実際に就職面接だったり履歴書チェックだったりを行うことになる。そのため、企業の採用担当の実際の自然な行動を知ることができる。

＊37 分野や研究者によって対人監査を監査調査法（audit study）、一致監査を一致調査法（correspondence study）と呼ぶ場合もあるし、もしかしたらこちらの方が主流かもしれない。文献渉猟の際には注意してもらいたい。

図表1-1　監査調査法「対人監査」

実験方法①　対人監査

対人監査は、対面で何らかの判断を下される場で行われる実験を指す。ペイジャーらによる研究（Pager, Bonikowski, & Western, 2009）を研究例とし、実施の手順とともに見てみよう。2004年に行われたこの実験の目的は、就業経験があまり必要ない仕事（小売業などのバイト）の実際の求人に白人・アフリカ系アメリカ人・ラテン系の三人を応募させ、誰がどれくらい採用されたり次の面接に呼ばれたりするかを検証することにある。事前にペイジャーらは見た目や仕草が似たような白人・アフリカ系アメリカ人・ラテン系の三人を雇い、就職の面接で同じように振る舞うための演技の訓練を施した。さらに応募先に提出する履歴書の内容も人種間で同一に揃え、この三人の仕事に関する能力が同じに見えるように設定した。三人が実際の求人に申し込んで採用面接に挑むのだが、結果は、白人の応募者は31・0％が採用されたり次の面接に呼ばれたりした一方で、ラテン系の応募者は25・1％、アフリカ系アメリカ人の応募者は15・2％しか採用されなかった。[*38] 同じような振る舞いをして、同じ履歴であるにもかかわらず、人種によって扱いが異なっているため、この結果は人種に基づいた差別の明確な証拠といえる。[*39]

対人監査は70年代から90年代後半にかけて、住居差別や就職面接差別を明らかにするために大いに用いられてきた（Gaddis, 2018）。実際の現場において対人という形で差別を検出することができる一方で、問題点も指摘されている（Heckman, 1998）。対人監査では似ている人を集め、訓練を施すものの、異なる人を使うため、どうしても差異が出てくる。そうした差異に面接をする側が反応してしまうため、実験で検出された差別が人種以外を反映している可能性が十分にある。例えば、アフリカ系アメリカ人と白人とで平均的に受け答えの反応時間が異なっていた場合、面接官がこの差異を敏感に感じ取って、評価を下してしまうかもしれない（Pager, et al., 2009）。こうした

＊38　さらにこの研究では、犯罪歴のある白人と犯罪歴のないラテン系とアフリカ系アメリカ人とを比較している。この三つのグループには、採用されたり次の面接に呼ばれたりするかどうかに有意差がなく、採用が白人にとっていかに有利になっているかを示している。

＊39　このように全く同じ履歴書の内容で、関心のある属性（ここでは人種）のみを変えることを「マッチしたペア」（matched pairs）と呼ぶ。後述する一致監査では、マッチしたペアを使って実験を行う場合もあるし、そうではなく人種以外の履歴書の内容も変える方法をとる場合もある。ただ、マッチしたペアを使うと差別を過大評価するという研究もあるため注意が必要となる（Phillips, 2019）。この点はVuolo, Uggen, & Lageson（2016, 2018）も詳しい。

図表 1-2　監査調査法「一致監査」

履歴書　令和6年10月1日
ふりがな　いがらし　あきら
氏名　五十嵐　彰
平成2年10月2日生まれ（満33歳）
現住所　東京都○○区○○1-22-3
電話 080-0000-0000

年	月	
		学歴
平成17年	4月	私立A高等学校普通科入学
平成20年	3月	同校卒業
平成20年	4月	私立B大学　経済学部入学
平成24年	3月	同校卒業
		職歴
平成24年	4月	C株式会社　入社
		○○○事業部　経営企画部配属
令和　3年	3月	一身上の都合により、同社退社
令和　3年	9月	アメリカD大学大学院　経済学部入学
令和　6年	8月	同大学大学院終了　MBA取得

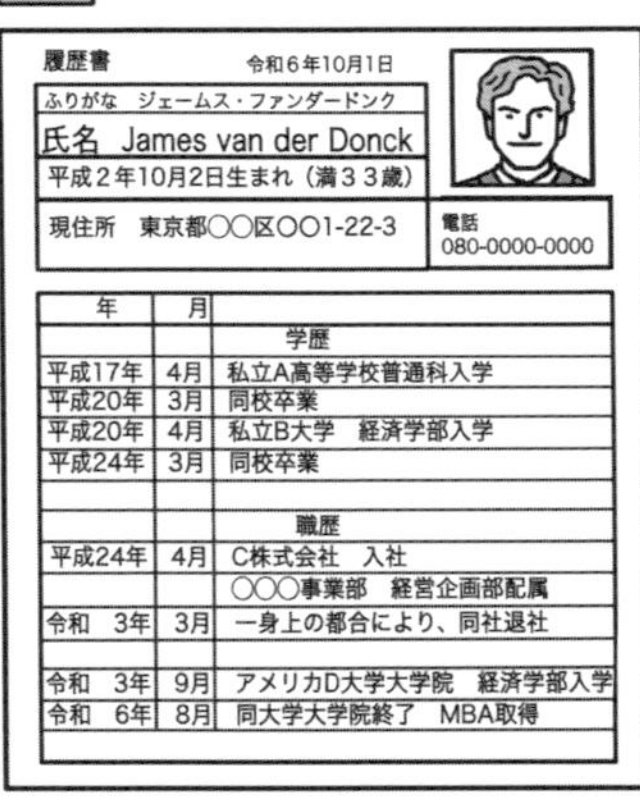
履歴書　令和6年10月1日
ふりがな　ジェームス・ファンダードンク
氏名　James van der Donck
平成2年10月2日生まれ（満33歳）
現住所　東京都○○区○○1-22-3
電話 080-0000-0000

年	月	
		学歴
平成17年	4月	私立A高等学校普通科入学
平成20年	3月	同校卒業
平成20年	4月	私立B大学　経済学部入学
平成24年	3月	同校卒業
		職歴
平成24年	4月	C株式会社　入社
		○○○事業部　経営企画部配属
令和　3年	3月	一身上の都合により、同社退社
令和　3年	9月	アメリカD大学大学院　経済学部入学
令和　6年	8月	同大学大学院終了　MBA取得

微妙な差異は、皮肉なことに、実験者を似せれば似せるほど面接官に反応されやすい。似ているからこそ、面接官は違いを探ろうとすることになる。こうした問題は、ペイジャーの研究のように役者が少ない場合に特に大きな問題となる。役者の数を増やすことで解決可能かもしれないが、対人であるという特性上コストがかかるため、この調査は小規模である場合が多い。*40

実験方法②　一致監査

対人監査は役者を雇って訓練するという特性上、高コストであり小規模な調査になりやすい。さらに検証の対象が、対面で行われる差別に限定されるという問題もある。これに対し、大規模であり比較的低コストで実施できる一致監査が、2000年代はじめ以降、主流の研究手法となる。一致監査とは、対人ではなく、郵送やメールなどで連絡をとり、その連絡に対する対応をもって差別を検出する方法である。例えば就職活動の差別を検証する際、一致監査では、実際の企業の求人に対して履歴書を送付し、その後面接に呼ばれるかどうかを測定する。この履歴書は架空のものであり、差別の対象となる属性（性別や国籍、人種など）を表すような情報に加え、学歴や職歴、年齢など履歴書に一般的に求められる属性が盛り込まれている。履歴書は潜在的な組み合わせを可能な限り網羅するように用意されており、例えば学歴（低学歴、もしくは高学歴）と人種（白人、もしくはアフリカ系アメリカ人）とで履歴書を作るとすると、2×2の4種類の履歴書ができる。同じような要領で職歴など盛り込む属性を増やしていく。こうして作成された履歴書を企業に送付し、面接に呼ばれる頻度が白人とアフリカ系アメリカ人とでどれくらい異なっているかを比較する。応募者の属性は揃えられている（例えば白人の応募者全体とアフリカ系アメリカ人の応募者全体とで、平均的な学歴は同じだとみなせる）ため、面接に呼ばれる度合いが人種間で異なっていれば、それは人種に基づく差別だとみなせる。

人種を表す情報と書いたが、アメリカや西ヨーロッパなどで行われた研究では、応募者の名前で

＊40 ただ、対人監査の中には非常に大規模なものもある。例えばChristensen & Timmins（2022）は、アメリカ合衆国住宅都市開発省（United States Department of Housing and Urban Development, HUD）が収集したデータをもとに住宅差別を検証しているのだが、実験者の数が全部で2260人という桁違いの人数だった。

人種やエスニシティを表すことになる。これは履歴書に写真を貼るのを禁止する法律があったり、メールなどそもそも写真を用いることができない媒体を使った実験であったりするためである。名前のつけ方は、例えば日本人と中国人とで異なっているし、アメリカに住んでいるアフリカ系アメリカ人や白人の間でさえ異なっている。[*41] こうした名前のつけ方の文化差を利用しているのだ。この方法を確立したのは、現代の一致監査研究の草分け的存在であるバートランドとムライナタン（Bertrand & Mullainathan, 2004）である。この研究ではシカゴとボストンに拠点を置く1300社以上の求人に対し、架空の履歴書を送る方法をとっている。内容の違う履歴書を複数パターン作成し、それぞれに白人の間でよく使われる名前とアフリカ系アメリカ人の間でよく使われる名前[*42]をランダムに付与し、作成した4870件の履歴書を販売や事務などの求人に送付する。あとは対人監査と同様に、履歴書に記入した電話番号かメールアドレスに来る連絡に応じて、どの応募者が面接に進めたかを記録する。こうして得られたデータを分析した結果、アフリカ系アメリカ人の応募者は白人の応募者よりも50％ほど採用されたり次の面接に進めたりする確率が低かった。[*43]

一致監査の発展と限界

バートランドとムライナタンの研究以降、一致監査は低コストで大規模な調査ができるために幅広く受容されていった。対人監査と一致監査の両方を含む集計ではあるものの、1975年以前から2005年までの30年間に発表された監査調査法を用いた論文数は41件であるのに対し、この件数が2006年（つまりBertrand & Mullainathan, 2004以降）から2020年の15年間で102件に急増している（Quillian & Midtbøen, 2021）。この数は移民や人種・エスニックマイノリティに対する雇用差別のみに限定したものであるため、他の場面における差別や、移民以外を差別の対象とする監査調査法[*44]を含めると、本書ではとても扱いきれない数になるだろう。

＊41 公民権運動以前にはアフリカ系アメリカ人と白人の名前のつけ方のパターンは似通っていたが、70年代以降は人種アイデンティティを示すためにアフリカ系らしい名前をつけるようになった（Fryer Jr & Levitt, 2004）。

＊42 1974年から1979年の間に白人とアフリカ系アメリカ人のそれぞれで子どもに最もつけられた名前をリストアップし、一致監査を行う前にそれらの名前が白人／アフリカ系アメリカ人だとわかるかどうか事前調査を行っている。正しく人種と結びつけられない名前はこの過程で除かれている。

＊43 ガディス（Gaddis, 2018）は、バートランド & ムライナタン（2004）の論文には少なくとも3点の功績があるとまとめている。まずは対人監査に比べて簡便で低コストであり、少人数の研究者が大規模な調査を実施できるようになった点が挙げられる。従来は政府機関が実施する対人監査がほとんど唯一の大規模調査であり、それ以外はペイジャーらのような小規模な研究であった。次に、名前によって応募者の人種やエスニシティを伝えることができることを示した点である。この点については後に論争となるが、その後多くの研究者が名前を使った差別研究を行っている。最後に、人種や性別以外の目に見える属性以外にも、多くの属性を同時に履歴書に記載することで、人種以外の属性が一致した応募者像を作り上げることができる点である。例えば履歴書に身長や体重、本人のパーソナリティなどを記すことで、純粋に人種のみに基づいた判断（つまり差別）を検出することが容易となった。一致監査の技術的・手法的な詳細についてはLahey & Beasley（2018）などが詳しい。

＊44 監査実験のうち、一致監査に限定した集計によれば、移民や人種・エスニックマイノリティを対象にした研究が圧倒的に多い。2018年までの集計によると、移民や人種・エスニックマイノリティを対象にした一致監査は123件あり、次に多い性別で32件、年齢で22件、性的指向で18件であった（Adamovic, 2020）。ちなみに、本文中に記したQuillianらの研究とは集計方法が異なるため、件数に差が出ている。

さらに、一致監査の発展は差別研究が扱える領域を拡大している。対人監査は、役者を対面の場に送り込むため、住宅差別のような訪問しやすい場に多用されてきた（Auspurg, Schneck, & Hinz, 2019）。他方、書類を送るという簡便な方法で実施される一致監査は、特に雇用差別において多用されている（Quillian, et al., 2019）。具体的には、２０１６年までに実施された雇用差別を対象とする監査調査法のうち、対人監査は17件、一致監査は80件であった。他にも一致監査でなければ実施できないような研究が多く実施されており、一致監査が検証可能な差別の領域を広げたことは間違いないだろう。さらに、一致監査を応用して、なぜ差別が起こるのか、そして差別が起こりやすい環境は何かといった問いに答えることもできるようになった（Gaddis, 2018）。

現代の差別研究にとって不可欠な一致監査であるが、手法に対する批判もある。まずは倫理的な問題が挙げられる[*45]（Pager, 2007; Riach & Rich, 2004; Zschirnt, 2019）。実験に参加する人は本来であれば自発的に参加か不参加かを決めることができなければならない。特に自分にとって不利益をもたらす実験であれば、参加しないという選択肢を取る自由がなければならない。しかし、企業の採用担当者は仕事の一環として履歴書に目を通すことになるため、実験の参加を拒むことができない。さらに、架空の履歴書を送るため、採用担当者や雇用主を欺くこととなる。こうした道徳的な問題に加えて、架空の履歴書を読ませることで、採用担当者の時間を奪うことにもなる[*46]。一致監査を行う際には、これらのコストを最小化した上で、研究から得られる利益を最大化するように、慎重に実験を実施する必要がある（Crabtree & Dhima, 2022）。例えば履歴書を送るにしても、人手が多い企業の方が架空の履歴書を読むことの損失は少ないだろうし、また社会に対してより大きな影響力のある企業や政治家に対して一致監査を行う方がより正当化されやすいだろう（Zittel, et al., 2023）。後述するサーベイ実験を使えばそもそも実験参加者を欺くことは少なくなる。

次に、手法上の批判として、名前を使って人種やエスニシティを表すことの妥当性に踏み込んだものがある。一致監査を実施する前提として、名前のつけ方に関する文化差を利用して、ある名前を見たときにその名前の本人がアフリカ系アメリカ人か白人かを認識することができる、というものが置かれていた。この方法は、名前と人種の結びつけ方が正確であること（ある程度正確でなくともいいが、不正確さが人種間、人種内でランダムであること）、そして名前が人種やエスニシティ以外のものを意味しないことが重要となる。なぜなら一致監査では名前で人種を代替しようとしているからであり、仮に名前が人種以外のもの（学歴とか社会的な地位など）も意味してしまっていては、名前ごとに対応が違っていたとしても、それが人種差別かどうかわからないからである。一致監査の多くの研究はこうした前提のもとで研究を行ってきたが、近年ではこの前提に対して疑問が呈されている。一部の研究では、名前を見たときに、人種だけでなく、その社会経済的地位も読み取ってしまうことがわかっているからだ（Gaddis, 2017; Landgrave & Weller, 2022）。さらに、

＊45 倫理的な問題は、一致監査だけでなく対人監査に対しても同様に当てはまる（Pager, 2007）。

＊46 倫理的に問題であるし、実質的な問題でもある。フィールド実験の特徴に関する調査が行われ、実験参加者や研究者も、合意のないフィールド実験に参加させられることや、フィールド実験で欺かれることに対して否定的な感情をもっている（Desposato, 2018）。

図表2　サーベイ実験における履歴書例

「下記のような人が、あなたがお勤めの企業に応募してきました。
この応募者が採用の次の段階に進める可能性はどれくらいあると思いますか」

性別：女性	**最終学歴**：高校（2012年卒業）
出生年月日：1995年11月3日	**成績の平均値（GPA）**：3.4
父親の職業：企業の正社員	**教員による評価**：概ね良い
母親の職業：介護職員	**欠席日数**：3日
現在の職業：非正規社員（2013年12月から）	**学校終了後の活動**：1年間のインターンシップ

出典：Kübler, Schmid & Stüber（2018）に筆者による加筆修正

名前から認識される人種もばらつきがあり、一部の名前はアフリカ系アメリカ人／白人として認識されやすいが、そうでない名前も多くあった(Gaddis, 2017)[*47]。

サーベイ実験

最後に、フィールド実験である監査調査法とは全く意義が異なる実験手法を紹介しておこう（サーベイ実験、もしくは質問紙実験については34ページ補遺参照）。サーベイ実験は、企業の採用担当者宛に架空の履歴書を送付し、それを評価してもらう方法であったり（Kübler, Schmid, & Stüber, 2018）、ウェブ調査会社に登録しているモニターのうち、企業で採用担当をしている人を対象にして行われたりする（Auer, et al., 2019）。図表2に具体例を示した。これはキューブラーら（Kübler, et al., 2018）の研究で実際に用いられた履歴書に手を加えたものである。このように、履

歴書から抜粋された情報を企業の採用担当者に提示し、その上でこの人が採用の次の段階にどれくらい進めそうかを聞いている。ここで提示されるすべての架空の履歴書の中に、性別や出生年月日といった情報は盛り込まれているが、その中身は履歴書ごとにそれぞれ異なっている。採用担当者の一人は男性の応募者の情報を受け取り、別の一人は女性の応募者の情報を受け取ることになる。

採用担当者や雇用主を対象にしたサーベイ実験に対しては、明らかに架空の応募者を評価するこ

*47 観測されない特性があることからも監査調査法の問題は生じている（Heckman, 1998; Neumark & Rich, 2019）。採用担当者は、求人に応募してきた求職者が将来どれだけ活躍するかを、履歴書に書いてある情報（観測できる情報）と履歴書に書いていない情報（観測できない情報）とで判断する。ここで、履歴書に書いていない情報を、応募者の人種やエスニシティから推測するのが統計的差別である。統計的差別はあくまで平均値に基づいた推論となるが、観測できない情報には、平均値ではなく、ばらつきも存在する。仮に観測されない情報に関して、白人とアフリカ系アメリカ人の平均値が一緒だったとしても（つまり統計的差別が起きなかったとしても）、白人とアフリカ系アメリカ人とでばらつきが異なっている可能性がある。アメリカではアフリカ系アメリカ人はばらつきが大きい集団だと考えられており、白人はばらつきが少ない集団だと思われている。ばらつきが異なっている場合に何が問題なのか。例えば、一致監査の対象となった職への応募者の観測できる情報が全体的に非常に高いレベルにあったとしよう。ここでの応募者とは、一致監査の偽の応募者と、本物の応募者両方を含んでいる。ばらつきが大きい集団から採用するのはある意味で賭けのようなもので、なぜなら極端に値が高い人と低い人がいるからだ。そうすると、すでに十分学歴などが高い応募者が揃っているのだから、あえてばらつきの大きい集団から採用せず、ばらつきの小さい集団、つまり白人からより採用をしようとする。このように、学歴などが高い人が応募する求人に対して監査調査法を行うと、差別の度合いを過大評価してしまうことになる。これは統計的差別が仮に生じていなかったとしても、起こりうる問題である。

とになるため、批判もある。実際の求人の場面ではないため、利害の判定といった実際の判断に用いられる要素が入ってこないかもしれない。さらに、社会的望ましさに影響を受けた回答になるかもしれない。つまり、差別的な採用判断をしていると研究者に思われるのを避けるために、移民の応募者に対して本来よりも好意的な判断を下すかもしれない（Wulff & Villadsen, 2020）。また、研究対象となる回答者も重要となる。研究によっては、実際の企業の採用担当者ではなく、学生や採用担当者以外の人を対象にサーベイ実験を行っている。しかし、採用担当者とそれ以外の人では考え方が異なっているかもしれず、結果として実際の差別の度合いとは異なる値になっているかもしれない（Correll, et al., 2007; Lahey & Oxley, 2021）。

こうした疑念に代表されるように、人々の判断の仕方が、実際の現場と質問紙上とで異なっているのではないかというのは社会科学における長年の問いであった。こうした問いに答える研究の一つを紹介しよう。スイスの一部地域には、住民投票で移民のスイス国籍取得を許可するか否かを決めるという制度が過去にあった（Hainmueller & Hangartner, 2013）。スイスの住民には、個々の移民のプロファイル（家族や学歴、出身国など）が提示され、それぞれの移民についてスイス国籍取得を許可するか否かを投票していったのだ。研究者らは、この制度をサーベイ実験で再現し、スイス国民に対して架空の国籍付与実験を行った。結果、現実で国籍を与えられやすい移民の属性と、架空の実験で国籍を与えられやすい移民の属性とが近いものとなった（Hainmueller, Hangartner, & Yamamoto, 2015）。他にも、過去に出版されたラボ実験（実験室内で行われる、架空であることがわかっている実験）とフィールド実験とを使った研究をまとめた分析も同様に、実験手法が異なっていても類似の結果が得られることがわかっている（Coppock & Green, 2015）[*48]。これらの研究は、現実の場での決断の仕方と、質問紙上での決断の仕方は類似している可能性が高いことを指し示している。

こうした議論があるものの、サーベイ実験は差別が発生する理由を検証する際に利点がある。差別の類型の一つである嗜好に基づく差別を検出するには、監査調査法では限界がある。なぜなら採用担当者や雇用主の排外意識を直接観測できないからだ。一方でサーベイ実験は一般的な質問紙に実験が盛り込まれているため、移民やエスニックマイノリティに対する態度も質問することができる。サーベイ実験では、こうした質問と実験とを組み合わせることができるので、排外主義が高い人が差別をしやすいかどうかがわかる（Gaddis, 2019）[*49]。

第6節　嗜好に基づく差別と統計的差別の検証

2節では差別の主要な原因として嗜好に基づく差別と統計的差別とがあることを示した。しかし

＊48　ただし、サーベイ実験は実験に参加するかどうかが任意の自己選択となっていたり、実験の前に同意を得たりするために、社会的望ましさに基づいた回答傾向になってしまうという研究もある（Findley, et al., 2017）。

＊49　監査調査法やその他の実験研究、差別の実証研究のまとめとして、Bertrand & Duflo（2017）やNeumark（2018）がある。

この二つはあくまで理論的な想定であるため、この二つが本当に差別の原因となっているのか、実際のデータを使って検証する必要がある。例えば、態度と行動との関連が本当にあるのか、という議論を思い出してもらいたい。5節で紹介した実験手法を応用して嗜好に基づく差別と統計的差別を検証した過去の研究を本節で紹介し、本章をまとめよう。

嗜好に基づく差別の検証①：監査調査法

嗜好に基づく差別の検証の中でも、社会学においておそらく最も重要な検証に、ペイジャー&キリアン（Pager & Quillian, 2005）による対人監査がある。彼らは背格好が似た白人とアフリカ系アメリカ人それぞれ二人ずつの役者を用意し、実際の求人計350社に対して応募をさせた。[*50] この研究では犯罪歴のある白人とアフリカ系アメリカ人の比較に焦点を当てている。サンプルサイズの調整を行い分析した結果、犯罪歴のある白人のうち50％に連絡が来たのに対し、犯罪歴のあるアフリカ系アメリカ人には14・7％しか連絡が来なかった。この結果は、人種に基づく差別を意味すると結論づけられる。ペイジャーとキリアンはその後、対人監査で訪問した企業の採用担当者に対して連絡をとり、電話で調査を行った。調査は対人監査を再現するような形式であり、対人監査の実験者の属性（性別や年齢、学歴、人種、犯罪歴など）を告げた上で、その人をどれくらい採用しそうかを採用担当者に回答してもらっている。結果、犯罪歴のある白人に対しては61・9％、アフリカ系アメリカ人に対しては61・7％が採用しそうだという回答を得ている。この電話調査と対人監査の結果とを比較すると、電話調査の場合では大幅に差別の度合いが減って、人種間にほとんど違いがないのがわかるだろう。ペイジャーとキリアンは、電話調査は採用担当者の排外主義的態度、対人監査は採用担当者の実際の行動を意味すると解釈した上で、態度と行動との間には乖離があり、質問紙調査において好意的な回答をしたとしても、実際の行動に移す際には差別的な行動になってしまうと結論づけた。この研究は、2節で述べた排外的な態度と実際の行動との間に関連があるのか、という嗜好に基づく差別の論点に対し、有力な証拠（つまり関連がないという証拠）を突きつけたことになる。[*51]

ただし、ペイジャーとキリアンの研究に対しては手法上の批判もある。代表的な批判として、サンプルサイズが小さすぎて有意差が出にくいというものである（Vuolo, Uggen, & Lageson 2016）。事実、対人監査と電話調査の両方に参加した会社（の採用担当者）の数は161であり、さらに対人監査においてアフリカ系アメリカ人に対して採用の連絡をした会社は11しかない。研究の対象と

＊50　アフリカ系アメリカ人は200社、白人は150社の別々の求人に対して応募をした。アフリカ系アメリカ人の方が多いのは、応募した会社からの連絡があまりに少なく分析に足るものではなかったからという説明がなされている。調査の詳細についてはPager（2003）を参照。

＊51　なぜ態度と実際の行動とが乖離するのか。ペイジャーとキリアンが考える理由として、（1）電話調査やサーベイ実験だと、採用担当者は調査の対象となっていると意識しているため、社会的望ましさに配慮した好意的な回答になる、（2）電話調査では一人の応募者を評価するのに対し、対人監査では他の実際の応募者と比較してより好ましい人を選ぶため、ネガティブな要素に対してより強く反応する、（3）実際に対面すると不安や脅威を感じてしまうが、電話で人物の描写を聞いてもそこまで強く意識しない、というものであった。

なったサンプルサイズが小さいと、態度と行動の間に本当に関連がない、と結論づけることは難しい。なぜなら、本来なら関連があるのだが、サンプルサイズが小さいために、関連がないかのように見える、という可能性を排除できないからだ。異なる手法でペイジャーとキリアンのデータを再分析した論文では、態度と行動の間に関連がない、とは積極的に主張できない、とまとめられている[*52]（Brauer, Day, & Hammond, 2021）。

ペイジャーとキリアンの研究以外の監査実験もいくつか紹介しよう。まずは地域における排外主義的な態度と関連づけた研究である。地域の排外主義を測定するには、既存の質問紙調査で聞かれている排外主義の平均値を地域ごとに計算する。その後一致監査を実施し、差別を検出する。排外意識の平均得点が高い地域でより差別の度合いが高いのであれば、嗜好に基づく差別といえるだろう。この点を検証した研究はいくつかあるが、多くの場合、態度と差別との有意な関連を示している。例えば地域全体で排外的な態度が高かったり、極右支持が高かったり、政治的に保守的だったりすると、移民や人種・エスニックマイノリティはより差別されやすい（Carlsson & Eriksson, 2017; Fibbi, et al., 2022; Lacroix, Ruedin, & Zschirnt, 2023. ただし、Verhaeghe & De Coninck, 2022も参照）。さらに、排外的な地域では、移民は差別をより頻繁に経験する傾向にあるようだ（Habtegiorgis, Paradies, & Dunn, 2014; Simonsen, 2016）。排外意識が高いアメリカの地域では、アフリカ系アメリカ人と白人の間の賃金差が大きいということもわかっている（Charles & Guryan, 2008）。

嗜好に基づく差別のうち、顧客の態度に基づく差別（47ページ）を実証した監査実験もある。採用担当者は、仮に自身が移民や人種・エスニックマイノリティに対して排外的でなかったとしても、顧客が移民を嫌うだろうから採用しない、という差別を行う可能性がある。過去に行われた研究では、顧客に多く関わる仕事で差別がより頻繁に検出されており、ここから顧客の態度に基づいた差別が存在すると考えられている。例えばドイツ、オランダ、スペインで行われた一致監査では、宗教的なムスリム女性（ヒジャブを被った写真）が顧客と関わる仕事で特に差別されることがわかっている（Fernández-Reino, Di Stasio, & Veit, 2023）。他にも、アメリカで行われた研究では、2段階の実験で顧客差別を検証している（Pedulla, Allen, & Baer-Bositis, 2023）。最初の実験では、白人の名前を使い、ランダムに選ばれたレストランの一部に対して、アフリカ系アメリカ人の接客スタッフを将来的に増やすかどうか尋ねるメールを送る（それ以外のレストランには、人種に関係ない問い合わせをする）。その後それぞれのレストランに対して一致監査を行った結果、人種多様性に関するメールを受け取ったレストランは、そうではないレストランに比べて、アフリカ系アメリカ人差別の度合いが減った。これはつまり、顧客の人種に対する嗜好が明らかになると、企業側はそれに反応して採用活動を行い、差別の度合いが減るということを意味する。

＊52 Pager & Quillian以降も類似の研究がいくつか行われており、デンマークで行われた実験では、フィールド実験である一致監査を行った後、ウェブ調査会社に登録している人事を対象に2度のサーベイ実験を行っている。一致監査ではエスニックマイノリティに対する差別が検出されたのだが、サーベイ実験ではどちらも差別が検出されなかった（Wulff & Villadsen, 2020）。つまり、Pager & Quillianの論文を追試した結果となっている。

嗜好に基づく差別の検証②：サーベイ実験

ペイジャーとキリアンは電話調査と監査実験（フィールド実験）の両方を実施し、結果を比較するという手法をとっていた。しかし後続の研究の多くは、サーベイ実験を単独で実施し、差別の検出を試みている。フィールド実験と比べて、サーベイ実験は社会的望ましさに影響を受ける可能性が高かったり、現実の行動と一致しないという懸念があるのは事実である（Pager & Quillian, 2005）。他方で、先述したように、サーベイ実験を使うことにより、嗜好に基づく差別が検出可能になるというメリットがある。これは比較的簡単で、質問紙中に、採用担当者に対して排外主義を尋ねるような質問を盛り込めばいい。仮に嗜好に基づく差別が存在するのであれば、より排外的な採用担当者は、差別をより行いやすいはずである。事実、移民やエスニックマイノリティに対してより否定的な態度をもっている採用担当者は、より雇用差別をしやすい（Igarashi & Mugiyama, 2023; Rooth, 2010）。排外主義と差別行動との関連を検証したサーベイ実験などをまとめたメタ分析もいくつかあるが、それらは一様に排外主義と差別行動との関連を示している（Jones, et al., 2017; Talaska, et al., 2008; Zigerell, 2018）。

第4章でより詳しく見るが、排外主義や偏見には、顕在的態度（explicit attitudes）と呼ばれるものと、潜在的態度（implicit attitudes）と呼ばれるものがある。顕在的態度とは、質問紙で「あなたは移民に対してどの程度好ましく思っていますか」といった質問で尋ねられるものである。つまり、自身が意識している態度といえる。他方で、潜在的態度とは、自分が感知したりコントロールしたりすることができないものを指す。[*53] 顕在的態度は自分でコントロールできるため、社会的に望ましい回答が求められる場では、あえて排外的態度を低く回答しているかもしれない。他方で、潜在的態度は自分でコントロールできないので、こちらの態度の方が差別行動とより強く関連しているかもしれない。[*54] ただ、研究の結果は様々で、顕在的な態度が差別的な外集団評価に影響しているという研究もあれば (Blommaert, et al., 2012; Derous, Ryan, & Serlie, 2015; Son Hing, et al., 2008)、潜在的な態度が影響しているという研究もある (Derous, Nguyen, & Ryan, 2009; Son Hing, et al., 2008)。注意したいのは、こうした研究の多くは、採用担当者を回答者として呼ぶことが困難なため、学生や一般の人を対象に実験を行っているということである。潜在的な態度を扱

*53 企業の研修などで、アンコンシャス・バイアスなどという単語を聞いたことはないだろうか。簡単にいうと、アンコンシャス・バイアス（無意識の偏見）があるために、女性や外国人に対して差別をしてしまうので、気をつけようという活動である。アンコンシャス・バイアスとは本来ここでいう潜在的態度を指すのだが、本文にも記述したように潜在的態度や無意識的態度は自身では一切気づけない態度を意味する。しかしながら企業の研修などでは、自身で意識できる範囲の振る舞いをアンコンシャス・バイアスと呼んでいる。つまり、日本社会で用いられている「アンコンシャス・バイアス」という言葉は、実はコンシャス・バイアス（意識的な偏見）を意味している。ちなみに自身の差別的な振る舞いの原因がアンコンシャス・バイアスにあると言われると、人は自身の差別的な振る舞いの責任が自分にはないと考えるようになるため (Daumeyer, Onyeador, Brown, & Richeson, 2019)、アンコンシャス・バイアスの考えを推し進めることは無責任な当事者を生産することにつながるといえる。

*54 差別以外の潜在的態度と行動との関連の有無については未だに議論がなされており、決着がついたとは言い難い (Greenwald, Banaji, & Nosek, 2015; Greenwald, Nosek, & Banaji, 2003; Greenwald, et al., 2009; Nosek, Greenwald, & Banaji, 2005; Oswald, et al., 2013, 2015)。

った研究のうち、採用担当者を対象にした研究は、潜在的な態度が差別に影響し、顕在的な態度は差別に効果がないということを示している（Rooth, 2010; Silva, 2022）。つまり、採用担当者は、自分が自覚しない差別意識によって、採用時に差別をしている可能性がある。

嗜好に基づく差別の検証③：企業の倒産

2節（47ページ）で述べたように、嗜好に基づく差別は非合理的な経営判断だと考えられている。なぜなら応募者の生産性や優秀さとは関係ない理由でアフリカ系アメリカ人や移民、女性を採用しないことになり、その代わりに、採用したい集団（多くは採用担当者と同じ集団）に所属しているという理由で、優秀さが多少劣るような応募者を採用することになるためだ。こうした採用行動を繰り返していれば、優秀な応募者を逃し続けることになるだろう。競争が激しい市場では、こうした選別は企業の競争力を低下させることになる（Becker, 1957）。[*55] この点をさらに踏み込んで批判的に議論したアロー（Arrow, 1973, 1998）は、こうした差別的な経営者は利益をあげることができないため、差別をしない経営者に取って代わられ、差別が市場からなくなると述べている。[*56]

こうした議論を受け、既存のフィールド実験の結果を活用し、ペイジャー（Pager, 2016）は差別的な企業がたどるその後の顛末を実証した。対人監査を説明する際に70ページで触れたペイジャーらの研究（Pager, et al, 2009）のデータは、２００４年に同一の企業に対して人種のみが異なる三人が応募をするというものだった。つまりこのデータのおかげで、それぞれの企業が差別的かどうかがわかるのである。ペイジャーはこのデータを活用し、その後それぞれの企業が２００７年に起きた世界金融危機以降、２０１０年までにどれくらい倒産したかを検証した。結果、差別的な企業は36・４％が倒産したのに対し、差別的でない企業は17・０％のみが倒産していた。こうした傾向は企業にまつわる他の変数を統制してもなお残存した。この結果からペイジャーは、人種マイノリティを差別する企業は、非合理な経営判断をしているためにより倒産しやすいと結論づけている。*57

さらに、本研究の関心とは多少異なるものの、女性差別でも同様の傾向にあることがわかっている（Weber & Zulehner, 2014）。ベンチャー企業を対象に行った研究で、同一産業の女性社員の平

*55 ベッカーは競争力の低下に触れているものの、企業の淘汰については言及していない。むしろ偏見をもつ雇用主を避けた結果、差別を受ける側の集団（例えばアフリカ系アメリカ人）が多く働く企業と、差別をする側の集団（例えば白人）が多く働く企業とに分離すると述べた。こうした分離の結果、前者のような企業はアフリカ系アメリカ人を差別しない可能性が高く、集団間の賃金差は縮小するのだと主張している。しかし、分離したとしても差別が減るわけではないと実証した研究もあるため（Lang & Lehmann, 2012）、ベッカーの見解を肯定することは難しいだろう。

*56 ベッカー以後の一連の研究は、応募者が企業の求人に応募する際には、人事や雇用主の差別的な態度について限られた情報しかもっていなかったり（Black, 1995）、必ずしも完全な競争状態にない（Lang, Manove, & Dickens, 2005）ため、必ずしも淘汰されるわけではないと論じている。

*57 歴史データを使った類似の研究として、第二次世界大戦時のドイツにおける管理職に就くユダヤ人の追放を用いたものがある。追放の結果、もともとユダヤ人の管理職を抱えていた企業は業績が悪化し、株価が下落することとなった（Huber, Lindenthal, & Waldinger, 2021）。この研究のような、強制的な移住を使った因果推論研究のまとめとしてBecker & Ferrara（2019）がある。

均割合よりも大幅に女性社員が少ない企業は短命に終わりやすい。この傾向は日本でも同様に見られており、女性を多く採用している企業はより高い業績をあげている（Kawaguchi, 2007)。これらの結果から、個人の生産性に基づかない採用・解雇行動が企業の業績を左右するといえるだろう。

統計的差別の検証①：集団に関する情報

統計的差別を検証する際には、どのような方法がとられているだろうか（統計的差別については50ページ参照）。統計的差別でアプローチすることができる情報は2種類、個人の情報と集団の情報である。個人の情報とは、例えば就職活動の際に応募する個人に関する情報が少ないことが統計的差別の一因となる。集団に関する情報とは、応募者が所属する集団に対して付与されている情報であり、採用する側が集団に関する情報に基づいて判断を下していることが結果的に差別となる。

ここではまず、集団に付与される情報に関する先行研究を簡単に紹介しよう。この研究は、個人間のスポーツカードの売買を使ったもので（List, 2004)、売り手、買い手両方が白人もしくはアフリカ系アメリカ人の実験参加者である。売り手に値段を自由につけてもらい、買い手にはその値段に対して交渉の余地を与えている。実験の結果、買い手がアフリカ系アメリカ人の際には、売り手はより高い値段で交渉を始めることがわかった。このため、アフリカ系アメリカ人の買い手はより労力を払って値切らなければならない。最初の提示価格に差が出るのは、売り手が想定する、集団の購買力の分布が異なっているからだ。売り手が想定する白人の購買力は、だいたい平均あたりにまとまっていた。他方で、売り手が想定するアフリカ系アメリカ人の購買力は大きくばらついており、極端に高い値段を出せる人と低い値段しか出せない人が白人よりも多く、平均あたりの値段を出す人が少ない、と推測されていた。そのため、売り手はアフリカ系アメリカ人に対して最初に高い値段を吹っかける方が得策なのである。この研究は、人々の頭の中には人種別の購買力の分布についてのイメージがあり、それが人種間で異なっていること、そしてその分布に応じて交渉の仕方が異なっていることを示している。

集団に関する情報に基づいて差別をするのであれば、仮に集団の情報が更新されれば、差別はなくなるはずである。これは54ページで触れた、集団の情報をアップデートすることとつながってくる。この点を検証した研究では（Altonji & Pierret, 2001）、設立したばかりの企業は目に見える特徴（学歴、性別、人種など）のみに基づいて賃金を決めるが、時間が経つにつれ企業は目に見えにくい特徴（非認知能力、意欲や努力する姿勢など）をより重視するようになるはずだと仮説を立てた。企業は本来、目に見えない特徴を判断材料として使って採用活動をしたいのだが、当然それらの情報は手に入らない。そのため企業は、人種や性別などの目に見える特徴が、目に見えない特徴を反映しているのだと想定して採用をする。ところが、時間が経つにつれ徐々にどういった特徴に基づいて判断すればよいか企業が学習するため、目に見えない特徴に基づいて直接的に判断を下せるようになる、ということである。しかしながら、分析の結果、時間が経過することで確かに見えにくい特徴の重要性が増加したが、人種の重要性はなくならず、かえって時間とともに増していた。これに対して与えられる解釈は2通りである。一つ目は、そもそも人種に基づいた統計的差別が行われていない可能性（つまり人種と本人の何らかの能力とが関連していない）、そして二つ目は、アフリカ系アメリカ人の生産性に関する予測が年々否定的なものになっていっている可能性である（Lang & Leman, 2012）。二つ目の場合、企業がアフリカ系アメリカ人を雇用していった結果、アフリカ系アメリカ人の生産性が低いのだと思うようになり、さらに統計的差別を強めていくという状況だといえる。55ページで触れたインタビュー調査（Pager & Karafin, 2009）はこの結果と整合的な証拠を示している（１０３ページ注63も参照）。

雇用した移民や人種・エスニックマイノリティの生産性などをもとに、企業の採用担当者が集団に関する情報を更新することはあまり頻繁に行われないということが、ここまでの研究からいえるかもしれない。他方で、採用担当者としての経験年数が長くなった結果、集団に関するイメージを個人の中でアップデートすることができ、より正確で差別的でない判断ができるようになり、統計的差別が減少するという研究もある。この傾向は難民認定を行う審査官を対象にした研究で明らかになっている。審査官は難民申請をしてきた人が、自身の出身国で政治的迫害を受けていたという証言の真実性を判定する。*58 審査官としての職務が1年目の人は、キリスト教徒の難民に対してより甘く、イスラム教徒の難民に対してはより厳しい（つまり差別的な）判定をする。しかしながら、審査官としての経験年数が上がるにつれ、この差が縮まっていくという。これは統計的差別を徐々にしなくなる、つまり正しい情報と正しくない情報をより正確に峻別できるようになるのだと考えられる（Chen, Moskowitz, & Shue, 2016; Emeriau, 2023）。

統計的差別の検証②：個人に関する追加情報

集団に関する情報をもとに統計的差別を検証する研究をいくつか紹介した。今度は、就職活動の応募者や賃貸の借り手などの、個人に関する情報を操作することで統計的差別を検証する方法を紹介しよう。入手できる個人の情報が欠落しているために、採用担当者や不動産業者などは、移民や人種・エスニックマイノリティの集団に関する統計情報を参照し、足りない情報を補って判断するようになると考えられている。そのため、個人が提示する情報を追加したり、あえて欠落させたりすることにより、差別の度合いが変わるはずである。一致監査を使った検証例をいくつか見てみよう。

ドイツで行われた一致監査の研究は、就職活動の際に送付する履歴書に、前の職場からもらった推薦書を追加することで差別が減少することを示している（Kaas & Manger, 2012）。推薦書にはパーソナリティなどの情報が盛り込まれており、この推薦書を足す群と足さない群、そしてドイツ人名とトルコ人名とで合わせて4パターンの応募書類を企業に送付した。結果、推薦書を付け足さない場合には、ドイツ人とトルコ人との間に次の面接の連絡が来る確率に違いがあったが、推薦書を

＊58 難民（refugee）という言葉には二つの意味があり、自身の出身国から目的とする国に移住している過程の人を指す場合と、その後目的国で認定される地位を指す場合である。ここで書いた「難民として認定される」というのは、地位を指す。移住してきた人は、移住先の国の政府に対し難民認定を申請することになるが、申請をした人を庇護申請者（asylum seekers）などと呼ぶ。

付け足した場合にはその差がなくなっていた。これは個人に関する情報をより多く提示することで、個人の生産性をその人が所属している集団の傾向から予測する必要がなくなり、差別の度合いが減少することを指す。

同様の枠組みを採用し、統計的差別を実証した研究は紹介しきれないほどある（e.g., Auspurg, Hinz, & Schmid, 2017; Ewens, Tomlin, & Wang, 2014; Laouénan & Rathelot, 2022）。しかし常に追加情報が差別を減少させるわけではない（e.g., Baldini & Federici, 2011; Pedersen & Nielsen, 2024; Thijssen, Coenders, & Lancee, 2021）。理由の一つとして、履歴書などに追加する情報（言語など）の巧拙などが、人種やエスニックグループに関連していないという可能性がまず挙げられる。つまり、採用担当者は実は人種・エスニックマイノリティだからといって言語能力などが低い、とは考えていないということである。次に、追加情報の評価が集団間で異なっているという可能性がある。採用担当者は、マイノリティに特有の情報（海外での学歴など）に馴染みがないため（52ページ）、これらの追加情報を提示したとしても、生産性を正確に推測できない場合があるのだろう。

最後に、アメリカにおけるバン・ザ・ボックスの研究を紹介しよう。バン・ザ・ボックス（ban the box）とは、履歴書上で前科の有無を聞くためのチェック欄（ボックス）を禁止する法律であり、一部の州で施行されている。この法律は、犯罪歴がある応募者が不利にならないようにするという配慮の意図で施行された。アフリカ系アメリカ人が収監される確率が非常に高いため、人種間の就職上の不利を是正する意図もあるだろう。しかし、バン・ザ・ボックスが施行された結果、アフリカ系アメリカ人に対する差別がかえって増加してしまった。なぜなら、犯罪歴に関する情報を与えないことによって、応募者の誰に前科があり、誰に前科がないのかが履歴書上でわからなくなってしまったからだ。結果、採用担当者や雇用主は、人種に基づいてその応募者に前科があるかどうかを判断してしまうようになる。ニューヨークとニュージャージーで行われた実験では、バン・ザ・ボックスの施行前には、白人応募者はアフリカ系アメリカ人応募者よりも面接に呼ばれる割合が約7％多かったが、施行後にはその差が43％にまで広がった（Agan & Starr, 2018)。これは情報が提示されなくなることで起きる統計的差別を示した研究例といえよう。[*59]

二つの原因

これまで見てきたように、差別の背景には主に二つ、嗜好に基づく差別と統計的差別とが存在している。しかし研究者によっては、もしくは読者の方々の中にも、もしかしたらどちらかの差別のみが存在し、どちらかの差別は重要ではなかったり存在しないと考える人もいるかもしれない。こうした疑問に答えるような論文として、今まで出版された移民や人種・エスニックマイノリティを対象にした労働市場における差別の研究をまとめたものがある（Lippens, et al., 2022)。この論文では、二つの差別（統計的差別／嗜好に基づく差別）のどちらか、もしくは両方を検討している48

＊59 類似の研究としてDoleac & Hansen（2020）、またバン・ザ・ボックスがもたらす予期せぬ帰結をまとめた論文としてRaphael（2021）がある。

件の論文をデータベースから選出し、それぞれの差別が支持されたかどうか（要するに、データを使って検証した結果、嗜好に基づく差別／統計的差別と整合的な結果になったか）を比較している。嗜好に基づく差別を検証した論文は30件であり、そのうち62・50％が嗜好に基づく差別を支持する結果を示している。否定する結果は26・6％、そしてどちらともいえない結果は6・67％であった。次に統計的差別を検証した34件の論文のうち、52・94％は統計的差別を支持する結果となったが、38・24％は否定的な、そして8・82％はどちらともいえない結果を示している。ここから、どちらの差別の形態も十分ありうるものという可能性が示唆されている。第2章で見るように、場面によってどちらの差別が表れやすいかが異なっているともいえるだろう。

第7節　まとめ

本章では、差別の定義を簡単にまとめ、差別の原因である嗜好に基づく差別と統計的差別とを紹介した。そして差別の検出方法として、実験を使わない方法、そして実験を用いた方法である監査調査法をまとめ、嗜好に基づく差別と統計的差別とを実証する研究を概観した。ここから、どのように差別を捉えればいいか、つまり、どのように差別を「可視化」すればよいかが伝わっているといい。採用や賃金、入居などの判断に際して用いられる属性（学歴や年齢など）の影響を取り除いた上で、それでもなお移民や人種・エスニックマイノリティの方が面接に呼ばれなかったり賃金が低かったりすると、それは差別の証拠といえる。この考え方は、続く第2章や第3章でも重要になるため、ぜひとも押さえておいてもらいたい。特に本章でまとめた嗜好に基づく差別と統計的差別という考え方、そして一致監査という分析の仕方は、以降の章でも多く触れることとなる。それぞれ46ページ（嗜好に基づく差別）、50ページ（統計的差別）、そして72ページ（一致監査）に戻って、その都度確認してもらいたい。

第2章 どんな場面で差別が起こるか

前章では、差別の定義や原因、検証方法について整理した。本章では、これらの考え方や手法を用いて、日常生活の様々な場面で起きる差別を検出してきた研究を紹介しよう。それぞれの研究から見えてくるのは、日常生活のあらゆるところで移民や人種・エスニックマイノリティに対する差別が起きているということである。

特に、労働市場（1節）、住宅の売買や賃貸、金融といった経済活動（2節）、警察や裁判所など公的機関（3節）、政治（4節）、そして日常の場面（5節）における差別を本章では扱う。それぞれの場面同士で関連性が必ずしもあるわけではないが、その根底には前章で扱った統計的差別や嗜好に基づく差別などがある。本章では、各場面において差別の存在が監査実験によって明確に示されているということ、そして差別のあり方が各場面によって異なっているということを明らかにする。

第1節　労働市場における差別

履歴書に基づく差別

まずは労働市場における差別の研究を概観しよう。このうち、多くの研究は履歴書に基づいた差別、つまり求人に応募する段階の差別を対象にしている。本節は少し長くなるので、セクションに分けて説明する。まずは①過去の研究をまとめるメタ分析の結果を概観した上で、②差別と学歴の関連についてまとめ、最後に③筆者が日本で行った研究に簡単に言及する。

①メタ分析

メタ分析とは、既存の研究で得られた結果を統合して分析し、平均的に見て変数間にどういった関係があるのかを検討する方法である。研究は一般的に一部のサンプルや個別の事例を対象としており、それぞれ結果も異なっている。メタ分析ではこうした個別の研究をまとめ、全体としてどういった傾向があるかを検証する。履歴書差別については、筆者が把握しているメタ分析だけで9件あり[*60]、これらの研究は基本的に移民や人種・エスニックマイノリティに対する雇用差別の存在を指

*60 メタ分析は以下の通りである（Bartkoski, et al., 2018; Gaddis, et al., 2021; Heath & Di Stasio, 2019; Lippens, Vermeiren, & Baert, 2023; Quillian, et al., 2019; Quillian & Lee, 2023; Quillian, Lee, & Oliver, 2020; Thijssen, et al., 2022; Zschirnt & Ruedin, 2016）。

摘している。つまり、移民や人種・エスニックマイノリティが応募してきた際に、自国の国民やマジョリティと比べて採用されにくい、ということである。さらに、北アメリカや西ヨーロッパにおける監査調査法をまとめた研究によると、１９９０年以前から現代まで差別の度合いはほとんど変わっていない（Quillian & Lee, 2023）。差別問題が取り沙汰され、法整備が進んでいるはずだが、それでもなお全体で見ると労働市場の差別問題が解消に向かっているとは言い難い。

多様な場面で差別が起こりうるものの、履歴書に基づく差別は特に根深く残っている。アメリカにおいて今まで出版された78件の論文を比較した研究によると（Gaddis, et al., 2021）、白人とアフリカ系アメリカ人の間の雇用の差別比率は１・24から１・29、つまりアフリカ系アメリカ人が雇用に関して１００件好意的な通知（採用や二次面接への通過通知）を受けるときに、白人は１２４件から１２９件同様の通知を受けるという。こうしたアフリカ系アメリカ人に対する雇用差別の度合いは１９８９年以降ほぼ変わっていない（Quillian, et al., 2017）。これが住居に関する差別になると、差別比率は１・13から１・16になる。公的サービスや高等教育、医療における差別比率は１とほぼ変わらない値となり、平均的に白人とアフリカ系アメリカ人の間に扱いの違いはないという結果であった。[*61]

②学歴

それでは、どのように差別に対抗すればいいだろうか。履歴書の中でおそらく最も差別に対抗する可能性が高い学歴の効果について、ここでは移民とアフリカ系アメリカ人について見てみよう。

雇用の場面で移民、特に移民１世にとって特有の問題は、自国で取得した学歴・学校歴[*62]が正確に評価されない点だろう。前章で見たように、統計的差別には、同じ情報を提示されたとしてもマイノリティの情報から生産性を予測することが困難であるという側面がある。大学を卒業していたとしても、それが海外のものであれば、国内の大学と比べてどの程度のレベルにあるかがわからないため、生産性が判断できないという問題がある。ドイツで移民に対する雇用差別を検証した実験によると、移民が海外の有力大学を卒業していると国民との評価の差は縮まるが、国民―移民間の差を完全に埋める程ではない（Damelang, Ebensperger, & Stumpf, 2020）。同様に、他の生産性を示す様々な変数の影響を制御した上でも、海外の大学を卒業していると賃金が低い（Geven & Spörlein, 2023; Lancee & Bol, 2017）。こうした状況は情報を提示することである程度解決でき、例えばスウェーデン政府は海外と自国の学歴・学校歴の対応関係について情報を提示する制度を施行した。この制度以降、海外の学校を卒業したことの不利が減少している（Tibajev & Hellgren, 2019）。制度が情報の透明性を高めることで差別が減少するという、前章で見たバン・ザ・ボック

＊61 ただし、79ページの注47で指摘したように、過去の一致監査が労働市場における差別を過大評価している可能性もある。詳しくはNeumark & Rich（2019）を参照してもらいたい。集団間で観測されないばらつきに違いがある場合、つまり優秀な人とそうでない人の差が激しい集団とそうでない集団がある場合、差別の度合いを適切に比較できない、という指摘である。この傾向は労働市場における差別では観測されたものの、住宅市場では観測されなかった。

＊62 社会科学における学歴とは、最後に出た学校のタイプ（高校か、大学か、大学院か、など）を指す。どの大学を出たかは関係がない。一般的に「学歴」という単語で表されるものは、学校歴と呼んで区別する。

ス(94ページ)とは逆の結果といえるだろう。[*63]

アフリカ系アメリカ人が被る差別もまた深刻である。ガディス(Gaddis, 2015)は、人種と学歴の関係をより詳しく分析し、エリート大学とそこまで入るのが難しくない大学(例えば全米の大学ランキングで2位と66位、など)を卒業した白人とアフリカ系アメリカ人という4パターンの組み合わせを作った。分析の結果、アメリカのエリート大学を卒業したアフリカ系アメリカ人と、そこまで入るのが難しくない大学を卒業した白人とが同じくらいの確率で面接に呼ばれていた。具体的には、エリート大学卒の白人が17・5%、そこまで入るのが難しくない大学卒の白人が11・4%面接に呼ばれていた。アフリカ系アメリカ人の場合はそれぞれ12・9%と6・5%であり、いかにアフリカ系アメリカ人が不利かがわかる。しばしばアファーマティブ・アクションとしてアフリカ系アメリカ人のために大学進学枠が作られ、それが批判されているが、差別対策としては、大学に進学できるようにするだけでは明らかに不足していることがわかるだろう。

③日本

最後に、筆者が行った日本における研究をまとめ、日本においても雇用差別が存在していることを示そう(Igarashi & Mugiyama, 2023; 五十嵐・麦山, 2023)。筆者は麦山亮太氏とともに、ウェブ調査会社に登録している人のうち、企業で採用担当の経験がある人だけを対象にサーベイ実験を行った。結果は図表3に示した。この結果は基準となるカテゴリーと比較したときに、ある属性をもつ人がどれくらい採用プロセスの次の段階に進める、と採用担当者に思われやすいかを示している。基準カテゴリーは黒丸で示されており、縦の破線の上に置かれている。例えば応募者が女性の場合、男性と比べてほとんど差がない。黒丸に付随している横棒がこの縦線を横切っている場合には、基準カテゴリーと統計的に差がないということを意味する。*64

図表3から結果は明らかだろう。応募者が外国籍の場合、日本人と比べて採用される可能性は一段と低くなる。アメリカ人だと最も好意的に見られているが、それでもなお採用される確率は日本人よりも低い。どれくらい低いかというと、前職で異なる産業で働いていた場合には就職に不利になるが、その不利と同じくらいだ。他の国籍の場合にはさらなる不利が重なっており、韓国籍や中国籍であるというだけで大幅に採用確率が減る。ちなみに応募者が外国籍の場合、海外生まれだが17歳以降日本に住んでいる人（移民1世）と、日本生まれの人（移民2世）とに分けたのだが、採

*63 紙幅の関係で本文には書かないが、移民の世代についても重要な知見が蓄積されている。移民1世に比べて、居住国で生まれた移民2世であれば文化や言語に習熟しているため差別をされにくい、と考えるかもしれないが、多くの場合移民1世と2世との間で差別の度合いにほぼ違いはない（Carlsson, 2010）。過去の研究をまとめた複数のメタ分析でも世代の差はほぼないと結論づけられている（Quillian, et al., 2019; Zschirnt & Ruedin, 2016）。多国間比較の研究で例外的に2世の方がより面接に呼ばれやすいことを示した研究はあるものの（Veit & Thijsen, 2021）、効果は微小でしかなかった。ノルウェーの人事を対象にしたインタビュー調査によると、移民1世に対して付与されたステレオタイプや感情が、そのまま移民2世に対しても受け継がれてしまい、国内での学歴・学校歴や言語能力に対して目が向かなくなってしまうことが示されている（Midtbøen, 2014）。移民2世に対して差別が残存する理由の一つとして、居住国で学校に通ったとしても、文化的距離が世代を超えて残存するためだと考えられている。

*64 注意してもらいたいが、この結果から女性は差別されていないとは決していえない。例えばこの分析でも、子どもがいることの不利は女性にのみ表れていた。

図表３　採用担当者による応募者評価

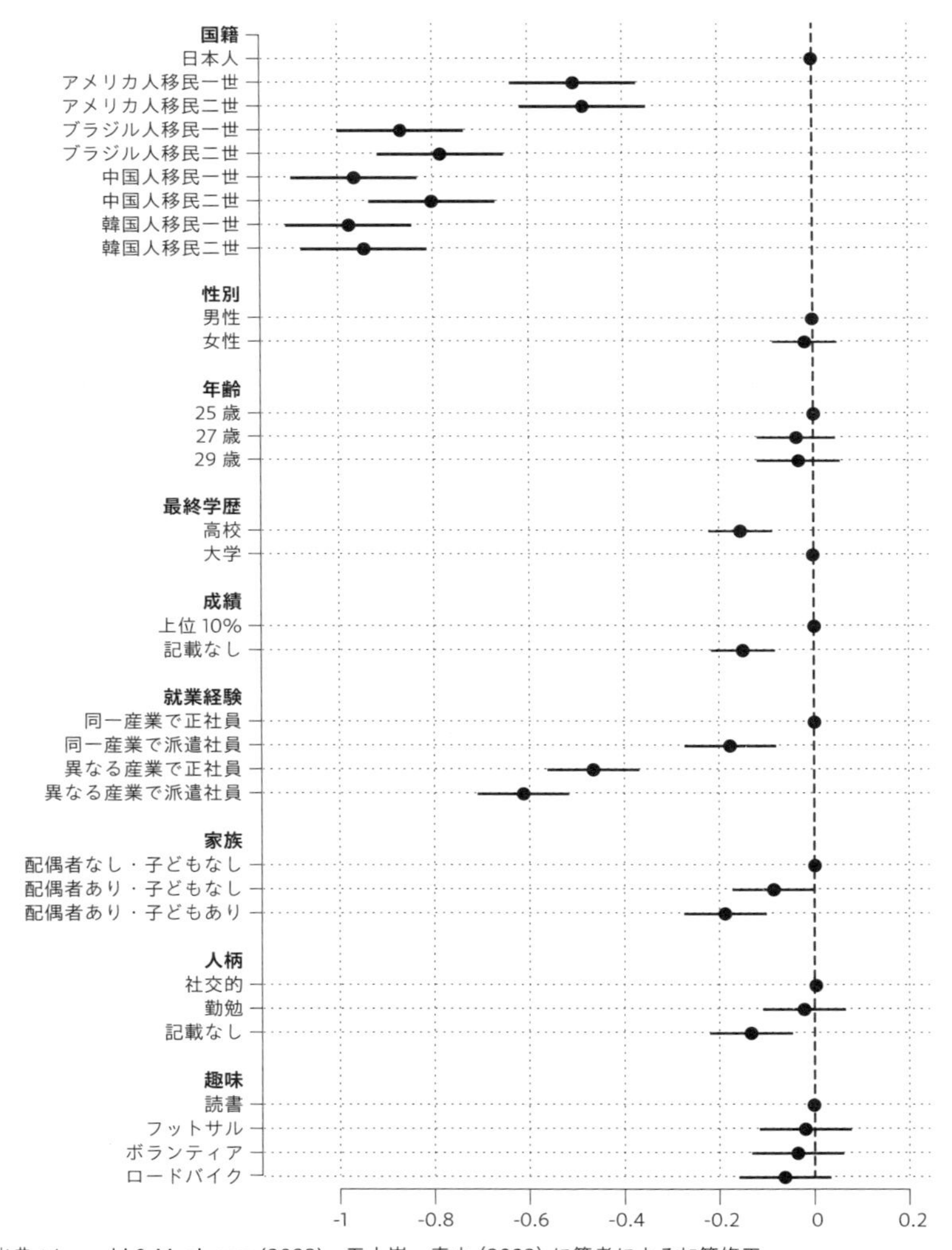

出典：Igarashi & Mugiyama (2023)、五十嵐・麦山（2023）に筆者による加筆修正

用確率の評価に差はなかった。世代にかかわらず同じくらい差別されるという結果は、注63で触れた海外の研究とも整合的といえる。

それでは、なぜ採用担当者は国籍に基づいた差別をするのだろうか。この分析では嗜好に基づく差別を検証した。採用担当者にそれぞれの国籍をもつ人に対する排外的態度を11点満点で尋ね（つまり高ければより否定的）、態度とそれぞれの国籍の応募者に対する評価との関係を見た。結果は図表4に示している。この図は、採用担当者が抱く排外的態度が1点上がったときの、それぞれの国籍の応募者に対する評価の変化を表す。縦軸は応募者が採用の次のステップに行ける可能性を指し、点数が上がればより好意的な評価を指す。例えばアメリカ人に対する態度が1点否定的になると、アメリカ人応募者に対する評価のみが下がっているのがわかるだろう。同じように中国人、韓国人に対する態度がより否定的になると、対応する国籍の応募者に対する評価のみが下がっている。[*65] これらの分析から、移民に対する態度と差別的な評価が密接な関わりをもっているといえるだろう。

さらに、図表4で示した態度の分析はもう一つ重要な意味をもっている。採用担当者個人の態度の効果がそれぞれの国籍で異なっており、アメリカ人に対する態度の効果が最も小さく、韓国人に対する態度の効果が最も大きい。これはアメリカ人の採用に対して人事の態度が反映される度合い

＊65　唯一、ブラジル人に対する態度が否定的になると、ブラジル人応募者だけでなくアメリカ人応募者に対する評価が低下するが、これはブラジルからアメリカへの移民が多く、イメージが混同されているためと考えられる。

図表４　排外主義と差別との関連

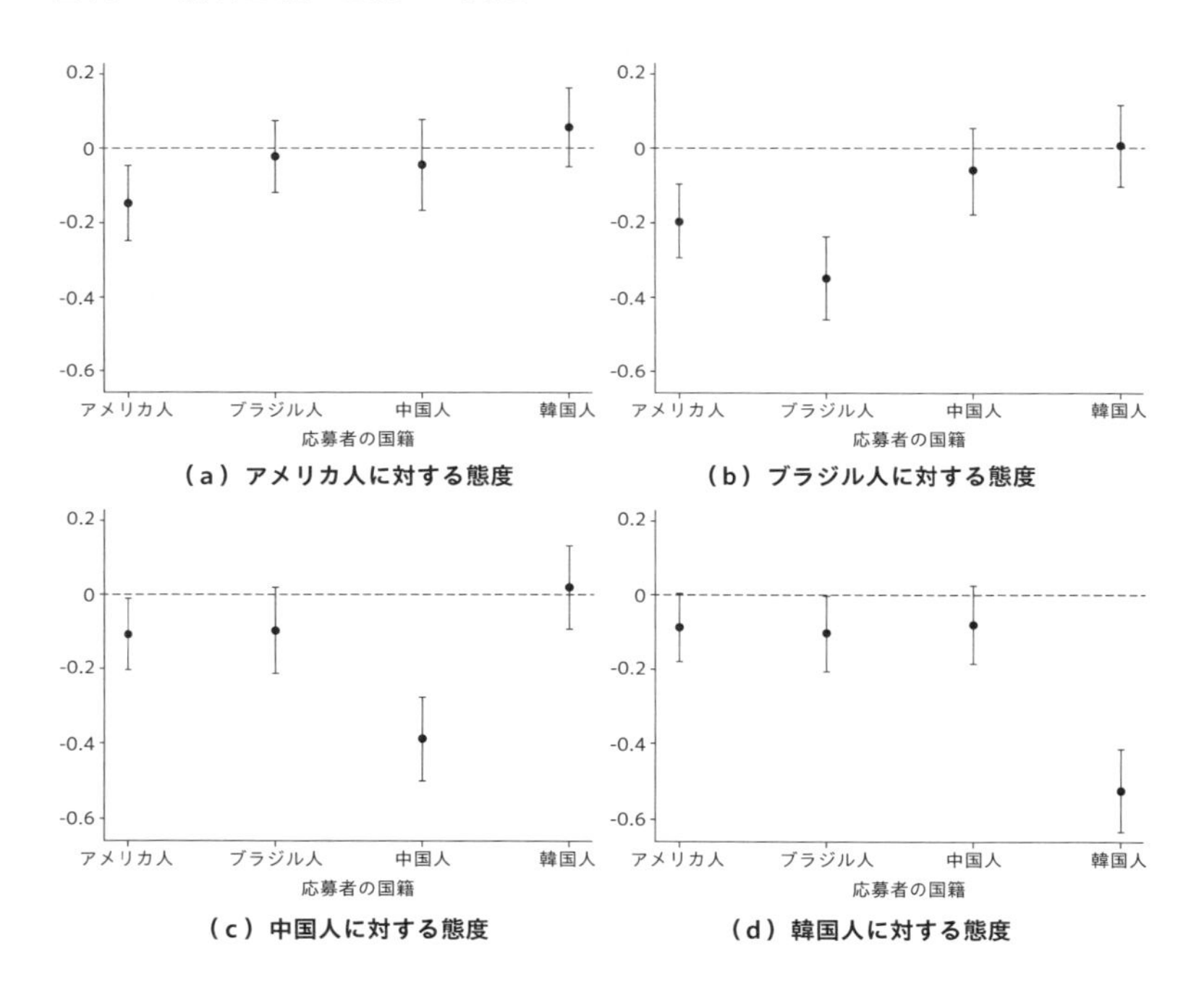

出典：Igarashi & Mugiyama (2023) に筆者による加筆修正

が小さく、採用担当者がアメリカ人を好んでいようがいまいがアメリカ人の採用はあまり変わらないことを指す。他方、韓国人に対しては採用担当者の態度に影響される度合いが大きく、人事が韓国人を好んでいる場合は大幅に採用確率が上がり、好んでいない場合には採用確率ががくっと下がる。こうした差は、おそらくそれぞれの国籍に対する世間一般の態度を反映しているのだと解釈できる。外国籍の中だと、日本ではアメリカ人が最も好まれ、中国人や韓国人が好まれていないという傾向がある（五十嵐, 2015a; Igarashi & Mugiyama, 2023）。アメリカ人のように社会的に好まれているグループだと、人事の好みを反映させにくいのだろう。他方、韓国人に対しては社会的に好まれていないというイメージがあると人事が認識しており、そのため自分の好意的な態度をより強く反映させたがるのだろう。ここから、日本にもアメリカやヨーロッパと同様に雇用の段階で差別があり、その度合いが採用担当者の排外的態度によって左右される、つまり嗜好に基づく差別が生じているといえる。

採用・職場・解雇における差別

面接に呼ばれるかどうかが差別研究の主要な研究対象だが、労働市場での活動は面接に進めるかどうかだけではない。[*66] 面接に首尾よく呼ばれた後にも、移民や人種・エスニックマイノリティは差別を経験する。キリアンらによる対人監査のメタ分析では（Quillian, Lee, & Oliver, 2020）、マジョリティはマイノリティに比べて面接に1・53倍呼ばれやすく、面接に呼ばれた後、マジョリティはマイノリティに比べて2・45倍採用されやすいことがわかっている。したがって履歴書をもとに面接に呼ぶ段階での差別よりも、面接をした上で採用を決める際の差別の方がより頻繁に起きてい

*66 採用の各段階と潜在的な差別の可能性、そして各段階に応じた対抗策についてはDerous & Ryan（2019）がまとめている。

ることがわかるだろう。[*67] この結果に対して、（1）面接に呼んで実際に対面した場合の方が人種の手がかりがより直接的、（2）履歴書を読んで面接に通過させる採用担当と、面接官とが違っている、（3）潜在的偏見がより影響力をもっている、（4）文化的な適合がより影響力をもっている、という四つの説明が挙げられている。人種の手がかりは、履歴書上では名前という曖昧なものだったのに対し、対面だと当人の人種を誤差なく特定できるという理由である。[*68] 次に、履歴書の精査をする人は好意的な態度をもっているかもしれないが、面接官も同様とは限らない。潜在的偏見（21ページ参照、人が意識することができない偏見や差別意識のこと）は、実際の人物を前にした方がより表れやすいといわれているため、その影響が顕現したと考えられる。最後に、実際の応募者の振る舞いを見ることで、文化的な違いを認識してしまう可能性がある。

無事採用されたとしても、移民やエスニックマイノリティは職場において差別を経験し、その結果仕事の質が低下したり、生活の質が悪化したりする。この点をフランスのスーパーマーケットを用いて実証した研究を簡単に紹介しよう（Glover, Pallais, & Pariente, 2017）。スーパーマーケットではマネージャーがレジ打ち担当者の人と一緒に仕事をするのだが、この二人の組み合わせは毎日ランダムに決められている。偏見のあるマネージャー[*69]のもとで働いたレジ打ちのマイノリティの従業員は、仕事を休みやすく、仕事の時間も短く、品物のスキャンが遅く、次の客への対応の前に多く時間を取るようになる。ところが偏見のないマネージャーと組んだときには、仕事のパフォーマンスがマジョリティ従業員と同等にまで回復している。こうした傾向は、偏見をもつマネージャーが、マイノリティ従業員と交流する時間を取らなかったり、マイノリティに対して仕事ができないというステレオタイプをもっているためだと解釈されている。[*70] 交流する時間がないため適切な指導を受けられず、仕事をスムーズに進めることができないという、マネージャーがもっているステレオタイプに沿った行動を従業員がしてしまっているため、生産性が下がるのだといえよう。[*71]

＊67 この値は一部の極端な研究の結果ではない。メタ分析に使った15件の研究のうち、13件で採用時の差別の方が面接に呼ぶ段階での差別よりも頻繁に起きている。

＊68 ただし、名前だけでなく、人種も確実な方法で伝えた方が差別が減るという研究や（Kirgios, et al., 2022）、履歴書に写真を貼る場合と貼らない場合とで差別の度合いに違いがないという研究もある（Polavieja, et al., 2023; Weichselbaumer & Schuster, 2021）。

＊69 ここでの偏見は潜在的偏見を指す。

＊70 人は他人がもっているステレオタイプに沿った行動をしてしまいがちだ。これをステレオタイプ脅威という。例えば女性は数学ができないというステレオタイプがあるとして、女学生はそのステレオタイプに沿った行動をとり、わざと低い点を取るという傾向がある（Doyle & Voyer, 2016; Spencer, Steele, & Quinn, 1999; Steele & Aronson, 1995）。

＊71 差別の結果、移民や人種・エスニックマイノリティの仕事の質が低下するのであれば、企業が移民や人種・エスニックマイノリティの従業員を雇うことは、企業全体の生産性を下げることにつながるのだろうか。生産性が高まるという研究と下がるという研究の両方があり、今のところ明確な決着がついていない（Hjort, 2014; Lowe, 2021; Parrotta, Pozzoli, & Pytlikova, 2014a, 2014b. また、Herring（2009, 2017）、Stojmenovska, Bol, & Leopold（2017）も参照）。さらに過去の研究をまとめたメタ分析でも両方の結果が出ている（Stahl, et al., 2010）。生産性が上がる効果と下がる効果が、だいたい同じくらいの強さで生じているため、打ち消し合っているのだろう。移民や人種・エスニックマイノリティが差別され、その結果生産性が下がる一方で、広く異なる文化の顧客に対応できるようになるため企業の収益が高まるという効果が同時に起きている。差別がなくなれば企業が生産性を高めることができる

飲食や小売などのサービス業において、近年では不用意なスケジューリング（precarious scheduling）に着目が集まっている（Kalleberg, 2011）。これには、直前でシフトを変更したり、無理やり仕事をさせたり、休憩を取らせなかったり、終業時間まで働いた後にオープンからシフトを入れたりすることが含まれる。不用意なスケジューリングをされるのは、白人よりもアフリカ系アメリカ人に多いことが明らかになっている。不用意なスケジューリング自体は差別ではないが、不用意なスケジューリングがアフリカ系アメリカ人に偏って押しつけられているのだ。さらに、こうした人種間のスケジューリングの差異は、上司が白人である場合や、アフリカ系アメリカ人が多い職に顕著であることもわかっている（Storer, Schneider, & Harknett, 2020）。

さらに、アメリカの観察データに基づいた分析によれば、アフリカ系アメリカ人やヒスパニック、そして移民は経済状況が悪化した際に、白人やマジョリティよりも解雇されやすいことがわかっている[*72]（Couch & Fairlie, 2010; Couch, Fairlie, & Xu, 2018; Tamborini & Villarreal, 2021）。この傾向は２０１９年から始まったＣＯＶＩＤ‐19、いわゆる新型コロナウイルスの蔓延時にも見られた傾向である（Couch, Fairlie, & Xu, 2020）。しかし、これらの傾向は短期的な影響を取り出しているに過ぎないという批判もある。経済状況が悪化した直後の短い期間ではこうした差別的な解雇が行われるが、長期的に見ると、白人とアフリカ系アメリカ人との解雇のされやすさにほとんど違いはなくなるという（Yu & Sun, 2019）。ただ、こうしたマクロレベルの経済状況に関する研究とは別に、ミスをした際にエスニックマイノリティであればより辞めさせられる傾向にあることがわかっており、こうした傾向は女性に対しても同様に当てはまる（Egan, Matvos, & Seru, 2022）。

昇進に関する差別

労働市場における差別の最後に、管理職への昇進に関する差別についてまとめよう。差別に対抗する上で、人種・エスニックマイノリティの人が管理職に就くことの影響は非常に大きく、上司が人種・エスニックマイノリティであれば、職場における差別が減ったり、集団間の賃金格差が縮小したりすることがわかっている（Tomaskovic-Devey, Hällsten, & Avent-Holt, 2015）。しかし、人種・エスニックマイノリティが上司や管理職、リーダーになりにくいのはおそらく読者の皆さんには自明のことだと思う。これは現代日本の女性にも当てはまる。人によっては能力の差だというかもしれないが、無論そうではないから差別なのだといえる。事実、アメリカの研究では、過去40年以上にわたり、白人男性が不当に多く管理職に就く状況が続いている（Stainback & Tomaskovic-Devey, 2009）。

それでは、なぜ管理職に就く人種・エスニックマイノリティが少ないのだろうか。近年では配属のバイアス（allocative bias）と評価のバイアス（valuative bias）の二つによって説明されている（Rider, et al., 2023）。配属のバイアスは、人種・エスニックマイノリティであれば、管理職に就き

ようになるともいえる。ちなみに、多様なエスニシティの研究チームが出版する論文の質は、そうでないグループの論文よりも高いことがわかっている（AlShebli, Rahwan, & Woon, 2018）。

＊72 経済状況が好転した後に、アフリカ系アメリカ人やヒスパニックが最後に採用されるという仮説もあるのだが、そちらは支持されなかった。採用確率の人種差は経済状況にかかわらず一定だという。

にくい地位に割り当てられることを指し、そして評価のバイアスは、得た地位の中で不当に低く評価されてしまうことを指す。無論これらの結果は、当人の能力などの影響を除いた上で得られている。こうした傾向は、多くの場合評価する側である現在の管理職がマジョリティであることに起因する（Castilla, 2011)。つまり、自分と同じ人種であれば好意的に評価し、そうでなければ好意的に評価しない、ということである。[*73]

評価のバイアスは、評価の対象がどんなに優秀であっても、正当に評価されないことに基づく差別であった。しかし、優秀さ以外にも本来であれば昇進の方法はあるはずだ。例えばネットワーク、つまりどれほど管理職に知られているか、というルート、平たくいえばコネである。しかしこのコネ自体にも人種差がある。白人であれば、優秀であること、もしくは管理職に知られていることで昇進できるのだが、アフリカ系アメリカ人は優秀でないと昇進できない。理由として、アフリカ系アメリカ人は直属の上司と知り合いになれるが、より力のある管理職とは結びつきが薄いからである。他方で、白人は管理職と良好な関係をもつことができるので、こうした人間関係を通した昇進につながるという（Wilson, et al., 2019)。これは第1章で紹介した制度的差別（60ページ）と合致する理屈で、人間がもつ、自身と同じエスニシティや人種の人と友人になりたがる傾向と整合的といえるだろう。現在の管理職の多くは白人が占めているために、昇進に関して白人がさらなる優遇を受けるのだ。[*74] さらに白人の管理職はこうした差別的な昇進慣行に自覚的でなく、アフリカ系アメリカ人の管理職が少ない理由を、本人のモチベーションや能力不足にあると思う傾向にある（Smith & Hunt, 2021)。

以上の研究では、人種・エスニックマイノリティがいかに管理職に就きにくいかを示した。しかし、企業を対象にした研究では、女性や人種・エスニックマイノリティがリーダー（つまりCEO）に据えられやすいケースがあると指摘されている。それは会社の経営が悪化したときである（Cook & Glass, 2014a; Ryan & Haslam, 2005）。これはしばしばガラスの崖（glass cliffs）と呼ばれ、倒産のリスクが高いときに女性やマイノリティがトップに据えられる現象を指す。経営が悪化した状況で昇進させられるのに加え、こうした状況では周囲からのサポートも少ない（Glass & Cook, 2016）。さらに、こうした時期にCEOに据えられた女性やマイノリティは、その後白人男性に取って代わられやすい。[*75] これは女性やマイノリティといった新しいリーダーの失敗を、より伝統的なリーダーである男性に回収させようという傾向といえる（救世主効果、the savior effect）。

＊73　仮に他の人種・エスニックマイノリティの上司が、マイノリティの部下を好意的に評価していたとしても、交代して新しく配属された上司がマジョリティである場合には、過去の上司の好意的な評価を引き継がず、マイノリティの部下を低く評価してしまう、という研究もある（Castilla, 2011）。

＊74　日本の研究も類似の傾向を見出している。海外展開といった、移民が自身の語学力やネットワークを活かせる部署に配属された場合、他の部署に配属された移民の従業員と比べて賃金が低くなる（Holbrow & Nagayoshi, 2018）。これは海外展開の部署だと、CEOなどの意思決定者と会う機会が少ないからと説明されている。

＊75　一方で、会社の経営が好転しているときに人種・エスニックマイノリティがCEOに据えられやすいという研究もある（Cook & Glass, 2014b）。ただしこの場合にも、次のCEOは白人男性になる傾向がある。つまり、会社の経営が軌道に乗った後、白人男性にCEOの座を奪われてしまうのだ。

さらに、白人の記者がマイノリティのCEOに関して何か記事を書く場合、失敗の理由をそのCEOの人種や性別のせいにする傾向にある。結果としてその集団に対する否定的なイメージが拡大してしまう（Park & Westphal, 2013）。つまり、リスクが高い状況でトップになった女性や人種・エスニックマイノリティが失敗すると、これらのグループではトップは務まらないという統計的差別の強化につながり、将来のさらなる差別に帰結する。

人種・エスニックマイノリティが企業の管理職やCEOになるには、こうした艱難辛苦（かんなんしんく）を乗り越えなければならない。さらに、仮に人種・エスニックマイノリティがCEOになったとしても、社内の多様性を拡大できるかといえばそう簡単でもない。アメリカで行われた研究によると、女性や人種・エスニックマイノリティの経営者が、社内で人種・エスニシティや性別の平等を推し進めると、周りからの評価が低くなる。一方で白人男性のリーダーが多様性を推し進めるような行動をとっても、否定的な評価は受けにくい。これは女性やマイノリティが、能力が低く温情があるというステレオタイプを当てはめられ、縁故主義や自集団を不公平に取り立てているように見られているためだと解釈されている[*76]（Hekman, et al., 2017）。

第2節　経済活動における差別

住宅市場における差別

住宅市場における差別とは、大家や不動産会社による、移民や人種・エスニックマイノリティの背景をもつ部屋の借主や住宅購入者に対して行われる差別を指す。住宅市場における差別の検証はアメリカ合衆国住宅都市開発省（U.S. Department of Housing and Urban Development, 通称HUD）が主導した対人監査が有名であり、1977年に行われた第1回の対人監査では3264人もの実験者を用いた対人監査を不動産業者を対象に行っている。*77

前章の対人監査の節で触れたように、実験者は役者であり、部屋を借りたいと偽って不動産業者に赴く。この際、その実験者が移民や人種・エスニックマイノリティの場合と、国民やマジョリティの場合とでどのように不動産業者の反応が異なっているかを比較するのが主な検証方法である（e.g., Ahmed & Hammarstedt, 2008; Carpusor & Loges, 2006）。実際に業者に赴くことで、多様な形の差別を検出することができている。例えば内見の際に少ない部屋しか見せてもらえなかったり、内見自体を拒否されたり、高い賃料の部屋を紹介されたり、*78 部屋を貸さないといった扱いが含まれる。*79 このように様々な方法で移民や人種・エスニックマイノリティは住宅差別を受けるのだ

*76 類似の研究のまとめとして、Amis, Mair, & Munir（2020）がある。

*77 2012年までのHUDの研究や枠組み、結果のまとめとして、Oh & Yinger（2015）が詳しい。

*78 高い賃料の部屋を紹介される理由として、多くの場合低賃金の移民は賃料を滞納したり、突然出身国に帰国したりするリスクがある、という不動産業者の想定がある。このリスクをカバーするために、最初から高い賃料を提示する（Auspurg, Hinz, & Schmid, 2017）。

*79 この他にも、返信メールの文面が丁寧でなかったり、挨拶文がより気安いものだったりする（Hanson, Hawley, & Taylor, 2011）。

が、ヨーロッパやアメリカで行われた住宅差別の研究のメタ分析によると（Auspurg, Schneck, & Hinz, 2019; Flage, 2018; Quillian, Lee, & Honoré, 2020）、全体的に住宅差別は減少傾向にある。[*80] 特に部屋を貸さないといった直接的で強い差別は大幅に減少している。ただし、差別は完全に解消されたわけではなく、例えば内見できる部屋の数に関する差別などは依然として残存している[*81]（Quillian, et al., 2020）。

住宅差別の背景には統計的差別があると指摘されている。要するに、移民や人種・エスニックマイノリティは低賃金であることが多く、賃料の支払いが滞る可能性があるため、貸し渋ったり、条件を絞ったりする（Auspurg, et al., 2019）。統計的差別であるため、93ページで見たように、借り主の情報をより多く提示することで、住宅差別は減少する。特にエスニックマイノリティである借り主が、高い社会的地位にある職業に就いているという情報を提示することによって、住宅差別が減少する（Auspurg, et al., 2017; Hanson & Hawley, 2011）。これはマイノリティの借り主が高い給与を得ているため、賃料の支払いが滞らないと不動産業者が推測するためである。[*82] また、第1章（57ページ）で見たように、不動産業者の情報取得行動も変わってくる。具体的には、移民の借り主だとより多くの情報を要求するようになる（Acolin, Bostic, & Painter, 2016）。

単純に不動産業者の反応だけでなく、勧められる部屋がある環境も差別の対象となる。例えばアメリカでは、アフリカ系アメリカ人やラテン系住民は白人と比べて環境汚染が進んだ地域に住む傾向にある[*83]（Crowder & Downey, 2010; Pais, Crowder & Downey, 2014）。こうした傾向の原因は、金銭的制約などによる自己選択（つまり、環境汚染が進んでいるところは賃料が安く、給与水準が

＊80 研究にもよるが、アメリカでは70年代後半から継続的に減少傾向にある。

＊81 借り主に相対するのは不動産業者であり、そのため伝統的な住宅差別研究では不動産業者による差別を多く扱ってきた。だが、不動産業者は部屋の所有者である大家の差別的な意向を汲んでいる可能性もある。例えば移民や人種・エスニックマイノリティに対して部屋を貸したくない、と大家が不動産業者に伝えるかもしれない。近年こうした大家による差別的な意向を検証した研究がベルギーで行われた（Ghekiere, et al., 2023; van den Broeck & Heylen, 2015; Verstraete & Verhaeghe, 2020）。研究者が大家を装い、新たな貸主として不動産業者に電話をかけ、自分の所有している部屋を貸し出したいと申し出る際、外国人に対しては部屋を貸さないでほしいと依頼する。この依頼に対して、どの程度不動産業者が承諾するかを見るのがこの手法である。４００件の電話のうち、14％の不動産業者が即座にこの差別的な依頼を断ったが、32％はこの依頼を承諾した。その他、およそ22％の不動産業者は人種やエスニックグループに関係ない非常に厳しい基準を設けることを提案し、28％は借り主候補者のリストを作成して、大家が最終的に選択できるようにすると提案した。残り5％は実際に来て話し合うことを提案してきた（Verstraete & Verhaeghe, 2020）。ここから、多くの不動産業者は、程度や方法の差はあれ、大家の差別的な要求を基本的には承諾するのだといえる。

＊82 統計的差別ではなく、嗜好に基づく差別によって、つまり不動産業者の好き嫌いによって差別が生じているという指摘もある（Zhao, Ondrich, & Yinger, 2006）。事実、一部の研究では、家族や学歴、職業などの情報を与えても、差別が減少しなかった（Ahmed, Andersson, & Hammarstedt, 2010）。ただし、統計的差別はメタ分析によって支持されているため（Auspurg, et al., 2019）、追加情報が差別を減少させないという結果は例外的と捉えてよいだろう。

＊83 環境汚染が進んだ地域に住むという傾向は、ドイツに居住する移民の間でも観測されている。ただし分析の過程で移民の賃金を統制したり（Rüttenauer & Best, 2022）、移民が2世の場合には住環境汚染の集団差は観測されないため（Best & Rüttenauer, 2018）、ドイツでは住環境の汚染度合いに関する格差が差別によるものと断定することはできない。

低い人種マイノリティがそうした地域を選ばざるを得ない）に加えて、不動産業者による差別的な貸出行為によるものかもしれない。一致監査を用いて、実際に貸出中の部屋に対して問い合わせをした実験が、不動産業者による差別の可能性を検証している（Christensen, Sarmiento-Barbieri, & Timmins, 2022）。この研究では、問い合わせをした部屋がある地域の空気がどれくらい毒性の化学物質に汚染されているかを事前に測定し、空気があまり汚染されていない地域にある部屋を借りたいと不動産業者に問い合わせる。実験の結果、アフリカ系アメリカ人やラテン系の名前で問い合わせた場合には、白人の名前で問い合わせた場合と比べて返信が44％少なく、空気が汚染された地域にある部屋に対する問い合わせでは、返信に人種間の差がなかった。つまり、アフリカ系アメリカ人やラテン系に対する差別は、空気が汚染されている部屋を相対的に多く紹介するという経路を通しても行われているのである。大気汚染以外にも不利な環境を勧めるという差別は観測されており、アフリカ系アメリカ人やラテン系の住民に対して勧められる部屋がある地域の特徴として、犯罪率が高かったり、学校の質が低かったり、貧困率が高かったりする[*84]（Chan & Fan, 2023; Christensen & Timmins, 2022）。

最後に、日本における入居差別についても触れよう。入居差別に関する研究は、労働市場に比べて比較的多くなされている。[*85] ２０１９年から２０２０年にかけて東京23区にある住宅を対象に一致監査が実施されており（Sugasawa & Harano, 2023）、この研究では、賃貸情報サイトに掲載されている住宅をランダムに選び、内見の依頼をメールで尋ねている。この際に送信者の名前を日本人風、韓国人風、中国人風のどれかにすることで、返信が来るかどうかと、内見の承諾を得られるかを検討した。結果、日本人風の名前に比べ、韓国人風、中国人風の名前であれば、返信が来る確率がそれぞれ7％から11％低い。さらに得られた返信の中で、内見を承諾する割合は日本人と比べてそれぞれ12・2％から14・1％低い。この結果から、日本の賃貸市場にも、明らかに差別があることがわかるだろう。さらに、実際の入居審査の際のデータを使い、入居に際しての差別を検証した研究もある（Suzuki, Kawai, & Shimizu, 2022）。この研究では、不動産管理会社向けに賃貸保証事業を行っている会社が保有するデータを用いて、入居審査時の差別を分析している。この会社は入居予定者の様々な情報を収集し、入居審査を行っている。この過程で得た情報は入居予定者の性別や年齢だけでなく、家族構成や過去に家賃やクレジットの支払を延滞したかどうか、そして仕事や収入といった情報も含まれている。分析の結果、こうした情報の影響を統制してもなお、入居予定者が外国籍の場合には、日本人の場合と比べて14％ほど入居審査を通過できない確率が高まる。[*86] 収

＊84 Christensen & Timmins（2022）の研究は賃貸ではなく住宅購入に関する研究となっている。

＊85 筆者が知る限り、入居差別に関する最も古い日本の実験研究は中川（2001, 2002）によるものである。中川は大阪の北摂地域で高齢者による対人監査を行い、不動産業者が実際に広告で募集している物件に対して訪問による問い合わせをした。年齢以外の条件を一致させた非高齢者の実験者と比べて、高齢者の実験者が訪ねた場合には、入居不可と告げられる確率が高かった。高齢者に対する入居不可という判断は、非高齢者が集住している地域で特に顕著であった。

＊86 この値は、ひとり親世帯とほぼ同じ、もしくは場合によってはひとり親世帯の方が入居審査で差別される確率が高い。外国籍者差別だけでなく、入居時のひとり親差別も重要な問題である。

入や延滞履歴がわかっているため、入居予定者の家賃支払い能力に関してはほぼわかっているといっていいだろう。すなわち、統計的差別は生じないはずだ。にもかかわらず外国人が入居しづらくなっているため、この背景には嗜好に基づく差別が働いていると考えられる。

金融における差別

金融に関する差別は、銀行や貸金業者からの連絡や可能な借入額、利子率などに集団間の差があることを指す。借り入れは様々な理由で行われるが、まずは住宅ローンについての研究を紹介しよう。住宅購入に関する研究の一部では観察データを用いた分析を行っている。アメリカでは、白人と比べて、アフリカ系アメリカ人やラテン系であれば、住宅購入の際の融資がより断られやすい傾向にある（Munnell, et al., 1996）。さらに住宅の購入額も高くなりがちで、一部の研究によるとアフリカ系アメリカ人やラテン系は白人と比べて2％程度多く支払っているという（Bayer, Casey, Ferreira, & McMillan, 2017）。確定的な理由はわからないが、アフリカ系アメリカ人やラテン系は白人に比べて財務状況が悪く不払いとなるリスクが高いと思われていたり、交渉力が低く値切ることが難しかったり、住宅購入の際に好みの物件が見つけにくい（アフリカ系アメリカ人が集中している地域など）ため住宅価格が多少高くても購入したりする、と解釈されている。こうした傾向は時代を超えて残存し続けており、アメリカで行われた監査実験のメタ分析によると、1970年代から2020年代にかけて賃貸に関する差別は減少しているものの、黒人に対する借入拒否や住宅購入の際の費用格差はこの50年間でほぼ変わっていない（Quillian, et al., 2020）。

借入条件などの格差だけでなく、住宅ローンに関する問い合わせに対しても差別がある。アフリカ系アメリカ人が問い合わせる場合と比べて、白人が問い合わせた場合には返信が多く、その内容もより詳細で、最初の返信以降、追加の連絡も来やすいという（Hanson, et al., 2016）。さらに、人種マイノリティは２００８年に起きた世界金融危機の被害者でもある。この原因の一つは、サブプライムローンと呼ばれる、返済能力の低い借り手に組ませる住宅ローンバブルが２００７年に弾けたことにある。アフリカ系アメリカ人やラテン系が集住している地域では、より多くの住宅の差し押さえが起きたことがわかっている（Rugh & Massey, 2010）。つまり、これらの地域では債務不履行が起こり、住宅ローンを支払えず、住宅を手放した人が多い。

移民や人種・エスニックマイノリティは、自ら会社を興す際の融資など、住宅以外の融資に関しても差別を受けている。労働市場において差別などを経験し、マジョリティと比べて賃金水準が低い移民にとって、起業は重要な経済戦略の一つである（次章１７１ページも参照）。しかし起業の際の銀行からの融資でも、移民や人種・エスニックマイノリティは差別から逃れられない。アメリカやヨーロッパで移民や人種・エスニックマイノリティの背景をもつ借主が個人事業主として銀行や金融会社から借り入れをする際には、借り入れをより拒否されやすかったり、高い利子率を設定されたりする（Asiedu, Freeman, & Nti-Addae, 2012; Blanchard, Zhao, & Yinger, 2008）。

融資に関する差別の多くは、統計的差別（つまり移民や人種・エスニックマイノリティが貸し倒れしやすいという考え）によって説明されがちだが（e.g., Harkness, 2016）、嗜好に基づく差別も検証されている。差別の原因を検証するため、インドの銀行を対象に借り手の情報を精査した研究がある。インドにおいてムスリム系住民による暴動が起きた際に、暴動があった地域にある支店のヒンドゥー系の銀行員はムスリム系の借り手に対してより少ない額を貸すようになった（Fisman, Sarkar, Janis, & Vig, 2020）。この際、ムスリム系の借り手がいわゆるお得意様であったとしても、初回の借り入れだったとしても、差別的な貸し出しの傾向は変わらなかったため、この差別的な貸し出しの説明として、統計的差別は否定されている。なぜなら、初回だとちゃんと返済するかどうかわからないが、お得意様であれば返済能力はわかっているからである。他方で、ムスリム系住民による暴動があった地域にある支店からお金を借りたヒンドゥー系住民は、より破産しやすくなっている。これはつまり、ヒンドゥー系の銀行員は事前に厳しく借り手の返済力を確認したわけではなく、単に自分と同じ宗教を信仰しているから貸し出しをした結果、その借り手は破産しているのである。これは自集団に対する好意的な貸し出しを意味し、嗜好に基づく差別を支持する結果といえる。

シェアエコノミーにおける差別

最後に、シェアエコノミーにおける差別について触れよう。シェアエコノミーとは、個人や企業が場所やモノ、スキルなどを必要な人に提供したり共有したりする経済活動を指す[*87]。特にインターネットの発達に伴って拡大しており、日本ではヤフオクやメルカリなどが有名だろう。

Airbnbという、自分の所有する部屋や家を短期間貸し出すサービスを扱った研究を紹介しよう。ここでは、実際に部屋を貸し出している貸主に対して一致監査を行い、部屋を借りたいと白人の名前かアフリカ系アメリカ人の名前どちらかで尋ね、承諾を得られるかどうかを記録している。結果、貸主の人種にかかわらず、部屋の借り手がアフリカ系アメリカ人である場合には部屋の利用が断られやすい。ただ、過去に一度でもアフリカ系アメリカ人を泊めたことがある貸主は差別的な扱いをしなかった（Edelman, Luca, & Svirsky, 2017)。同様の傾向はイギリスやドイツにおいて個人が貸し出すシェアハウスにも見られており、エスニックマイノリティからの問い合わせに対して内見を承諾しない傾向にある（Carlsson & Eriksson, 2015; Sawert, 2020)。

同様の傾向は相乗りサービスやタクシーの配車サービスにも見られる。ドイツの相乗りサービスでは、一般の人が自分の車に顧客を乗せて目的地まで運ぶことができる。顧客はドライバーの顔写真や評価から、どの車を利用するか選ぶのだが、エスニックマイノリティのドライバーは顧客に選ばれにくい（Liebe & Beyer, 2021; Tjaden, Schwemmer, & Khadjavi, 2018)。さらに運転手側もエスニックマイノリティの乗車を拒否する傾向があることが、Uber（タクシーを選択して配車するサービス）を使ったアメリカの研究でわかっている。アプリ上で配車依頼を受けた運転手は依頼主の名前を見ることができるが、その名前がアフリカ系アメリカ人に多い名前の場合には、運転手がその依頼をキャンセルしやすい（Ge, et al., 2020)。

個人が自分の持ち物を売買できるオークションプラットフォームのeBayでは、販売するモノの

＊87　シェアエコノミーの意義や研究のまとめとして、Schor & Attwood-Charles（2017）やSchor & Vallas（2021）が有用だろう。

写真をサイトにアップして値段をつけてもらう。この際にわざと販売者の手を写真に入れ、その手が白人のものかアフリカ系アメリカ人のものかでつけられる値段を比較する研究がある。アフリカ系アメリカ人が売主の場合には、およそ20％程度低く落札価格がつけられるという（Ayres, Banaji, & Jolls, 2015）。eBayだけでなく、地域の売買広告サイトでも、販売者がアフリカ系アメリカ人の場合にはつけられる値段が低い傾向にある（Doleac & Stein, 2013）。

以上まとめたように、新しいビジネス形態であるシェアエコノミーにおいても、伝統的な企業や業者と同様に差別が存在することがわかるだろう。しかし、シェアエコノミーには差別を抑制するための確かな利点がある。それは取引がインターネット上で行われており、貸主やユーザーに対する評価（レビュー）が公開されている点で、評価には統計的差別を減少させる効果がある。例えばAirbnbや相乗りサービス、eBayで好意的なレビューをもらっているエスニックマイノリティの貸主や販売者に対しては、差別的な忌避や低価格のオファーはなくなる（Cui, Li, & Zhang, 2020; Nunley, Owens, & Howard, 2011; Tjaden, et al., 2018）。つまり、レビューという情報を与えられることで、統計的差別が減少する。ただし一部の研究は、自集団のレビューでないと効果がないと指摘している（Park, Yu, & Macy, 2023）。これは人々が自集団の人の発言や評価をより信頼する傾向を反映したものと思われる。つまり、第三者が提供する情報は統計的差別を減少させるが、その情報が信頼できるかどうかという要因も場合によっては関わってくる。

第3節　公的機関による差別

ここまでは、大きく分けて経済に関する差別を取り扱ってきた。本節では、公的機関による差別についてまとめよう。ここでは、警察や裁判所によって移民や人種・エスニックマイノリティの扱い方が異なっている現状について触れることになる。

警察による差別

序章でも述べたように、警察による差別的な職務質問は日本においても近年問題視され始めている。こうした警察官による差別的な取り扱いは、日本だけでなく海外、特にアメリカ（Jones, 2017）において昔から問題視されている。日本では未だ研究が十分進んでいるとは言い難いのだが（宮下編, 2023）、アメリカにおいては非常に多くの研究が積み重ねられている。ここではその一部を紹介しよう。

アメリカにおいては警察官による過度な暴力が問題視されており、アフリカ系アメリカ人がその対象となっている。警察による拘束の行き過ぎが、２０１４年のエリック・ガーナー氏や２０２０年のジョージ・フロイド氏の殺害に至り、その後大規模な抗議運動に発展している。こうした大々的な事件は別としても、実際に警察による暴力や逮捕、殺害に人種差はあるのだろうか。仮にアフリカ系アメリカ人の犯罪率が高ければ、逮捕や暴力が多くなるのは自然な結果かもしれない

(D'Alessio & Stolzenberg, 2003)。しかし、犯罪率など人種間に違いのある変数の影響を取り除いてもなお、アフリカ系アメリカ人は白人よりも警察による暴力の対象となりやすく、アフリカ系アメリカ人の方が銃で撃たれる確率が高い[*88](Scott, et al. 2017)。通報を受けて駆けつけた白人の警察官が銃を使用する確率は、アフリカ系アメリカ人が8割を占める地域だと、白人とアフリカ系アメリカ人が同程度いる地域と比べて5倍近くに上がる(Hoekstra & Sloan, 2022)。同様の傾向は、「ストップ・アンド・フリスク」にも見られている。これは警察官が疑わしい人物を呼び止め、武器などを所持していないか身体検査する行為である。日本でいう職務質問に近いだろうか。この際に、銃を抜いたり地面に押しつけたり手錠をかけたりといった暴力的な呼び止められ方をされる頻度がアフリカ系アメリカ人の方が高い[*89](Knox, Lowe, & Mummolo, 2020; Zhao, et al., 2022)。

警察による人種差別が発生する理由の一つには、統計的差別があるだろう。アフリカ系アメリカ人の方が犯罪をしやすいために、警察はアフリカ系アメリカ人をより多く呼び止めやすいし、暴力的な取り締まりになりやすい、という理屈である。多くの人々はこうした理屈を受け入れ、差別的な取り締まりを正当化してしまうかもしれない。しかし統計的差別であれ差別に変わりはなく、差別をされた側には大きな悪影響がもたらされる(Lippert-Rasmussen, 2013. 実証研究は次章参照)。

警察の取り締まりは統計的差別のみから生じているわけではない。交通取り締まりの場面を使って警察による嗜好に基づく差別を検証する研究が盛んに行われている。例えば、アフリカ系アメリカ人の運転手の方が白人運転手と比べて交通取り締まりをされやすいのだが(Pierson, et al., 2020)、特に白人警官であればアフリカ系アメリカ人運転手をより多く取り締まる傾向にある

(Anwar & Fang, 2006)。これは自集団に対する選好を反映しているだろう。さらに、白人運転手がスピード違反をした場合に、アフリカ系アメリカ人運転手の場合と比べて切符を切られにくいし、車を止めた際の警官の対応も好意的である[*90]（Camp, et al., 2021; Goncalves & Mello, 2021)。

警察官が活動する環境を応用して、嗜好に基づく差別を検証する研究もある。第5章（256ページ）で詳述するが、移民や人種・エスニックマイノリティが多い地域では、人々は治安が脅かされると思いやすく、結果として移民や人種・エスニックマイノリティに対して否定的な態度を抱

＊88　21年にわたる地域レベルのパネルデータ分析を用い、地域レベルでの人種別犯罪率を統制した上で分析を行っている。

＊89　Fryer（2019）はニューヨークで実施されたストップ・アンド・フリスクのデータを用い、警察による命に関わる暴力について人種間に差がないと結論づけた。しかし彼の研究は、警察の暴力が2段階の差別（警察に呼び止められ、そして暴力を振るわれる）によって発生するという事実を無視していると批判された。Fryerの分析が成り立つには、呼び止められる確率が人種によって同一という、到底満たされない仮定を置かなければならない。つまり、彼の分析には統計分析の方法上の問題点がある。２段階の差別のような、連続で生じる行動を分析する際の方法上の問題点に対する関心は、その後の統計手法の発展にも関わっており（Slough, 2023）、その後の研究でFryerの結果は反駁（はんばく）されている（Knox, et al., 2020)。Fryerを因果推論の観点から説明した書籍の日本語訳として『因果推論入門〜ミックステープ：基礎から現代的アプローチまで』（Cunningham, 2021=2023）がある。関心のある方は見てもらいたい。

＊90　警官の好意的な対応の研究は、警官に備えつけたカメラで録画した実際の映像を使い、警官の発話のトーンを評定している。アフリカ系アメリカ人運転手に対して話しかけるトーンを第三者に聞かせると、警察に対する信頼が低下するという結果も得られている。

きやすい。そのため、一部の研究では、地域の移民や人種・エスニックマイノリティの割合を用いて嗜好に基づく差別を検証している。例えばアフリカ系アメリカ人の割合が多いと警察の人数が多くなるのだが、これはそうした地域に住んでいる人々が治安を脅かされていると感じやすいからだと説明されている（Stults & Baumer, 2007）。この研究は先述のアフリカ系アメリカ人の割合が多い地域で警官がより銃を使いやすいという傾向と整合的だろう（Hoekstra & Sloan, 2022）。国際比較研究でも同様の傾向が示されており、移民が増加した地域では、警察や裁判所に対する政府資金の増加への支持が高まる（Fink & Brady, 2020）。こうした環境レベルの脅威に加えて、暴力の対象となる個人から脅威を感じる場合もある。実験研究によれば、人々はアフリカ系アメリカ人の体の大きさを、実際のサイズよりも大きく感じる傾向にある。例えばより身長が高く、体重が重く、より男性的という具合だ。こうした脅威につながる誤認識がある場合、アフリカ系アメリカ人を取り締まる際の暴力が支持されやすくなる（Wilson, Hugenberg, & Rule, 2017）。

ここまでアメリカにおける研究を概観したが、先述したように、日本においても人種や国籍に基づく警察行為は近年問題となっている。２０２１年に日本に住む外国籍者住民を対象に行われた調査によると（明戸・有園・古池・宮下, 2023）、回答者のうち過去5年間で職務質問を受けた者の割合は62・9％にのぼっている。日本人が過去5年間でどの程度職務質問を経験したことがあるか不明なため比較をすることができないが、ここまでの割合に達しないのではないだろうか。過去5年で職務質問を経験した回答者のうち、およそ25％が1回経験しており、50％が2から5回程度、そして23％が6回以上経験している。またここで重要なのは外国人だから職務質問をしたのか、という点だが、85・4％の回答者が、警察官が最初から外国にルーツがある人であると認識した上で職務質問をしたと感じていた。ただし、この調査は機縁法、すなわち知り合いを通じての拡散によって行っている（調査のホームページを、FacebookやTwitter〈現・X〉といったＳＮＳやメールなどによって拡散している）。インターネットを通した調査を実施するにしても、基本的には日本に居住する外国人の属性（国籍や在留資格、性別など）を代表するように収集されるのが望ましく、この調査の質は決して高くはない。今後はより洗練された調査が望まれる。

筆者は尾野嘉邦氏、森田果氏と共同で、警察による実際の職務質問ではなく、広く日本人一般の差別的な職務質問に対する態度を、サーベイ実験を使って検証した（Igarashi, Morita, & Ono, 2024）。まず、基本的に人々は、国民に対する職務質問よりも、外国人に対する職務質問が正当であると思う傾向にある（van Ryzin, 2021）。こうした正当化は、外国人によって犯罪が多くなされる、という思い込みがあるために起こり、その結果、人々が警察官による外国人に対する差別的な職務質問を支持するようになるのかもしれない。これは統計的差別に合致する考え方であり、実際にはそこまで外国人による犯罪が多くないという情報を提示すると、警察官による差別的な職務質問への支持が減るかもしれない。我々の実験では、すべての回答者にまず日本の犯罪件数のうち外国人によるものの割合を回答してもらった。その後、ランダムに分けた半分の回答者には正確な犯罪率を提示し、もう半分には何も提示しなかった。全犯罪件数のうち外国人によるものは5％程度なのだが、回答者に見積もってもらった割合は31％であり、現実と大きく乖離していることがわかる。情報を修正していない群では外国人に対する職務質問は日本人に対するそれよりも正しいものと考える傾向にあったが、情報を修正した群では外国人に対する職務質問も日本人に対する職務質問も同程度に正しいと考えるようになった。[*91] 正確な情報を提示すれば、差別的な職務質問への支持が大幅に減ることがここからわかるだろう。

裁判における差別

公明正大であるはずの裁判でも、移民や人種・エスニックマイノリティに対する差別が存在する。アメリカで行われた研究は、２００６年から２００８年の判例を対象に、懲役の長さの人種間格差を指摘している。被告の前科や年齢、学歴、事件や嫌疑の特徴を統制した上で、アフリカ系アメリカ人の被告に対する懲役は白人のそれと比べて1・75倍長かった[*92] (Rehavi & Starr, 2014)。移民や人種・エスニックマイノリティに対する不当に長い懲役は他国でも見られており、筆者が知る限りドイツやオランダ、ケニア、イスラエル、中国でも観測されている (Choi, Harris, & Shen-Bayh, 2022; Hou & Truex, 2022; Light, 2016; Light & Wermink, 2021; Shayo & Zussman, 2011)。また懲役だけでなく、逮捕後に保釈が認められるかどうかについても人種差別があり、アフリカ系アメリカ人であれば認められにくい (Arnold, Dobbie, & Hull, 2022;[*93] Arnold, Dobbie, & Young, 2018)。

ところで前項の警察に関する考察は、取り扱った研究が主にアメリカで行われたものだったため、人種に基づく差別に議論が集中していた。一方で裁判の研究は、人種以上に国籍が格差の源になっている。アメリカでは人種マイノリティよりも移民の方がより長い懲役を科されやすい

(Light, et al., 2014)。西ヨーロッパにおける研究でも外国籍をもつ被告に対する懲役は長くなる傾向にある（Light, 2016; Wermink, Light, & Krubnik, 2022)。懲役が長くなる理由の一つに、移民に課される裁判前の勾留期間が長いことが挙げられる。証拠の隠滅や逃亡の恐れがある場合に起訴前に勾留されることがあるが、オランダで裁判官を対象に行われたインタビュー調査によれば、移民が勾留されやすいのは国外逃亡の恐れがあるからだという（Wermink, et al., 2022)。しかし勾留は（証拠隠滅や逃亡をしやすそうな被告だという印象を与え）裁判官の心象が悪くなるため、結果的に裁判の結果にも悪影響を及ぼし、懲役が長くなってしまう。ドイツの研究がこの想定を実際に検証しており、移民と国民との間に懲役の長さに差がある理由は、移民の方が平均して勾留期間が長いからだということがわかっている（Light, 2016)。

この他、移民や人種・エスニックマイノリティに対する不公平な判決の背景には何があるだろう

＊91 犯罪率を大きく見積もる人ほど正しい情報を見せても態度が変わらないのではないかと考えたが、そうした効果は観測されなかった。つまり、正しい統計情報を提示することで、事前の思い込みの程度にかかわらず、警察による差別的な職務質問を正当化しなくなるといえる。

＊92 アフリカ系アメリカ人の中でも、肌の色が濃ければより懲役の期間が長くなりやすく、この傾向は判事が白人の場合に見られる（King & Johnson, 2016)。ただし、一部の研究では人種差は限られた条件でしか見られないともいわれている。その条件とはアフリカ系アメリカ人が白人を殺害し、アメリカの南部で裁判が行われた場合である（Alesina & La Ferrara, 2014)。

＊93 ただしこうした懲役の差は近年少なくなっているという指摘もある（King & Light, 2019; Light, 2016, 2022)。

か。[94] 裁判においては、被告や原告、事件について、細部に至るまで細かく情報をやり取りすることになるため、個人に関する情報が不完全なことから生じる統計的差別は、当てはまりづらい。むしろ、嗜好に基づく差別によって裁判における差別が説明される傾向がある（Light, 2016）。例えば2001年にアメリカで発生した同時多発テロの被害が大きかった地域では、そうでない地域と比べて移民に対する差別的な判決が多く見られる[95]（Light, Massoglia, & Dinsmore, 2019）。これは、この地域で移民に対する否定的な態度が形成されているためである。さらに、アメリカの共和党（政治的に保守的な政党）によって指名された判事であれば、民主党によって指名された判事よりもアフリカ系アメリカ人に下す懲役が長い（Cohen & Yang, 2019）。これは一般の人々に対して行ったサーベイ実験の研究でも同様の結果が得られており、アフリカ系アメリカ人に対して否定的な人であれば、アフリカ系アメリカ人の被告に対してより長い懲役を言い渡す傾向にある[96]（Rice, Rhodes, & Nteta, 2022）。次節で論じるアフリカ系アメリカ人に対する参政権付与についても、裁判官の感じる脅威が関わっている可能性があるだろう。

ここまで見てきたように、裁判官や陪審員による差別的な判決は実際に存在している。それではこうした差別的な判決を食い止めるにはどうすればいいのだろうか。一部の研究では、裁判官や陪審員の中の人種的同質性、つまりメンバーの中に人種的な多様性がないことが、差別を生んでいる可能性が指摘されている。模擬裁判形式で実験を行った研究では、陪審員の中にアフリカ系アメリカ人が一人でもいれば、合議の時間が増え、事件に関する事実を議論し、審判に欠けているものや人種問題について話し合うようになり、さらに白人の陪審員がアフリカ系アメリカ人の被告に対してより寛容になる（Sommers, 2006）。これは前章で見た情報探索に関する差別（56ページ）が減少していることを意味する。実際の裁判記録を扱った研究でも同様の傾向が観察されており、陪審員が全員人種・エスニックマジョリティの場合にはマイノリティの被告に対する懲役が長くなる

＊94 本文で紹介する理由の他に、判決は一見無関係な要素にも影響される。アメリカの少年犯罪の判決を分析した研究では、判事の出身大学のアメリカンフットボールチームが予期せぬ負けを喫した場合、言い渡される懲役が長くなるという。この傾向は特に被告がアフリカ系アメリカ人の場合顕著になる（Eren & Mocan, 2018）。さらに、気温が高い日には、難民判定の判決がより厳しくなる傾向にある（Chen & Loecher, 2019; Heyes & Saberian, 2019）。ただしHeyes & Saberianの研究に対しては、Spamann（2022）による反論論文と、それに対する再反論の論文がある（Heyes & Saberian, 2022）。なお気温の悪影響については他の論文でも確認されており、例えば気温が高いと人々の移民に対する援助行動が減ったり（Choi, Poertner, & Sambanis, 2023a）、企業内の差別やハラスメントが増加したり（Narayan, 2022）、ヘイトスピーチが増加したりする（Baylis, 2020; Stechemesser, Levermann, & Wenz, 2022）。疲れたり著しく気分を害していたりすると、判断力が損なわれたり、自制心が働かなかったりして、差別を助長するような判決となると考えられている。

＊95 テロの影響はイスラエルでも見られており、死傷者が出るようなテロが判決の直前に起きた場合には外集団に対する判決がより厳しくなる（Shayo & Zussman, 2011）。この傾向はアラブ人判事がユダヤ人の原告に対する判決、そしてユダヤ人の判事がアラブ人の原告に対する判決でも同様に観測された。

＊96 筆者が尾野嘉邦氏、森田果氏と共同で行った研究では、自分が裁判員であると仮定してもらい、刑事事件に対してどの程度の量刑を与えるのが妥当か答えてもらった。加害者と被害者を日本人と外国人の組み合わせで検証してみたのだが、加害者が中国人、被害者が日本人の場合のみ量刑を長く求める傾向にあった。また外国人に対する脅威の度合いが高ければ、外国人加害者に対する量刑が長くなった。

が、この効果は一人でもマイノリティの背景をもつ陪審員がいれば一部緩和されたり、完全に解消されたりする（Anwar, Bayer, & Hjalmarsson, 2012; Grossman, et al., 2016）。

第4節　政治にまつわる差別

本節では政治にまつわる差別を提示しよう。おそらく今まで日本でまとめられた研究ではあまり着目されてこなかったトピックなのではないかと思う。しかし人種・エスニックマイノリティは社会経済的、政治的に脆弱な存在であり、時の政権によって翻弄されやすい立場にある。そのため、自身の生活を守るためにも、政治との関わり方が重要となってくる。アメリカやヨーロッパにおける研究を簡単に整理し、政治と関わる際にどういった困難が生じるかを見てみよう。

ここでまとめる研究は、現在の日本にとっても他人事ではない。外国にルーツをもつ住民であっても、様々な方法で政治に関わりうるからだ。例えば市区町村によっては住民投票を通して政治参加をすることができたり、日本国籍を取得することで参政権を取得して投票をしたり、さらに政治家になる場合もある。さらに投票だけでなく、社会運動も意見表明をする場として重要である。過去には主に在日コリアン住民が主導した社会運動を通し、エスニックマイノリティに対する差別的な法令（例えば外国籍者に対する指紋押捺（おうなつ）など）が撤廃されたという経緯もある（Tsutsui & Shin, 2008）。本節では、有権者としての人種・エスニックマイノリティ、候補者としての人種・エスニックマイノリティ、そして社会運動についてまとめよう。

有権者としての人種・エスニックマイノリティへの差別

有権者としての移民や人種・エスニックマイノリティに対する差別は、主に一致監査によって検証されている。[*97] 内容は政治家や選挙の立候補者に対して、投票の仕方や政策についての考えなどをメールで問い合わせるというものだ。メールには送信者の名前（もちろん偽の名前）を書き、これで人種やエスニシティを示す。送信者の名前に応じて返信が来る確率が違っていれば、差別があるといえるだろう。

政治家による差別の研究は比較的最近行われ始めたもので、2011年の研究（Butler & Broockman, 2011）が最初のようだ。同研究では政治家による差別には、記述的代表（descriptive representation）と戦略的党派性の考慮（strategic partisan considerations）という2種類のメカニズムがあると論じている。前者は、政治家や候補者は自集団の利益を代表するため、自分と異なる集団から連絡が来ても返信しにくいという議論だ。もしくは、この議論は単に自集団への選好を表している可能性もある。後者は、候補者は自身が当選する確率を上げるように行動するという前提に基づいた議論で、自分に投票してくれそうな送信者に対してのみ返信をする。後者の議論に則れば、人種・エスニックマイノリティの多くはリベラル政党の支持者であるため、マイノリティからの連絡に対し保守政党の議員は返信しない可能性がある。ここから、連絡をしてくるマイノリティ

*97 本節および第5章の集団脅威、第6章の集団間接触の記述の一部は、『政治意識研究の最前線』（五十嵐, 2025）への寄稿をもとにした。

が保守政党支持だと明示していれば、保守政党の候補者や議員は返信をすると予想できる。しかし実験の結果、送信者がマイノリティであれば、その支持政党にかかわらず返信が来にくかった。リベラルな政党に所属しているマイノリティ議員のみが、マイノリティの送信者に対してより多く返信をしていた。これは前者の議論、つまり自分が所属している集団に対して、好意的に接するという議論に整合的であるといえよう。さらに政治家だけでなく、地方自治体の職員もエスニックマイノリティからの投票方法についての問い合わせに対して、返信しない傾向にある（White, Nathan, & Faller, 2015）。

２０１６年までに行われた50件の研究をもとにしたメタ分析によれば、送信者がマイノリティであれば返信が来る確率は確かに低い[*98]（Costa, 2017）。さらにこうした差異が生じる理由として、記述的代表（自集団からの連絡に返信しがち）に整合的であることが多いようだ[*99]。こうした傾向はアメリカ、ブラジル、南アフリカ、イギリス、ドイツ、スウェーデン、デンマークなどでも見られている（Alizade & Ellger, 2022; Crawfurd & Ramli, 2022; Dinesen, Dahl, & Schiøler, 2021; Driscoll, et al., 2018; Eriksson, & Vernby, 2021; McClendon, 2016[*100]）。ただし、スウェーデンで行われた別の実験では、メールの文中に有権者の社会経済的地位を示すシグナル（歯医者かどうか）を追加した結果、送信者のエスニシティによる返信確率の差がなくなった（Larsson Taghizadeh, Åström, & Adman, 2022）。つまり、名前から本人のエスニシティだけでなく社会経済的地位も読み取っており、送信者の地位に応じて政治家は返信するかどうかを決めている可能性もある（Landgrave & Weller, 2022[*101]）（77ページも参照）。

候補者としてのエスニックマイノリティへの差別

政治家になるにはどうすればいいだろうか。日本では、国会議員や市議会議員になるためには、日本の国籍をもっていて一定年齢以上になっていれば立候補ができる。他の民主主義制度をとる国

*98 ただし、メールの内容と送信者の組み合わせによっては返信がより来やすい場合もある。ドイツにおける研究で、帰化の方法について尋ねるメールを政治家に送った場合、トルコ人からのメールの方がカナダ人からのメールよりも返信が来た。これはトルコ人がドイツでより経済的・文化的に統合しておらず、かつ人口が多いためだと解釈されている（Alizade, Dancygier, & Ditlmann, 2021）。人口が多く統合していない移民を帰化させることで、ドイツ人との衝突を減少させたいという考えが背景にある。

*99 ただし、送信者のエスニシティが何であれ、全体的に当選後の議員の方が、当選前の候補者よりもメールへの返信確率が低く、これは戦略的な行動を意味しているといえる。またブラジルで行われた研究では、当選前の候補者はマイノリティからのメールに対して差別的な扱いをしないが、当選後はマイノリティのメールへの返信は減る、という研究もある（Driscoll, et al., 2018）。

*100 この研究は民主主義国だけでなく、例えば中国でも行われている。社会運動が実施される恐れのある地域では、より返信が来やすい（Chen, Pan, & Xu, 2016）。

*101 これをサーベイ実験における情報等価（information equivalence）といって、意図している情報以外の情報をもたらしてはいけない（より正確にいうと、処置間で意図している情報以外の情報が異なってはいけない）ということである（Dafoe, Zhang, & Caughey, 2018）。例えば、コウタとユリという名前を見たときに、性別が違っているのがわかるだろう（これが研究者の意図した情報である）。しかし性別だけでなく、コウタの方がユリより裕福そうだ、とか、ユリの方がコウタより賢そうだ、と回答者に思われてはいけない。政治家に対するメールの実験はここを見逃しており、単純に人種・エスニックマイノリティの名前だけを表示するだけでは、マジョリティの方が裕福そうで、マイノリティの方が貧しそうというイメージを与えてしまったところが問題となっている。

でも、要件に国籍を据えている国は多いだろう。ただし、国家間で国籍取得の制度が異なっているため、候補者のなりやすさは国によって異なっている。例えばアメリカでは出生地主義（jus soli）をとっており、アメリカで生まれた子どもは両親の国籍にかかわらずアメリカ国籍を取得できる。他方、日本のように血統主義（jus sanguinis）をとる国では、日本で生まれただけでは国籍を自動で取得できず、両親のどちらかが日本国籍である必要がある。日本の場合は、他国の国籍をもっている人が日本国籍を取得したり、どちらかの両親が日本国籍をもっており、成人以降日本国籍を選んだ場合には（一定年齢に達していれば）政治家になる資格が得られる。

ただ、比較的国籍取得がしやすく移民やエスニックマイノリティが多いアメリカでも、移民や人種・エスニックマイノリティの背景をもつ政治家は少ない（ましてや日本ではなおさら少ない）。なぜ海外にルーツをもつ政治家は少ないのだろうか。提唱されている理由は二つあり、一つはそもそも移民やエスニックマイノリティの背景をもつ人が候補者にならない（なりたがらない）、もう一つは候補者になっていたり、なりたがっているにもかかわらず、既存の政党や政治家によって当選しにくい状態に置かれている。つまり、移民側から政治家になりたい人の供給がない可能性、そして既存の政治家が門番になっている可能性の二つがある。

スウェーデンのデータを用いた研究では、政治家になるためのステップのうち、どの段階で移民と国民の間に差異が生じるかを検証している（Dancygier, et al., 2021）。段階とは（1）資格がある、（2）出馬したいと思う、（3）候補者になる、（4）当選する、という四つを指す。このうち、1段階目から2段階目への移行確率は国民と移民とで同じだが、2段階目から3段階目、3段階目から4段階目へは、国民の方が移行しやすいことがわかっている。[*102] つまり、移民と国民とで政治への関心などは同じだが、実際に候補者になったり、当選する段階で差が生じている。こうした移行確率の差は、移民や国民個人の資質である政治的野心や関心などの差異では説明できず、政治に関する個人のやる気や意識が仮に移民─国民間で同一であっても、国民の方が候補者になりやすいし当選しやすい。この研究ではやる気や政治関心のみに焦点を当てているが、他にも移民の社会経済的な地位が障害となっている可能性があるかもしれない。実際、一般的には、学歴が高かったり、収入が高いと政治家になりやすい。しかし、スウェーデンの市議会選挙を分析した研究では、移民の社会経済的地位が向上しても、それによって移民が市議会議員になりやすくなっているわけではなかった（Dancygier, et al., 2015)。つまり、移民や人種・エスニックマイノリティの背景をもつ政治家が少ない原因は、移民側にはないのだと考えられる。

移民側の問題ではないのであれば、政治家側が移民の候補者を擁立しないことが問題なのかもしれない。確かに移民や人種・エスニックマイノリティの候補者を不利に扱う傾向は様々な研究で見られており、例えばアメリカにおける地方の政党支部長に対して行われた調査では、アフリカ系アメリカ人やヒスパニック系の候補者だと当選しにくいと考えていることがわかっている（Doherty,

＊102 移民は資格をもつ人のうち37・5%が出馬に関心をもち、そのうち0・9%が実際に出馬し、さらに出馬した人のうち16・2%が当選している。これが国民になると、資格をもつ人のうち34・9%が出馬に関心をもち、うち2・0%が候補者となり、うち22・4%が当選している。

Dowling, & Miller, 2019)。オランダで行われた研究では、エスニックマイノリティの候補者は当選リストのうち安全圏に置かれにくい(van der Zwan, Lubbers, & Eisinga, 2019)。日本でいう比例代表のようなもので、政党ごとに一定の議席が割り振られ、リストの順番に候補者に対して議席が与えられるのだが、エスニックマイノリティの候補者は、このリストで後の方に置かれやすい。また、カナダやイギリスの研究によれば、政党は自党の候補者が勝ちそうにもない選挙区にエスニックマイノリティや女性の候補を擁立する傾向にある(English, 2019; Thomas, & Bodet, 2013)。これはマジョリティ男性の候補者に優先的に勝てる選挙区を割り振っていくためだと考えられる。ただしアメリカでは、政党の資金支援などがマジョリティ男性と、女性やエスニックマイノリティとで異ならないという研究結果もある(Fraga & Hassell, 2021; Hassell & Visalvanich, 2019)。理由は定かではないものの、資金支援はするが、有利な選挙区を割り当てるようなこともしないという二面性があるといえるだろう。

現職の政治家が、移民や人種・エスニックマイノリティの候補者を不利に扱う理由として、移民や人種・エスニックマイノリティの候補者は票を得ることができないというものがある。確かに、有権者が移民や人種・エスニックマイノリティの候補者を忌避する傾向は、一部事実かもしれない。過去の研究でも、有権者は移民やエスニックマイノリティの候補者に投票しない傾向がある*[103](Fisher, et al., 2015)。これは移民に対する排外意識や、自集団の候補者に対する選好を反映している(Fisher, et al., 2015; Portmann, 2022a; Portmann & Stojanović, 2022)。過去に政治家としての経験がある候補者は当選しやすいのだが、当選経験をもってしても移民であることから生まれる不利を払拭できない（Portmann, 2022b）。言い換えると、選挙においても有権者の嗜好に基づく差別が発生しており、有権者の排外的態度に反応して政治家も移民や人種・エスニックマイノリティの候補者を積極的に推薦しない結果となるのだといえる。

社会運動における差別

最後に社会運動にまつわる差別について触れよう。日本では、デモなどの社会運動に対して冷ややかな見方をする人もいる。しかし民主主義において社会運動は民意を伝える上で重要な意義をもつ。特に参政権をもたない移民や人種・エスニックマイノリティにとっては、自身の要求を政治的に伝える数少ない経路といえる。代表的な社会運動として、アフリカ系アメリカ人を主たる参加者とした公民権運動が挙げられるだろう。公民権運動の結果、１９６４年には公民権法が制定され、アフリカ系アメリカ人に対する選挙権制限が撤廃されたり、公共施設などでアフリカ系アメリカ人を隔離することが禁じられるようになったりした。公民権運動は政治体制を変えることとなった

＊103　ここで挙げた研究だが、サーベイ実験のメタ分析では人種・エスニックマイノリティの候補者であっても、マジョリティの候補者であっても、変わらずに投票することがわかっている（van Oosten, Mügge, & van der Pas, 2024）。しかし、同じメタ分析で、自集団の候補者であればより好意的に扱うことから（マジョリティの有権者人口の方が多いため）、マイノリティ候補者の不利は存在しているのだといえる。筆者が行った実験でも、候補者の両親の出生地が日本以外であっても、投票確率には影響がなかった。ただし、移民に対する脅威（２３０ページ）が高い人であれば、候補者の出身地が日本以外だと投票しなくなるようだった。（Igarashi & Ono, 2025）

が、[104]同時に人々の態度や行動にも影響している。例えば公民権法が制定される以前に、座り込み運動がより盛んだった地域では公共施設やホテル、レストランでの隔離をやめるようになっている（Biggs & Andrews, 2015）。さらに公民権運動が盛んだった地域では、公民権運動がもたらすメッセージに対して共感し、公民権運動への態度がより好意的になった（Andrews, Beyerlein, & Tucker Farnum, 2016）。こうした変化は50年以上経った現代でも維持されており、公民権運動が盛んだった地域ではリベラルな政党である民主党へ投票する傾向にある（Mazumder, 2018）。

本章が扱うトピックは生活の各場面における差別なのだが、それでは社会運動に差別はあるのか。いくつかの研究がその可能性を示唆している。社会運動は大雑把にいえば、暴力を伴うものと暴力を伴わないものに分けられ、このうち暴力を伴わない社会運動の方が、より成功しやすいことがわかっている（Chenoweth, Stephan, & Stephan, 2011）。非暴力的な社会運動は、正当なものとしてメディアで取り上げられやすく、人々の共感を得やすかったりモラルに反していないと思われやすく、人々の支持をより得る傾向にある[105]（Dahlum, Pinckney, & Wig, 2023; Feinberg, Willer, & Kovacheff, 2020; Wasow, 2020）。このように社会運動が非暴力であることは運動の成功にとって一つの重要な要因となるのだが、移民や人種・エスニックマイノリティが主導する社会運動は暴力的だとみなされやすい。これは実験研究で明らかになった結果であり、仮に提示する社会運動が同じような条件のものであっても、参加者の多くがエスニックマイノリティであれば暴力的なものとみなされ、結果、運動への支持が低下してしまう（Manekin & Mitts, 2022）。このためか、アフリカ系アメリカ人の社会運動には警察がより動員されやすい[106]（Davenport, Soule, & Armstrong, 2011）。

同様に、白人の傍観者は、白人の警察がアフリカ系アメリカ人による社会運動を制止しても、警察を批判しない傾向にある（Davenport, McDermott, & Armstrong, 2018）。

仮に移民や人種・エスニックマイノリティの運動が暴力的とみなされなかったとしても、社会運動が成功する確率が高まるわけではない。先行研究によれば、暴力的であれ非暴力的であれ、社会運動の担い手が人種・エスニックマイノリティであれば、人々はその運動を支持しない傾向にある（Edwards & Arnon, 2021）。つまり、人種・エスニックマイノリティによる非暴力的な社会運動と、国民による暴力的な社会運動の支持の度合いが同程度だという。さらに、移民や人種・エスニックマイノリティによる社会運動への支持は、彼らに対する態度がより否定的であると低下する傾向にある（Metcalfe & Pickett, 2022）。筆者が共同で実施した調査でも、日本において韓国人が「外国人に対して地方参政権を付与すべき」と主張すると、日本人が主張する場合と比べて、日本人の間で外国人参政権支持が低下すること、そしてこの傾向はナショナリズムが特に強い日本人の

＊104 政治家は移民やエスニックマイノリティによる社会運動に影響を受け、議会における自身の投票行動を変える（Gillion, 2012）。ベルギーで行われた実験研究によれば、社会運動の規模が大きかったり、そのメッセージが一貫していたりすると、政治家をより説得しやすい（Wouters & Walgrave, 2017）。社会運動が、政治を動かす効果をもつことがわかるだろう。

＊105 ただし、暴力を伴う社会運動の結果、リベラルな政党への投票が増えるという研究もある（Enos, Kaufman, & Sands, 2019）。

＊106 ただ、より最近では、警察の動員数に関して人種間の差がなくなっている。

間で見られることがわかっている（Igarashi & Ono, 2022a）。移民や人種・マイノリティの意見を通すことが、いかに困難かがわかるだろう。

第5節　多様な場面における差別

日常的差別

日常の場面においても差別は散見される。特に特定の場所や団体へのアクセスという機会が阻害されたり、よしんば入れたとしても扱われ方が悪いという質の問題が生じる。こうした構造は本章で扱っている他の場面の差別でも顕現していたが、日常生活の場でもこの構造が同様に当てはまる。例えばナイトクラブへの入店差別研究が機会の阻害をよく表している。クラブのガードマンが、アフリカ系アメリカ人に対してドレスコードに反しているためという理由づけをし、入店を拒否するという（May, 2022; May & Goldsmith, 2018）。つまり、クラブにふさわしい格好をしていないというルールに基づいて拒否している。しかし同様の服装をしている他人種の入店はアフリカ系アメリカ人よりも許可されやすく、ドレスコードが一律に機能しているわけではない。あたかも客観的なルールに基づいているようで、そのルールを差別の正当化のために用いているという好例といえよう。

統計的差別の観点から、接客の質に着目した研究もいくつかある。飲食店においては、アフリカ系アメリカ人の客はチップを少なく払うし、マナーが悪いといった印象が形成されており、その結果店員による接客の質が低下するという（Brewster & Nowak, 2021）。また洋服などの小売店において、人種・エスニックマイノリティが店員に接客されなかったり、万引きをするのではないかと疑われたりする（Pittman, 2020; Schreer, Smith, & Thomas, 2009）。例えばアメリカで、アフリカ系アメリカ人の客と白人の客（どちらも実験者）が、サングラスについている万引き防止のセンサーを外してほしいと店員に頼む。どちらの場合でも店員が断ることはないのだが、実験者がアフリカ系アメリカ人の場合だと、店員が凝視をしてきたり実験者の後をつけてきたりする頻度が高くなり、より万引きを疑われるようになる（Schreer, et al., 2009）。同様の傾向はベルギーでも確認されている（Bourabain & Verhaeghe, 2019）。

ところで、日常的差別（everyday discrimination）は実はれっきとした学術用語である。「社会的な出会いの中で起こる慢性的で不当な扱い」（Mouzon, et al., 2017）と定義され、日常における他者からの扱いが公平かどうかに焦点を当てている。今まで示した例はほぼすべて日常的差別に当たるといえよう。日常的差別は本章で見てきたような差別、つまり公平さを欠いた扱い（人種・エスニックマイノリティとマジョリティとの間で処遇の差を作る）を指している。他方で、近年注目が集まっている「マイクロアグレッション（microaggression）」という概念もある。これは例えば日本に住む移民に対して「箸を使うのが上手ですね」などと声をかけることが含まれる。これは相手の「人種や性別、性的志向、宗教などを軽視したり侮辱したりするような、敵意ある否定的な表現」とされている（Sue, 2010=2020 : 34）。これは当人のアイデンティティやルーツに関わるステレオタイプに根ざした表現だといえる。例えば、外国人であれば箸が使えないだろう、といった集団に対する印象をもとに発言をすることが、マイクロアグレッションに当たる。これは日常的差別のような、集団の公平さとは関わっていない。日常的差別もマイクロアグレッションもどちらも日常生活で発生するのだが、似て非なる概念ということを押さえておこう（使い分けやメタ分析についてはSmith & Griffiths, 2022を参照）。本章は差別に焦点を当てているためマイクロアグレッションについて深く触れないが、関心のある人は『日常生活に埋め込まれたマイクロアグレッション』（Sue, 2010=2020）を読んでもらいたい。[*107]

援助行動における差別

援助行動の実験は、人前で実験者がわざと困るような状況を作り出し、それに対して人々が助けてくれるかどうかを、実験者の人種やエスニックグループを変えて実施するものだ。例えば、果物を入れた袋を抱えたドイツ人、もしくはムスリム移民がバス停など人前にいるとしよう。実験者であり役者でもあるこの人がわざと果物を落とし、周囲の人が拾ってくれるかどうかを記録する。実験者の時間や場所、実験者のエスニックグループを変えて何度も果物を落とす実験を実施する。集計した結果、ドイツ人と比べてムスリム移民の場合に果物を拾ってもらえる確率が低ければ、これは援助行動における差別といえよう。

援助行動差別に関して、重要な論文を近年立て続けに発表しているチェらの研究を見てみよう。チェらは、ムスリム移民が居住地域に文化的に統合している場合、つまりその国や地域の文化に習熟している場合、人々は差別をしなくなることを実験を通して示そうとした（Choi, Poertner, &

Sambanis, 2023b)。図表5に研究で使われた写真を模した図を示した。ムスリム移民の実験者が袋に入れたレモンを持っており、携帯電話で通話をしている。通話内容は社会における女性の役割についてで、実験者は周囲の人々にわざと聞こえるように通話する。場合によって通話内容を変え、あるときには女性は家庭に入るべきという意見を話し、また時間を変えてあるときには女性も外で働くべきという意見を電話口で話す。それぞれの場面で、こうした通話をし終えた後、わざとレモンを落とす。すると通話内容によって周囲の人々の行動は変化し、通話内容が性別に関する伝統的な価値観（女性は家庭を守るべき）の場合に最もレモンを拾ってくれる確率が低く、一方で通話内容が現代的（女性も外で働くべき）な場合にはドイツ人とムスリム移民との間の差別がなくなった。つまり、ムスリム移民がドイツ人と同じ価値観をもっていると認識される場合、ドイツ人と同

＊107 スポーツにおける差別も一大研究領域であるといえる。例えばアメリカにおいて野球を対象にした研究では、審判とピッチャーの人種が異なる場合には、審判はストライクを宣言しにくい（Parsons, et al., 2011）。つまり、審判が人種をもとにした差別を行い、ピッチャーにとってより不利な判定をしているということである。審判の9割が白人であるため、アフリカ系アメリカ人選手にとって明確に不利に働いている。審判が自身と異なる人種や国籍の選手に対して不利な判定を下す傾向は、サッカーやバスケットボール、馬術競技、ムエタイ、フィギュアスケート、スキージャンプでも見られている（Krumer, Otto, & Pawlowski, 2022; Lyngstad, Härkönen, & Rønneberg, 2020; Myers, et al., 2006; Pope & Pope, 2015; Price & Wolfers, 2010; Sandberg, 2018; Zitzewitz, 2006）（ちなみにこうした結果を公表した場合のやり取りとして、全米バスケットボール協会〈NBA〉に対するPrice & Wolfers, 2012の反論が興味深い）。

図表 5　通話実験の図

じくらいレモンを拾ってもらえるようになったのだ。

もう一つチェらの研究を紹介しよう。今度は役者が二人登場する。片方はドイツ人であり、もう片方は袋に入れたオレンジを持った[*108]ドイツ人もしくはムスリム移民である（Choi, Poertner, & Sambanis, 2019）。片方のドイツ人実験者には、バス停など人のいる前で空のコーヒーカップを道端に捨ててもらう。このドイツ人は、ゴミをポイ捨てしないという規範を破ったこととなる。このドイツ人に対し、もう一人の実験者であるドイツ人もしくはムスリム移民が非難をしてみせる。そしてその後オレンジを落とす。このとき、非難をした移民のオレンジは、非難をしていない移民のオレンジよりも拾われやすいということが明らかになった。ただし差別の度合いはそこまで大きく減らず、非難をした移民と非難をしていないドイツ人は同程度に助けてもらえたが、非難をしたドイツ人はより多くの場面で（数値にすると10％ポイント多く）助けてもらえた。[*109]

最後に、アメリカで行われた実験を紹介し、援助行動と回避的レイシズムの関連を考えよう。第4章（219ページ）で詳述するが、回避的レイシズムとは、自分には偏見がないと思いたがる人が、微かに表出する不安感や不快感のことである。回避的レイシズムをもつ人は、自分の平等主義的なイメージを保つために、偏見を表出するのが好ましくないような場面（例えば他人の目があっ

＊108　チェらは研究によってオレンジとレモンを使い分けている。
＊109　チェらの他の研究では、移民が用いる言語が居住国の言葉かどうかは援助行動とは関係なく、どちらにせよ移民はより助けてもらえない（Choi, Poertner, & Sambanis, 2021）。

たりするとき）では特に差別をしないよう行動するが、そうでない場面では自然と差別的な行動が出てしまう。この差は考えて動く場面と、直感的に体が動くような場面でも表れており、考えて動くのであれば、自分が差別的な行動をしないように動くのだが、直感的に動く場合には、かえって回避的レイシズムが出てしまい、差別的な行動になってしまう。この点を、援助行動の緊急性を変えて検証したアメリカの論文がある（Kunstman & Plant, 2008）。この研究では、白人やアフリカ系アメリカ人の実験者にわざと転んでもらい、周囲の白人に助けてもらえるまでの時間を見ている。さらに、転んだ際に負う怪我の緊急性が高い場合と低い場合とで場面を分けている。分析の結果、白人が緊急性の高い怪我をした場合に比べ、アフリカ系アメリカ人が緊急性の高い怪我をした場合、周囲の白人がアフリカ系アメリカ人を助けるまでの時間は遅く、援助行動の質も低かった。他方で、緊急性が低い怪我の場合には、助けるまでの時間や質が、白人が怪我をした場合とアフリカ系アメリカ人が怪我をした場合とで変わらなかった。これは回避的レイシズムが表出した結果と解釈されており、緊急性が低い場合には、考える時間があるために、平等に助けなければならないという規範が働く余地があり、アフリカ系アメリカ人が怪我をしていても白人の場合と同じように助けることができる。しかし緊急性が高い場合には、こうした平等主義的な考えを巡らせる時間がなくなり、さらに援助行動は密な接触を伴うため、結果として、アフリカ系アメリカ人と白人に対する援助行動に差が出てしまう。*110

学校における差別

学校における差別は大きく分けて2段階、学校への入学の差別と、入学してからの差別がある。入学の差別の検討のため、学校に対して入学の希望や資料を請求し、それに対する返信の有無を用いた一致監査が行われている。スペインで行われた一致監査では、エスニックマイノリティ(ロマ)の両親から送られてきたメールに対する返信は、スペイン人の両親のメールに比べて12%ポイント低い。ただし子どもにスペイン人風の名前をつけている場合には、ロマ風の名前をつけている場合と比べて7%ポイント多く返信が来やすくなる(de Lafuente, 2021)。マジョリティ風の名前をつけることが、その国の文化に同化していることを意味し、そうした親のもとで育った子どもは文化的に馴染んでいると考えるのだろう。同様の傾向は、アメリカにおけるムスリム家族に対する差別にも見られる[*111](Pfaff, et al., 2021)。さらに、仮に返信が来たとしても、送り主がエスニックマイノリティの場合にはより多くの質問が学校側から返され、手続き的な負担が不当に多くなってしま

＊110 回避的レイシズムは援助行動に特に関連しており、48件の研究を対象にしたメタ分析によれば(Saucier, Miller, & Doucet, 2005)、助けないという決断を正当化できるような状況であれば(例えば助けるのにリスクがあったり、時間がかかったり、助けるのが難しかったり、努力が必要だったり、本当に助けが必要かどうか曖昧な場合には)、援助行動の差別がより厳しくなる。こうした状況でアフリカ系アメリカ人を助けなかったとしても、自分は偏見をもっているとは思われないだろうと判断し、援助行動にためらいが出るのだと考えられる。

＊111 ただしアフリカ系アメリカ人と白人との間に差がなく、過去の犯罪歴の方が重要であったり(Brown & Hilbig, 2022)、特定の政党を支持したりしている場合のみ差別されるという研究もある(Druckman & Shafranek, 2020)。

う（Olsen, Kyhse-Andersen, & Moynihan, 2022)。これは前章（56ページ）で見た新たな差別の形態である、移民や人種・エスニックマイノリティの場合だと資料や情報をより多く提供させるタイプの差別と合致している。

次に、仮に首尾よく学校に入学できたとしても、入学後に移民や人種・エスニックマイノリティの子どもは差別を経験する。アメリカやヨーロッパにおいて移民や人種・エスニックマイノリティの背景をもつ生徒は、テストの点数や成績がマジョリティの生徒と比べて低い傾向にある（Kao & Thompson, 2003)。こうした差異は生徒の言語能力や家庭の社会経済的地位によって説明されがちだが、教員による差別も同時に背景にあると指摘されている（Triventi, 2020)。教員による差別の一つに、テストの採点がある。ドイツで行われた一致監査実験では、まず10歳の実験協力者二人にエッセイを合計10編書いてもらう。この10編のエッセイを教員に送り採点してもらうのだが、同じエッセイだとしても、教員ごとにエッセイの執筆者の生徒の名前を変えている。ある教員に送られたエッセイの1編にはドイツ人風の名前が、他の教員に送られた同じエッセイにはトルコ人風の名前がつけられている。つまり、エッセイの内容は同じだが、名前だけが異なっている、という状況を作り出しているのだ。エッセイへの採点を分析した結果、トルコ人風の名前をつけたエッセイはドイツ人のものと比べてより低い点数がつけられていた（Sprietsma, 2013)。この傾向はメタ分析でも支持されている（Malouff & Thorsteinsson, 2016)。

採点の差別に加えて、教員による日々の評価も集団間の差異を生んでいる。教員は自身と異なる人種や性別の生徒に対し、授業中の注意力が低いと評価したり、低い教育期待をもったりするようになる（Dee, 2005; Gershenson, Holt, & Papageorge, 2016）。ここでいう教育期待とは、生徒が将来獲得する学歴に関する期待であり、教員による期待が高いと生徒はより努力し、より高い学歴を得ることができるようになる（Jussim & Harber, 2005）。マイノリティの生徒に対してマジョリティの教員は期待をしない傾向にあるため、マイノリティの生徒の成績は結果として落ち込んでしまう。こうした期待の差異は、自分と異なる集団に対する偏見や自集団への選好から生じているため、教員がマイノリティであることが、マイノリティの生徒の成績のためには重要となる。事実、人種・エスニックマイノリティの教員に習ったクラスでは、マジョリティとマイノリティ間の成績や退学率の差異が20〜50％縮んだ（Fairlie, Hoffmann, & Oreopoulos, 2014）。

教員は採点や授業中の評価だけでなく、生徒の学校における行動に対しても介入するが、この際にも集団間の格差を生じさせている。[*112] 例えば、排外的な態度を抱いている教員のもとでは、エスニックマイノリティの生徒[*113]は友人、特に情緒的サポートや勉強の手助けをしてくれる友人の数が少ない。さらに、こうした教員のもとで生徒は同じエスニックグループの友人を作りやすい傾向にある。バイアスのある教員が、エスニックグループに基づいた分断を促しているということだ。異性に対して偏見をもつ教員が、男性生徒同士、女子生徒同士で遊ばせる、といえばわかりやすいだろうか。こうした分断の結果、エスニックマイノリティの生徒は言語やその他の教科の学習が遅れ、

＊112　その他教員によるバイアスに関する研究のまとめとして、Childs & Wooten（2023）がある。
＊113　この分析では、トルコにおいて難民の生徒がランダムに教室に割り当てられた施策を用いて推定を行っている。

さらにはいじめにもあいやすくなってしまう（Alan, et al., 2023）[*114]。

教員の偏見は生徒を叱る際にも差別を生んでいる。アメリカで行われた実験では、生徒が何かしらの問題行動をしている様を映した動画を教員に見せるという手続きを踏んでいる。動画内で録画されている行動はほぼ同じなのだが、生徒の人種だけが異なっている。アフリカ系アメリカ人の生徒の動画を見た教員は、白人の生徒の動画を見た教員よりも、強く動画の中の行動を非難し、校長に報告しやすい傾向にあった（Owens, 2022）。同じ行動をしていても、マイノリティであればより非難されてしまうということだ。こうした差別的な扱いの背景には、アフリカ系アメリカ人は問題行動を起こすものだというステレオタイプがあるという（Okonofua & Eberhardt, 2015）。アフリカ系アメリカ人の問題行動をより強く非難する傾向は、特にマイノリティが多い学校において顕著だった（Owens, 2022）。アフリカ系アメリカ人の数が増えると学校の罰則が増えるという研究もあることから（Edwards, 2016）、マイノリティの生徒数が増えることで教員が生徒からの脅威をより感じるようになり、抑えつけるために罰則を増やしたり問題行動をより強く非難するようになるといえるだろう[*115]。

第6節　まとめ

以上から、あらゆる側面において移民や人種・エスニックマイノリティが差別を経験していることがわかるだろう。ここで強調したいことは、差別とはただ一場面で生じるものではなく、各場面で生じ、累積的に不利が増大していくものだということである。学校では教員から期待をされず、成績を不当に低くつけられれば、中退の確率が高くなる。卒業できたとしても、就職の際に面接に呼ばれにくく、呼ばれても採用されにくく、さらに良い大学を卒業していたとしてもこうした不利を埋め合わせることが難しい。就職以外にも、住居やローンの借りやすさ、警察や裁判所による扱い、政治の場など、差別は日常生活の様々なところでも起こりうる。こうしたそれぞれの段階における不当な扱いが、自分がたまたまある集団に所属しているというだけで降りかかってくるのである。日常のあらゆる場面で差別が生じることが、いかに差別の対象となる人々の生活に及ぼす影響が大きいかがわかるだろう。次節ではより直接的に、差別とその悪影響についてまとめることにしよう。

ところで、本章でまとめた内容は、一部を除いてほとんどがアメリカやヨーロッパで行われた研究であった。こうして過去の研究で得られた結果を読んでも、日本のことを考える際には無意味だと思う人もいるかもしれない。日本社会が何かの側面で特殊で、他国の知見がそのまま当てはまら

＊114　移民やエスニックマイノリティの生徒はいじめによりあいやすく（Albdour & Krouse, 2014; Strohmeier, Kärnä, & Salmivalli, 2011）、この傾向が差別的な教員のもとでより加速することになる。ちなみに日本でも移民の子女はいじめにあいやすかったり（中原, 2021）、成績や進学率が低かったりする（是川, 2018）。

＊115　資源（人員や予算など）に余裕がないために教員はより差別をするという研究もある。例えば問題行動に対処したり、居住国言語に困難を感じる生徒に対して、補助をしてくれる教員を一人新しくつけるという条件で実験を行うと、こうした生徒に対する差別的な処遇が減る（Andersen & Guul, 2019）。

ない、という考え方だ。しかし、序章でも述べたように、こうした議論が成り立つには、差別を増減させるような特定の社会の側面がないといけない。当然それぞれの国や社会は制度や人口構成などが違っているが、そうした違いのせいで日本には差別がないとか、嗜好に基づく差別や統計的差別が存在しないという主張には疑問が残る。アメリカやヨーロッパでの研究は、メタ分析を含めた多くの研究が一貫して差別が存在するという結果を示しており、こうした傾向は社会が異なっているからといってなかなか覆ることはないだろう。事実、日本で行われた研究では履歴書に基づいた差別や住居差別、そして移民に対する差別的な職務質問への支持などを示している。ただし（これもまた序章の繰り返しになるが）差別の存在のあるなしは実証的な問いであり、検証してみなければわからないことは多い。日本での差別の実態を検証するためにも、日本での差別研究が今後増加することが望ましい。

第3章 差別が人々に与える影響

前章で見てきたように、差別は生活のあらゆる側面において存在するが、それでは差別や排外主義は、移民や人種・エスニックマイノリティ側にどういった影響をもたらしているのだろうか。社会のマジョリティ（日本でいうと日本人男性）は差別をすでに解消された問題として認識する傾向にある。差別の存在やその影響を否定したり正当化したりしており、マイノリティが経験している困難に対して、意図的にせよそうでないにせよ、自覚的ではない（Eibach & Keegan, 2006; Mueller, 2017）。その結果、差別が被差別集団にもたらす影響について目が向かないのかもしれない。しかし、実際には差別によって多くの悪影響がもたらされていることを本章で明らかにしていく。

少し遠回りになるが、まずは1節で、差別はなぜ悪いのか、という議論を紹介する。これは第1章で触れた（39ページ）差別とは何か、という議論と同じく、近年政治哲学の分野でまとまりつつある、差別に関する重要な論点の一つである（Lippert-Rasmussen, 2013）。おそらく一般的に差別は悪いことだとされているが、それではなぜ差別は悪いのだろうか。その理由として心的状態説、客観的意味説、そして危害説の3点をごく簡単にまとめよう。*116 ちなみに、本書は危害説、（簡単にいうと）差別は差別をされた側にとって悪影響をもたらすから悪いのだ、という立場に立つ。危害説に立つことによって、本章で紹介する差別がもたらす悪影響は、単に差別をされる側にとっての問題だけでなく、差別の悪質さを考えるための論拠ともなる。

2節以降で、本章の主眼である、差別がもたらす害の内情について整理していく。2節では社会経済的側面として、賃金や教育への悪影響について触れる。また、差別をされたことによって労働市場における行動が変わる可能性についてもまとめよう。3節では健康に対する影響について、健康そのものと、健康に害をなすリスク行動（喫煙など）とに分けて論じる。次に、4節では集団間関係をまとめよう。差別は経済や健康に対してだけでなく、居住国に対する移民や人種・エスニックマイノリティの態度にも影響を与える。5節では、差別は他者に対する信頼をも損ねるということをまとめよう。

第1節　差別はなぜいけないのか

心的状態説から見た差別

政治哲学の分野では、差別がなぜ良くないのか、どういった差別が悪質なのかについて近年盛ん

＊116　日本語訳は石田（2019）に基づく。同論文、そして堀田（2014）はそれぞれの説とその問題点を簡潔にまとめているので、規範の観点から差別に関心をもつ人には一読してもらいたい。

に議論されるようになった。まず、最も素朴な議論である心的状態説（mental state accounts）について議論しよう。この説は、差別という行為の背景に行為者の排外的な感情があるために差別は悪質である、という主張である[*117]（Alexander, 1992; Anderson & Pildes, 2000）。どう見ても差別的な扱いをしている企業や政治家が「差別の意図はなかった」という弁明をしている場面に出くわすことがあるだろう。こうした行動は意図や心理状態に基づいた説明に依拠しているといえる。実際、筆者が共同で行った実験では、日本人は差別行動の背景に排外的な感情がある場合に差別を許されないものと判断し、統計的差別（客観的情報に基づいたものであれ、誤ったステレオタイプに基づいたものであれ）の場合には比較的許容しがちになる（Igarashi, Kano, & Miwa, 2023）。つまり、統計的差別を行う際には排外的な感情や意図がその背景にないため、自分の行為は責められるものでないという姿勢である。

しかし心的状態説は、理論的一貫性の観点から、多くの研究者から否定される傾向にある（Hellman, 2008=2018; Lippert-Rasmussen, 2013）。心的状態説に基づくと、差別のうち一部しかその悪質さを説明できず、先述の通り、統計的差別は悪質でないことになる。また、86ページで簡単に触れたように、排外主義には顕在的なもの（本人が感知できるもの）と潜在的なもの（本人が感知できない無意識下のもの）があることから、心的状態説に立てば、顕在的態度に基づいた差別は意図的であるために悪質で、潜在的な態度に基づいた差別は意図的でないために悪質ではない、ということになる。このように、心的状態説に基づくと、差別の悪質さの説明に一貫性がなくなることがわかるだろう。

客観的意味説から見た差別

客観的意味説（objective-meaning accounts）、もしくは軽視説（disrespect-based accounts）とは、差別の対象となった個人や集団に対して、客観的な意味を付与してしまうために悪質だという議論である。心的状態説が念頭に置く主観的意味とは差別する人の心の中を指すが、客観的意味説は差別する側が周りの傍観者に向けて放つ意味を指す。例えば男性の大学教授を「五十嵐教授」、女性の大学教授を「五十嵐さん」と呼んで差をつけると、周囲でそれを聞いている人に対して女性の教授を軽んじてもいいというメッセージを与えるかもしれない[*118]（Lippert-Rasmussen, 2013）。客観的意味説の第一人者ともいえるヘルマン（Hellman, 2008=2018）は『差別はいつ悪質になるのか』で、集団の尊厳に基づいた議論を展開している。同書によると、差別は他者を劣った集団の成員として扱い、その道徳的価値を貶める（貶価、demeaning）こととなるために悪質であるとされている。言い換えると、「すべての人々は…（中略）…等しく配慮と尊敬に値する」（Hellman, 2008-2018：10）という原則に反していることを指す。この議論では、差別された側に対して直接的な害をもたらすかどうかを焦点としているのではなく、差別の対象となる個人や集団

＊117　この議論の背景には、そもそも偏見や排外的な感情が道徳的に好ましくないという前提がある（Lippert-Rasmussen, 2013）。

＊118　人によっては親しみやすさを演出しているのだと思うかもしれないが、女性だからという理由で呼び方に差をつけるのが問題という趣旨である。

を平等に扱わず、人間として道徳的に同価値として扱っていないことを問題視している。*119

客観的意味説は差別の悪質さを読み解く上で重要な論点であるのだが、客観的意味説に対して反論がなされているのも事実である（Lippert-Rasmussen, 2013）。まず、第三者に対して誤ったメッセージを与えるのが問題なのであれば、第三者に知られずに行われる差別は許容されてしまう。例えば履歴書に基づいた差別などは、必ずしも公然と行われるわけではない。秘匿されれば、第三者に対して誤ったメッセージを与えることもないので、悪質な差別とはならなくなってしまう。次に、差別が常に差別された人や集団を貶価しているわけではない。例えば腕力を重視して女性を雇用しないという間接差別（41ページ注14参照）をしたとして、これはその集団の人間としての価値を貶めているとは言い切れない。こうした差別の場合には、対象となる集団の道徳的価値を貶めているというメッセージは与えられにくいだろう。

危害説から見た差別

最後に、現在最も有力とされている危害説（harm-based accounts）を紹介しよう。危害説は、差別が個人や集団に対して悪影響をもたらすために許容されないという論である（Lippert-Rasmussen, 2006, 2013）。つまり、もし差別がなかったならば、差別される側の個人はより良い状態であっただろうと考えられるために差別が悪質であるということである。例えば、エスニックマイノリティのAさんが大企業の面接時に、自身のエスニシティのせいで差別され入社できなかった場合と、エスニシティをもとにした差別がなく入社できた場合の経済状況の差異といえる。

差別がなかったらより良い状態にあっただろう、と書いたが、良い状態とは、全体的に見れば良い状態を指すのか、それとも個別の側面で良い状態を指すのだろうか。全体的に見れば良い状態とは、差別によって何か悪影響があったとして、それを将来的に補えたり、他の場面で補えるような良いことがあることを指す。例えば、現在はエスニックマイノリティであることで差別にあって就職できないが、将来非常に良い仕事が得られたり、エスニックマイノリティであることで映画やコンサートのチケットが優遇されたりするため、差し引きゼロで危害がない、という考え方を指す。差別によって生じた害が時間的に補完されたり、別の側面で補完されたりすれば、差別は正当化されるのか、ということになる。*120

全体的に見れば差し引きゼロで危害がない、という考え方は、危害説に対する反論としてよく見られるものである。先程のマイノリティのAさんが、例えば差別で入社できなかったとしても、他

＊119 第1章（44ページ）で述べたように、Hellmanは社会的に権力をもつ集団が、過去や現在に社会的に低い地位にある集団に対して差別を行うことを、自身が想定する悪質な差別の条件として掲げている。もっとも、仮にこうした歴史がなかったとしても、他国の歴史を参照して差別的な扱いだとみなされる可能性もある。これは各国が社会的文脈を共有し、規範の伝播が発生している現代において特に見られる現象だろう（e.g., Finnemore & Sikkink, 1998）。

＊120 別の側面とは、単に個人の社会的地位や経済的利益だけでなく、抑圧や従属からの自由や法的承認も含んでいる。ある側面（社会的地位）で差別がないとしても、別の側面（法的承認）で差別がある場合には、危害説が成り立つ（Lippert-Rasmussen, 2006）。

の企業に行くことでAさんの人生にとって非常に良い出来事があればいいだろう、という議論である。しかし、この議論に対し、リパト＝ラスムセン（Lippert-Rasmussen, 2006）は長期的に見たときに差別に好意的な効果があったとしても、短期的に害をもたらすのであれば差別は悪質であると再反論している。またそもそも、他の企業に行って良い人生を過ごすことができることが確率的にどれほどありうるのかも考えなければならない。

危害説に対する他の反論として、危害説は結果のみに基づいているというものがある。結果のみに基づいているため、害のない差別を取りこぼしている。例えばオックスフォード大学に入学したいアフリカ系アメリカ人の生徒がいたとして、人種差別的なオックスフォードの事務職員がこの生徒を入学させなかったとする。しかしこの事務職員は差別が良くないことだと自覚しているため、アフリカ系アメリカ人の生徒をコネのあるケンブリッジ大学に入学させた。この生徒にとって二つの大学は全く違いがなかったため、結果として害はもたらされていない（Slavny & Parr, 2015）。こうしたケースは実害がないために、危害説の観点に基づくと、この差別は悪質ではないことになる。ただし、こうした反論にも再反論がなされている。例えば、大学に入学できたため客観的には害がないかもしれないが、アフリカ系アメリカ人の生徒にとって公平に扱われることそれ自体が重要なのであれば、主観的な意味で害があるかもしれない（Arneson, 2017; Ishida, 2021）。

危害説そのものや危害説に対する一連の反論は実証的な議論である。つまり、本当に差別は危害をもたらすのか（そして害がどの程度ありうるのか、どの程度重いのか、即座に影響をもつのか、その影響がどの程度継続するのか）を検証しないと、そもそも危害説は成り立たない。本章の残りでは、危害説が成立するかどうか、つまり差別がいかに被差別者に対して害をもたらすかを、実証的な側面から整理する。

第2節　差別の社会経済的影響

賃金格差

まずは差別の社会経済的影響についてまとめよう。差別はどの程度移民や人種・エスニックマイノリティと国民との間の賃金格差をもたらしているのだろうか。監査調査法が現在のように大規模に実施される以前から、集団間の賃金差を特定する研究は行われてきた。こうした研究は第1章（67ページ）で見た回帰分析を使った研究に代表される。[*121] この方法では、学歴といった賃金に影響を与える変数の影響を統制した上で（つまり集団間の学歴差などを取り除いた上で）、それでもなお集団間に賃金の差があれば、それは差別によって生じたのだとみなしている。

しかしこの方法で集団間に賃金の差を見出したとして、それは本当に差別を反映したものなのか、という反論がある。調査の中で尋ねていない項目、例えば本人の〝本当の〟能力などが集団で

＊121　回帰分析の他に、集団間の差異をいくつかの要因に分解する方法（要因分解、decomposition method）もある。これは例えば、ある企業における人種の賃金差を、人種間の大卒割合の差と、学歴が賃金に与える影響に分割する方法である。本文で紹介するブラジルの研究はこの要因分解を用いた分析である。

異なっており、その差が集団間の賃金差として表れているだけかもしれない。もしくは、人種間の学歴差や移民の言語能力によって配属される部署や職場が変わっているのかもしれない。こうした考え方や反論をもとに、分析方法は様々な発展を見ている。例えば本人の〝本当の〟能力をより正確に測るため、軍隊で採用されているテスト（いわゆる知能テストのようなもの）を用いて個人の能力を測定し、その人種・エスニシティ集団間の差を取り除いた上で賃金の差を分析する方法がある[*122]（Neal & Johnson, 1996）。また、移民の従業員は、居住国の言語ができないためにすでに移民が多い部署に配属されるといった、同じ事業所内でより賃金が低い部署への配属があることがわかっている（Hellerstein & Neumark, 2008）。また単純に個人の技能だけでなく、移民の出身地、居住国、そしてコミュニティの効果に目を向けた研究もある[*123]（van Tubergen, Maas, & Flap, 2004）。

このように、賃金の差を検証する場合には、実験を行うことが難しい分、様々な方法で検証しなければならない。ここで実例として、ブラジルの企業を対象にした、人種・エスニックグループ間の賃金差を検証した研究を紹介しよう（Gerard, et al., 2021）。この研究では、ブラジルにおけるマジョリティである白人とマイノリティである非白人の間に生じる賃金差を2種類の効果に分割して整理している。まずはマイノリティが賃金の高い企業に就職できないために賃金差が生じていると いう可能性で、「振り分け効果（sorting effect）」と呼ばれている。これは就職時に差別されて企業に就職できない場合と、単純に学歴や能力が低い場合という二つの可能性に分けられる。次に、企業に入った後に、同じ仕事をしていたり、同じ部署で働いているにもかかわらず、人種・エスニシティで賃金に差がある可能性もあり（これを「相対的賃金設定効果（relative wage-setting effect）」

と呼んでいる）、これは職に就いた後の賃金に関する差別といえる。

分析の結果、白人男性と非白人男性との間の賃金差のうち、21％がこの二つの効果に起因していることがわかった。[*124] 結果を図表6に示している。この21％の内訳として、個人がもつ生産性や技能の差異が12％、説明されない企業間要因が6％（この二つを合わせて振り分け効果と呼ぶ）、そして同一企業内で白人と非白人との間に生じる賃金差（相対的賃金設定効果）が4％であった。[*125] それぞれより詳しく見てみよう。まずは振り分け効果である。個人がもつ生産性や技能の差異とは、白人集団と非白人集団の間で、例えば最終学歴が違っているために、より賃金の高い職場に雇用されることから生じる賃金差である。企業が学歴などによって採用を行った結果生じた賃金差であると

＊122　このスコアが実際に何を測っているのかわからない、という指摘もある。知能かもしれないし、学校の質かもしれない（Darity & Mason, 1998）。

＊123　日本人と外国人とを比較した研究の多くは国勢調査を用いており、無職かどうか、正規かどうかを焦点とし、基本的にどの従属変数でも日本人男性が最も有利な立場にある（是川, 2015; Liu, 2024）。賃金について日本人とアジア人、西洋人を比較した研究では、日本人男性よりも西洋人男性の方が賃金が高いという結果を示しているものの（Holbrow, 2020）、サンプルサイズが非常に小さいため確定的とはいえないだろう。

＊124　他方で残りの79％は個人差である。より正確には、仮に企業間に賃金差がなかった場合の、平均的な白人と非白人の間の賃金差である。これは測定できない個人の能力などの差、言い換えると就職に至るまでに培った能力の差が反映されている。ただし、人種間にこうした個人差があるからといって、片方の人種の能力が劣っていると解釈することはできない。第2章で触れたように、それまでに学校や日常生活で様々な差別があるためである。

＊125　丸めの誤差が生じているため、足し合わせて21％にならない。

図表６　ブラジルにおける白人と非白人の間の賃金差の要因

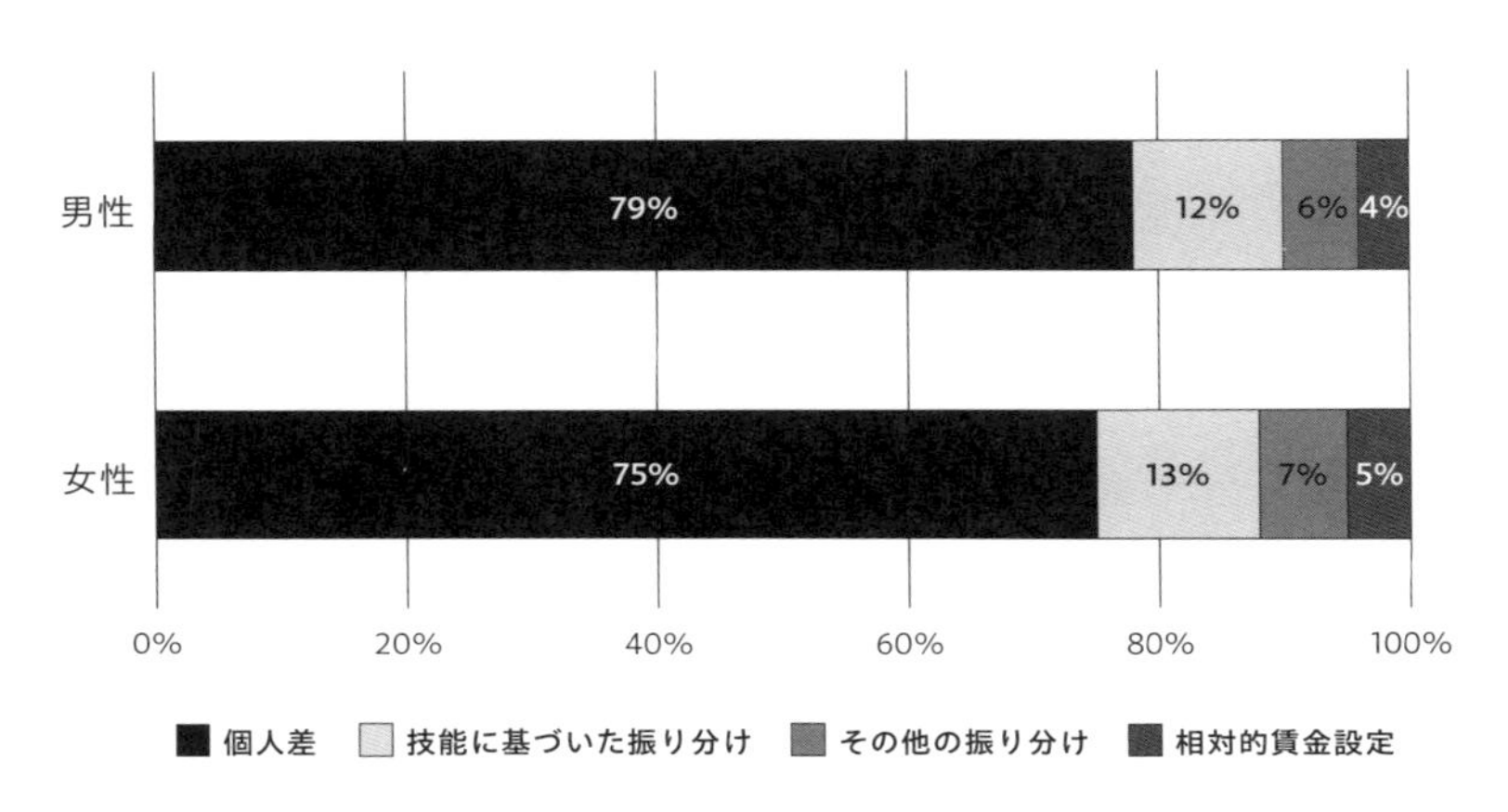

出典：Gerard, et al. (2021) に筆者による加筆修正

いえるので、この部分は人種間の差別とはいえない。[*126] 他方で、こうした集団の技能の差異では説明できないような賃金差が６％ある。これはおそらく就職や解雇の段階での差別によって、より賃金の高い企業に非白人が採用されにくい（非白人の割合が不当に低い）ため生じる集団間の賃金格差として解釈される。[*127] 最後に、同一企業内で生じる賃金の人種差が４％となっている。この値は、同一企業内で生じる集団間の賃金差であり、白人であることによってより多く得られる賃金の度合いを示している。この二つを足し合わせると、差別によって生じる賃金格差は10％程度ということになるだろうか。この値は女性の場合でもほぼ変わらない。

ここまで紹介してきた研究は、統計分析を使い、集団間の差を可能な限りなくした上で、それでもなお残る賃金格差を差別の証拠とした。しかし、繰り返すように、この差異が本当に差別を反映しているかどうかは、やはりわからない。こうした疑問に答えるため、差別と賃金格差を直接結びつけた研究が近年イギリスで行われた（Zwysen, Di Stasio, & Heath, 2021）。この研究では、第2章で大きく取り扱った一致監査と、移民や国民などの個人を対象とした調査データとを組み合わせ、差別が賃金にもたらす影響を検証している。まずは（ここまで述べたブラジルの企業を対象にした研究のように）調査データを使った分析をすることで、統計分析による国民―移民間の賃金格差を検証する。この分析は、エスニックグループ間の学歴や職業上の地位、産業、年齢や性別といった様々な集団間の差異を取り除いた上で、賃金格差を見ることができる。次に、一致監査を行い、エスニックマイノリティがイギリス人と比べてそれぞれどの程度差別されているかを数値化する（例えばイギリス人の面接への呼ばれやすさを1とした上で、パキスタン系が0・5、

＊126 ここでは、労働市場に入った段階での学歴を用いて企業が選抜を行うという過程のみを取り上げているために差別がないと書いたが、第2章で見たように、そもそも学歴を獲得するまでにも差別があることに注意が必要である。

＊127 これはある技能を必要とされる職場においてその技能をもっている白人と非白人の割合と、労働市場においてその技能をもっている白人と非白人との割合との差で計算される。例えば、白人の全労働者に対して司法試験に通った白人労働者が占める割合は0・3％、非白人の場合は0・1％だとしよう。そして司法試験に通った人が働ける職場で働いている白人の割合が0・5％、非白人が0・05％だとしよう。働くことが可能な人材の割合と実際に働いている人の割合の間に差があり、これは人種に基づいて選抜が行われていることを意味する。このため、「非白人の割合が不当に低い」といえる。

アフリカ系が0・25、といった具合である)。一致監査で得られたそれぞれのエスニックグループへの差別度合いを、先程の調査データと組み合わせて分析することで、集団間の賃金格差が差別によってどの程度説明できるかを分析することができる。

分析の結果、差別は移民と国民との賃金格差に対して影響があり、差別の度合いが高いグループでは賃金格差も大きいことが明らかとなった。ただ、差別によって説明されるエスニックグループ間の賃金格差はせいぜい半分程度で、差別以外の要因が賃金格差を説明する上で重要になっている。具体的には、移住のセレクションと差別の戦略的回避をその要因として挙げている。次項で見ていこう。

セレクションと差別の戦略的回避

セレクションとは、移住する前の人々の状態に応じて、移住のしやすさが左右されていることを指す。例えば、よりやる気があったり、両親のサポートを得られたりする人は、移民として国際移住しやすいかもしれず、こうした人は移住後に高い賃金を得ることができるだろう。他方で、出身国では全く成功できないために国際移住しようとする人もおり、こうした人は移住先の国でも高い賃金を得られないかもしれない。さらに、移住するかどうかという決断は、単に移住する人の資質だけでなく、出身国別にそれぞれ事情が異なっており、国別に移住しやすい人が異なっている。例えば男女平等の国だったら女性は出身国に留まりやすいが、男女不平等の国だったら他国に移住しやすいだろう。セレクションとはこのような、移住前の本人の状態、そして出身国の環境によって移住しやすさが左右され、その度合いが賃金差に反映されているということである。

　差別の戦略的回避とは、差別を受けないような行動を移民や人種・エスニックマイノリティが自らとることを指す。移民が自分で起業したり、公務員になったり、自分のネットワークを通して仕事を探したり、さらにはより手広くいろいろな仕事に応募するといった職業選択方法などがある。事実、差別経験がある移民であればより起業しやすいという研究や（Constant & Zimmermann, 2006）、起業によってエスニックグループ間の賃金格差が縮まるという研究（Modood & Khattab, 2016）、また公務員など公的機関の求人においては差別が少ないという研究もある（Midtbøen, 2016; Wood, et al., 2009）。ただ、起業に際して金融機関から借り入れを行う場合が多いと思われるが、前章で見たように、金融機関は移民や人種・エスニックマイノリティに対して差別的な貸し付けをしたり、融資を断ったりしやすい。こうした経験の結果、移民やエスニックマイノリティの起業家は、融資を断られるのではないかと思い、資金を借りるのに二の足を踏んでしまうようだ（Neville, et al., 2018）。さらに、マジョリティが起業する場合と比べて、移民や人種・エスニックマイノリティはより自身が興した事業をやめやすい（Fairlie & Lofstrom, 2015; Joona, 2010; Lens, 2023）。その理由として、起業するマジョリティより経験が少なかったり、学歴が低かったり、失業年数が長かったり、また参入が簡単で競争的な市場（例えば飲食など）を選んだりするためだといわれている。

　差別が求人への応募方法を変えることもある。特に差別によって特定の仕事や企業を避けたり、自身により合うような仕事に対して選択的に応募したりするという可能性が提唱されてきた

(Heckman, 1998)。しかしアメリカで行われた研究では、差別を受けたことがあるアフリカ系アメリカ人は、その後の求職の際に特定の仕事を避けたり選んだりするのではなく、より広い範囲の職種や役職、さらには異なる性質の仕事（肉体労働と頭脳労働にこだわらず、そして職業の社会的評価の差に関係なく、など）に応募するようになることが明らかとなった（Pager & Pedulla, 2015）。これは、応募者側は応募先の会社の内実について情報を十分もっているわけではなく、差別を避けるための行動をとりにくいことに起因する。どの企業が差別的かわからないため、広く応募することで、偏見をもたない採用担当者や雇用主に当たる確率を高めているのだといえる。応募には労力が要るため、こうした差別が不当に一部の人々に対してコストを支払わせていることになる。ちなみに、広く応募する傾向は（人種にかかわりなく）女性が差別を受けた場合には見られなかった。これは性別によって労働市場が比較的明確に分かれているのに対し（e.g., Levanon & Grusky, 2016）、人種に基づく労働市場の分断はより微かで見えにくいからだと説明されている。[*128]

教育への影響

次に、差別経験と教育に関する変数との関連を見てみよう。第2章で見たように、学校現場における差別とは主に教員と生徒によって行われるが（152ページ）、それだけでなく学齢期の子どもであれば警察や一般の人々から非行や軽犯罪を疑われたりもするだろう。移民や人種・エスニックマイノリティの背景をもっていればより差別的な扱いを受けやすいが、こうした差別経験は子どもの教育水準にどういった影響をもたらしているのだろうか。

多くの研究から、日常的に差別されていると感じている移民や人種・エスニックマイノリティの子どもは、成績が低く、学校を中退しやすく、進学しにくいことがわかっている（Alfaro, et al., 2009; Benner & Graham, 2011; Martinez, DeGarmo, & Eddy, 2004; Wong, Eccles, & Sameroff, 2003. メタ分析として、Benner, et al., 2018）。差別されると成績が低くなる理由は複数考えられているが、勉強への関心や粘り強く考える習慣の低下（Alfaro, et al., 2009; Leath, et al., 2019）、教員との関係の悪化（Bayram Özdemir & Stattin, 2014; Niwa, Way, & Hughes, 2014）が挙げられて

＊128 こうした戦略の他に、自身のエスニシティを連想させる情報を隠すという行動がある。研究によってはこれを「履歴書の白化（résumés whitening）」とも呼ぶ（Kang, et al., 2016）。これは差別される側の移民や人種・エスニックマイノリティがとる戦略で、自分の人種を表すような情報を隠したり強調しなかったりする（名前をアジア人風のものから白人風のものにしたり、活動していたグループに人種を思わせるものがあると名前をぼかしたり、など）。企業側は応募者のエスニシティに反応して差別を行うため、履歴書の白化は実際に効果があり、差別が減少することがわかっている（Kudashvili & Lergetporer, 2022）（352ページも参照）。履歴書の白化を行うかどうかは、企業が多様性を重視しているかどうかで決まるという。つまり、多様性を求める企業に対しては白化を行わず、むしろアフリカ系アメリカ人やアジア系であることを強調した方が戦略的に良いかもしれない、ということだ。しかし、多様性を重視すると謳う企業とそうでない企業に対し、白化した履歴書とそうでない履歴書とを送ったとき、どちらの企業も履歴書の白化度合いに応じて採用確率が高まるということが明らかとなった（Kang, et al., 2016）。結局企業はマジョリティを求めており、仮に企業が多様性に言及していたとしても、それは実際の採用行動には結びつかない。人種・エスニックマイノリティ側は企業の属性に基づいて戦略を変え、企業が求める多様性に合致するように履歴書を書くが、その結果、かえって差別を受ける可能性が高まる。

いる。これらはどれも勉強を促すのに重要な要素だといえるだろう。こうした直接勉強に関わる要素に加えて、差別を経験した子どもは自尊心が低下したり（Greene, Way, & Pahl, 2006; Verkuyten & Thijs, 2006）、心理的健康状態が悪化したりする（Huynh & Fuligni, 2010）。さらに飲酒や薬物使用、喧嘩、複数の相手との性的関係といった問題行動が増加することもわかっている[*129]（Flores, et al., 2010; Gibbons, et al., 2010）。心理的健康状態が悪化したり問題行動を起こしたりすることで、勉強や学校そのものから離れていくことになり、結果としてマジョリティと比べてより低い成績や学歴となってしまう。

学校内の差別に加えて、差別的な環境や大きく差別が取り上げられるような事件があった場合にも、学齢期の子どもに対して悪影響がもたらされる。第2章で見たように、アメリカの警察官はアフリカ系アメリカ人をより多く殺害しているし、職務質問もアフリカ系アメリカ人に対してより多く行っている（126ページ）。こうした差別的な行動が、近隣に住む学生にとっても影響を与えている。警察官による殺人が起きた直後にその近くに住む高校生の欠席が増え、さらに中長期的には、高校生の成績が下がり、高校の卒業率と大学進学率の低下をもたらす。こうした結果はアフリカ系アメリカ人やラテン系の生徒にのみ見られ、さらに事件の被害者が武装していなかった場合に（つまり不当で差別的な殺害であった場合に）顕著な効果が見られた（Ang, 2021）。

殺人ほど極端な行為でなくとも、警察官による差別的行動は悪影響を与える。例えば第2章で触れたように、ストップ・アンド・フリスクという、警察官が疑わしい人物を呼び止め、武器などを所持していないか身体検査する行為がある（日本でいう職務質問に近い）。ストップ・アンド・フリスクは学齢期の子どもに対して心理的負担を強いることになり、結果ストップ・アンド・フリスクを実際に経験した人種・エスニックマイノリティの生徒は、次の日に学校を休んだりして、授業に集中できなくなってしまう（Del Toro, Jackson, & Wang, 2022）。さらにストップ・アンド・フリスクを集中的に実施するプログラムの対象地域に住んでいたアフリカ系アメリカ人の生徒は、プログラム実施前、そして対象となる地域に住んでいない生徒と比べ、テストの点数が悪化した（Legewie & Fagan, 2019）。こうした影響は累積していくため、ストップ・アンド・フリスクが長期的に実施されている地域に住んでいるアフリカ系アメリカ人の生徒は、ストップ・アンド・フリスクがほとんど行われない地域の生徒と比べて高校を卒業しにくくなる（Legewie & Cricco, 2022）。長期間警察による差別的な職務質問を経験したり、それが自分の周囲で行われたという話を聞いたりすると、心理的ストレスがかかり人種間の学歴格差を広げてしまうということだろう。

---

*129 メタ分析でも差別から自尊心、勉強への関心、問題行動、健康状態への効果が確認されている（Benner, et al., 2018）。

第3節　健康の悪化とリスク行動

健康状態

差別の悪影響を議論する際に避けて通れないのが健康状態やリスク行動、自殺に与える影響だろう。疫学などでは、差別はストレスをもたらす刺激（ストレッサー）として捉えられている。第2章で見た通り、差別は人種・エスニックマイノリティであることによって構造的かつ日常的に降りかかってくるため、彼らはストレスに常に曝され続けているといえるだろう。差別が健康状態に対して与える影響は、差別が短期的にも害をもたらすという危害説の立場からも重要だ。*130

人種・エスニックマイノリティは一般的にマジョリティと比べて健康状態が悪く、平均寿命が短い*131（Mays, Cochran, & Barnes, 2007）。集団間の健康格差には様々な理由があるものの、健康格差の一因として、集団に対する差別の影響について社会学や心理学をはじめとする社会科学だけでなく、医学や疫学においても盛んに研究されている。研究蓄積は膨大で、２０１３年までに出版されたレビュー論文やメタ分析などで25本（Paradies, et al., 2015）、２０１３年から２０１９年に出版されたメタ分析だけで29本ある（Williams, et al., 2019）。

差別が健康に与える影響の経路は大きく分けて三つあり、（１）差別をきっかけとして発生するリスク行動、（２）差別による社会経済的機会の剝奪、（３）ストレスに関わる生理的な経路である（Goosby, Cheadle, & Mitchell, 2018）。このうち（１）のリスク行動は次項で触れることにしよう。

（2）の差別による社会経済的機会の剥奪とは、差別によって教育レベルが下がったり、仕事に就けなかったり、賃金が低下したりすることで、利用できる医療に限界が生じることを指す。単純に経済的に困窮しているためであり、そもそも医療について知る機会もないために医療資源を利用できなくなってしまう。また前章で見たように、居住差別によって住むところが直接的に健康を害するような地域になる可能性もあるだろう。人種・エスニックマイノリティとマジョリティとの間の社会経済的地位の差が集団間の健康格差の大部分を説明しているという研究もある（Hayward, et

＊130　差別の悪影響、特に健康状態や集団間関係に対する悪影響の研究では、差別の知覚を用いて差別経験を測定するものが多い。この場合、差別が主観的尺度によって測定されているため、63ページで触れたような問題が出てくる（議論のまとめとしてLewis, Cogburn, & Williams, 2015を参照）。疫学の分野において、差別経験の測定が一貫していないという問題も指摘されている（Gaston, & Jackson, 2022; van Dyke, et al., 2022）。ただし、健康状態や集団間関係は、個人的な経験をいかに解釈するかという主観の問題と密接に関わっているため、主観的尺度の方が適切かもしれない。なぜなら、頻繁に〝実際の〟差別を受ける人がいたとしても、個人がこれを差別と解釈しなければ、健康感や集団間関係に対する影響もおそらく小さいと想定されるからである。

＊131　移民はこの限りではなく、調査によっては移民の方がマジョリティよりもかえって健康状態が良いという研究がある（これをhealthy immigrant effectと呼ぶ。レビューとしてFeliciano（2020）など）。健康状態が良かったり学歴が高いといった移民が国際移住をするというセレクションや、若いうちに国際移住し、さらに帰国する（そのため移住先の国の統計では若く健康な移民しか現れない）ためだと説明されている（Palloni & Arias, 2004; Rubalcava, et al., 2008）。ただし、平均的に健康状態が良いにしろ、差別によって健康が悪化する可能性はある。事実、移民1世であっても2世であっても、差別によって生活満足度が悪化するという研究がある（Safi, 2010）。

al., 2000; Phelan & Link, 2015)。

しかし、経済的な理由が健康格差にとって重要だからといって、生理的な経路がある以上、経済状況が平等になれば集団間の健康格差が解消されるとは言い切れない。生理的な経路とは大まかにいって以下の通りである。[*132] 脳が差別を不安や恐怖、ストレスを与える刺激として識別すると、将来のさらなる差別を警戒するようになる。またストレスが続くと、交感神経系が優位な状態が続いて自律神経が乱れたり、ストレスホルモンの分泌が促されたりし、その結果心疾患や血糖値の上昇、動脈硬化、不妊や肥満リスクを高めることとなる（Goosby, et al., 2018）。これらのメカニズムは、心理的な健康と身体的な健康の両方が同時に損なわれることを意味している。

実際に、非常に多くの研究が差別と精神的・身体的健康との関連を支持している。精神的健康としては、差別を経験することによって抑うつ状態、主観的健康感[*133]・ストレスの悪化、自尊心の低下、生活満足度の悪化、不安の増加がもたらされる（メタ分析としてSchmitt, et al., 2014）。メタ分析では差別が精神的健康に与える効果の大小もわかっており、マイノリティの方がマジョリティよりも、そして子どもの方が大人よりも影響が大きい。時間の影響も検証されており、差別が健康に対してもたらす悪影響は時間とともに逓減せずに、かえって累積的に悪影響を与えている（Wallace, Nazroo, & Bécares, 2016. その他のレビューとしてCave, et al., 2020）。また身体的健康として、例えば動脈硬化や高血圧などの心血管疾患リスク上昇[*134]、肥満、ストレスの上昇[*135]などがもたらされる（Bernardo, et al., 2017; Lewis, et al., 2014; Lockwood, et al., 2018）。身体的健康については ここに挙げた問題だけでなく、炎症反応や睡眠障害など（Doyle & Molix, 2014; Slopen,

Lewis, & Williams, 2016)、その他様々な側面から検証されている（まとめとしてLockwood, et al., 2018; Williams, et al., 2019)。

日本においても差別経験と主観的健康感との関連は検証されており、特に主観的健康感やメンタルヘルス、生活満足度を対象に研究が進んでいる。[*136] 例えば浜松市や名古屋市に居住している日系ブラジル人を対象にした調査（Asakura, et al., 2008; Takenoshita, 2015）や、移民を対象にした全国調査（長松，2021）において、差別経験と主観的健康感などの関連が分析されている。結果は他国の研究と同様、差別経験が多いと健康感が低いという傾向が一貫して示されていた。さらに、差別経験と主観的健康感との関連は移民の統合度合いに応じて異なるようだ。日本語がより流暢で、学歴が高い移民であれば、差別経験が主観的健康感を下げる度合いが大きい（Asakura, et al., 2008; Gong, 2018）。言い換えると、学歴が高い移民が差別を受けると、学歴が低い移民と比べて、より主観的健康感を損ねる。日本語が流暢だったり学歴が高かったりすると、本来受けるはずのない差

*132 本書の筆者は医学系の研究者ではないという点を十分留意してもらった上で、本節の記述を読んでもらいたい。

*133 主観的健康感は、質問紙調査において現在の健康度合いに対する自己評価によって測定される。

*134 差別と高血圧や喫煙との関連も含まれている。より直接的な実証として、差別と冠動脈閉塞や冠動脈石灰化との関連を示したものがある（Ayotte, et al., 2012; Lewis, et al., 2006）。

*135 ストレスを脳から身体に伝えるＨＰＡ軸（視床下部―下垂体―副腎）の不調としてまとめられている（Lockwood, et al., 2018）。

*136 差別を含む移民のメンタルヘルスに関するレビュー論文として、Millerら（2019）の研究がある。

別を受けているという認識が高まるためだと考えられる。学歴が高ければ出身国ではより重宝されるし、日本語が喋れれば社会に受け入れられてもおかしくない。こうした仮想上の自分とのギャップを受け入れ難く思い、差別経験が主観的健康感をより低下させているのだと考えられる（65ページ注35で触れた、統合のパラドックスと類似した議論である）。

差別と健康に関する実験研究

以上の研究の多くは、主観的・客観的な健康度合いと差別経験との関連を見ている。差別経験は前節で見た通り個人が感じる差別の度合いであり、測定に誤差が生じやすい。この主観的差別経験と、主観的・客観的な健康度合いとの関連が因果関係ではないと訝しがる人もいるだろう。こうした疑問に答えるべく、いくつか実験研究を紹介し、いかに差別が健康と関わっているかを多角的に見てみよう。

差別がストレスを与えている要因になっていることを端的に示す実験として、白人が話している動画をラテン系の実験参加者に見せ、反応を測定するというものがある。実験参加者は、動画内の白人が差別的な態度をもっているか、平等主義的な態度をもっているかどちらかの設定を知らされる。差別的な態度をもっていると聞かされたラテン系の実験参加者は、動画視聴後、より強い不安や恐怖心を感じ、血圧が上昇した（Sawyer, et al., 2012）。関わっている相手が差別的な態度をもっているというだけで生理的な反応が出るという結果は示唆的だろう。

自然実験、つまり研究者の制御外で生じる出来事を活用した研究も多くある。例えば２００１年

9月11日にアメリカで発生した同時多発テロを利用した研究がある（Lauderdale, 2006）。この研究では、同時多発テロ後から6カ月以内にアラブ系の母親のもとで生まれた新生児と、その前年にアラブ系の母親のもとで生まれた新生児、そして同時期に他の人種の母から生まれた新生児が、低出生体重児（出生時２５００グラム未満）になる確率を比較している。結果、同時多発テロ後にアラブ系の母のもとで生まれた子どもが、他の期間や集団と比べて１・34倍低出生体重児になりやすかった。この値は子どもがアラブ系の名前をつけられる（つまり、母親がアラブ系であることに強いアイデンティティをもっている）場合では2・25倍に上昇する。テロの直後にアラブ系であることで差別を受け、そのストレスが新生児の健康状態に表れた結果といえるだろう。同様の研究は他にも多くあり、不法移民を摘発するための大規模家宅捜索やドナルド・トランプのアメリカ大統領当選、移民に対して規制を厳しくする法律の可決なども出産時の体重に影響している（Anderson & Finch, 2014; Gemmill, et al., 2019; Novak, Geronimus, & Martinez-Cardoso, 2017; Torche & Sirois, 2019）。２０１7年にイランやイラク、ソマリアなど7カ国へのアメリカからの渡航が禁止されたが、その前後で渡航禁止対象国出身の母親から生まれた新生児は早産である確率が高まり、一方白人のアメリカ人女性の子どもには影響がなかった[*137]（Samari, et al., 2020）。これらの研究から、差別経験と主観的健康感や客観的な健康状態の間には因果関係があるといっていいだろう。

*137 他には、アフリカ系アメリカ人に対する暴力事件が発生すると、主観的健康感が悪化するという研究結果も出ている（Curtis, et al., 2021）。

リスク行動に与える影響

差別は健康を害するようなリスク行動（例えば飲酒や喫煙など）を誘発する場合もある。差別を経験した子どもはストレスを解消するためにリスク行動をとり、結果として成績の低下や不登校、退学となる可能性が高まってしまう（Flores, et al., 2010; Gibbons, et al., 2010）。しかし、リスク行動の増加は子どもだけに限った話ではない。成人でも、差別を経験すると飲酒や喫煙、ドラッグの使用が増える（Carter, et al., 2017）。さらに、単純な飲酒量の増加だけでなく、危険な飲酒やアルコール依存症なども関連している（Gilbert & Zemore, 2016）。ストレスを解消するために、こうしたリスク行動に走ってしまうと考えられる。

リスク行動とは必ずしもいえないが、差別はその他の社会的に望ましくない行動も生じさせる。例えば差別を経験することで、その後犯罪をしやすくなるという研究がある。差別の結果、抑うつ状態になると、我慢がきかなくなったり自制心がうまく働かなくなったりするからである。また差別を受けると、（差別をしてはいけないといった）既存の規範に対する不信感も募り（１９２ページの「他者への信頼に与える影響」も参照）、やがて規範に従わなくなってしまう。これらの結果、差別経験がその後犯罪へとつながるという（Burt, Simons, & Gibbons, 2012）。同様に、警察によるストップ・アンド・フリスク（１２６ページ参照）が将来非行に走る確率を高めるという皮肉な研究もある（Del Toro, et al., 2019）。

差別経験と自殺との関連も示されている。人種やエスニックグループに基づく差別を経験した人であれば、自殺念慮（自殺をしたいという考え）や実際に自殺を試みることとの関連が強い。差別が自尊心を低めたり、抑うつ状態をもたらしたりすることで自殺念慮がより高まるのだと説明されている（Coimbra, et al., 2022; Zimmerman & Miller-Smith, 2022）。

第4節　集団間関係に与える影響

ナショナル・アイデンティフィケーション

差別経験はいかに集団間関係（つまり、差別された移民と居住国の人々との関係）と関わっているだろうか。多くの研究で対象になるのは、移民のナショナル・アイデンティフィケーション（national identification）だろう。ナショナル・アイデンティフィケーションとは、簡単にいうと、自身を居住国の一員だと思うことや、居住国に対して感じる愛着の度合いを指す。*138 アイデンティフィケーションの意義を無理やり日本に寄せてみよう。いわゆる「反日」「親日」の概念に言い換えるとわかりやすいかもしれない。日本人の一部は、日本に対して好意をもっている外国人を「親日」、そうでない外国人を「反日」などと呼び、「反日」だと〝認識されている〟外国人に対し、否定的な態度をとったり差別をしたりする場合がある。「反日」外国人だから否定的に扱ってもいいと、自身の行為を正当化する人もいるかもしれないが、こうした行為の結果、外国人住民の日本に

＊138　居住国の一員だと思うことをナショナル・アイデンティフィケーションの認知的側面（cognitive aspects）、愛着の度合いを感情的側面（affective aspects）という（David & Bar-Tal, 2009）。

対する愛着度合いはどのように変遷するかを本節では検討することとなる。

移民のナショナル・アイデンティフィケーションに着目した初期の研究には、社会学者のミルトン・ゴードン（Gordon, 1964）による同化理論がある。同化（assimilation）とは、移民と国民との文化的・社会的差異がなくなること、そしてその過程を指す。[*139]「人種のるつぼ（melting pot）」という言葉を聞いたことがあるかもしれないが、これはアメリカにおいて人々が文化的な差異をなくしていき、アメリカ文化という一つの文化を形成することであり、同化主義の考え方を端的に表している。[*140]ゴードンの論では、同化の過程では、移民は出身国の文化や言語、さらに移民自身の集団に対するアイデンティフィケーション（これをエスニック・アイデンティフィケーション（ethnic identification）と呼ぶ）をも捨て去り、居住国の文化やアイデンティフィケーションを取り入れることが想定されてきた。しかし現代では、移民は自集団の文化やアイデンティフィケーションを残したまま、居住国に対するアイデンティフィケーションをもつことが可能であり、両者は両立するという議論もある。[*141]

出身国の文化やアイデンティフィケーションを保持するかどうかは別として、移民が居住国へのアイデンティフィケーションをもつか否かは研究者だけでなく、居住国の人々にとっても関心事となってきた。例えばイギリスの元首相デイビッド・キャメロン（2011）は、イギリス社会の政策がイスラム教の移民やエスニックマイノリティに対してイギリスへの帰属意識をもたらすことができなかったとして、それまでの自国の多文化主義政策[*142]を批判した。キャメロンは、多文化主義政策によって移民に自集団の文化を保持しやすくしたせいで、イギリス社会へのアイデンティフィケーションをもたなくなることを問題視している。

移民の居住国に対するアイデンティフィケーションが学術的、社会的関心になる理由の一つとして、連帯感がある。社会に住む人々が分断されずに連帯感をもつことにより、社会の中のまだ見ぬ他者に対して責任を感じる。その結果、例えば社会保障を進んで支持することにつながる（Moody

＊139　Gordonは、同化を段階的に生じるものとした。文化的同化、構造的同化、婚姻同化の結果、アイデンティフィケーション同化へと至る。その後、国民側も変化し、排外主義の減少という意味での態度の変化、そして差別の減少という意味での行動変化を通して、集団間の権力闘争がなくなるという市民的同化へと終着する。
＊140　現代では同化は移民の文化を重視していなかったり、現実に即していなかったり、移民ばかりに変化を求めているという批判がなされている。こうした批判を受け、現代では同化はあまりそのままの概念として用いられていない。同化に代わり、主にヨーロッパの研究では、経済的・社会的・文化的な統合（integration）が用いられている。統合とは移民と国民の間に格差がないことを指し、移民が自身の文化を捨て去ることを求めない。アメリカにおける同化理論の発展については323ページを参照。
＊141　居住国と自集団といった、複数のアイデンティティをもちうるという理論的立場をデュアル・アイデンティティ・モデルと呼ぶ（レビュー論文として、Fleischmann & Verkuyten, 2016）。実証的にも、エスニック集団へのアイデンティフィケーションと受け入れ社会へのアイデンティフィケーションの間に両立関係が見られるという報告もなされている（e.g., Martinovic & Verkuyten, 2012）（第6章、321ページも参照）。
＊142　多文化主義政策とは、移民やエスニックマイノリティの文化を尊重し、文化を保持することに対して政治的な承認や支持を与える政策を指す（Kymlicka, 1995）。多文化主義に対して2010年代に西ヨーロッパ諸国の有力な政治家が相次いで批判を加えており（Koopmans, 2013）、ここでのキャメロンのスピーチの背景には、イギリス出身のムスリム移民2世がイギリス国内で巻き起こしたテロ事件もある。

& White, 2003; Scholz, 2015)。連帯感は多様性が高い社会や多文化主義社会で特に問題となる。[*143] なぜなら、自集団の文化を保持する移民に対し、国民は連帯感を感じることができず、移民に対して社会保障の再分配を拒むようになるからだ。先に触れたデイビッド・キャメロンのスピーチは、国民と移民間の連帯感のなさを背景として多文化主義政策を批判したものといえる。

このように、多文化主義政策を導入している国や、広く移民を受け入れ、多様性が高い国において、連帯感の問題が取り沙汰されてきた。社会の多様性を保持したままで、いかに社会の連帯を保つことができるのか。その解決法の一つとして挙げられているのが、移民がナショナル・アイデンティフィケーションをもつことである。移民自身が社会の一員であるという意識をもつことで、社会全体の連帯感や結束が向上するだろうといわれている（Kymlicka, 2015)。事実、実験研究でも、移民が居住国に対するアイデンティフィケーションや社会の一員であるという感覚をもっていると国民が認識すると、国民はその移民に対して社会保障再分配を支持するようになったり（Harell et al., 2022)、その移民集団が何か権利を主張した際に支持したりするようになる（Banting, Harell, & Kymlicka, 2022)。加えて、移民が居住国に対してアイデンティフィケーションをもっていると認識すると、国民はその移民に対してより好意的な態度をもつようになる（Schachter, 2016; Wright & Citrin, 2011)。

以上をまとめると、移民がナショナル・アイデンティフィケーションをもつことが社会（特に多様性が高い社会）の連帯感を保つために重要になる。もちろんナショナル・アイデンティフィケーションをもつかどうかは移民側の決断であり、外部から押しつけることはできないものの、移民がナショナル・アイデンティフィケーションをもつ条件については様々な研究が行われている[*144]（Verkuyten, 2018; Verkuyten & Martinovic, 2012）。その一環として、差別とナショナル・アイデンティフィケーションとの関連も分析されてきた。次項で個人を対象にした研究、そして歴史データを対象にした研究を紹介しよう。

排除―ディスアイデンティフィケーションモデル

移民やエスニックマイノリティに対して排外的な態度を表明したり、差別をしたりすると、移民のナショナル・アイデンティフィケーションに何が起こるだろうか。答えは比較的一貫しており、移民の居住国に対するアイデンティフィケーションが低下する。この現象を排除―ディスアイデンティフィケーションモデル（rejection-disidentification model）と呼ぶ（Branscombe, Schmitt, & Harvey, 1999; Jasinskaja-Lahti, Liebkind, & Solheim, 2009）。この関連は日本でも見られており、差別経験が多い移民であれば、日本に対するナショナル・アイデンティフィケーションが低い（五

＊143　多文化主義のもとで移民への社会保障を反対することを、特に「進歩主義のジレンマ（progressive's dilemma）」と呼ぶ。

＊144　例えば、移民が居住国の労働市場に参加したり、友人を作ったり、居住国の言語に堪能になることでナショナル・アイデンティフィケーションが形成される（De Vroome, Verkuyten, & Martinovic, 2014; Hochman & Davidov, 2014）。

十嵐, 2021[*145])。

なぜ差別によって移民のナショナル・アイデンティフィケーションが低下するのか。これは、差別という形で移民を公平に扱わない社会や集団から、移民自身が距離をとろうとしたためだと考えられている。排除―ディスアイデンティフィケーションモデルは実際にデータを用いた分析でも支持されており、パネルデータを使った分析でも、差別の経験が増えると、居住国に対するアイデンティフィケーションが低下することがわかっている（Jasinskaja-Lahti, 2012a, 2012b; Wiley, et al., 2013)。また、個人が経験した差別だけでなく、メディアによって自集団が悪し様に描かれていた場合にも、居住国に対するアイデンティフィケーションが低下する（Saleem, et al., 2019)。さらに、排除―ディスアイデンティフィケーションモデルのもう一つの帰結として、差別によって移民のナショナル・アイデンティフィケーションが低下するだけでなく、居住国社会の一員（つまり国民やマジョリティ）に対する移民の否定的な態度にもつながる[*146]（Jasinskaja-Lahti, 2012a, 2012b; Jasinskaja-Lahti, et al., 2009; Ramos, et al., 2012; Wiley, et al., 2013)。

冒頭で示した「親日」「反日」の話に置き換えると、排除―ディスアイデンティフィケーションモデルの結果が示すのは、日本人による否定的な態度や差別的な扱いの結果、移民やエスニックマイノリティが抱く日本に対するアイデンティフィケーションを低下させてしまうということだ。集団間関係は双方向的に決まるのであり、「反日」であるために日本人が移民に対して否定的な態度を表明した結果、移民やエスニックマイノリティの日本に対する態度は真に否定的になるといえよう。

差別が移民の心理的な側面に対して与えるもう一つの帰結に、自集団に対するアイデンティフィケーション（例えば日本人移民にとっての日本）が上がるというものがある。これを排除―アイデンティフィケーションモデル（rejection-identification model）と呼ぶ（Branscombe, et al., 1999; Jasinskaja-Lahti, et al., 2009）。研究者によっては排除―ディスアイデンティフィケーションと一つにまとめて排除―アイデンティフィケーションモデルと呼ぶ場合もある。自集団に対するアイデンティフィケーションが高まる過程として、まず差別を経験した移民は心理的な健康を害し、自尊心が低下する。こうした否定的な状況に対抗するため、移民は自集団に対するアイデンティフィケーションを高めるという。自集団は自らを疎外しない場であり、そうした集団に所属しているという感覚が、低下する自尊心への緩和措置となる。パネルデータを使った分析でも、差別の経験が増えると、自集団に対するアイデンティフィケーションが高まることがわかっている（Jasinskaja-Lahti, et al., 2012a; Ramos, et al., 2012; Wiley, et al., 2013）。さらに、アイデンティフィケーションモデルと整合的な結果として、自集団に対するアイデンティフィケーションが高まった移民は、その後

＊145　ただしこの分析は縦断的研究ではなく、一時点を対象にした研究であり、結果が必ずしも因果関係を意味しているわけではない。

＊146　国民に対する態度がネガティブになる一方で、差別経験の結果、他のマイノリティ集団に対する態度がより好意的になるという研究もある（Cortland, et al., 2017; Jun, Phillips, & Foster-Gimbel, 2023）。これは差別される集団としてのより大きなアイデンティティを感じているためだといわれている。理論的な整理としてBurson & Godfrey（2020）も参照。

自尊心が回復している（Cronin, et al., 2012）。これらの研究は、多くの場合ナショナル・アイデンティフィケーションの低下と自集団に対するアイデンティフィケーションの高まりを同時に示している。つまり、移民が差別を受けた際には、居住国から心理的な距離を置いた上で、自らの自尊心を回復させるために自集団に対してより近づくことになるのである。

排除の歴史データ研究

排除―ディスアイデンティフィケーションモデルの分析では、現代の移民個人を対象にした調査を用いて研究が行われてきた。他方、近年では歴史的な出来事に着目し、差別の結果、人々の居住国に対するアイデンティフィケーションがどう変わるかが研究され始めている（歴史研究として297ページ参照）。歴史研究の難しいところは、場合によっては100年以上前の人々の行動や感情が研究対象であるため、過去の人々が居住国に対して抱いている感情を実際に測定できない点だ。こうした問題点を克服するため、代替的な方法によって、過去の人々のナショナル・アイデンティフィケーションを測定する研究が進んでいる。例えば第一次・第二次世界大戦前後のデータを使った研究では、ナショナル・アイデンティフィケーションや同化の代替指標として、新生児につける名前を使っている。つまり、アメリカが対象国の場合に、移民の間で新生児に対してアメリカ人風の名前をつけていれば、文化的にその国に同化しているということを指す（Gerhards & Hans, 2009）。歴史データを使った名前の研究は、当時の国勢調査が使用できるようになったアメリカにおいて近年盛んになりつつある。

歴史データを使った研究では、前項で扱った現代の移民を対象にした排除―ディスアイデンティフィケーションモデルの研究とは、全く逆の結果を示している。例えば1910年代のアメリカにおけるドイツ人移民を対象にしたフーカ（Fouka, 2019）の研究によれば、第一次世界大戦直後、生まれたばかりの子どもに対してアメリカ人風の名前をつけるドイツ人移民が急増した。これは同一の家族内でも見られる傾向で、仮に長子がドイツ人風であっても、第一次世界大戦後に生まれた次子はアメリカ人風の名前となる。この傾向はドイツ人移民に対する暴力事件が多かった州や、1916年の大統領選でウッドロウ・ウィルソン（人種隔離政策を拡大し、第一次世界大戦に際してナショナリズムを煽った）への投票が多かった州でより顕著に見られた。ここから、今後ドイツ人差別が苛烈になるだろうと考えて、もしくはすでに苛烈になっていた差別を避けるために子どもにアメリカ人風の名前をつけていたのだと考えられる。フーカの研究と類似のものとして、真珠湾攻撃（1941年12月7日　※現地時間）以降に日系アメリカ人の両親のもとに生まれた子どもは、それ以前と比べて、よりアメリカ人風の名前がつけられやすい（Saavedra, 2021）。フーカの研究と同様、同一家族内でも真珠湾攻撃直後であればアメリカ人風の名前がつけられやすいことがわかっている。他には、アメリカに中国人が入国することを禁じる中国人排斥法が1882年に制定された後には、中国人に対する職業差別が増え、結果、在アメリカ中国人はアメリカ人風の名前を子どもにつけたり、英語スキルを向上させたりするようになった。この傾向は中国人に対する暴力事件が多かったり、中国人排斥法への支持が高かったりする州でより多く見られた（Chen & Xie, 2020）。これらの研究は、排除―ディスアイデンティフィケーションモデルへの反証ともいえ、戦争や紛争のもとで移民やエスニックマイノリティは自身や子どもに対して向けられる強い差別を避けるために子どもの名前を同化したものにしている。社会的に排除されることを避けるために同化したり、ナショナル・アイデンティフィケーションを高めたりしたのだともいえるだろう。*147

第5節　他者への信頼に与える影響

信頼とは他者の意図に対する期待である（山岸，1998）。他者が何かやるといったときに、その能力ではなく、ちゃんと実行するという気持ち、つまり実行する意図に対して期待を寄せている。例えば、大学教員がレポートを採点する際に、偏りなく採点しているだろうと学生が思う場合には、教員に対する信頼があるということになる。これは大学教員という職業に対する個別の信頼であり、今まで会ってきた教員（例えば教員A、教員B、教員C）に対して信頼を醸成した結果、新しく会った教員Dに対しても当てはめることになる。

個別の相手ではなく、他者一般に対する信頼を示す一般的信頼（generalized trust）という概念もある。移民や人種・エスニックマイノリティは、国民やマジョリティと比べて一般的信頼が低いことがわかっている（Smith, 2010）。移民と国民との間で一般的信頼に差がある理由の一部は、差別経験の有無によって説明されている（Douds & Wu, 2018; Evangelist, 2022; Ziller & Heizmann, 2020）。信頼、特に一般的信頼の度合いは、他者との関わりなどから日々更新されていくものであり、何か良くない経験（犯罪に巻き込まれたり、失業したりなど）をすることで他者に対する信頼が下がる。差別を経験すると、将来的に他の人からも差別を受けるのではないかという疑念が生まれ、他者に対する信頼を形成しにくくなってしまう。

一般的信頼に加えて、移民や人種・エスニックマイノリティが抱く警察や政府といった公的機関に対する信頼の研究が多く行われている。本節ではこうした研究をまとめ、差別がもたらす副作用について論じよう。

警察への信頼

警察への信頼は、警察への協力や、何か問題が起きたときに通報するかどうかに関わっている(Tyler, 2005)。第2章(125ページ)でも見たように、アメリカでは警察によるアフリカ系アメリカ人に対する過剰な暴力が問題となっている。こうした暴行事件が報道された直後、特にアフリ

---

*147 過去の集団間対立が、世代を超えて現在の態度に対して影響を与えることを示した研究もある。1944年にスターリンがクリミア半島のタタール人を追放し、その過程で多くの死者が出た。追放されたタタール人のうち90%はソ連崩壊後2000年代までにクリミア半島に帰還しているが、この帰還したタタール人やその子どもらに対する調査の分析によると、過去に経験した追放のひどさが現在のエスニック・アイデンティフィケーションを高め、タタール人の指導者を支持し、ロシアに対する態度を悪化させている。この効果は直接追放を経験した世代だけでなく、その子や孫世代にも継承されていた(Lupu & Peisakhin, 2017)。他に、スターリンが1940年代にウクライナの一部地域の活動家をシベリア送りにした影響を見た研究がある。こうした抑留の度合いが強い地域では、現在親ロシア派の政党に投票しなくなる(Rozenas, Schutte, & Zhukov, 2017)。

カ系アメリカ人が集住している地域において、警察への通報が劇的に減少し、1年ほど元の水準に回復しなかった。これは「法への冷笑主義（legal cynicism）」（Kirk & Papachristos, 2011）という、警察や裁判所など法的機関に対する不信感が形成された結果といえる。暴行事件後の1年間で失われた通報件数は2万件にものぼると試算されている（Desmond, Papachristos, & Kirk, 2016）[*148]。同様の傾向は別の暴行事件の報道を使った研究でも確認されている（Pearson & Timberlake, 2023）。

アメリカで発生した暴行事件は、他国の問題として片づけることはできない。なぜなら、他国で起きた事件の余波が、本来関係していない国へと伝播することがわかっているからだ。アメリカでのアフリカ系アメリカ人の暴行事件が起こった直後に、イギリスに住む黒人の間で警察に対する不信感が増加したが、同時期のイギリスに住む白人やアジア人の間では不信感が高まらなかった（Laniyonu, 2022）。黒人の間で国を超えたつながりが存在し、運命を分かち合っているという感覚が存在しているのだと同論文の著者は解釈している。

移民もアフリカ系アメリカ人と同様に警察に対する信頼が低い[*149]（Kääriäinen, 2007; Theodore & Habans, 2016）。移民の警察に対する信頼の低さに対して、二つの説明が与えられている。一つはアフリカ系アメリカ人と同様に差別の経験によって信頼の低さが生じている可能性（van Craen & Skogan, 2015）、そしてもう一つは移民特有の議論である、出身国の警察のあり方という可能性である。後者は例えば、出身国で警察を含む政府機関の汚職などが横行していたり、偏った逮捕などがあったりした場合、出身国の警察や裁判所が信頼できないものとなる（Ruddell & Trott, 2022）。そうした環境で生まれ育った移民が他国に移住した場合、出身国における警察に対する信頼のあり方を移住先の国でも保っているという（Röder & Mühlau, 2012a; Stephen & Perpetual, 2013）。

この二つの説明は、移民の移住先の国での居住期間とともに移り変わっていくようだ。出身国の警察のあり方の影響は、移住先の国に居住している期間が長くなるほど徐々に薄れていく（Jung, Sprott, & Greene, 2019; Röder & Mühlau, 2012b）。移住先の国に長期間住むことによって、出身国よりも居住国の警察の影響が大きくなるのだろう。その代わりに、居住国における差別経験が重要な意味をもってくる。差別を経験したことがある移民のうち、移住先国への居住期間が長ければそれだけ警察に対する信頼が低くなる（Czymara & Mitchell, 2023）。これは警察を含む様々な機関との否定的な接触経験による結果であり、長く住んでいればそれだけ嫌な経験をして、警察に対する信頼が悪化するということだ。

政府への信頼

日常的な差別経験が、政府への信頼を損なう可能性もある。移民は個人や会社、自治体や警察な

＊148 Desmondらの研究に対しては、暴行事件後、犯罪が極端に増加する週（47週目）を外れ値として除外すると、暴行事件と通報の減少の関連が有意ではなくなるというコメント論文がある（Zoorob, 2020）。つまり47週目を入れるかどうかで結果が大幅に変わるということだ。このコメント論文に対し、犯罪の季節性を考慮した再反論もなされており、当初の論文の結論を概ね支持するような結果となっている（Desmond, Papachristos, & Kirk, 2020）。

＊149 ただし場合によっては移民の方が警察に対する信頼が高い（Bradford, et al., 2017）。出身国の効果が薄れ、居住国の警察との好意的な経験があるためといわれている（Röder & Mühlau, 2012b）。

どから日常的に差別を受けるが、こうした差別は政府による規制によって軽減される可能性がある。にもかかわらず移民が依然として差別を経験すると、差別をしてくる集団に対する不信感や非好意的な態度が生じるのはもちろん、差別を規制できたかもしれない政府に対する不信感にもつながる（Levitt, 2015; Röder & Mühlau, 2011）。差別経験はさらに、民主主義システムの否定や暴力の肯定（Grewal & Hamid, 2024）、他者の権利に対する寛容の低下（Morgan & Kelly, 2021）、自民族中心主義的な政策の支持（Pérez, 2015）にも関わる。こうした反応は、差別を緩和できない現行の政治システムに対する反感や、差別によって損なわれた自集団の地位を確保するためにもたらされる。

政府への信頼が欠けると、円滑な政府運営に支障をきたしたりするため（Hetherington, 1998）、人々の政府に対する信頼を維持する方が政府にとって合理的といえる。ただ、参政権がない移民やエスニックマイノリティの間では、政府に対する信頼は重要ではないかもしれない。政府に対する不信感が投票を通じてフィードバックしないからだ。[*150] とはいえ、移民やエスニックマイノリティが社会の一員である以上、政府への信頼は同様に重要となる。特に、政府や関連機関への信頼がより具体的かつ切迫した問題となるのは、公衆衛生が関わったときだろう。

２０１９年以降パンデミックを引き起こしたＣＯＶＩＤ−19、いわゆる新型コロナウイルスのワクチンに関する研究で、政府に対する信頼に関わる問題が指摘されている。ベネズエラやアメリカで行われた研究では、より多くの差別を経験しているエスニックマイノリティやアフリカ系アメリカ人は、コロナウイルスのワクチンにまつわる陰謀論をより信じやすかったり、ワクチン接種をより忌避したりする傾向があることが明らかとなった（Andrade, 2021; Curtis, et al., 2023. ただしAllen, et al., 2022も参照）。同様に、イギリスにおける縦断的研究でも、差別経験がコロナウイルスのワクチン接種忌避をもたらしていた（Paul, Fancourt, & Razai, 2022）。差別を経験した人であれば、イギリスの健康保険システムに対して不信感を抱き、結果ワクチン接種を忌避するようになる。

同様の結果は他の状況でも報告されており、HIV／AIDSに関する仮想的な状況を提示する研究がギニアで実施された。政治的に抑圧された歴史をもつエスニックマイノリティ（プル族）の回答者を対象にした実験で、HIV／AIDSへの対処に関するアドバイスを大統領から受けた場合と、自集団のリーダーから受けた場合とでは、後者のアドバイスに従うという結果が出た。さらにこの傾向は、より頻繁に差別を経験しているマイノリティの間でよく起こりやすい（Arriola & Grossman, 2021）。マイノリティは政治的抑圧を受けてきたため、政府への不信感があり、実際に自分が差別を受けているとこの傾向がより強まるためだと考えられる。

最後に、移民の政治参加に対して差別がどのように関連しているかを見てみよう。積極的に政治参加している共同体は相互に連帯しており信頼が高い、といわれており、投票率が地域の信頼の指標として使われる場合がある（Putnam, 1993=2001）。差別が移民の政治参加に与える影響には二

＊150 無論移民やエスニックマイノリティは投票だけを通じて政治的意見を表明するわけではない。第2章の政治参加（141ページ）を参照してもらいたい。

つの相反する可能性、つまり差別されると政治参加しなくなるという可能性と、反対に政治参加するようになるという可能性があり、未だ実証的な決着を見ていない。前者、つまり差別を経験した移民であれば政治参加しなくなるという議論は、今までの節で見たように、差別によって主観的健康感を下げたり、抑うつ傾向になったり、自己効力感が低下する傾向に基づいている。さらに社会から疎外されているという感覚も得るようになる。そういう状況であれば、投票や政治のような認知的負荷が高い事柄を考えられなくなるだろう（Ojeda & Pacheco, 2019）。また疎外感や自己効力感の低下により、自分（や自分の集団）が居住国の政治に関してできることは限られていると認識してしまい、政治参加しなくなる（Goerres, Mayer, & Spies, 2022）。さらに、差別が政府に対する信頼を下げるのであれば、政治参加したとしても、自身の意向が汲まれないと思ってしまうかもしれない。この場合には政治参加しなくなるだろう。他方、差別を経験した移民は、投票や政治参加をすることによって現状を変えようと思い、政治参加が増えるかもしれない（Oskooii, 2020）。特に抑圧されている集団であれば、マイノリティ集団としてのまとまりや強いアイデンティティを形成することができるため、一貫した政治的なメッセージをより伝えやすいと思うだろう。分析結果は拮抗しており、差別されているとより投票しやすくなるという研究もあれば（Besco, et al., 2022; Oskooii, 2020）、投票しなくなるという研究（Schildkraut, 2005）、そして関連がないという研究もある（Goerres, et al., 2022; Spies, Mayer, & Goerres, 2020）[*151]。差別されていれば投票をしなくなるものの、その他の政治参加、つまり社会運動、署名、ボイコット、政治家への連絡はより頻繁にするようになるという研究もある（Bilodeau, 2017; Wiley, Kenny, & Geer, 2021）。

第6節　日本における差別の影響

日本の研究の展望

日本における研究の中でおそらく最も知見が多くあるのが、外国人住民の賃金の規定要因だろう。特に、日本の学校を卒業することや、日本語能力があることがどれほど当人の賃金に寄与するか、という問いに研究が集中するきらいがある（Holbrow & Nagayoshi, 2018; Nagayoshi & Kihara, 2023; Takenoshita, 2006; Takenaka, et al., 2016)。他方で、日本人と比較してどの程度賃金やそれ以外の経済に関する事柄について不利を被っているのか、そしてその要因の分解については（主にデータの不足のために）まだ理解が進んでいない（165ページ、注121参照)。仮に日本人と外国人住民の間に賃金差があったとして、その差は、産業や企業といった就職先の選択という個人の決断によるものと、差別によるものがあるが、このうちどれが大きな要因かが十分切り分けられていない。さらに、差別が履歴書の選別段階で発生しているのか、面接時に発生しているのか、就

＊151　この枠組みの研究の多くは、移民やエスニックマイノリティに対して差別経験と投票行動を尋ねるという伝統的な方法をとっている。Bescoらの研究（Besco, et al., 2022）が唯一実験を使ったもので、排外主義者によるネガティブキャンペーンを提示された移民の間で投票意図が高まるという結果を示している。処置の効果は、高い自集団アイデンティティをもっている人により効果がある。

職後の部署の割り当てにおいて発生しているのかも十分わかっていない。どういった要因によって賃金格差が生じているかを知ることは、格差解消のために不可欠であろう。

日本における差別と健康や集団間関係との間の関連については、一時点のデータを使った研究が多いものの、概ねアメリカやヨーロッパで得られた結果と類似の傾向にあることがわかっている。日本に住む移民や人種・エスニックマイノリティは、差別を経験している場合には主観的健康感が低く、日本に対するアイデンティフィケーションも低い。移民やエスニックマイノリティ、特に移民第1世代の日本に対するアイデンティフィケーションが低いことの重要な帰結の一つに、居住国からの離脱が挙げられよう。近年日本では人手不足を解消し経済発展を遂げるため、優遇措置をとるなどして高度外国人人材を積極的に雇い入れようとしている。しかしその定着は思うように進まず、10年以上前から課題視されてきた（Oishi, 2012）。その背景の一つには差別経験があり、実際に日本に住む移民を対象にした分析でも、差別を経験していると日本への永住志向が低いことがわかっている（木原，2021）[*152]。差別の経験が高度外国人を含む多くの外国人住民の定着を阻害する要因の一つである以上、今後の日本社会の人口構成にも関わってくる課題といえるだろう[*153]。

第7節　まとめ

本章では、移民や人種・エスニックマイノリティに対する差別が生活の様々な側面に悪影響を与えることを、先行研究をもとに示した。研究によってばらつきは多少あるものの、全体として差別が集団間関係や他者への信頼を損ない、差別を経験した移民や人種・エスニックマイノリティの社会経済的地位を危ぶませ、精神的・身体的健康をも損なうことが示せたのではないかと思う。さらに、本章と第2章とを組み合わせて考えると、いかに差別がそれを経験する人に対して悪影響をもたらしているかがわかるのではないだろうか。

本章の冒頭に述べたように、差別はそれを経験した人に害をもたらすから悪いのだ、という危害説が現在の差別研究では有力な説明の一つとされている。人によってはこの議論を単純でナイーブだと思うかもしれないが、その背景にはここまでの研究蓄積があり、差別経験が人々の生活を脅かすために害悪とされていることを理解しておかなければならないだろう。

＊152 経済に関する変数はほとんど永住意図と関連をもたず、日本人とのネットワークや差別経験といった社会関係に関する変数がより意味のある関連をもっていた。

＊153 統合のパラドクスを思い出してもらいたい。教育レベルが高い者であれば差別を経験しやすいため、結果として永住志向が低くなる可能性がより高いといえるかもしれない。

第２部

排外主義の要因

第4章 排外主義とその研究史

第1章で見たように、差別は統計的差別と嗜好に基づく差別の2種類に分けられる。このうち、嗜好に基づく差別は、排外的な態度や感情を抱く人が差別をするというものだった。第1章でも触れたように、経済学の発想では、移民や人種・エスニックマイノリティを差別的に扱うような企業は市場から淘汰されていき、結果として世の中から嗜好に基づく差別は消えるはずであった。もちろん差別をする企業は倒産しやすいものの（88ページ）、しかし現実には、未だに人々は移民や人種・エスニックマイノリティに対して否定的な態度に基づき差別をしている。採用担当者を対象に筆者が日本で行ったサーベイ実験でも、アメリカ人に対して否定的であればアメリカ人応募者を、中国人に対して否定的であれば中国人応募者をより差別的に評価することがわかっている（102ページ）。

排外主義という人々の心理的な側面が、差別という行動になって表れてくるのであれば、排外主義はなぜ形成されるのだろうか。差別の原因の一つである排外主義に関しては、膨大な数の研究蓄積があり、本章と第5章ではそれらの研究をまとめる。本章では、排外主義やその他の用語を類語とともに簡単に説明し、排外主義（もしくは偏見）の研究史を簡単にまとめる。排外主義研究は、第一次世界大戦直後くらいにまで遡ることができ、およそ100年以上の歴史がある。その間に主にアメリカで公民権運動などの様々な変化が生じたが、そうした変化を反映し、研究のあり方も大きく変わっている。当時の社会背景に簡単に触れながら、その時々で誕生した概念や研究潮流などを見ていき、現代の排外主義研究を読み解く準備をしよう。

第1節 「排外主義」とは何か

「排外主義」に類する言葉

本書が扱う排外主義とは、移民や外国人、人種・エスニックマイノリティに対する嫌悪感や忌避感といった否定的な感情や態度を指す。この「排外主義」という日本語は、おそらく英語の（ethnic）exclusionismという単語の訳だと思われる。[*154] 海外の論文では、排外主義という言葉のみが使われるのではなく、排外主義と同じ意味をもつ他の様々な言葉が互換的に使われている（詳しくは注を参照してもらいたい）。[*155] そのため、海外の英語の記事や論文を読んだり、自ら英語で論文を執筆したりする際に、「排外主義」や“ethnic exclusionism”という言葉に固執する必要はない。

＊154 有名な研究ではScheepers, Gijsberts, & Coenders（2002）やMcLaren（2003）がある。
＊155 Ceobanu & Escandell（2010）がまとめている。例えばanti-immigrant prejudice, anti-immigrant sentiment, immigrant derogation, antiforeigner sentiment, anti-minority attitudes, xenophobiaなどである。

様々な表現がある中で、筆者がよく目にする言葉を一つ挙げるとすると「移民に対する態度」（attitudes toward immigrants/immigration）だろうか。[*156] これも他の言葉と同様に、排外主義とおよそ互換的な意味で使われている。また、すでに第1章で述べたが、態度とはある特定の対象に関する行動に影響を及ぼす心的要因であり、物事の好き嫌いや、良い悪いといった評価、くらいの意味である。

ところで、排外主義は日本の社会学や政治学の一部で比較的よく使われている表現だが、心理学では「偏見」（prejudice）という言葉の方が一貫して使われている印象がある。広い意味での偏見は、三つの構成要素から成っており、認知的要素（cognitive）、感情的要素（affective）、行動要素（behavioural）に分けられる（Dovidio, et al. 2010）。認知的要素は、ある集団に対する信念、つまりある集団がどういった集団なのかという認識を指す。感情的要素とは、その集団に対する好き嫌いの感情である。そして行動要素は、ある集団に対する否定的な振る舞いを指す。これら三つの構成要素は、例えば認知的要素はステレオタイプ（集団に対する共有されたイメージ）、行動要素は差別といった既存のより一般的な用語に置き換えることもできる。感情的要素は排外主義や移民に対する態度と同義といって差し支えなく、これを狭い意味での偏見とする場合もある（Correll, et al., 2010）。

類語として、レイシズム（racism。「人種主義」とも訳される）という言葉もある。この言葉は、古典的には人種間に優劣の差があるという信念に基づいた態度を意味していた。[*157] しかしボニラ＝シルバ（Bonilla-Silva, 1997）は、「人種化された社会システム（racialized social system）」という概念を提唱し、レイシズムは単なる偏見や態度以上のものだと主張した。それは、人々が抱いている態度や偏見としてのレイシズムが差別という行動として表れ、人種に基づいて経済的・政治的・社会的な資源が不平等に分配され、さらにこうした人種間不平等が、社会の制度やシステムを通して維持されているという主張である。さらにマジョリティは、人種やエスニシティにかかわらず人々は同じで、マジョリティ自身の判断や行動は人種に基づかない中立的なものだと認識してしまっているが（これをカラーブラインド・レイシズム〈colour-blind racism〉と呼ぶ）、そうした行動や判断の結果、人種間不平等が維持されることになる[*158]（Bonilla-Silva, 2006）。ボニラ＝シルバはアメリカを念頭に置いて議論を展開していたものの、こうした傾向は他国にも同様に当てはまるだろう（e.g., Schütze & Osanami Törngren, 2022）。以降の節では、例えば象徴的レイシズムなど、レイシズムという言葉を一部使うが、これらはボニラ＝シルバ以前に提唱された単語であり、あくまで態

---

*156 ここで移民とは二つの意味をもち、個人としての移民（immigrants、例えば日本に住むアメリカ人などへの好意的感情）と、現象としての移民の増加（immigration、日本に移民が増えることを支持するかどうか）とに分けて考える必要がある（Ceobanu & Escandell, 2010）。

*157 ここで人種間に〝実際に〟優劣があるかどうかは問題ではない。人種によって決まっている、という認識があることが重要となる。Bonilla-Silva（1997）では古典的なレイシズムについてもまとめている。その後Bonilla-Silva（2015）は自身の著作のその後の展開とレイシズム研究の今後の発展についてもまとめている。

*158 Colour-blindnessと排外主義との関係はPlaut, et al.（2018）、Rios（2022）、Whitley & Webster（2019）などを参照。

度を表したものだということに留意してもらいたい。

このように「排外主義」という言葉には様々な類語があるものの、本書では移民や人種・エスニックマイノリティに対する否定的な態度を表現するために、排外主義という言葉を使う。ただし必ずしもこの用語に縛られる必要はないということは押さえておきたい。また、アフリカ系アメリカ人など人種マイノリティに対する態度を排外主義と呼ぶことは稀であるが、本章では便宜的に同じ用語を用いているということを理解してもらいたい。

第2節　偏見・排外主義の研究史

社会科学、特に社会心理学の領域において、偏見・排外主義研究は古くは20世紀初頭から存在していた。当時の研究は現代のものとは全く異なっているのだが、それは多くの社会科学のトピックと同様、時代背景を大きく反映しているからである。本節では、その時代背景と偏見・排外主義研究の発展について、変遷の過程で提唱されてきた偏見に関する新たな概念を交えてまとめよう。研究は主にアメリカやヨーロッパで行われており、特にアメリカではアフリカ系アメリカ人を研究対象としている。しかし研究の過程で提唱された偏見に関する概念は当初の研究対象から範囲が広がり、現代では移民やエスニックマイノリティに対する排外主義研究に対しても応用されている。本節はダキット（Duckitt, 2010）の研究を下敷きにしつつ、文献調査をもとに当時の研究を一部補完している（他にもColella, Hebl, & King, 2017や池上, 2014にも基づいている）。ダキットの議論を日本語でより詳しく読みたい人は池上（2014）の「差別・偏見研究の変遷と新たな展開―悲観論から楽観論へ―」を参照してもらいたい。

偏見・排外主義研究　前史

偏見・排外主義研究史は、1920年代頃の「人種の心理学」にまで遡る。この時代には、研究者の間で人種間に生得的な優劣があるという考えが広く浸透しており、当時開発された知能テスト（いわゆるIQテストなど）を用いた比較により、〝科学的に〟人種間の知能の差を検証していた。そして知能テストの結果、アメリカでは、点数が低いアフリカ系アメリカ人を知能の面で劣った人種として扱っていた。ダキット（2010）は、1920年代までのこうした集団間に優劣をつける傾向には、植民地支配を正当化したいという意図があったのだとまとめている。

知能テストで人種間の優劣を測定するという研究は1930年代後半まで続いた（まとめとしてJenkins, 1939）が、時代が下るにつれ論調は徐々に変わっていった。1920年代にはアフリカ系アメリカ人の方が知能が劣っていると結論づける傾向にあったものが、1930年代に入る頃には人種に特有の傾向ではなく、それぞれの人種が置かれた環境の影響だと論じたり、人種間に知能の差はないと結論づけたりするようになった。象徴的な研究者はガース（Garth, 1925, 1931）であり、1925年のレビュー論文では人種間に知能差が認められると論じていたのに対し、1931年の本では人種間の差がないという論調に変わっている。

それでは、当時の研究者の間で、どれほど人種間に知能の差がないということが共有されていたのだろうか。人種間に知能の差があるという結論を（留保つきで）出した論文に関して、1929年から1930年にかけて、広く心理学者、教育学者、社会学者に意見を求めた論文がある。研究者らにこの結論を支持するかどうかを尋ねたところ、19％が人種間に知能の差はない、19％がアフリカ系アメリカ人が劣っている、そして62％がこの論文のデータでは結論が出せない、という意見だった（Thompson, 1934）[*159]。人種間に知能の差がないと多くの研究者が信じていた、と結論づけるには歯切れが若干悪く、1920年代の終わりから1930年代のはじめにかけては、人種間に差がないという考えが徐々に浸透し始めた、くらいの時代であったことを意味しているだろう。

偏見・排外主義研究の幕開けと人格理論アプローチ

この頃、アメリカやヨーロッパの研究者は、集団間関係の研究に移行し始めていた。この関心の変化の背景には、第一次世界大戦をきっかけとしたアフリカ系アメリカ人による公民権運動の増加[*160]や、ヨーロッパの植民地支配に対する反対運動などがあったという（Milner, 1975）。アフリカ系アメリカ人や植民地の人々が平等な権利を求める姿が研究者の共感を誘い、人種差別的な研究が下火となり、排外主義研究への関心が広まった[*161]。態度や偏見研究の必要性を最初に指摘したのはフロイド・オルポート（Floyd Allport）による1924年の研究だといわれている[*162]（Milner, 1975）。前後して、偏見や排外主義を測定するための方法が編み出され、特に現代でも偏見の測定のために用いられる「社会的距離尺度（social distance scale）」がボガーダス（Bogardus, 1925）によって考案され、1926年に最初の調査が行われた[*163]（当時の背景や尺度の歴史と発展についてはWark &

Galliher, 2007を参照)。社会的距離尺度は、偏見を測定するための尺度のうち最も古いものの一つであり、回答者の人種マイノリティに対する親密度を測定している。ちなみに、社会的距離尺度は早い段階で日本語に翻訳され、被差別部落出身者に対する心理的距離を測定するために用いられた(Smythe & Kono, 1953)。

このように、社会科学、特に心理学において偏見や排外主義は解決すべき課題として捉えられるようになり、以降の研究では、人々が偏見や排外主義をもつ理由を検証する段階に入った。最初期

＊159 ちなみにこの調査は、調査に参加した回答者の氏名一覧が論文中に公開されているという、現代から見れば非常に特異な調査である。

＊160 第一次世界大戦において、アフリカ系アメリカ人の兵士は訓練の場で白人から隔離され、黒人のみの師団にまとめられた。さらに戦後にも戦争の英雄などではなく、戦前と同じくリンチや暴力、差別の対象として扱われたために公民権運動へとつながった。

＊161 他にも、アメリカにおける移民の大規模制限や、心理学者になるユダヤ系移民の増加、恐慌による心理学者の左傾化、そして人種優越性を唱える人々に対する団結、といった背景も挙げられている(Samelson, 1978)。

＊162 オルポートはアフリカ系アメリカ人の血圧の高さや感情の起伏の激しさが、彼らが偏見を向けられる原因だと述べており、教育によって感情の抑制を学ぶことが偏見を減らす第一歩とも論じていた。ただし、オルポートは人種間の生得的な差は否定しきっていない。1924年の段階では、人種間の差異を認めることが一般的だったのだろう。なお、接触理論のゴードン・オルポートはフロイド・オルポートの兄に当たる。

＊163 社会的距離という概念自体はゲオルク・ジンメルによって提唱されたもので、それを人種やエスニック関係を測定するために尺度を作成したのがボガーダス(とロバート・パーク)である。

の研究では、偏見を個人がもつ病理現象とみなしていた。まず注目されたのは精神分析に源流をもつ欲求不満の研究だろう。人は何か目標が達成できないときに欲求不満となり、攻撃衝動が高まる。その攻撃衝動を発散させる対象として、社会的に弱い対象、すなわち人種マイノリティや移民が選ばれる。この際の攻撃対象は必ずしも欲求不満の直接の源泉ではない（八つ当たりともいえよう）。例えば経済的に困窮していたり、気温が高くてイライラしていたりしたときに、アフリカ系アメリカ人や移民に対して攻撃的となる。*164 偏見は非合理的であり、特殊なものとして1920年時代には扱われていたようだ。

欲求不満に着目した研究は、1930年代から40年代の偏見分析において重要な位置を占めていたものの、第二次世界大戦後には大きく変遷した。その背景にはナチス政権に人々が協力的になり、ユダヤ人の虐殺に至ったという経験がある。そして、虐殺は一般的に行われる行為ではなく、一部の歪んだパーソナリティ（人格）をもつ人が権威に従ったためだ、という説明が行われるようになった。これを権威主義的パーソナリティ（authoritarian personality）と呼び、権威への追従と弱者への加虐性を特徴としている（Adorno, et al., 1950）。権威主義的パーソナリティは養育過程において形成されると考えられており、厳しい親のもとでの懲罰的なしつけがその原因とされていた。しかし権威主義的パーソナリティに対しては手法上のものも含め、様々な批判が加えられており、現在はあまり注目されていない（Martin, 2001; Roiser & Willig, 2002）。代わりに、右翼的権威主義が提唱されるようになった（e.g., Altemeyer, 1981）。

社会文化的アプローチ

欲求不満に基づく議論や権威主義的パーソナリティは、専ら個人の病理的な傾向や人格に対して焦点を当てていた。しかし、1950年代後半からこうした研究の潮流は変化し、ペティグリュー(Pettigrew, 1958)の研究に代表されるように、個人の人格よりも社会環境の方が重要という指摘がなされるようになる。ペティグリューは、個人がもつ権威主義的パーソナリティよりも、その人が居住する地域の方が偏見を説明する上では重要だと示した。当時の南アフリカやアメリカ南部は人種隔離政策をとっており、黒人と白人との居住空間を分離したり、本来有しているはずの権利を制限したりするといった差別的な扱いがなされていた。こうした地域と比べて、アメリカ北部ではアフリカ系アメリカ人に対する態度がより好意的なことから、環境によって人種に関する規範は異なっており、環境を変えることで偏見や排外主義は改善するのだという楽観論も一部で広まった(Fairchild & Gurin, 1978)。

環境に根づいた規範が人々の偏見に直接的に影響を与えるというプロセスに加えて、環境が人々の行動様式や変数間の関係を変えるという議論も出始めた。例えばゴードン・オルポート(Allport, 1954)は、集団間の平等な関係や、政府などの権威によって集団間の接触(友人関係など)が奨励される際に、移民や人種・エスニックマイノリティとの接触が、その集団に対して好意

＊164 初期の研究としてDollard, et al.(1939)、近年のメタ分析としてMarcus-Newhall, et al.(2000)、そして日本語のまとめとして淡野(2010)がある。

的な態度をもたらすと論じ、この議論を集団間接触としてまとめた（より詳しくは309ページ参照。権威による接触の奨励は、あくまで集団間接触の条件の一つである）。集団間の接触を奨励するような環境がなければ接触をしても偏見が減らないという意味で、オルポートの論は接触が行われる環境に強く依存したものだといえるだろう。他にもブルーマー（Blumer, 1958）は、歴史的に形成された集団間の地位格差のもとで、人は人種・エスニックマイノリティに対する態度を形成するという集団位置理論をまとめている（より詳しくは232ページ）。この時期は社会や社会に根ざしている歴史に目配りした仮説が萌芽的に生まれた時代といえるだろう。

環境の影響に研究者の目が向き始めた時代に前後し、アメリカにおいてアフリカ系アメリカ人の社会運動が興り始めていた。アメリカではアフリカ系アメリカ人やアメリカ先住民に対する差別が19世紀末から実質的に合法とされ、バスやレストランにアフリカ系アメリカ人専用席が作られたり、学校を人種で分けたり、参政権が事実上剥奪されている、[*165]といった差別的な扱いが常態化していた。ところがこうした状況は1950年代中期から徐々に変わり始めていった。1954年にはブラウン対教育委員会裁判があり、カンザス州でアフリカ系アメリカ人と白人とを分離した公立学校の設立は平等な教育の機会の提供を阻害しているという判決が下された。アラバマ州ではローザ・パークスがバスの白人専用席に座り込み、その後逮捕されるも、結果として大規模なバスのボイコット運動に発展、最終的には1956年に最高裁にてバスの人種隔離を違憲とする判決が出された。こうした運動が徐々に公民権運動として結実していき、街頭での大規模なデモや白人専用席への座り込みが行われるようになった。結果、1964年に公民権法が成立し、公共施設などでの分離や選挙権行使の妨害などが禁止されるようになった。[*166] さらに公民権法などの成立に伴ってアファーマティブ・アクション（第1章42ページ参照）が実施されるようになり、労働市場や教育における人種間の不平等を是正するような施策が施行されるようになった。

公民権法の制定は社会の規範を大きく変えた。アフリカ系アメリカ人に対する表立った偏見は一般的に好ましくないものとされ、調査でもアフリカ系アメリカ人に対して好ましい態度を表明する人は増えた。例えばアフリカ系アメリカ人と白人との間の結婚を法律で禁止すべきという意見に対して、反対する人の割合は、１９６３年では36・4％だったのに対し、１９７２年には60・7％、１９７７年には71・7％に増加している[*167]（Condran, 1979）。当時から偏見がアフリカ系アメリカ人に対する差別や経済格差の原因の一つ（つまり嗜好に基づく差別）として考えられていたため、偏

＊165 アメリカは日本と異なり有権者登録をしないと投票できない仕組みとなっている。参政権は与えられているものの、有権者登録をするには人頭税を払ったり、識字テストを通過したりしなければならないといったアフリカ系アメリカ人にのみ不利なシステムを課されており、投票が実質的に妨害されていた。

＊166 １９６４年以降も、アフリカ系アメリカ人の有権者登録に対する妨害は続いた。実際、１９６４年の公民権法で禁止されたのは識字テストのみであり、実行力に乏しかったからである。１９６５年に改正公民権法が成立すると、有権者登録の妨害が、より具体的かつ実行的に禁止されるようになった。また州が有権者登録を不当に妨害した場合には、連邦政府が有権者登録を行えるようになり、結果アフリカ系アメリカ人の投票率が増加した。

＊167 その後さらに時代が下った時点での研究では、１９７２年から１９８４年に態度がさらに好意的になったこと、そしてより若い世代が排外的な年配の世代に取って代わっただけでなく、全体的に排外的な態度がこの間に減少したため、変化が起きたことを示している（FireBaugh & Davis, 1988）。

見が減少すれば、差別も同様に減少し、経済格差が解消されると期待されていた。しかし、調査上ではこうした態度の好転が見られたにもかかわらず、この間にアフリカ系アメリカ人に対する差別が減少したり、経済的な格差が解消したりするような兆しは見られなかった（Crosby, Bromley, & Saxe, 1980）[*168]。また、アファーマティブ・アクションやアフリカ系アメリカ人の立候補者を支持しないという傾向も見られた。社会に規範が根づき、調査上では人々の態度がより好意的になったにもかかわらず、である。

多様な偏見の時代

調査の上で人々の偏見や排外主義が減少しているにもかかわらず差別や経済格差が残存している理由の考察が、公民権法成立以降の研究の大きな潮流となった。一つの理由として、人々の偏見の抱き方が変わったという説明が提唱された。過去の偏見はよりあからさまなもので、アフリカ系アメリカ人を生物学的に劣った人種、白人を優れた人種とみなし、アフリカ系アメリカ人に対して明らかな敵意を示すものだった。こうした古典的レイシズム（old-fashioned racism）を表明するのは、公民権法が成立し人種に関する規範が浸透したこの時代には難しく、仮に公の場でこうした発言をしたりあからさまな差別をしたりすると、他者からの評価が下がってしまうかもしれない。そのため古典的なレイシズムは、より微かでわかりにくく、社会的に許容される形での偏見に取って代わった、という説明である[*169]。こうしたレイシズム（つまり、人種に優劣があるという信念をもとにした態度）を総称して、新たなレイシズム（new racism）などと呼ぶようになった。

具体的にいくつかの新たなレイシズムを図表7にまとめた。[*170] 代表的なものとして、象徴的レイシズム（symbolic racism）が挙げられる。象徴的レイシズムとは、差別や偏見はすでに解決したものであり、アフリカ系アメリカ人の現在の社会経済的に不利な立場は彼らが勤勉に働かないためである。にもかかわらず、アフリカ系アメリカ人は政府に対して（アファーマティブ・アクションなどの）特別扱いを求めてばかりいて、結果彼らは身の丈以上の利益を得ている、という一連の信念である（Kinder & Sears, 1981; Sears & Henry, 2005; Tarman & Sears, 2005）。「象徴的」という言葉

＊168 この論文（Crosby, et al., 1980）は、１９６７年から１９７８年に出版された論文をまとめたものである。対面の場面で、人々が白人をより多く助けるか、アフリカ系アメリカ人をより多く助けるか、または違いがないかを集計しており、この間の研究のうち50％が人種による違いがなく、32％が白人を多く助け、18％がアフリカ系アメリカ人を多く助けており、全体的に拮抗しているように見える。しかし対面でなく、仕切りがあるなど、自分の顔が見えない場面での研究は、25％が人種による違いがなく、75％が白人を多く助けており、アフリカ系アメリカ人を多く助けるという研究はゼロだった。他人や助ける相手に見られていると差別をしないが、他人に見られていない場面だと差別をするのだといえる。

＊169 ただし偏見の時代的な変遷を否定的に見る研究者もいる。文献調査を通し、Leach（2005）は新たな偏見は60年代以前から存在していたし、生物学的に劣っているという考えは40年代や50年代でも認められていなかったと主張している。

＊170 ここで示すのはあくまで一部であり、他にも「微かな偏見（subtle prejudice. Pettigrew & Meertens, 1995）」「人種的憤怒（racial resentment. Kinder & Sanders, 1996）」「自由放任主義レイシズム（Laissez-faire racism. Bobo, Kluegel, & Smith, 1997）」などもある。

図表7　多様なレイシズムや偏見

名称	特徴	質問例／測定方法
古典的レイシズム	生物学に基づく偏見､あからさまな敵意	「黒人の多くは先天的に学習能力が低い(ために白人よりも収入が低い)」
象徴的レイシズム／現代的レイシズム	道徳的価値観に基づく偏見（象徴的） 人生初期に形成（現代的）	「黒人がもっと努力すれば、白人と同じように裕福になれるはず」 「黒人は平等な権利を求めるあまり、要求が厳しくなりすぎている」
回避的レイシズム	微かな不安、不快感として表明	人々の行動を通して測定（アフリカ系アメリカ人と会話する際に目を合わせない、など）
カラーブラインド・レイシズム	不平等の原因としての人種の否定	「人種にこだわりすぎるのをやめてほしい」
潜在的偏見	無意識下の偏見	IATを用いて測定

著者作成（五十嵐による過去の研究のまとめ）

を殊更用いるのは、個別のアフリカ系アメリカ人に対する態度ではなく、アフリカ系アメリカ人全体に対する抽象的な考えであり、そして個人の経験や自己利益といった具体的なものではなく、抽象的な道徳的価値観をもとに態度を示すためである[*171]（Sears & Henry, 2003）。象徴的レイシズムとほぼ同じ内容を指す他の概念として、現代的レイシズム（modern racism）という言葉もある。提唱者のマコノヒー（McConahay, 1983）は、もともとシアーズとの共著で象徴的レイシズムという言葉を使っていた（Sears & McConahay, 1973）。しかしその後、公民権法以降の時代における信念に基づいたレイシズムであることを強調するために、「現代的」という言葉を使うようになった。現代的レイシズムは単に言葉が変わっただけでなく、その形成過程にも着目している。人生の初期に人種に関する態度が形成され、それが以降の人生で変化しにくいため、仮に公民権法によって社会の規範が変わったとしても、ネガティブな態度が残存し続けるという*[172]（McConahay, Hardee, & Batts, 1981）。

回避的レイシズム（aversive racism）は偏見のより微妙な側面を反映している（Kovel, 1970; Dovidio & Gaertner, 2004）。回避的レイシズムをもつ人は平等主義的な政策を支持し、自身には偏見がないと認識しているのだが、無意識のうちに偏見が微かに、不安や不快感として表出される。例えばアフリカ系アメリカ人と会話する際に目を合わせなかったり、用事が済んだらすぐにその場を立ち去ったり、隣の席に座らない、といった具合である。*[173] 回避的レイシズムをもつ人は他人の目や規範に特に反応しやすく、偏見を表出するのが好ましくないような場面では特に差別を避けるよ

＊171　象徴的レイシズムの測定には、「黒人がもっと努力すれば、白人と同じように裕福になれるはず」「アイルランド人、イタリア人、ユダヤ人、その他多くのマイノリティは、偏見を克服し、出世してきた。黒人も同じようにすべきである」といった項目を用いる。

＊172　現代的レイシズムの測定には、「黒人は平等な権利を求めるあまり、要求が厳しくなりすぎている」「過去数年間、政府やメディアは、黒人にふさわしい以上の敬意を示してきた」「黒人に対する差別は、アメリカではもはや問題ではない」といった質問を用いる。

＊173　監視カメラに記録された映像を使い、アフリカ系アメリカ人とすれ違うときの方が、白人とすれ違うときよりも距離を多くとる、という研究もある（Dietrich & Sands, 2023）。こうした微妙な回避行動が回避的レイシズムとして括られる。

うになる。なぜならこうした場面で差別をしたり偏見を表出したりすると、偏見をもっていないという自己イメージを傷つけかねないからである。他方、他人の目がなかったり、ある行為が差別に当たるどうか曖昧だったり、適切な行動というものが曖昧な場面だと、自身の平等主義的な自己イメージを傷つけないような方法で、人種マイノリティを差別する可能性がある（Dovidio & Gaertner, 2000）。例えば第２章の援助行動の差別で見たように（１４９ページ）、助けるのに時間がかかったり、助けること自体がリスクであったりする場合などには、助けないという行動が正当化できるために、人種マイノリティをより助けない。回避的レイシズムの他の特徴として、人々を社会的な集団（ここでは人種）で明確に分け、自集団をより厚遇するというものがある（より詳細なまとめとしてPearson, Dovidio, & Gaertner, 2009）。

前節でも触れたカラーブラインド・レイシズム（colour-blind racism）も重要な概念であり、改めてここでまとめたい。カラーブラインドとは英語で〝色盲〟（現代でいう色覚異常、色覚障害）を表す言葉であり、ここでは肌の色を見えないものとみなすという意味で使われている。人種やエスニシティが現代社会の不平等に果たす役割の重要性を無視したり、人種に基づく不平等を正当化したりするような考え方であり、現在エスニック・人種マイノリティが置かれている社会経済的苦境はマイノリティに対する差別などの結果ではなく、自由な競争の結果だとする[*174]（Bonilla-Silva, 2006）。マジョリティがカラーブラインド・レイシズムの考えに則ることで、現在の社会や制度を正当化し、人種間の不平等を是正するために社会や制度が変わるべきだとは考えなくなるため、人種間の不平等が維持されることとなってしまう。カラーブラインドの考え方は一見中立なようで、排外的な意味合いをもっており、事実心理学の研究のメタ分析では、カラーブラインドの考え方をもっている人であればより排外主義が強いことがわかっている[*175](Whitley & Webster, 2019)。

最後に、潜在的偏見(implicit prejudice)について触れよう。潜在的偏見とは、外集団の一員に出会ったときに、無意識下で活性化される態度やステレオタイプを指す(Greenwald & Banaji, 1995)。本人が気づかないうちに自動的に活性化される態度であるため、制御したり自由にコントロールしたりすることは困難となる。結果として、無意識のうちに外集団に対して差別をすることとなる。潜在的偏見に対比されるものは顕在的偏見(explicit prejudice)で、本章で今まで扱って

---

*174 ボニラ=シルバが提唱するカラーブラインド・レイシズムには4つのフレーム、(1)抽象的な自由主義(abstract liberalism)、(2)自然主義(naturalization)、(3)文化的レイシズム(cultural racism)、(4)矮小化(minimization)、がある。抽象的な自由主義は、自由な市場における競争の結果、現在の人種間不平等が形成されたという、人種マイノリティに責任を帰す考えである。自然主義は、人種に基づく現状の行動の違い(住む場所やネットワークなど)が自然に発生したものだという考えである。文化的レイシズムは象徴的レイシズムに類似したもので、人種マイノリティの文化が彼らの考え方や行動の仕方、ひいては現在の社会の立ち位置を決めているとする。矮小化は、レイシズムはすでに現代の社会において人々の生活に影響を与えるようなものでなくなっているという考えである。以上四つのフレームはすべて、現在の社会や制度、差別によって人種マイノリティの経済的苦境や行動様式が形成されたという発想を否定するものだといえる。カラーブラインド・レイシズムに関連した他の概念として、マジョリティの特権性の否定やマジョリティこそが被害者だという考えもある(まとめとしてKolber, 2017)。

*175 カラーブラインドの測定は現代的レイシズムや象徴的レイシズムほど確立されておらず、近年新たな尺度も提唱されている(Whitley, Luttrell, & Schultz, 2023)。

図表８　IATの画面

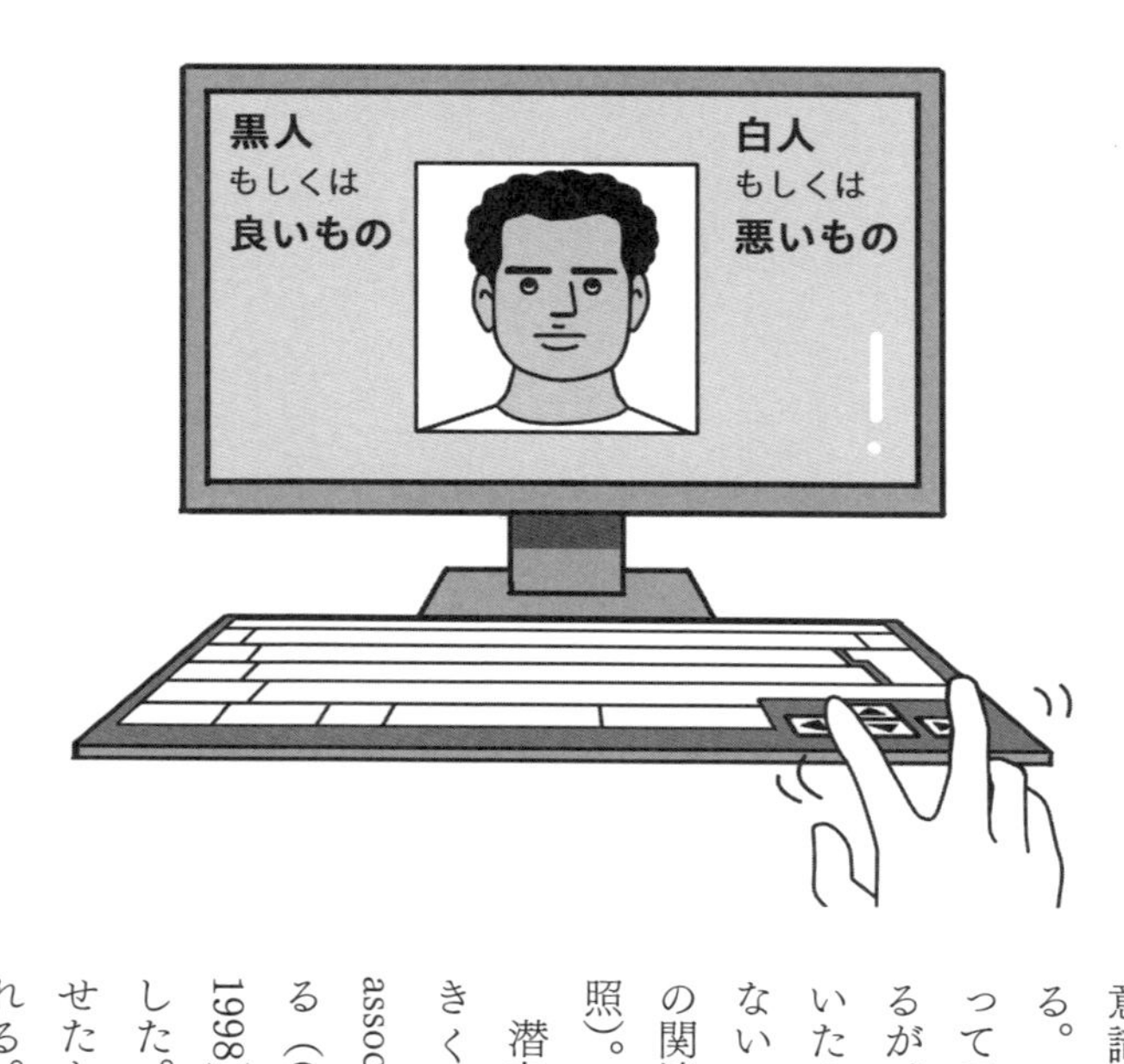

きたような偏見を指す。つまり、本人が意識することができる自身の態度である。こうした態度は、他人や質問紙によって尋ねられた際に表明することができるが、潜在的偏見はその存在に気づかないために質問紙上で表明することができない（顕在的偏見、潜在的偏見と差別との関連については、第１章86ページを参照）。

潜在的偏見の測定方法は他の偏見と大きく異なっており、ＩＡＴ（implicit association test）という手法を使っている（Greenwald, McGhee, & Schwartz, 1998）。図表８に具体的な実験画面を示した。回答者をパソコン画面の前に座らせたところで、実験が以下の手順で行われる。まず、（１）画面上に白人やアフリカ系アメリカ人の顔が出てくる。回答者は白人が出てきた場合はキーボードの左、アフリカ系アメリカ人が出てきた場合は右を押すように指示される。映し出される時間はほんの一瞬で、回答者はできるだけ早く反応するよう求められる。（2）今度は単語が画面上に出てくる。良いものを示す単語（運がいいとか名誉など）が出てきた際は左、悪いものを示す単語（毒とか悲しみなど）が出てきた際には右を押す。（3）そうして今度は、単語と顔を両方出す。回答者は、良い単語、もしくは白人の顔が出てきたときに左を押し、悪い単語、もしくはアフリカ系アメリカ人の顔が出てきたときに右を押すよう指示される。潜在的偏見をもっている人にとってこのタスクは簡単なはずで、なぜならアフリカ系アメリカ人と悪い単語を結びつけて考えており、スムーズに同じ指でこの二つを押せるからだ。ここでどれくらい早く左、もしくは右のキーを押せるかを測定する。（4）今度は（3）の組み合わせを変え、良い単語、もしくはアフリカ系アメリカ人がスクリーン上に出たら左、悪い単語、もしくは白人が出たら右を押すよう指示する。これは潜在的偏見をもつ回答者にとっては矛盾した組み合わせとなるため、反応時間が遅くなるはずだ。（4）と（3）の反応時間の差を計算し、この差が大きければ（つまりアフリカ系アメリカ人と悪い単語とが結びつけられているときは反応時間が早く、良い単語と結びつけられているときは反応時間が遅い場合に）、潜在的偏見が高いと判定される。[*176]

＊176　潜在的偏見は、顕在的偏見や差別的な行動と関連があるとする研究とそうでないとする研究とがある（Greenwald, et al., 2009, 2015; Oswald, et al., 2013, 2015）。この指標が何を測っているのかについては未だに議論が分かれている。

現代につながる排外主義研究

このように偏見のタイプが多様化していることが、アフリカ系アメリカ人に対する差別が残存する理由の一つといわれている。他にも、現代に通じる理論が様々提唱されている。特徴として、従来の理論が偏見を病理的なもの、個人的なものとして扱っていたのに対し、現代の理論では集団として人々を捉え、集団間の関係から排外主義を説明しようとしている。

こうした理論のうち代表的なものに、集団脅威、そして社会的アイデンティティがある。集団脅威の背景として、例えば公民権法やアファーマティブ・アクションによって、従来白人がもっていた特権的な地位をアフリカ系アメリカ人が脅かすという構図がある。アフリカ系アメリカ人が選挙権を妨害されずに自由に行使できるようになった結果、白人は自分達にとって有利な政策を実施してくれるような政治家を自由に選ぶことができなくなった。また1965年以降、アファーマティブ・アクションが実施されるようになり、労働市場や教育における人種間の不平等を是正する施策が施行されるようになった。こうした社会的な変動を背景に、白人とアフリカ系アメリカ人の間で利益をめぐる衝突が生じ、偏見や排外主義を促進させるという議論が提唱されるようになった。こうした研究は、先述のブルーマーや第5章234ページで触れるブラロックなどがまとめている。

また、集団脅威の提唱に前後して、社会的アイデンティティ理論という重要な理論が提唱され、偏見の説明にも援用されるようになった。この理論では、人は集団に基づいた判断を行い、外集団のメンバーと比べて、自集団のメンバーをより好意的に扱うことを明らかにしており、人間の認知的な機能が外集団に対する否定的な扱いにつながる可能性を示した。

こうした集団をもとにした理論が隆盛する中、少し遅れて個人差に着目する理論が再度脚光を浴びることとなる。１９４０年代から50年代にかけての個人差に基づく偏見は、病理的なものとして、あるいは歪んだパーソナリティとしてしか注目されていなかったが、１９８０年代から90年代には、個人差に着目する研究がより洗練されていった。中でも、社会的支配志向性（Social dominance orientation, SDO）や右翼的権威主義志向（Right-wing orientation, RWO）が提唱され、研究が進んでいった。

ここまで紹介してきた理論は、アフリカ系アメリカ人に対する態度を検証するためにアメリカで発展してきたものだった。一方、移民が多く流入していたヨーロッパにおいては、１９９０年代後半までは移民に対する排外主義研究の出版件数は限定的だった*177（Pettigrew, et al., 1997）。第5章で取り上げるキリアン（Quillian, 1995）の研究はヨーロッパ12カ国を対象に行われたものだが、論文中でヨーロッパにおいては脅威研究が行われていないと指摘している。しかし徐々に移民に対する偏見や排外主義研究が進んでいくようになり、アメリカで発達した理論を取り入れるようになる。*178アメリカで発達した理論を自覚的にヨーロッパに適用した代表的な研究は、ペティグリューに

---

*177　例外として差別研究はむしろ盛んに行われていたようだ（e.g., Klink & Wagner, 1999）。

*178　ヨーロッパにおける独自の理論がなかったわけでは当然ない。例えばHraba, Hagendoorn, & Hagendoorn（1989）はエスニックヒエラルキーという概念を提唱し、異なる集団に対する好意的態度が階層的になっており、かつそれが人々の間で共有されていると論じた。

よる一連の比較研究だろう。彼はアメリカで提唱された理論がイギリス、フランス、ドイツ、オランダで同様に当てはまることを示した論文を、社会学と心理学の雑誌にそれぞれ発表している(Pettigrew, et al., 1997; Pettigrew, 1998)。[*179] こうして、従来アフリカ系アメリカ人を対象に発展してきた理論は、ヨーロッパの移民・エスニックマイノリティ研究でも応用されるようになる。この傾向はイスラム教信者の移民が増加傾向にあった西ヨーロッパで特に顕著であり、文化の異なる移民やエスニックマイノリティとの集団間関係を説明する上で重要な展開となった。

第3節　まとめ

本章では、以降の章で扱う排外主義という概念とその類語を整理し、排外主義・偏見の研究史を、当時の社会情勢と比較しながら簡単にまとめた。繰り返しになるが、移民や人種・エスニックマイノリティに対して排外主義的態度をもつことと、それを差別という行動として表明することは異なる事象だということを理解してもらいたい。前章までは差別という行為についてまとめたが、その背景には排外主義という感情や態度がある。そうした排外主義や偏見の研究は１００年近くの歴史をもち、人々の考え方や社会のあり方と大きく連動して、研究の内容や重要視される概念、理論も変わっていった。現代も変化の途上にあるといえよう。次章では排外主義の主要な要因をまとめよう。

＊179　QuillianもPettigrewもアメリカの大学に所属していたため、アメリカ中心主義的な記述だった可能性は否めない。

第5章 排外主義の要因

人はなぜ移民や人種・エスニックマイノリティに対して排外的になるのか。前章で見たように、20世紀はじめから現代に至るまで排外主義研究は発展してきており、その研究蓄積も膨大である。本章ではまず、大きな研究領域となっている脅威の概念についてまとめた上で、それ以外のナショナリズム、情報、社会経済的地位、歴史の遺産について論じる。

まず1節では脅威に関する研究をまとめる。脅威研究の誕生と発展を見た上で、脅威のタイプとして経済、文化、安全に対する脅威を詳細に見てみよう。その後、脅威研究の一大領域である移民割合の研究を仔細に紹介する。移民が多い地域では、移民に対する態度は否定的になるのだろうか、それとも好意的になるのだろうか。本章全体に対して1節の分量が多くなるが、これは排外主義の形成要因の一部が脅威に基づいた議論を展開しているからである。

続く2節では、ナショナリズム研究を概観する。先行研究にならい(Bonikowski & DiMaggio, 2016)、ナショナル・アイデンティフィケーション、国民の成員条件、愛国主義と狂信的愛国主義の観点からナショナリズムを整理する。ナショナリズムは国民国家の成立といった他の文脈でも大きく扱われる概念であるが、本章では排外主義との関連に限った議論になる。そのため、ナショナリズム研究に関心がある人は他の文献も見てみてもらいたい。例えば、アンソニー・スミスの『ナショナリズムとは何か』は新しい研究領域を含んだ網羅的でわかりやすいまとめである（Smith, 2010=2018）。

3節では情報が排外主義にもたらす影響をまとめる。情報に触れることによって排外主義が高まるのか、それとももともと排外主義的だったから外国人に否定的な情報を選択的に入手するのかなど、いかに情報が排外主義と関わっているかを検討する。4節では、人々に備わっているおそらく最も代表的な属性、具体的には、年齢、居住地、そして教育年数がそれぞれ排外主義とどう関わっているかを整理する。5節では、国や地域が有する歴史が排外主義に与える影響をまとめる。このような研究は特に経済学や政治学で発達してきており、古いものでは200年前の出来事や制度が現在の人々が抱く排外主義に対して影響を与える場合がある。

本章で見るように、排外主義は様々な要因によって形成される可能性を秘めている。ここで重要なのは、どれか一つの要因によって排外主義が決定的に決まるというわけではないということである。本章でまとめる要因一つ一つが人々の考え方を徐々に形成していくといってもよい。また、多くの身近な概念を扱っているが、紹介した研究は統計分析に基づいた研究だということを承知してもらいたい。つまり、ここで得られた結果はあくまで平均的な傾向を意味し、分析結果がすべての人に必ず当てはまるわけではない。例えば、ある人が高学歴だからといって常に移民に対して好意的ではないし、低学歴だからといって常に移民に対して否定的というわけでもない。統計はあくまでも平均的な傾向を見ているに過ぎない。

第1節　集団脅威

本節ではまず、現代の集団間関係研究にとって欠かすことのできない集団脅威（group threat）について論じる。集団脅威の発想として、まず二つの集団を考える。ここでは自分が所属している集団を内集団（in-group）、自分が所属していない集団を外集団（out-group）という。外集団は何でもいいのだが、本書の目的に適うように移民と置き換えてもらってもいい。内集団は何か価値のある資源（resource）をもっていて、それが外集団に実際に脅かされたり、脅かされると知覚したりする。一般的な用法とは異なり、ここでいう資源とは価値のあるもの一般を指し、これには仕事だったり、賃金だったり、日本文化だったり、地域の安全だったりが含まれる。外集団に資源を脅かされるというのは、例えば外国人によって日本の土地が買われるとか、日本人の仕事が奪われるといったものだ。こうした知覚の結果、外集団に対してネガティブな態度を形成するというのが集団脅威の基本的な議論である。脅威の議論は現代の集団間関係を説明する上で非常に重要な役割を担っている。

脅威研究の誕生と発展

脅威の議論は心理学と社会学でそれぞれ独自に発達してきており、その源流が異なっている。心理学の集団間関係研究において、おそらく最初期であり重要とされている研究はシェリフらによるサマーキャンプ研究（Robbers Cave experiments, 泥棒の洞窟実験）だろう（Sherif, 1967）。1954年、シェリフらは似たような学力や家庭背景をもつ、お互いに初対面の11歳の白人の男の子22人を集め、人里離れたキャンプ場で3週間のキャンプを実施した。子どもたちは事前に二つのグループに分けられており、相手グループの存在を知らないまま別々にキャンプ場に連れてこられた。この実験は三つのステージに分けられている。最初のステージでは、グループ別の共同作業を通し、誰がリーダーかといった集団内の上下関係やグループ内規範（例えば、男らしく強くあること）などが徐々に固まっていった。第二ステージでは、スタッフらは二つのグループを引き合わせ、総合優勝をしたチームに対しては賞品が与えられるという名目のもと、いくつかのゲーム（野球や綱引き、宝探しなど）で競うように仕向けた。もともとお互いの存在を知らなかった両グループは、出会った時点から険悪な雰囲気だったが、競争をするうちにどんどんエスカレートし、負けた腹いせに報復したり、相手のチームの旗を燃やしたり、相手に罵声を浴びせたり、暴力に任せたりするようになっていった。その後の第三ステージでは、二つのグループが協力せざるを得ない状況（食料買い出しの大型トラックが動かない、など）を作り出すことで二つのグループの間の関係を修復した。サマーキャンプ実験は、集団間の関係の悪化と修復という二つの重要なプロセスを、実際のキャンプ場での生活を通して観察している。

シェリフの研究は集団間関係の形成において多くの論点を有しており、その後の社会心理学に多大な影響を与えた。特に、第二ステージにおける集団間の競合は後に現実的集団葛藤理論

(realistic group conflict theory) としてまとめられるようになる[*180] (LeVine & Campbell, 1972)。この理論によれば、資源をめぐる競合（シェリフの例だと、賞品とそれをめぐる競争）が高まったり、目標となる資源がより魅力的なものであったりすると、集団間に敵意や偏見がより生まれやすくなるという。さらに偏見の形成以外でもその後の研究に影響を与えており、第一ステージのように即席で形成された集団にもかかわらず強い愛着を形成する過程は、のちの社会的アイデンティティ理論（264ページ）でも扱われるようになる。さらに、第三ステージで見た集団間が協力して共通の目標を達成することで集団間の敵意が減少するという過程は、集団間接触理論（309ページ）にも発展していく。シェリフの研究は、内集団／外集団の区分けの形成、脅威に基づいた外集団に対する排外主義の形成、そして集団間関係の修復という、集団間関係の形成過程を網羅した目覚ましい実験だったといえよう。[*181]

社会学では、ブルーマー (Blumer, 1958) による集団位置理論 (theory of group position) が脅威研究のはしりとされている (Fussell, 2014)。ブルーマーは、社会学の重要な概念であるシンボリック相互作用論[*182]を確立した立役者であり、そちらの功績で彼の名前を聞いたことがある読者もいるだろう。ブルーマーの集団位置理論はアフリカ系アメリカ人に対する偏見を説明するために考案された理論で、支配的集団（アメリカにおける白人や、日本における日本人など）が以下の四つの感覚をもつことで偏見を形成するという。（1）自集団が優れているという感覚、（2）外集団が自分たちとは根本的に違っているという感覚、（3）自集団が何か価値あるものを所有する権利があるという感覚、そして（4）外集団が、自集団の特権を脅かしていたり、将来的に脅かすかもしれないという不安や疑念、である。最初の三つだけでは偏見には至らず、四つ目の脅威感覚が重要だとブルーマーは述べている。具体的には、アメリカの白人は、仕事や政治、何か土地などの所有権といった領域で、アフリカ系アメリカ人と比べて優位な立場にある。こうした立場が、アフリカ系アメリカ人によって脅かされるという感覚をもったとき、白人が防衛反応としてアフリカ系アメリカ人に対し偏見を抱いたり差別をしたりするようになる。ブルーマーの議論では、脅威をあくまで知覚されたもの（perceived threats）として捉えていることが重要である。つまり、実際に脅威を及ぼしているかどうかは重要ではなく、資源が脅かされていると〝認識する〟かどうかが重要なのだ。

＊180 その後の発展の一つとして、資源のゼロサム信念（ある人が資源を多く取れば、他の人の取り分が減るという認識）をもっている人は移民に対してより排外的になることがわかっている（Essess, Dovidio, Jackson, & Armstrong, 2001）。ゼロサム信念は日本においても支持されている（柏原・清水, 2022）。

＊181 ラピエールの研究と同様、シェリフの実験も『社会心理学再入門』に非常に詳しく書かれている（Smith & Haslam, 2012=2017）。

＊182 シンボリック相互作用論は、（1）「人間は、ある事柄が自分にとって持つ意味に基づいて行為する」（2）「そうした事柄の意味は、その人間がその相手と執り行う社会的相互作用から発生する、ないしは導出される」（3）「そうした事柄の意味は、その事柄に対処する際にその人間が活用する解釈過程（＝自分自身との相互作用）を通じて、取り扱われたり、修正されたりする」という三つの基本的前提を共有する視点である（Blumer, 1969=1991: 2）。シンボリック相互作用論で有名なブルーマーが抱いていた人種間関係への関心と、彼の研究史にとっての位置づけについては、陳（2022）が詳しく書いている。

社会学ではその後、ブラロック（Blalock, 1967）が地域のアフリカ系アメリカ人の割合を現実の脅威（actual competition、もしくはrealistic threats）として操作化（学術的な抽象概念を現実の想定可能な数字に落とし込むこと）し、アフリカ系アメリカ人の割合が多い地域では経済的な競合の認識が増えたり、権力をめぐる対立が起きたりすると論じた。[*183] 以降は脅威研究が下火であったものの、[*184] ブルーマーの理論は90年代頃から社会学者の間で〝再発見〟される。それまで主流であった個人の属性に着目する研究に対し、キリアン（Quillian, 1995）が集団間の資源をめぐる対立に目を向けるよう提唱し、ブルーマーの理論を集団脅威理論（group threat theory）と読み替え、議論の中心に据えた。そしてヨーロッパ12カ国を対象に分析し、移民割合が多い地域では移民がもたらしうる脅威をより知覚しやすいために、移民に対する態度が悪化すると結論づけた。

90年代のリバイバル以降、社会学における脅威研究は集団間関係において重要な位置を占めてきたのではないかと考えられる。[*185] また、キリアンの研究がきっかけとは言い難いものの、現代の心理学においても現実的集団葛藤が集団間関係を論じる上で重要な概念の一つとなっている（Duckitt, 2010）。この二つの理論は、ルーツや研究対象こそ違うものの、基本的に価値ある資源をめぐる集団間の対立から偏見が発生すると想定しており、理論が意味するところは似通っている。近年では互換的に用いられているといってもいいだろう。さらに集団脅威の考え方は社会科学における他の分野にも浸透しており、特に政治学では次に述べる経済的脅威の研究が大きく発展した。分野の垣根を越え、広く社会科学において排外主義を論じる際に重要な概念として浸透しているといえよう。

脅威の源泉（1）経済

集団脅威は、集団間で何か価値のある資源をめぐる対立がある場合に生じる。それでは、資源とは具体的に何を指すのだろうか。論者によって異なるが、経済、文化、安全が代表的なものといえるだろう（Sniderman, Hagendoorn, & Prior, 2004）。経済的脅威（economic threats）では、仕事が奪われるといった経済にまつわる資源が脅かされるという認識のもと、移民や人種・エスニックマイノリティに対して否定的な態度をもつ。経済と一口にいっても様々な側面があるが、ここでは労

＊183　現代では両者とも現実的脅威（realistic threats）としてまとめられているものの、ブラロックはマイノリティの割合と経済的競合は対数関数的に増加（つまり最初は多く増えるが、時間が経つにつれ伸びは鈍化）、政治権力の対立は指数関数的に増加（最初はあまり増えないが、時間が経つにつれ爆発的に増加）すると論じていた。すなわち両者を別物として扱い、異なる形の非線形関係にあるとする議論である。具体的には、マイノリティの経済的成功をマイノリティが増え始めの頃に抑え込むと、その後は競合する確率が大幅に増えない。他方政治においては、社会運動や投票行動などはマイノリティの数が増えるほどに勢いを増す、という理屈である。

＊184　第4章でも見たように、70年代から80年代にかけて、偏見が個人のパーソナリティや認知の問題として研究されるようになったためである。この時代に脅威について触れた研究はボボ（Bobo, 1983; Schuman, Steeh, & Bobo, 1985）やシアーズ（Kinder & Sears, 1981）によるものがある。ボボはブラロックと同様に脅威を現実のものとして捉え、実利を守るための対立とそれに基づく態度形成を提唱した。シアーズの研究は、のちに述べるように、その後文化的脅威として昇華している。

＊185　ただし、ブルーマーがもともと想定していた集団の歴史は現代ではあまり着目されず、脅威の認識というより単純で一般的な議論に落とし込まれている。

働市場における競合、社会志向的な経済、福祉負担の三つにまとめる（Valentino, et al., 2019）。

①労働市場における競合

経済的脅威において、おそらく最も代表的な議論が職をめぐる競合である。この競合を一部では労働市場競合モデル（labour market competition model）と呼び、労働市場において移民と国民とが職や賃金をめぐって競うことを指す。雇用主は低賃金でも働いてくれる移民をより多く雇用し、高い賃金を求める国民を雇用しなくなるかもしれない。結果、国民は移民のせいで仕事が得にくくなったり、賃金の上昇が妨げられたりしたと感じ、移民に対する排外的態度を抱くようになる。移民はしばしば低スキル[*186]であることや、出身国の学歴が正当に評価されないせいで（e.g., Tibajev & Hellgren, 2019）、居住国の労働市場において学歴やスキルが求められない職に就きやすい。このため、低スキルの国民は移民と職をめぐって競合することとなる。例えばコンビニの店員に外国人が増えた結果、日本人が採用されなかったり、コンビニ店員の賃金が下がったりする（もしくは上がらなかったりする）場合には、職をめぐる競合が起きているといえるだろう。

こうした理論的予想を支持するように、学歴や収入が低かったり、製造業など第二次産業に従事したりする人は、より強い排外意識をもつことがわかっている（Mayda, 2006; Scheve & Slaughter, 2001）[*187]。このような客観的な指標だけでなく、相対的に自身や自集団が恵まれていない状況にあるという自己認識や、自身の経済状況への低い満足感（Meuleman, et al., 2020; Sides & Citrin, 2007）、さらに移民が国民の仕事を奪うという認識[*188]が、移民に対する否定的な態度をもたらす（e.g., McLaren & Johnson, 2007）。これらの研究は日本でも再現されており、ブルーカラー職に就く人や収入が低い人（濱田，2008, 2010）や移民によって職が奪われると認識する人（下窪，2021）は排外主義がより高い傾向にあった。[*189]

しかし近年では職の競合に基づく脅威に対し、疑問が呈されている。ハインミュラーとヒズコックス（Hainmueller & Hiscox, 2010）[*190]は「あなたは、アメリカが他の国からより多くの【高スキル／低スキル】移民を受け入れることに賛成ですか、反対ですか？（五十嵐による意訳）」という文章に対する賛否をもとに、労働市場競合モデルに対して反論した。質問文の【高スキル／低スキ

＊186　ここでいうスキル（もしくは技能）とは、教育や訓練を通して獲得した能力を指し、研究では学歴や収入などで操作化される。

＊187　ただし相反する結果も出ており、Citrinらなどは職業や収入、自身の経済状況への主観的評価と排外主義との間に有意な関連がなかったと報告している（Citrin, Green, Muste, & Wong, 1997）。

＊188　例えば、移民が国民から仕事を奪っていると思いますか、という質問に対する賛成の度合いと、移民の増加支持との関連を分析するというものである。

＊189　ただしブルーカラーに関しては、結果はまちまちで、必ずしも一貫した結果が出ていないことに注意が必要である（永吉, 2008）。また、無職の人は低い排外主義をもつ場合もあるため（五十嵐, 2019）、確定的なことはいえない。職業が有意な関連をもっていない理由の一つとして、日本において職をめぐる競合が存在していないという可能性が指摘されているが（下窪, 2021）、そもそも労働市場における職の競合それ自体が他国でも観測されていない可能性もある。仕事をめぐる衝突が観測されないという結果は日本に特殊な事情ではなく、各国共通のものとして理解する必要がある。

＊190　これに先立ち、European Social Surveyを使った二次分析としてHainmueller & Hiscox（2007）がある。

ル】はどちらか一方がランダムに提示される。[*191] 仮に労働市場競合モデルが正しければ、高スキルアメリカ人は職の競合を避けるために高スキル移民に対してよりネガティブな態度をもつはずだ。しかし実験の結果は異なっており、アメリカ人は平均的に高スキル移民をより好む傾向にあり、さらに低学歴のアメリカ人でも高学歴のアメリカ人でも同様に高スキル移民を好むという結果となった。これはつまり、人々は自分の労働市場における地位が脅かされるという自己利益で移民に対する態度を形成してはいないと解釈できる。高スキル移民が好まれるという結果は、その後ヨーロッパや日本を含む多くの研究で支持されている[*192]（日本の研究としてIgarashi, Miwa, & Ono, 2022; 鹿毛・田中・ローゼンブルース, 2018）。

ではなぜ高スキル移民が好まれるのだろうか。ハインミュラーとヒズコックス（Hainmueller & Hiscox, 2010）は、高スキル移民が地域経済や国の経済に対して貢献したり、福祉にかかる税金をより多く払ったり（もしくは福祉の負担になりにくかったり）、または移民の学歴の高さが他国（この場合は居住国）の文化に対する理解の深さを意味するために好まれると解釈した。このうち福祉への貢献や経済的な貢献はその後の研究で支持されている（Gerber, et al., 2017; Helbling & Kriesi, 2014; Igarashi, et al., 2022; Liao, Malhotra, & Newman, 2020; Naumann, Stoetzer, & Pietrantuono, 2018）[*193]。次項で詳細に見てみよう。

②社会志向的な経済

移民が来ることによって、社会全体の経済が何らかの影響を受ける可能性がある。例えば低スキルの移民が集中的に働いている産業の賃金が下がるといった可能性であり[*194]、そのため移民を受け入

＊191 ランダムとは、回答者の全員に対して、同様の確率でどちらかが割り当てられるということを指す。ここでどちらか片方だけの情報を与えて、両方を同時に提示しない理由の一つは、高スキルに対する回答と低スキルに対する回答とを一貫させようとする傾向を避けるためである。これは言い換えると高スキル移民に対する態度が低スキル移民に対する態度に影響を与えてしまうこととなり、ここで得られた効果がスキルの情報を与えられたことによる効果かがわからなくなる。

＊192 Igarashi, Miwa, & Ono（2022）に高スキルの効果を検証した2021年までの論文をまとめている。ハインミュラーの実験はシンプルなだけに批判もある（Newman & Malhotra, 2019）。例えば、高スキルといわれたときに想像する移民像が人によって異なるかもしれない。高スキルであればヨーロッパ出身、低スキルであれば中東出身、などと思ったりするかもしれない。しかし後の実験で、こうしたスキル以外の移民にまつわる情報を入れても、回答者の学歴にかかわらず高スキル移民が好まれる傾向にあった（Hainmueller & Hopkins, 2015）。ここからも人々が高スキル移民を強く望む傾向が見て取れるだろう。

＊193 ただし、仕事が奪われたり、収入が低下したりするという懸念が移民に対する態度に全く影響しない、とは言い切れない。ハインミュラー以降も多くの研究が労働市場における競合を検証し、競合の証拠ともいえる結果を示している。例えば自身の技能の移転可能性が低い（要するに潰しが利かない職についている）国民は移民に対してより排外的になる（Pardos-Prado & Xena, 2019）。また、失業した人は移民をより重要な問題だと思うようになることがわかっている（Lancee & Pardos-Prado, 2013）（ただし、同様に観察データを使った研究で、任期つきの仕事から任期なしの仕事に移行しても排外主義が変わらないという研究もある）（Ersanilli & Präg, 2023）。ハインミュラーは労働市場の競合に関する議論を「ゾンビ理論」とし、何度否定されても立ち上がってくると論じたが（Hainmueller & Hopkins, 2014）、こうした研究はおそらく今後も増え続けるだろう。

＊194 ただし、移民が社会全体の経済にもたらす影響はあまりない、あったとしても大きくはない、という研究が大勢である（まとめとして神林・橋本, 2017; Powell, 2015=2016など）。

れないという態度が形成される。このような、移民が社会全体の経済状況を左右する可能性に着目した経済的脅威を、特に社会志向的な経済的脅威（sociotropic economic threat）などと呼ぶ(Valentino, et al., 2019)。

ハインミュラーとヒズコックス（2010）は、国民が高スキル移民を好む理由として、高スキル移民が社会全体の経済に対して良い影響をもたらすためと解釈しているが[*195]、彼らの研究以前から社会全体の経済状況に関する研究がなされていた。特に過去の研究では、社会全体の経済状況（GDPやGDP成長率、失業率など）が悪化した際に、移民に対して排外的な態度をとるようになるといわれていた。理由として、悪化した経済状況の原因は移民にあるとみなし、また経済状況が悪いところでは資源（職や高賃金など）が希少になるため、移民による脅威をより強く認識しやすくなり、その結果、移民に対する態度が悪化する、といったものである。

実際、複数時点にまたがる多国間比較研究では、国全体の経済状況が悪化すると移民に対する態度も悪化している（Meuleman, Davidov, & Billiet, 2009; Semyonov, Raijman, & Gorodzeisky, 2006）[*196]。西ヨーロッパでの極右政党支持研究では、地域の失業率が悪化していると極右政党の支持が増えるが、この効果は移民が増加している地域で特に見られやすい（Bolet, 2020[*197]; Halla, Wagner, & Zweimüller, 2017）。同様の研究として、低スキル移民の割合が多いところでは、失業した人はそれだけ極右政党を支持するようになる（Dehdari, 2022）。つまり、不況時や経済的に苦境にある際に、競合となる移民を人々が忌避しているということである。こうした傾向は国や地域だけでなく産業レベルでも見られ、自分の働いている産業が成長している場合には移民に対してより好意的になり、産業が縮小傾向にある場合には移民に対して否定的で、さらに移民が流入している場合にはより強く否定的な態度をとるようになる（Dancygier & Donnelly, 2013）。

これらの研究が指し示すことは、悪化した経済状況の原因を移民に帰属させ、経済が悪化しているために移民と職をめぐって競合するだろうと国民が思い込むために排外主義が高まるということに過ぎないということである。移民が〝実際に〟社会全体の経済状況を悪化させているわけではないことに留意したい。

③福祉負担

福祉負担は、移民がもたらすと認識される経済的脅威の一つであり、高スキル移民を好む理由で

＊195 特に、高スキル移民の増加と特許の申請件数との間には正の関連があり、社会のイノベーションが加速する可能性も指摘されている（Akcigit, Grigsby, & Nicholas, 2017; Hunt & Gauthier-Loiselle, 2010）。

＊196 複数回にわたり、10カ国以上で実施された大規模社会調査をまとめて分析をしている。そのため同一個人を対象にした分析ではないものの、国の状況の変化を追うことができる。また、経済状況の悪化が常に有意な関連をもつわけではない（例えばLubbers, Gijsberts, & Scheepers, 2002; Scheepers, Gijsberts, & Coenders, 2002）。ところで日本の都道府県を対象にした分析では、失業率が上がると移民によって職が奪われるという認識が高まる傾向が見られたものの、こうした雇用機会への脅威が地域全体の排外主義を高めているわけではなかった（下窪, 2021）。

＊197 Boletの研究では、国民と競合しやすい移民が増えている地域で特に強い効果が見られていた。競合しやすい移民とは高スキル、もしくは中スキルの移民であり、こうした移民は移住の際に本来就けるはずの仕事よりも低い賃金水準の仕事に就くため（これを移民のovereducationと呼ぶ。詳しくはChiswick & Miller, 2009など）、結果中スキルや低スキルの国民と競合することになる。

図表 9　自己責任論とスキル別移民に対する態度

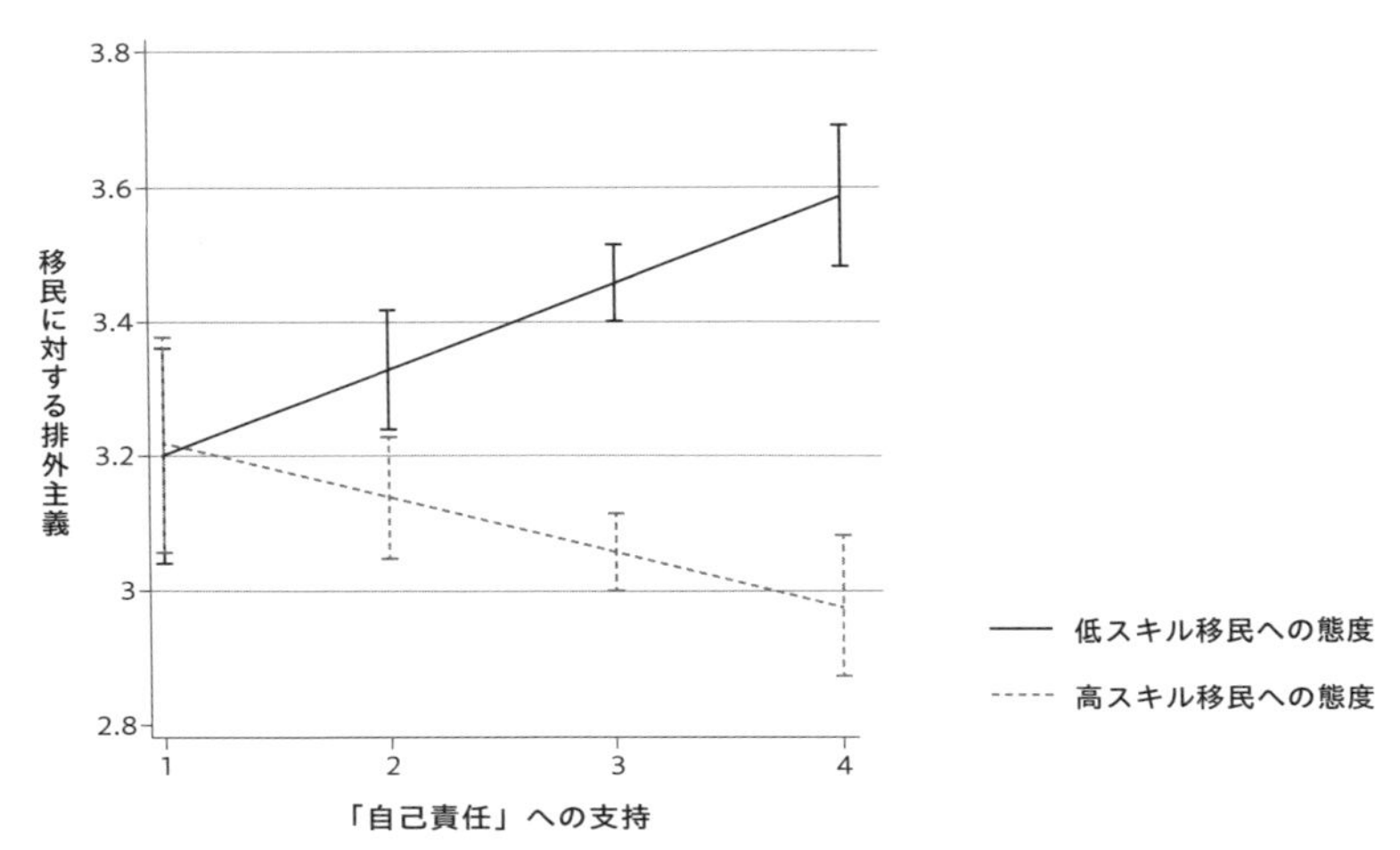

出典：Igarashi & Ono (2022c)

もある。まず大前提として、国籍にかかわらず居住者は何らかの形で税金を払っている。日本も同様で、日本で生活している者は消費税や社会保険料を、就業者は所得税や住民税を支払っている。しかし、移民が税金や社会保険料として負担している額よりも福祉サービスを過剰に利用し、本来なら国民やマジョリティが受給することのできる福祉を圧迫しているという認識が形成されると、国民の移民に対する態度を悪化させる。福祉をもとにした脅威は、労働市場の競合同様、様々な方法で直接的、間接的に測定されている。例えば、高賃金の国民は税金をより多く支払っているため、移民に対する福祉負担により敏感だという前提のもと、低スキルの移民が多い地域では高賃金の国民が移民に対して否定的な態度をもつようになる[*198] (Facchini & Mayda,

2009; Hanson, Scheve, & Slaughter, 2007)。自分が支払った税金を低スキル移民の福祉に使いたくない、という考えが背景にあるのだろう。他方で、サーベイ実験を用いた研究では、移民が福祉負担を増やさないという情報を提示すると、移民に対する態度が好意的になることもわかっている(Abascal, Huang, & Tran, 2021; Igarashi & Ono, 2022b)。

そもそもなぜ移民が福祉に対する脅威をもたらす(つまり、福祉を不当に受給する)と考えられているのだろうか。いくつか説明できる理由はあるが、ハインミュラーらの研究に引きつけた説明として、移民は一般的に低スキルで能力が低く、勤勉な労働者でもないと認識されているためだろう(Cuddy, et al., 2009; Fiske, et al., 2002)。スキルが低いとそれだけ賃金が低く、また失業する確率も高いため、福祉に頼る確率が上がる。

筆者はこうした傾向を検証するための実験を日本で行った。図表9に結果をまとめている。ここでは自己責任論を支持する人(つまり、福祉に対して反対する傾向にある人)は、そうでない人に比べ、低スキル移民に対してより排外的であり、他方で高スキル移民に対してより好意的な傾向にあった(Igarashi & Ono, 2022c)。おそらく、自己責任論の支持者は、低スキル移民は福祉により

*198 福祉の脅威と関連した議論として、福祉ショービニズム(welfare chauvinism)がある(Andersen & Bjørklund, 1990)。ショービニズムとは狂信的愛国主義とも訳され、自分が所属している国に対する偏執的なまでの傾倒を意味する。福祉ショービニズムとは、自集団に対する福祉は支持するが、移民に対する福祉再配分は支持しないという態度である。まとめとしてCareja & Harris(2022)など。

依存するだろうと考え排外的になるが、高スキル移民だと経済的に自立しており社会全体の経済にも貢献するために受け入れたい、と思うのだろう。

また、単純に移民というだけで福祉にふさわしくないと考える人もいる。[*199] 事実、オランダ人回答者に、福祉受給の対象としてふさわしい人を選んでもらう実験では、移民であるというだけで、オランダ国民と比べて福祉受給にふさわしくないと考えられることがわかっている（Reeskens & van der Meer, 2019)。仮に移民が何か福祉を受給するのにふさわしい属性（現在仕事を探していたり、必要性が高かったり）をもっていた場合には、福祉受給のふさわしさに関するオランダ国民との差は縮まるが、仮に移民が好ましくない属性（労働期間が短かったり、居住国生まれでなかったり）をもっていると、似たようなオランダ国民と比べても、福祉受給者としてよりふさわしくないと思われるようになる[*200]（Kootstra, 2016)。

脅威の源泉（2）文化

経済的脅威と並び、長期にわたり着目され続け、現代でも重要な位置を占める脅威の源泉が文化である。文化的脅威（cultural threats）とは、自集団の文化が外集団によって脅かされたり損なわれたりするという認識をもつため、それに反発して外集団に対して排外的な態度を形成する過程を指す。文化的脅威はもともと象徴的レイシズム（２１７ページ）に端を発するアイディアだが、脅威の枠組みとして研究されるようになった。[*201]

象徴的レイシズムはもともとアフリカ系アメリカ人に対する態度を検証するために提唱されてい

＊199　福祉受給者としてのふさわしさ（deservingness）に関する研究は、移民に限定しない、より一般的な分析が行われている。特に、福祉受給者としてのふさわしさの基準として、（1）制御可能性、（2）必要性、（3）アイデンティティ、（4）態度、（5）互酬性、が提唱されている（e.g., van Oorschot, 2000, 2006）。それぞれ現在の不利な経済状況にあることが自身の責任かどうか、援助が必要かどうか、自分と類似した集団であるかどうか（特に福祉受給者が移民かどうかを指すことが多い）、好ましい人物かどうか、そして過去や将来において社会や経済に貢献してくれるかどうかを大まかに意味する。現在の不利な状況が福祉受給者自身のせいだと認識されたり（例えば学歴を高める努力をしなかったり）、過去において社会に貢献しなかったと認識されたり（例えば就業年数が短かったり、経済的に貢献しなかったり）すると、福祉の受給対象としてふさわしくないと思われてしまう。本文中で扱った研究は、このうちアイデンティティを中心にした議論を展開している。

＊200　他の説明として一部で援用されている議論が、西ヨーロッパの極右政党がかつて用いていた「勝利の方程式（winning formula）」である。これは極右政党が反移民、反福祉（新自由主義の推進）を掲げることで労働者層から支持を集めたという経緯に基づいている（Betz, 1994; Kitschelt, 1995）。人々は反移民・反福祉というメッセージを内面化しており、この二つをつなげて考えるようになっている。こうした議論は現代のヨーロッパにおける研究でも前提とされている一方で（Grdešić, 2019; Schmidt & Spies, 2014; Zhirkov, 2014）、極右政党の新自由主義志向は一時的なものに過ぎず、徐々に中道な経済政策を掲げるようになったとも指摘されている（de Lange, 2007; McGann & Kitschelt, 2005）。

＊201　象徴的レイシズムが提唱された後には、経済的脅威（もしくは単純に脅威や現実的葛藤とも）と比較した研究が書かれた（Bobo, 1983; Kinder & Sears, 1981）。その後ステファンとステファン（Stephan & Stephan, 2000）が統合脅威理論（integrated threat theory）を提唱し、心理学における現実的集団葛藤理論を経済的脅威、象徴的レイシズムを象徴的脅威（symbolic threats）と読み替え、脅威のもとに両概念をまとめた（Riek, Mania, & Gaertner, 2006）。統合脅威理論では、他に移民に対する不安（anxiety）やステレオタイプ（stereotypes）が態度を規定する要因としてまとめられている。

たが、研究が進むにつれ、アフリカ系アメリカ人のみに限定せずに、文化を軸とした対立に広く応用されるようになっていった。特に西ヨーロッパ（そして同時多発テロ以降のアメリカ）における男女平等や同性愛支持は西ヨーロッパで戦後急速に規範として浸透していった一方で、聖典やその解釈によりイスラム教徒移民は男女平等や同性愛に対して反対する傾向にある（Adamczyk & Pitt, 2009; Diehl, Koenig, & Ruckdeschel, 2009）。こうした文化的な差異は人々にも共有されており、スナイダーマンとハゲンドーン（Sniderman & Hagendoorn, 2007）がオランダで行った調査によると、およそ89％のオランダ人は「オランダのムスリム男性は女性に対して支配的だ」という質問に賛成し、75％が「オランダのムスリムは子どもを権威主義的に育てている」と思っている。[203] オランダの人々は男女平等や自由主義を重要視しており、ムスリム移民がそうした価値観と対立しているのだと認識している。[204]

イスラム教徒移民（ムスリム移民）に対する否定的な態度を説明する上で大いに活用されている。男女平等や同性愛支持は西ヨーロッパで戦後急速に規範として浸透していった一方で、聖典やその解釈によりイスラム教徒移民は男女平等や同性愛[202]に対して反対する傾向にある

文化的脅威は様々な方法で測定されており、直接的に回答者に対して脅威の度合いを尋ねるもの（「移民は国の文化を損なっている」といった質問に対する賛否）や、言語やエスニックグループなど文化的に異なる移民に対する態度、もしくは単純にムスリム移民に対する排外意識を文化的脅威によるものとみなす場合もある（e.g., Valentino, et al., 2019）。他にも文化的距離が遠い移民と近い移民に対する態度を比較する場合もある。[205] 測定方法は様々であるものの、多くの研究が、文化的脅威が排外主義と関連をもつこと、そして、経済的脅威や他の脅威と比べてより強い関連をもつことを実証してきた[206]（Grigoryan, et al., 2022; Lucassen & Lubbers, 2012; Malhotra, Margalit, & Mo,

2013; Sides & Citrin, 2007; Sniderman, et al., 2004; Valentino, et al., 2019)。なぜ文化的脅威は経済的脅威よりも強い関連をもつのだろうか。まず重要な特徴として、経済は、仕事の競合のように個人を単位としたものとして捉えられやすい。さらに、移民の中には高スキルの者も低スキルの者もおり、良い影響も悪い影響ももたらすと考え、脅威が希釈される可能性がある。他方で文化は、

＊202 移民にとって受け入れることができない居住国の価値観や慣習は様々あるが、西ヨーロッパのムスリム移民にとってこの2点が最大の争点となっているという研究も複数ある（Joppke, 2017; Norris & Inglehart, 2012）。男女平等意識については世代を下るにつれ（そして特に女性は1世の段階でも居住年数が増えるにつれ）より平等志向になる（Röder & Mühlau, 2014）が、同性愛に対する意識は世代が下っても否定的な態度は変わらないようだ（Kalmijn & Kraaykamp, 2018）。

＊203 「賛成」「強く賛成」を足し合わせた値である。こうした認識はムスリム移民側にも存在し、「西ヨーロッパの女性は権利と自由をもちすぎている」「西ヨーロッパの若者は親を尊敬しなさすぎる」という項目に対してそれぞれ71%、83%のムスリム移民が賛成している。文化を軸にした衝突が両集団側から生じているといえるだろう。

＊204 イスラム教徒が比較的少ない日本と韓国においても、脅威（経済的脅威と文化的脅威とを統合した指標）とイスラム教移民の受容態度とが負の相関をもっている（向井・金・木村・近藤・松木, 2020）。

＊205 ここでいう文化的距離とは文化の類似性を示す。例えばオランダで調査をする場合には、ヨーロッパや西洋社会出身の移民は近い距離、それ以外は遠い距離、といった大雑把な操作化に頼っている（Ruedin, 2020）。国際移住研究（どういった国に移民が移住するか、という領域）ではもう少し細かく数値化されている。世界価値観調査などの大規模国際調査を用いてそれぞれの国の文化や価値観を得点化し、移民の出身国の得点と居住国の得点の差分を文化的距離とするという方法だ（Tubadji & Nijkamp, 2015）。

＊206 ただしメタ分析では経済的脅威と文化的脅威の強さは同程度とされている（Riek, Mania, & Gaertner, 2006）。

図表10　リスト実験例

問い：あなたが反対する項目の個数を答えてください

統制群	処置群
（1）連邦政府が貧しい人々への援助を増やすこと （2）プロスポーツ選手が年間数百万ドルを稼ぐこと （3）大企業による環境汚染	（1）連邦政府が貧しい人々への援助を増やすこと （2）プロスポーツ選手が年間数百万ドルを稼ぐこと （3）大企業による環境汚染 （4）イスラム教徒の移民に市民権を与えること

出典：Creighton & Jamal（2015）に加筆修正

自国の文化と移民の文化といったように、集団全体に共有されていると思われやすく、一貫したまとまりをもって脅威と認識されやすいのではないかと考えられる（Grigoryan, et al., 2022; Sniderman, et al., 2004)[*207]。また、文化に基づいて集団が明確に分かれているため、政治家やメディアが文化を争点として取り上げやすく、社会を分断する特徴として文化が意識されやすいともいえる（Lucassen & Lubbers, 2012)。

イスラム教文化に対する否定的な態度を多くの人々が共有しているかに見えるが、こうした潮流に否定的な研究群もある。クレイトンとジュマル（Creighton & Jamal, 2015）は、イスラム教移民に対してアメリカ人が特別に否定的なのは、単に人々が社会的な望ましさに従っているだけではないかと指摘した。（特に社会調査における）社会的な望ましさとは、社会に広まっている規範に人々が反応し、質問紙上で真実を回答しないことを意味する。

例えば「あなたは万引きしたことがありますか」と聞かれて、なかなか正直には答えにくいだろう。こうした社会的な望ましさを取り除き、〝真の〟回答を得るための実験の一つにリスト実験がある。

この手法は図表10のように回答者をランダムに2群に分け、それぞれに行動や意見のリストを提示する。これは実際に研究で用いられた意見のリストで、統制群には三つ、処置群には四つの意見を提示している。回答者にはこのリストのうち反対する項目の個数を聞き、どれに反対するかは尋ねない。個数であるため、回答者は自分の回答が研究者を含む他人に知られることはなく、正直に回答してくれる確率が高まる。処置群と統制群とにはランダムに分けられているため、一致している三つの意見を選ぶ人の割合は統制群と処置群とで変わらないはずだ。そのため、処置群に割り当てられた人が選んだ個数の平均値から、統制群のそれを差し引くと、四つ目を選んだ人の割合が算出される。[*208] クレイトンとジュマルはここに二つの工夫を加えた。一つは、処置群をもう一つ用意

＊207 Snidermanらの研究（Sniderman & Hagendoorn, 2007; Sniderman, et al., 2004）は文化的脅威の重要性を見出した初期の重要な研究である。ただオランダで1997年から1998年に実施された実験に基づいており、同時多発テロやヨーロッパでのテロ事件の前であった。そのため文化的脅威が最も強く、後述する安全に対する脅威がほとんど検出されなかったという批判もある。2011年と2016年に行われた再現研究では、文化的脅威に加えて安全に対する脅威の効果も検出された（De Rooij, Goodwin, & Pickup, 2018）。

＊208 再三の宣伝となるが、詳しくは「オンライン・サーベイ実験の方法：理論編」と「オンライン・サーベイ実験の方法：実践編」を読もう（秦・Song, 2020; Song・秦, 2020）。

し、そこでは「イスラム教徒移民」ではなく「キリスト教徒移民」に対する態度を尋ねた。もう一つは、リスト実験とは別に、制御群に対して、直接的に「イスラム教徒（もしくはキリスト教徒移民）に市民権を与えること」への賛否を聞いた。この質問への回答は社会的望ましさの影響を受けていると考えられるため、この回答とリスト実験の回答を比べることで、人々が何に気を使っているのか、どういう態度をとることが社会的に望ましいと考えられているのかがわかる。

アメリカで行われた実験の結果、ムスリム移民に対して市民権を与えることに反対する人は、直接質問でもリスト実験でも30％程度だった（それぞれ30％、33％）。他方、キリスト教徒移民に対して市民権を与えることに反対する人は、直接質問では11％、リスト実験では28％であった。この結果は、（1）ムスリム移民に対して否定的な態度を表明することは社会的に許容されており、そして（2）キリスト教徒移民に対して否定的な態度を表明することはアメリカ社会では望ましくないものの、〝実際は〟イスラム教徒移民とキリスト教徒移民に対する態度は同程度に否定的だ、とまとめられる。言い換えると、社会的にはキリスト教徒移民よりもイスラム教徒移民に対して否定的だと思われているものの、実際の人々の態度は、移民であれば、その文化にかかわらず好ましくないということになる。

イスラム教に対する態度の研究はアメリカ以外でも行われている。イギリスで行われた研究では（Helbling & Traunmüller, 2020）、キリスト教徒移民とムスリム移民の敬虔さ（どれだけキリスト教やイスラム教を強く信仰しているか）を質問紙実験上で操作し、信仰心のないムスリム移民、敬虔なムスリム移民、過激派のムスリム移民への態度を、キリスト教徒移民との比較を通して検討した。結果、過激派のイスラム教徒移民に対する態度が最も否定的だったが、それ以外の信仰心の強いイスラム教徒移民や信仰心のほぼないイスラム教徒移民に対する態度は、対応するキリスト教徒移民への態度とほぼ変わらなかった。この実験から、今までの文化的脅威の研究で得られていたイスラム教徒移民に対する否定的な態度は、イスラム教は過激派であるというイメージが付随してしまっていたため、という可能性が指摘できる。[*209] 加えて、過激派ではないイスラム教徒移民に対する態度は、キリスト教徒移民に対するそれと変わらなかったという結果は、文化的に異なる移民に対して特別排外的になってはいないことを意味している。つまり、人々は文化的脅威に基づいて排外的な態度を抱かないのかもしれない。無論これらの研究だけで文化的脅威を完全に否定することはできないが、文化とされるものが複合的なものであり、比較の仕方によっては結論が変わりうるということはいえるだろう。

脅威の源泉（3）安全

経済的脅威や文化的脅威の研究は極めて多く、しばしば比較して検証される。他方で、安全に対する脅威（security threats）は比較的最近着目され始めた。安全に対する脅威は読んで字の如く、安全や安心を資源とみなし、自集団の安全が脅かされた（と知覚した）際に、脅威をもたらしてく

*209 この研究はその後オーストリア、ドイツ、フランス、スイスでも追試され、ほぼ同じような結果が得られている（Helbling, Jäger, & Traunmüller, 2022）。

る集団に対して否定的な感情を抱くというものである。安全を脅かすものとして、移民による犯罪やテロなどがあげられる。

この分野のはしりは２００１年9月にアメリカで起きた同時多発テロの直後、２００１年10月から２００２年3月にかけて行われた電話調査を使った研究だろう（Huddy, et al., 2005）。将来のテロへの不安をより強く感じる人は、当時のブッシュ政権やアフガニスタンへの軍事侵攻を支持し、より厳しい移民政策を、特にアラブ系の移民に対して実施すべきと考えていた。安全に対する脅威はその後複数の研究で支持され、移民によって社会の安全が脅かされると認識する人は、移民に対して強い排外主義をもちやすく、場合によっては経済的・文化的脅威よりも安全に対する脅威が排外主義に与える効果の方が強いこともあった（Canetti-Nisim, Ariely, & Halperin, 2008; Lahav & Courtemanche, 2012）。身体的な安全が保証されてこその文化・経済活動であり、そのため経済的・文化的脅威よりも強い効果をもつというのが与えられる一つの解釈である。[*210]

他の脅威研究と比較し、安全に対する脅威の研究で特に多用されている方法として、自然実験（natural experiments）がある。自然実験とは、研究者が予見できない出来事（台風や地震などの自然災害、テロなどの人為的な事件、大統領の予想外の当選など）の直接的な影響や、出来事を利用した分析を指す。[*211] 安全に対する脅威の研究では、予見できない出来事としてテロが多用されている。[*212] この分野の先駆的な研究であるレゲウィ（Legewie, 2013）は、２００２年10月にインドネシアのバリ島で起きた爆弾テロ事件を利用した自然実験を実施した。２００２年の同時期には、ヨーロッパで大規模社会調査（ヨーロッパ社会調査、European Social Survey）が収集されている途中であり、このテロが発生する前と後に質問紙に回答した人がいることになる。レゲウィはテロの前後での移民一般に対する態度を比較し、一部の国でテロの後に移民に対する態度が悪化していることを発見した。*213 同様の枠組みを使い、大規模社会調査の途中に起きた偶然のテロ事件を用いた自然実験研究は他にも見られる（Ferrín, Mancosu, & Cappiali, 2020; Frey, 2022; Savelkoul, te Grotenhuis, & Scheepers, 2022）。

社会調査を使わずに、テロが人々の態度に与える影響を検討した研究もあり、例えば２００４年にスペインのマドリードで起きたテロ以降、アラブ系移民とスペイン人との居住分離（ある地域に

---

*210 安全に対する脅威ではなく、存在脅威管理理論（terror management theory, 恐怖管理理論とも）（e.g., Greenberg, Pyszczynski, & Solomon, 1986）で解釈する研究もある。

*211 より詳しくはMuñoz, Falcó-Gimeno, & Hernández（2020）, Robinson, McNulty, & Krasno（2009）, Sekhon & Titiunik（2012）等を参照。

*212 移民に対する態度だけでなく、より強硬な外交政策を支持するようになったり（Gadarian, 2010）、自集団に対するアイデンティティや政治信頼が増加したり（Harding & Nwokolo, 2023）、極右への投票が増える（Rees & Smith, 2022）。まとめとしてHelbling & Meierrieks（2022）が有用。

*213 ここで重要な仮定として、テロの前後で回答者の構成が同一である必要がある（Muñoz, et al., 2020）。調査は回収しやすい回答者から先に回収していくため、もしかしたら収集しやすい回答者（普段家にいる専業主婦〈夫〉など）がテロの前に収集され、収集しにくい回答者がテロの後に収集されているかもしれない。このような違いがあると、比較が成り立たない。Legewieは傾向スコアという手法を用いて、前後で性別や年齢が類似するように調整したのち比較を行っている。

スペイン人が、別の地域に移民が固まって住むこと）が加速したという報告もある（Edling, Rydgren, & Sandell, 2016）。居住分離は、スペイン人がアラブ系移民の近くに住むのを忌避したのに加え、アラブ系移民も自身に向けられる差別的な目を感じ取り、自集団が多い地域に移り住むようになったために発生したと考えられる。同様に、オランダにおけるテロの直後にムスリム移民が集住している地域の住宅価格が低下したという研究もある（Gautier, Siegmann, & van Vuuren, 2009）[*214]。他にはYouTubeをデータとして使った研究があり、テロの直後には移民関連の動画の視聴数が上がり、侮蔑的なコメントが増えるようだ（Czymara, et al., 2023）[*215]。

テロと移民に対する態度との関連は上記の研究以外でも報告されており、レビュー論文やメタ分析でも確認されている（Godefroidt, 2023; Helbling & Meierrieks, 2022）。ただし、結果のばらつきも大きい。２０１５年１月にフランスのパリで発生したシャルリー・エブド襲撃事件は人々の態度をほとんど変えず、フランスではかえってムスリム移民に対する態度は好意的になるという結果だった（Savelkoul, et al., 2022）[*216]。２０１５年11月にフランスのパリで発生した同時多発テロを使った分析では、移民に対してもともと好意的な雰囲気があるヨーロッパの国でしか、移民に対する態度が悪化しなかった（Ferrín, et al., 2020）[*217]。潜在的態度のみを悪化させ、顕在的態度（つまり回答者が意識的に回答する態度）には影響がないという研究もある（Olsson, 2024）。またテロの影響は比較的短く、2週間程度でテロ以前の水準に回復している（Legewie, 2013）[*218]。ちなみに、テロと移民を結びつけて脅威を感じるという研究を今まで紹介してきたが、実際には移民や難民、不法滞在移民が増えてもテロは増えない[*219]（Bove & Böhmelt, 2016; Light & Thomas, 2021; Polo & Wucherpfennig, 2022）。

＊214 これは画家のヴィンセント・ヴァン・ゴッホの弟のひ孫に当たり、映画監督でもあるテオ・ヴァン・ゴッホが殺された事件である。イスラム社会の男女不平等を描くためにムスリム女性に対する暴力を扱った映画を上映したところ物議を醸し、その後彼はモロッコ系オランダ人に殺害された。

＊215 ただし同一ユーザーの侮蔑的なコメントは増えるわけではなく、新たなユーザーが侮蔑的なコメントをすることでコメントの総数が上がることもわかっている。類似の結果は３３９ページのTwitter（現X）の研究でも表れている。

＊216 フランスではテロ直後に「Je suis Charlie（私はシャルリー）」というスローガンのもと、表現の自由を訴える大規模な行進が行われた。この行進によって敵対感情が悪化しなかったという解釈がなされている。テロの直後にこうした政治運動がある場合には、自然実験が成り立ちにくくなってしまう。ここで検出しているのがテロの効果なのか、テロの直前もしくは直後の大規模なイベントの効果なのかがわからないためだ（Muñoz, et al., 2020参照）。この論文や他のテロの論文はこうした問題を含んでいる可能性がある。

＊217 雰囲気は、極右政党への得票率で測定されている。効果が出なかったのは移民に対して否定的な雰囲気があった国だが、もしかしたらこうした国ではテロに関するニュースをよく見聞きするために効果が出なかったのかもしれない。テロに慣れているから効果が出ない、という可能性だ。しかし、年平均50回以上テロが起きているイスラエルでテロの効果を検討した研究によれば、テロ直後に人々の政治的寛容さが減少する（Peffley, Hutchison, & Shamir, 2015）。テロが起きる頻度が仮に高くとも、それでもなおテロは人の感情を左右するといえる。

＊218 テロが幸福感を下げるという研究でも、２週間以内に回復することが示されている（Turkoglu & Chadefaux, 2023）。本文で紹介したマドリードでのテロ事件を用いた研究でも類似の結果であり、居住分離は引っ越しなど実際の行動を伴うので、解消まで比較的時間がかかるものの、それでも1年から2年程度でもとの水準に戻った（Edling, et al., 2016）。

＊219 難民が増えても難民によるテロは増えないが、難民を標的とした国民によるテロが増えるという研究はある（Polo & Wucherpfennig, 2022）。類似の研究として、テロの直後にムスリム移民がより差別を経験するようになるという研究や（Giani & Merlino, 2021）、ヘイトクライムの件数が増えるという研究（Jacobs & van Spanje 2021）がある。アメリカの同時多発テロ直後に、ムスリム移民に対するヘイトクライムが急増した地域では、ムスリム移民が

以上、経済的脅威、文化的脅威、安全に関する脅威を概観してきた。紹介したように、労働市場における職をめぐる対立や、文化をめぐる対立を、人々が認識しているかは未だ議論が分かれているが、基本的な考え方は以上で述べた通りである。

移民割合の研究

脅威研究の一大領域として、移民が多い地域で人々は移民に対してどういった態度をもつようになるのか、という問いがある。集団脅威の枠組みのもとでは、移民割合が高いと、国民は自集団がもつ資源に対して脅威がもたらされる確率が高まると考え、移民に対して否定的な態度をもつようになるという仮説が成り立つ。しかし移民割合は別の可能性も秘めている。第6章で詳しく言及する集団間接触理論（intergroup contact theory）によれば、外集団の構成員と接触（挨拶をしたり、会話をしたり、友人になったり）すると、その外集団全体に対して好意的になるという。例えば日本人のAさんに中国人の友人がいるとすると、Aさんは中国人全体に対して好意的な態度をもつようになる。集団間接触理論に基づくと、移民が多い地域では移民割合が増えると、それだけ外集団の構成員と会ったり友人になったりする確率が高まり、外集団に対して好意的な態度をもつようになる。[*220] 移民が多い地域では、人々が脅威をより強く感じた結果、排外主義が高まる可能性もあるし、接触が増えた結果、排外主義が下がる可能性もあるということである。理論からはこのように相反する二つの帰結が導き出せるのだが、それでは現実にはどういったことが起きているのだろうか。

キリアンなどの初期の研究は、ある一時点での国や地域レベルの移民割合と、居住地の人々の移民に対する態度との関連を見るような研究が多かった（e.g., Laurence, 2011; McLaren, 2003; Quillian, 1995; Semyonov, Raijman, & Gorodzeisky, 2006）。ここから発展した研究として、例えば同一人物を対象に何度か繰り返し調査を行ったパネルデータを用い、地域の移民増加と個人の中での排外主義の変化を検討した研究などが挙げられる（Claassen & McLaren, 2022; Laurence, Igarashi, & Ishida, 2022; Khalil & Naumann, 2022; Weber, 2019）。しかしこれらの研究の結果はかなりまちまちで、国や地域の移民割合が多いと、排外主義が高いという結果と低いという結果、そしてこの二者間には有意な関連がないといった結果が混在している状況である。こうしたばらつきはなぜ見られるのだろうか。いくつか研究の種類があるので、それぞれ見てみよう。

自集団の人と結婚したり、ムスリム移民の英語がうまくなかったり、ムスリム移民女性の労働市場参加率が低かったりするという研究もある（Gould & Klor, 2016）。恐怖を認識した国民の反発がかえって移民に対する問題を起こしているといえるだろう。

＊220　排外主義でなく、外集団に対する信頼を従属変数とした研究領域もある。一般的信頼や社会関係資本の研究者として日本でも広く知られているパットナム（Putnam, 2007）による論文がその嚆矢である。パットナムは、人種が多様な地域に住んでいる人は外集団に対してだけでなく、自集団に対しても信頼が低いという驚きの結果を報告している。信頼とは他者との関わりから形成されるものだが、多様な外集団に囲まれることで他者と関わる機会が減じられ、他者を信じるきっかけがなくなり、信頼が低下するという理屈だ。パットナム以降多くの追試がなされている。人種多様性と信頼の間には関係がないという研究もあるが（van der Meer & Tolsma, 2014）、より最近のメタ分析では多様性と信頼とは負の関連があるといい、特により下位のレベル（近隣レベルなど）で多様性を測定していると関連が強い（Dinesen, Schaeffer, & Sønderskov, 2020）。

研究によって対象となる地理レベルがまちまちという状況がまず指摘できる。地理レベルとは、国や都道府県、市区町村、さらに下にいって町丁・字等のうち、どの地域の移民割合と態度の関連を見るかという問題である。フランスで行われた明確に地域間の比較をした研究だと、州レベルにおいて移民割合が多いと脅威が効果をもち、近隣レベル（日本でいう町丁・字等）だと移民と関わる機会が増えるために移民に対して好意的になる、という結果であった（Della Posta, 2013）。近隣レベルくらい小さく分割された地理レベルに移民が多くいると、それだけ接触が頻繁に起きるが、州レベルで移民が多いとなると、接触が見込めない上にメディアに移民が多く取り上げられ、脅威が増加するということだろう。*221 時間的な変動を考慮に入れた研究もある。昔から移民が多い地域と、近年移民が急増した地域とでは移民割合の意味合いが異なるだろう。急増の効果は比較的一貫した傾向を見せており、移民が地域に急に増えると移民に対してより強く反発をし、否定的な態度をもつようになる（Claassen & McLaren, 2022; Coenders & Scheepers, 2008; Hangartner, et al., 2019; Margalit & Solodoch, 2022; Newman, 2013; Reny & Newman, 2018）。しかしこれはあくまでも急激に増えることに対する反発であって、その後移民がいる環境に人々が慣れていき、接触が増加して態度がより好意的になるという傾向も見られた（Claassen & McLaren, 2022; Margalit & Solodoch, 2022）。地域が移民を受け入れるには時間がかかるものの、恒常的に反発するわけではないといえるだろう。

ちなみに日本を対象にした研究は比較的盛んに行われており、基本的に一貫した結果となっている。すなわち、移民割合が多い地域だと、排外主義が高いという傾向にある（Green & Kadoya,

2015; 永吉, 2008; 中澤, 2007; Nukaga, 2006)。こうした研究は一時点のみのデータを使ったものが主なのだが、筆者とローレンスはパネルデータを使い、都道府県の移民割合の変化と同一個人の排外主義の変化とを関連づけた分析を行った。こうした分析でも、都道府県レベルの移民割合が増えると、排外主義が高まるという結果となった（Igarashi & Laurence, 2021: Laurence, et al., 2022)。ただしこの分析には続きがあり、移民割合が10％を超えると排外主義が減少に転じるようになる。移民が一定数以上であれば接触の効果がより強く出るということだろう。そのため、移民割合が一定数を超えることが排外主義を乗り越える一つの方策ともいえる。また、接触と脅威とはどちらか一方のみが生じているのではなく、両方同時に生じており、日本の場合は脅威の効果がより強いために接触のポジティブな効果を打ち消しているということも明らかとなった。脅威と接触の関係は、相互に排他的な関係というよりも、両立するものだといえる。

最後に、因果推論に基づいた研究をまとめよう。単純に移民割合と人々の態度との関連を分析すると、移民割合が高い地域で人々の排外主義が低い、という結果が出るかもしれないが、それは本

＊221 ただし、過去に行われた55件の移民割合研究をまとめた研究によれば、地理レベルと脅威との関連は必ずしも明確ではない。州のような国内で最も大きいレベルでは脅威の効果、郡や選挙区では接触の効果が見られる傾向にあるものの、最も小さい地理レベルである近隣を対象とした研究は脅威の効果が見られている（Pottie-Sherman & Wilkes, 2017)。そしてどの地理レベルでも、最も多く見られる傾向は移民割合と排外主義の間に有意な関連がないというものだった。

当に移民割合と排外主義とが関連しているのではなく、移民割合と排外主義とを結びつけている第三の変数（例えば地域の経済的な発展度合い）があるに過ぎないかもしれない。[*222] この場合、本当は移民割合が人々の排外主義を下げているわけではないにもかかわらず、あたかも排外主義を下げているかのような結果となってしまう。こうした可能性に対処するため、因果推論の枠組みを用い、ランダムに移民割合が決まるという状況を利用した研究が行われた。

一つは、デンマーク政府が国内の難民が居住する地域をランダムに決定するという政策を利用した研究である。難民は自ら住む場所を選べないし、デンマーク市民も自分の地域に難民が増えるかどうか決められない。そのため、先述の経済的な発展度合いのような第三の変数の影響を排除することができる。果たして、難民が増えた地域では、極右政党への投票が増えるという、脅威の予想と一致する結果が出た（Dustmann, Vasiljeva, & Piil Damm, 2019）。他にも、公共住宅の解体を使った研究もある。アメリカのシカゴで、新しい公共住宅を建てるために既存の公共住宅の大規模解体が行われ、2万5000人以上のアフリカ系アメリカ人が従来の居住地から転居することになった。この結果、近隣に住んでいた白人の投票率が下がったという。これは自分の身近にアフリカ系アメリカ人がいなくなったために、脅威をより感じなくなり、現状を変えるための政治的な主張をしなくてもよくなったことを意味する（Enos, 2016）。他方、脅威ではなく接触を支持する研究もある。末日聖徒イエス・キリスト教会（いわゆるモルモン教）は、世界各国にボランティア宣教師を派遣しているのだが、この派遣先の決定はランダムに行われる。アメリカ国内に派遣されたアメリカ人のうち、移民が多い地域に派遣された宣教師は、派遣前と比べて派遣後により移民に対して好意的になっていた（Berinsky, et al., 2023）。ただ、こうした例外はあるものの、因果推論の枠組みを用いた研究のみを対象にしたメタ分析によると、小さいながら移民割合と極右政党支持の間に正の関連があるという[*223]（Cools, Finseraas, & Rogeberg, 2021）。

以上、脅威研究の応用例として、移民割合との関連をまとめた。移民割合が高いことと、移民に対する態度との関連は、未だに結論が出ておらず、移民割合が脅威をもたらす可能性もあるし、接触をもたらす可能性もあることがわかる。社会科学ではしばしばこうした、未だに決着が出ていな

＊222　移民が多い地域は、移民割合以外にも何か特徴があるはずである。例えば経済的な発展度合いが高い地域であると、移民が経済的な成功を求めて移住してくる可能性がある。そうした地域に住んでいる国民は、経済的に裕福である可能性が高く、それだけ移民に対して否定的な態度をもちにくいだろう。

＊223　因果推論の有無にかかわらず研究を選択しているメタ分析でも同様の結果となっている。ただしこちらの方では非線形の関係になっており、移民が非常に多くなると接触の効果が出て排外的態度が低下する（Kaufmann & Goodwin, 2018）。他にも多岐にわたる研究の発展がある。本文の研究は行政区画に基づいて移民割合を算出しているが、自分が考えるコミュニティの境界がより重要であるとする研究（Wong, et al., 2012）や、移民のエスニックグループに応じて形成される脅威のタイプが異なるという研究（Hjerm & Nagayoshi, 2011）、割合ではなく順序、つまり最も多い集団に対して否定的な態度をとるという研究（Cikara, Fouka, & Tabellini, 2022）、実際の割合ではなく、人々が考える主観的な割合（移民がこれくらいいるだろう、という推測の数字）の方が重要という研究などである（Gorodzeisky & Semyonov, 2020; Hjerm, 2007; Piekut & Valentine, 2016）。また、居住分離（移民が一部地域に集住）している地域では、移民割合が増えても接触が起きないため、移民に対して排外的になるという報告もある（Laurence, et al., 2019）。

い領域があるのだが、移民割合と排外主義との関連がその好例ともいえる。論理的には脅威も接触もありうる帰結であるため、単に頭で考えただけではどちらが正しいかわからない。こうしてデータを収集・分析し、どういった条件なら脅威と接触のどちらがより発生しやすいかという検証を重ねていくことが重要である。

第2節　ナショナリズム

排外主義を論じる上でナショナリズム（nationalism）を避けて通ることはできないだろう。[*224] ただし、研究対象や手法、取り組む問いが多岐にわたっており、さらに定義も、分野や対象によって微妙に異なっている。[*225] 本章では、政治心理学の観点に立ち、人々の抱く態度としてのナショナリズムを扱う。より具体的には、自身の国そのものや、自身の国と自分たちとの関係を理解するための思想や感情の総体を指す（Bonikowski & DiMaggio, 2016: 949）。例えば国やその居住者の範囲をどう設定するか、そして国に対してどういった感情を抱いているか、などを含む。移民に対する態度を考える際には、この政治心理学的なナショナリズムがよく使われる。

歴史研究において、ナショナリズムは分析概念としておそらくそのまま用いられている。他方で政治心理学におけるナショナリズムには下位概念（つまりナショナリズムを形成している、より個別の概念）がある。それは、ナショナル・アイデンティフィケーション、国民の成員条件、愛国主義、そして狂信的愛国主義の四つである（Bonikowski & DiMaggio, 2016）。[*226] 本節では、この四つの概念の簡単な紹介と、それぞれの排外主義との関わり方をまとめよう。

ナショナル・アイデンティフィケーション

アイデンティフィケーションは第3章（183ページ）でも触れた概念だが、本項でもう少し詳しく説明しよう。まずは、より目にする場面が多いと思われるアイデンティティとの比較である。

＊224 本節の執筆はBonikowski（2016），Mylonas & Tudor（2021），Tamir（2019）に大きく依拠している。

＊225 国民国家の成り立ちや国民意識の形成の歴史的経緯を明らかにするナショナリズム研究においては、ナショナリズムとは「政治的な単位と民族的単位とが一致しなければならない」という考え方や、この考えを実現するための運動を指す（Gellner, 1983=2000:1）。この場合の研究対象は政治家や制度、歴史であり、研究上の問いとしては、例えば、ナショナリズムは近代化の産物なのか、それとも近代以前から存在したのか、というものがある。産業革命が勃興し、効率的に訓練・教育された労働力が必要になった結果、国全体にまたがる教育制度が整備されて国を単位としたまとまりができたという議論がある一方で（Gellner, 1983=2000）、過去のエスニックグループや民族集団と、現在の国民国家を形成する集団とには連続性があり、国としてのまとまりは近代化以前から存在しえたという議論もある（Smith, 1995）。

＊226 本章では大きく扱わないが、Bonikowski & DiMaggio（2016）はさらにこの四つの概念の組み合わせでアメリカ人を次の四つに分類した。信条主義ナショナリスト（成員条件としてリベラルな価値観を重視）、離脱したナショナリスト（成員条件やその他ナショナリズム項目のほとんどの値が低い）、制限するナショナリスト（成員条件としてシビック・エスニック両方を重視）、熱心なナショナリスト（成員条件、プライド、狂信的愛国主義の値が高い）である。用いられた手法について論争があるものの（Bonikowski & DiMaggio, 2022; Eger & Hjerm, 2022a, 2022b）、概念の組み合わせという方向性は新しい。

ここでは社会的アイデンティティ（social identity）や集合的アイデンティティ（collective identity）といった、何らかの集団に対して抱く感情や認識を扱う。個人が自分自身に対して抱くアイデンティティとは、自分自身が過去から現在に連続して存在しており他者とは異なっているという感覚、とでもまとめられるだろう。社会的アイデンティティとは、この自分自身に対する概念や考えのうち、社会的集団の一員であるという事実から生じる部分を指す（Hornsey, 2008; Tajfel, 1978; Tajfel & Turner, 1979; Turner, et al., 1987）。自分が所属している集団（自集団）は自分の自尊心や自分に対するイメージの源になり、自集団に対する他者からの評価はすなわち自分に対する評価にもなる。そのため人は自集団を良い集団だと思いたがる。そして、他の集団と比較した際にその良さが際立つため、自分が所属していない集団である外集団を相対的に低く見るようになり（外集団嫌悪、out-group derogation）、自集団の構成員に対して好意的に接するようになる（内集団びいき、in-group preference）。また、好意的な自己イメージを保つために、自集団と外集団との違いをより積極的に探し、自集団内の人々はお互い似通っていると認識するようになる。第3章でも触れたように、アイデンティフィケーションとは、自分自身を構成員であると考える集団を特定し、その集団に対する何らかの感情的愛着*[227]を表明できることを意味する（David & Bar-Tal, 2009: 358から意訳）。ここで、アイデンティフィケーションを個人が抱くことで、そしてさらに自分以外の人々もその集団に対してアイデンティフィケーションをもっていると自覚的になることで、その集団がアイデンティティの対象として確立される。自分だけではなく、一定数の他者もその集団に対してアイデンティフィケーションを抱いているということがわからないとアイデンティティとして成り立たない。そうでなければ、その集団が社会的に共有された集団として確立しないからである(Verkuyten, 2018)。

以上がアイデンティフィケーションの一般的な概要である。次にナショナル・アイデンティフィケーション(national identification)について見てみよう。ナショナル・アイデンティフィケーションとは、国民や移民がもつ、居住国に対するアイデンティフィケーションを指す(移民の場合については183ページも参照)。一般的なアイデンティフィケーションと同様、認知的側面と感情的側面で主に測定されるが、場合によっては感情的側面のみで測定される。つまり、自身がどれほど居住国に対して愛着を感じているか、親しく感じているかである。ナショナル・アイデンティフィケーションは排外主義研究で大いに応用されており、ナショナル・アイデンティフィケーションが高い国民は、移民に対して否定的な態度をとるようになる(Sides & Citrin, 2007; Verkuyten, 2009)。理由としては前出の外集団嫌悪が働いているという可能性、そして文化的脅威をより強く感じやすいという可能性が考えられる。*228

---

*227 このときの愛着とは、その集団に帰属したいという欲求の程度と、その集団に帰属する重要性の程度を示している。

*228 文化的脅威だけでなく、脅威全般が高い状況において、アイデンティフィケーションをより高くもつ人は脅威に対してさらに敏感になり、結果排外主義を高めるという仮説(エスニック競合理論, ethnic competition theory)も提唱されている(Savelkoul, et al., 2011; Scheepers, Gijsberts, & Coenders, 2002)。

ただし、内集団びいきと外集団嫌悪は集団のカテゴリー化をすると即ち発現するというわけではなく、集団の規範や歴史的経緯、現在の状況などに左右される（Hornsey, 2008）。アメリカとカナダを比較した研究が、この点を明示的に示している（Citrin, Johnston, & Wright, 2012）。カナダは移民の文化を尊重・保護する多文化主義（３３４ページ参照）を重視しているが、アメリカは同化主義的、つまり移民に対してアメリカの文化に溶け込むように求めている。このように国と一口にいってもその状況、つまりアイデンティティの内容も異なっており、アイデンティティの内容が異なっているのであれば排外主義との関わり方も異なってくる。分析の結果、アメリカに対するアイデンティフィケーションが高いアメリカ人はより排外的である一方で、カナダに対するアイデンティフィケーションが高いカナダ人はより排外的ではないことが明らかとなった。[*229] カナダに対する高いアイデンティフィケーションは、多文化を重視するカナダ社会の価値観を内面化することにつながるからである。この研究は、人々がどのように国や地域を理解しているかによってアイデンティフィケーションの中身や排外主義にもたらす効果が異なる好例といえる。国に対するアイデンティフィケーションが高ければ、それだけその国で重要視されている価値観や考え方を身につけやすく、結果としてアイデンティフィケーションの高さが移民に対する好意的な態度に結実する場合もある。

アイデンティフィケーションの中身という意味で、日本において興味深い研究がなされている。ナガヨシ（Nagayoshi, 2011）は、日本を日本人というエスニックグループの国だと理解した場合のアイデンティフィケーション（エスノナショナル・アイデンティフィケーションと呼ぶ）と移民に対する権利付与の支持の度合いを検証した。このアイデンティフィケーションが高い人は、日本エスニックグループの文化的単一性を守ろうとするため、移民に対する平等な権利の付与を支持しない傾向が表れた。しかしながら、こうした人たちは同時に多文化主義、すなわち移民の文化を残すことに寛容であった。移民に対して否定的な態度をもつ人は多文化主義に対しても同様に否定的になるのが一般的な傾向なのだが、日本の場合は逆で、移民を日本文化に統合させず、移民の文化を残すことで、日本の文化を守ろうとしていた。アイデンティフィケーションが高いことによる排他性のあり方が、アイデンティフィケーションの中身や意図によって変質するといえよう。

国民の成員条件

成員条件とは、正統な国の成員としてみなされるための条件を指す。例えば、日本人としてみなされるためには、日本国籍をもっていなければならないが、仏教徒である必要はない、といった感覚である。この感覚は大きく分けて二つ、シビック・ナショナルアイデンティティ（civic national identity、もしくはcivic nationalism）とエスニック・ナショナルアイデンティティ（ethnic national

＊229　同様の傾向をベルギーの地域アイデンティティを使って検証した研究（Maddens, Billiet, & Beerten, 2000. 追試としてBilliet, Maddens, & Beerten, 2003）や、国家間比較の研究（Pehrson, Vignoles, & Brown, 2009）があるのでそちらも参照してもらいたい。アイデンティティの内容、つまり国や国民をどのように定義するかが重要となるが、こうした議論は続く国民の条件の研究と関連している。

identity、もしくはethnic nationalism）に分けられる。シビック・ナショナルアイデンティティは後天的で、個人の自由により焦点を当てたリベラルで合理的な基準をもとに成員条件を定めている。例えば日本の規範や制度、法律を遵守・尊重して、自分自身のことを日本人だと思っている人を日本人だとみなす。他方、エスニック・ナショナルアイデンティティはより先天的で、民族主義的な考えをもとに誰が国のメンバーかを決める。例えば先祖が日本人であったり、日本生まれであったりといった条件をもっている人を日本人とみなすという考えである。

かつてのナショナリズム研究において、シビック／エスニック・ナショナリズムは国を分類するために使われていた。コーン（Kohn, 1944）は、シビック・ナショナリズムは西洋社会（北アメリカや西ヨーロッパなど）に、エスニック・ナショナリズムは東洋社会（ここにはアジアに加え、東ヨーロッパなども含まれる）に当てはまると考え、国民国家の成立過程がこの二つのナショナリズムのあり方を定めると論じた。シビック・ナショナリズムに基づく西洋社会は、市民が自由で合理的な判断のもと、協力して社会を作り上げる。アメリカの成り立ちがわかりやすいだろう。新たに人々が集まり国家を形成するのだが、その過程で求められるのは共通した民族的な祖先ではなく、国を形成する人の意思と振る舞いといえる。他方で東洋社会はエスニック・ナショナリズムに基づいており、人々はエスニックグループをもとにした国家や集団を形成する。そのため、仮にある国に複数のエスニックグループがいた場合には集団間の衝突に至る。こうした分類は歴史社会学的な国家研究に受け継がれ、西洋社会は市民的な上位文化、東洋社会は地域や民族の文化に基づいて人々が統合すると論じられるようになって（Gellner, 1983=2000）、エスニック・ナショナリズムやシビック・ナショナリズムとしての自己理解が国籍法の制定につながるといった議論になっていく（Brubaker, 1996=2005）[*230]。

国家の分類をするために使われていたエスニック／シビック・ナショナリズムの概念だが、現代では大規模社会調査を用い、人々に直接どういった条件によってある人を国民として分類するかを尋ねるような研究へと発展している（この際、特にエスニック／シビック・ナショナルアイデンティティという言葉を使う傾向にある）。こうした研究によれば、人々は確かにシビックとエスニックの2分類で成員条件を考えているようだ（Jones & Smith, 2001; Kunovich, 2009）。しかし、こうした2分類は、コーンやそれ以降の研究が想定していたように国別にまとまった形で分布していないことがわかっている。国際的な社会調査を使った研究では、西ヨーロッパの国民がシビック・ナショナリズムを、東ヨーロッパの国民がエスニック・ナショナリズムをより重視するような傾向はほぼ見られなかった（Shulman, 2002）。その代わり、それぞれの国の人々が成員条件に関して

＊230　ブルーベイカー（Brubaker, 1996=2005）は、エスニック・ナショナリズムに基づいた自己理解をするドイツでは血統主義（片親もしくは両親がドイツ国籍であれば新生児はドイツ国籍を取得する）、シビック・ナショナリズムに基づいたフランスでは出生地主義（親の国籍にかかわらず、新生児は出生地の国籍を取得する）のように、ナショナリズムに基づいて国籍法が決まっているという議論を展開した。しかし、その後両国で国籍法が変わる（特に大きい変化として、ドイツが２０００年に血統主義から出生地主義に変わる）など、現実を十分反映していないといった批判がある。こうした批判も含め、ブルーベイカー（2005）の翻訳書に書かれた佐藤成基による監訳者解説が詳しい。

異なる意見をもっていることになる[*231]（Smith, 1991=1998）。また成員条件に関する考え方は時間が経っても個人の中でほとんど変化せず、安定的であった（Mader & Schoen, 2023）。ただし、この2分類のみかといわれると必ずしもそうではなく、近年ではシビックとエスニックという分類に加え、第三極である文化（言語や価値観など）という成員条件を重視するという研究も現れてきている[*232]（Reijerse, et al., 2013）

こうした二つのアイデンティティは、それぞれ異なる形で移民に対する排外主義と関連している。エスニック・ナショナルアイデンティティに基づいて成員条件を規定している人々は、移民に対してより排外的な態度を抱きがちだ（Lubbers & Coenders, 2017; Reeskens & Wright, 2013; Simonsen & Bonikowski, 2020; Verkuyten & Martinovic, 2015）。なぜなら、移民はエスニック・ナショナルアイデンティティが想定するような国民としての成員条件（共通の先祖など）を満たしておらず、そのため正統な成員から排斥されるからである。[*233] 他方、シビック・ナショナルアイデンティティは移民に対する態度と好意的に関連していることが多い。シビックの観点に立てば、国の成員として重要なのは国の制度や規範の尊重であるため、必ずしも移民であるからといって排斥されず、かえって移民に対して好意的になりやすい。[*234]

日本においてもエスニック／シビック・ナショナルアイデンティティの研究は比較的盛んになされている。一つの理由として、日本はエスニック・ナショナルアイデンティティの代表的な国と捉えられており、民族的な単一性を重視するという典型的なイメージが共有されていることが挙げられる。様々な手法を用いて研究がなされているが、基本的に両親が日本人であること（もしくは両親が日本国籍であること）が重要な要因として認められている（石田，2016; Woo, 2022）。ただしこの結果から、日本人にとって単一民族性が重要であるという結論に行き着くことはできない。「両親が日本人であること」は、両親が日本国籍を取得したということと、両親やそのまた先祖が日本国籍をもっていることの二つを含意しているためであり、必ずしもこれらの研究から、先祖

＊231　ただし、国単位の経験がエスニックやシビック・ナショナリズムを増減させるという研究もある。例えばグローバリゼーションの進展とエスニック・ナショナルアイデンティティや愛国心、ナショナル・アイデンティフィケーションとが負の関連があったり（Ariely, 2012）、政治家の移民や多文化主義に対する否定的な言説や、ナショナリズムに肯定的な言説がエスニック・ナショナルアイデンティティと正の関連があったりする（Helbling, Reeskens, & Wright, 2016）。

＊232　シビックとエスニックを明確に分けず、二つの極のグラデーションとして理解したり（Wright, Citrin, & Wand, 2012）、シビック／エスニックを分類する際の下位項目（出生地、国籍、言語、宗教、居住地域、先祖、尊重など）それぞれの高低で再分類したりする研究もある（Bail, 2008）。そのため、シビックとエスニックという分類も、必ずしも固定化されたものとはいえない。

＊233　前項で見たようにナショナル・アイデンティフィケーションが高いと移民に対してより排外的になるのだが、ナショナル・アイデンティフィケーションが排外主義に与える効果はエスニック・ナショナルアイデンティティへの支持が高い国や地域で特に強い（e.g., Meeus, et al., 2010）。こうした国や地域の人々は、ナショナル・アイデンティフィケーション、つまり国をエスニックの観点から定義しており、そのためアイデンティフィケーションと排外主義がより強く関連するのだといえる。

＊234　ただし、Simonsen & Bonikowski（2020）などは、シビック・ナショナルアイデンティティと移民に対する態度が必ずしも常に好意的な関連があるわけではなく、ナショナル・アイデンティティの中身や定義によるとしている。またシビックとエスニック両方が大事という人は、移民に対する態度にばらつきが出る（ある人は移民に対して好意的であり、ある人は否定的で、態度においてこの度合いが大きい）（Lindstam, Mader, & Schoen, 2021）。

代々日本人であることが重要だという結論とはならない。実際、五十嵐（2015b）の研究では、「先祖が日本人であること」はほぼ重視されておらず、対象者が日本国籍をもつことや自己定義の重要性が人々の間で共有されていた。

愛国主義と狂信的愛国主義

最後に、愛国主義と狂信的愛国主義を併せて扱おう。この二つはナショナリズム研究において代表的な概念であるが[*235]、それぞれ、特に愛国主義は、他の概念との区分けが難しい。愛国主義（patriotism）は「国に対する誇りと愛」（Li & Brewer, 2004: 728）とまとめられており、この言葉が最もよく愛国主義を表しているだろう。[*236] こうした側面に加えて、愛国主義は自国を発展させるためには国に対して批判を辞さない[*237]（Schatz, Staub, & Lavine, 1999）。愛国主義には、より自由主義的で、自国内の多様性や他国を尊重し、国際協調を重んじるという特徴もある（Li & Brewer, 2004）。そのため、移民に対する態度と必ずしも否定的な関連をもっているわけではない。実際、愛国主義が高い人は、移民に対して好意的な態度をもち、移民に対して寛容な政策に賛成しやすい（Blank, & Schmidt, 2003; Pryce, 2018; Raijman, et al., 2008）。愛国主義と排外主義の負の関連は、パネルデータ分析でも確認されている[*238]（Wagner, et al., 2012）。ただし、愛国主義が排外主義と正の関連をもつという可能性も拭いきれず、例えば先述のエスニック・ナショナルアイデンティティ（つまりより厳しい成員条件）と正の相関をもつという研究や（Ariely, 2020）、反対に愛国主義と排外主義との間に関連がないというものもある（de Figueiredo & Elkins, 2003. Li & Brewer, 2004

も参照）。そのため愛国主義と排外主義との関連については注意しなければならないが、基本的には次に述べる狂信的愛国主義とは区別して理解する必要がある。

狂信的愛国主義（chauvinism）は、国に対する愛という意味では愛国主義と近いのだが、自国が他国よりも優れているという信念を含んでいる（Kosterman & Feshbach, 1989）。研究者によっては、狂信的愛国主義を表すために〝ナショナリズム〟という言葉を使っており（Wagner, et al., 2012）、ナショナリズムを代表する概念ともいえよう。狂信的愛国主義の議論に基づくと、自国が他国よりも優れているために、自国に所属していない外集団に対する排外的な態度も正当化される

---

*235　古くはAdornoら（1950）による権威主義的パーソナリティ（212ページ）の一部として測定されていた。

*236　研究者によっては国に対する愛の側面を強調し、ナショナル・アイデンティフィケーションと愛国主義を同じ意味で使ったり（Bar-Tal, 1993）、誇りの側面を強調してナショナル・プライド（national pride）と呼んだりする場合もある（Bonikowski, 2016）。

*237　研究者によっては愛国主義を盲目的愛国主義（blind patriotism）と建設的愛国主義（constructive patriotism）に分ける（Davidov, 2011）。前者は狂信的愛国主義とほぼ同義で、国に対する批判を許容せず、移民に対する排外的な態度をもたらす。後者は本文でいう愛国主義という概念とほぼ同義で、自国をより良くするための批判に対して寛容という特徴をもつ（Schatz, et al., 1999）。他にも、象徴的愛国主義という概念があり、これは国に対する誇りと国のシンボル（国旗など）を重視する傾向を結合したものである（Huddy & Khatib, 2007）。

*238　時間的な前後関係があるというモデル自体に疑問を呈する研究もある。すなわち、愛国主義や狂信的愛国主義、そして移民に対する態度が相互に関連し合っており、同一の概念としてまとめられるという批判である（Heinrich, 2020）。

ことになる。こうした理屈を支持するように、狂信的愛国主義と排外主義との正の関連は、パネルデータ分析を含む多くの研究で示されている（Blank, & Schmidt, 2003; Rajman, et al., 2008; Wagner, et al., 2012)。実際、狂信的愛国主義が高いと、自国に対して脅威をもたらす他国への軍事行動を支持するようにもなる（Feinstein, 2016)。

日本においても愛国主義と排外主義の関連は見られている。中国人や韓国人に対して愛国主義は否定的な態度をもたらす一方で、アメリカ人やドイツ人などに対しては肯定的な態度をもたらす（五十嵐, 2019)。中国や韓国など、領土問題を含む国家間の衝突が顕在化している国からの移民に対して、愛国主義は否定的な態度をもたらすのだと解釈できる。この結果は22カ国の比較調査でも同様に実証されている。つまり、政治的衝突がある国家からの移民に対して抱く否定的態度は愛国主義が高い人の間で特に強く、他方で政治的衝突がない国からの移民に対しては一般的に好意的で、さらに愛国主義が高いとそうした移民に対する排外主義はより低くなる（Wimmer, et al., 2024)。ここから、国家間の関係も含めて愛国主義と排外主義の関連を理解する必要があるだろう。

第3節　情報

メディア

排外意識を決める上でメディアの効果は外せない。テレビや新聞、インターネット上の動画やソーシャルメディア（いわゆるＳＮＳ[*239]）を通して人々は移民に関する情報を得ることができる。移民が身近にいなかったり、移民と直接の接触をしたことがなくても（もしくは、ないために）、メディアが表象する移民像を人々は受容し、移民に対する考え方や態度を形成していく。特に人々が移民に関する否定的なニュースに触れることで、1節で扱った脅威を認識するかもしれない。

メディアが態度にもたらす影響を考える上で、顕在性とフレームという概念が重要となる（有用なまとめとしてEberl, et al., 2018）。顕在性（salience, もしくはissue salience）とは、ある問題や事柄が社会やメディアの注目を集めている度合いを指す。報道の量とでもいえるだろうか。ある問題の顕在性が高まると、人々の考え方にも影響をもたらすようになる。実際に、メディアが描く世界は、現実の世界を超えて視聴者や読者の考え方や捉え方に影響を及ぼす。これをアジェンダセッティングといい、メディアで重要な問題として扱われることを、同様に人々も重要だと思うようになる状態を指す（McCombs, 2005; McCombs & Shaw, 1972）。その理由として、単純にメディアが提供する情報を人々が日常的に得ているから、そしてもう一つは、メディアが取り上げる問題に対して関心を寄せる人が増え、人々がさらにその問題を話題に上げるからである。

＊239　日本語ではＳＮＳ（ソーシャルネットワーキングサービス）が一般的だが、国際的な研究ではソーシャルメディア（social media）という言葉の方が使われているため、文献収集の際には注意したい。具体的にはどちらも、FacebookやTwitter（２０２３年以降はＸ）など、個人が発信をすることができるインターネット上のサービスを指している。

メディアの取り上げる問題の顕在性を応用し、移民に対する態度を検証した研究は多い。メディアで移民問題が取り上げられることで、人々は移民の問題に関心を寄せ、その存在に自覚的になり、それに伴い移民に対する不安も増大する。研究によれば、移民に関する報道量と移民に対する態度とが関連しており、移民に関する報道量が多いと、人々の移民に対する態度も否定的であった[*240]（Boomgaarden & Vliegenthart, 2009; McLaren, Boomgaarden, & Vliegenthart, 2018; Schlueter & Davidov, 2013; van Klingeren, et al., 2015）。こうした関連は、パネルデータを用いた分析でも確認されている（Czymara & Dochow, 2018; Schlueter & Davidov, 2013）。報道量は人々の行動とも関連しており、移民に関する報道量が増えた時期に、移民に対する暴力を伴わないヘイトクライム（侮蔑や差別的な施設利用制限など）（Jacobs & van Spanje, 2021）やネット上の否定的な書き込み（Menshikova & van Tubergen, 2022）、極右政党への投票が増えた（Boomgaarden & Vliegenthart, 2007; Burscher, van Spanje, & de Vreese, 2015）。

　移民に関する報道量が増えたとしても、それらがすべて移民に対して否定的な内容ではないかもしれない。つまり、移民に関する好意的な内容の報道ばかりであれば、人々の態度は好意的になるだろう。これは移民をどのように表象するか、言い換えると移民のフレーミング（framing）の問題となる。マスコミ研究におけるフレーミングとは、簡単にいえば（政治的な）問題を伝える方法である（まとめとしてVliegenthart, 2012）。例えば、日本では犯罪を報道する際に、容疑者が外国籍だと、その国籍の情報を併せて報道する傾向にある。これは外国人であることと犯罪を結びつけるステレオタイプを人々の間に形成することに他ならない（Burscher, et al., 2015; Farris & Silber

Mohamed, 2018)。犯罪以外にも、移民が居住国の文化を損ねたり、経済状況を悪化させたり、福祉を食いつぶすといった報道を一度は目にしたことがあるだろう。これは前章で扱った集団脅威に合致する情報である。こうした、移民に関する否定的なニュースの件数はアメリカでもヨーロッパでも増加傾向にある (Ahmed & Matthes, 2017; Lajevardi, 2021)。報道は移民が脅威をもたらすというイメージを人々に植えつける、いわば脅威の伝達手段としての役割を果たしているといえよう。脅威は現実に直接的に経験するだけでなく、認識をすることによって感じられるものであるため、仮に人々が実際に移民によって脅威を感じなくとも (例えば実際に仕事を奪われるような経験をしていなくても)、メディアが移民に関する脅威を伝えることによって、人々は移民を脅威だと認識するようになってしまう。

報道内容と排外主義の関連は実証的にも支持されており、移民を否定的に描く報道に触れた人

＊240 単純に移民に関する報道が多いだけでは、人々が視聴したかどうかがわからないという指摘もある。メディア別の視聴頻度を計測した研究もあり、ゴシップ誌やテレビの民間放送を見る人ほど移民に対する態度が否定的で、高級誌や公共放送を見ている人ほど移民に対して好意的になる (Jacobs, Meeusen, & d'Haenens, 2016; Štětka, Mihelj, & Tóth, 2021)。これは公共放送だと移民に対して好意的な内容を、民間放送だと移民に対して否定的な報道をするためと考えられる (Jacobs, et al., 2016)。なお、オンラインメディアの方が、新聞やテレビよりも強い関連をもつという研究もある (Theorin & Strömbäck, 2020)。Schlueter, Masso, & Davidov (2020) など、報道量とは関連がないという研究もある。

は、移民を脅威として認識しやすくなり、結果として移民に対して否定的な態度をもちやすい[*241](Boomgaarden & Vliegenthart, 2009; Erhard, Heiberger, & Windzio, 2022; McLaren, et al., 2018; Schlueter & Davidov, 2013; Schmuck, Heiss, & Matthes, 2020)。先行研究では報道量と報道内容の両方の効果を見る研究が多く、どちらも移民に対する態度と否定的な関連があるという報告をしているものが多い。つまり、移民の話題が人々の意識に上がる場合だけでなく、移民を悪し様に伝える報道が多い場合にも、人々は移民に対して否定的になる。また、パネルデータ分析の結果から、移民が周囲にいない人ほど報道の影響が大きいことがわかっている(Czymara & Dochow, 2018; Schlueter & Davidov, 2013)。移民と会う機会がなく、直接の経験から移民に関する情報を得ることができない人ほど、報道に依存して態度を形成するといえるだろう。

日本におけるメディア利用研究は海外の研究と比べて限定的であり、その多くは一般的なインターネット利用やメディア視聴と、排外主義との関連を調べている。こうした研究では、インターネットの利用時間が長い人ほど排外主義がより強いという傾向が見られている(高, 2015; 辻, 2018)。インターネットの効果が強く得られる理由として、インターネット上に排外的な内容が多く書き込まれており、そうした情報に触れるからと解釈されている。[*242]報道の中身に触れた研究は少ないものの、永吉(2015)は新聞における外国人の描かれ方について研究を行っている。ただ、新聞における外国人のフレーミングと排外主義の間に一貫した関連は見られなかった。

選択的接触とエコーチェンバー

メディアと排外主義の関連を研究する上で、選択的接触（selective exposure）、つまり事前に自分がもっている信念や態度と整合的な情報しか取得しない、という傾向（Hart, et al., 2009; Sears & Freedman, 1967）は常に問題となる。なぜならメディア視聴が人を排外的にするのではなく、もともと移民や外集団に対して態度が否定的な人が、移民を否定的に描きがちな新聞やニュース番組を見る傾向にある、ということになってしまうからである。先述の研究にはこうした問題点が少なからず含まれている。選択的接触を可能な限り排して、メディア視聴と排外主義の因果関係を考えるため、情報がランダム、もしくは擬似的にランダムに与えられるような状況を検証する必要がある。つまり、自ら進んで選択した情報を得るわけではなく、自らの意思とは無関係に得られる情報の効果を検討しなければならない。

こうした研究には、例えば１９９４年に起きたルワンダ虐殺を扱ったものが挙げられる。ルワン

＊241 報道量の研究と同様に、移民に関する報道のうち否定的なものの割合をそれぞれの時期（月や年）で算出し、その時期に行われた社会調査で収集した人々の態度との関連を見ている。

＊242 閲覧しているサイトによってインターネット利用の効果が変わっており、5ちゃんねる（旧2ちゃんねる、ネット上の巨大掲示板）やそのまとめサイトをよく見る人は排外的である一方で、新興のニュースサイト（ハフィントンポストなど）を見る人は排外的でないという傾向にあった（辻, 2018）。まとめサイトの効果は他の研究でも一貫して報告されている（藤田, 2011; 高, 2015）。他方、テレビ視聴や新聞購読を通じたメディア利用は排外主義と有意な関連をもたない傾向にある（高, 2015）。

ダの主流民族であるフツ族が少数民族であるツチ族を虐殺したこの事件では、軍人だけでなく民間人も虐殺行為に加わっている。ラジオによる扇動が有効だったといわれているが、この研究では村ごとにラジオが通じる割合を算出し、その割合が高い地域では殺人件数が特に多かったことを示した[*243]（Yanagizawa-Drott, 2014）。他に、１９１５年にアメリカで公開された映画「國民の創生」を用いた研究もある。「國民の創生」は白人至上主義団体であるＫＫＫ（Ku Klux Klan）を英雄的に描いており、同映画が公開された地域では、アフリカ系アメリカ人に対して否定的な新聞記事や、リンチ、差別が増加した（Ang, 2023; Esposito, et al., 2023）。特にアン（Ang, 2023）の研究では、映画館への距離が地域ごとに異なっている事実に着目し、距離が近い地域に住んでいれば映画を見る確率が高まり、結果としてより排外的な行動に移ることを示している。[*244]

無論これらの研究は選択的接触の存在そのものを否定したわけではない。選択的接触をし、自分の好みの情報ばかり取得すると、エコーチェンバー（echo chambers）と呼ばれる状況に自分を置くこととなる。[*245]エコーチェンバーに陥った状態では、人は自分と似たような意見しか目にせず、自分の考えや意見を否定する情報を得ないようになる。その結果、人々の既存の態度はより強化・先鋭化されることとなる。エコーチェンバーはインターネットやＳＮＳといった自ら情報の取得先を選ぶことができる媒体において特に注目されてきた（Sunstein, 2001）。自分好みのメディアばかりを見た結果、意見が凝り固まってしまう、という流れは納得のできる議論だろう。

ＳＮＳ上で発生するエコーチェンバーにもいくつかの要素があり、大きく分けると情報取得（情報源が自分と同じ意見の人に固まること）と取得後行動（既存の意見を強化したり、自分と同じ意見を他人に共有したりする）の二つに分けられる（Cinelli, et al., 2021）。これらの研究では、Twitter（現X）やFacebook上でのネットワーク情報をもとにした分析が多く、基本的に人々は自分と同じ政治的意見をもつ人とつながり、そこから情報を得る傾向にあるということがわかっている（Barberá, et al., 2015; Cinelli, et al., 2021; González-Bailón, et al., 2023; Halberstam & Knight, 2016）。つまり、保守的な傾向（伝統を重視し、移民に対して排外的だったり、競争主義的な経済的信念をもつ）であれば同じく保守的な傾向をもつ人と積極的につながり、そこから情報を得る。

＊243　ラジオが通じるかどうかは地形によるため、ラジオを聴取できるかどうかはほぼランダムに決まる、というのがYanagizawa-Drottの議論である。類似の研究によれば、セルビアとクロアチアの国境沿いの村において、セルビアのラジオを受信できるクロアチアの村であれば、そうでない村よりも極右政党への投票率が高いことがわかっている（DellaVigna, et al., 2014）。セルビアのラジオはクロアチアに対する敵対心を煽るようなものが含まれており、それを聞いたクロアチア人がセルビアに対する否定的な態度を形成したという解釈である。ルワンダにおけるその後の研究として、ラジオで民族融和的な恋愛ドラマが放送されるようになった結果、ツチ族とフツ族の集団間結婚が増え、外集団に対する共感が増えた（Paluck, 2009a; Paluck & Green, 2009. その後のメカニズムに関する議論として、Paluck, 2009b; Staub & Pearlman, 2009）。

＊244　これは操作変数法（instrumental variable）という手法であり、映画視聴と排外主義という関連の因果関係を検証するために使われる。映画視聴とは関連するが、排外主義とは関連がない第三の変数（ここでは映画館までの距離）を使い、その変数の影響を受けた映画視聴の効果と、排外主義との関連を見る。簡単にいうと、映画館が近いときに映画を見た人の間で、排外主義が高まるかどうかを見ているということになる。

＊245　SNSと政治的意見の研究のまとめとして、Edelmann, et al.（2020）, Levy & Razin（2019）, Zhuravskaya, Petrova, & Enikolopov（2020）などが有用。

同様に、リベラルな人（個人の自由を重視し、移民に対して好意的で、福祉支持）であれば同じくリベラルな人から情報を得る。[*246]

次に、情報を取得した後の行動についての研究をまとめよう。情報を取得した後、人々はどのようにその情報を扱うだろうか。多くの研究はエコーチェンバーと合致する結果を示しており、例えば自分がもともともっていた意見と合致する情報の閲覧時間がより長く（Garrett, 2009）、その内容をより信じやすく（Allcott & Gentzkow, 2017）、同じ政治意見の人の情報を共有しやすい（Conover, et al., 2011）[*247]。さらに、入手した情報が、政治的に敵対する集団に関するものだと、その情報をより共有するようになる（Rathje, van Bavel, & van Der Linden, 2021）。この論文では、SNSは政治的意見が異なる相手に対する敵対心を煽るような構造になっていると警鐘を鳴らしている。

情報取得後行動のうち、態度変化については、SNSを使ったフィールド実験が数多く行われている。中でもベイルら（Bail, et al., 2018）の研究はエコーチェンバーに反した結果を示している。ベイルらはTwitter（現X）上で、政治的意見が異なる人のツイートを共有するようなbot（指示された行動をするプログラム、ここではTwitterアカウント）をフォローするように依頼する。具体的には、リベラルな考えのTwitterユーザーに対し、保守的な考えのユーザーのツイートを共有するようなbotをフォローしてもらう。同様に、保守の人にはリベラルなbotをフォローしてもらう。自分と異なる意見にあえて触れることで、その人の政治的意見が変わるかを観測する実験となる。仮にエコーチェンバーが正しければ、異なる意見に曝されるともとの意見が弱まるはずという理屈だ。しかし結果は、ｂｏｔをフォローしたユーザーの政治的意見は変わらず、保守の間ではかえって反発して保守的な意見が強まった。なぜなら、保守的な意見は否定されやすく、保守の人は自身の意見を守るために自分の意見を強めるのだという。実験の詳細や研究内容は『ソーシャルメディア・プリズム：ＳＮＳはなぜヒトを過激にするのか？』(Bail, 2021=2022) にまとまっている。ただし、ベイルらの研究は有名であるものの、他のフィールド実験で類似の結果は出ていない。[*248] 実験参加者にFacebook断ちをしてもらうと、政治的に偏った情報取得や政治的に敵対する

＊246 ただし、常に同意見の情報しか見ないというわけではない (Bakshy, Messing, & Adamic, 2015)。保守的な政治的意見の人と、リベラルの人は、自分と反対の政治的意見をもつ人とつながり、情報を得ることもある。ただし、保守とリベラルではどちらの方がより自分と異なる意見を取り入れるか、という点については未だ議論が分かれている。保守の人の方がリベラルの人とより多くつながりそこから情報を得るという研究と (Bakshy, et al., 2015)、リベラルの方がより保守とつながっているという研究とがある (Boutyline & Willer, 2017)。また、保守とリベラルとで入手する情報そのものにも差があり、保守はリベラルよりもフェイクニュースをよりよく読むという研究もある (González-Bailón, et al., 2023)。

＊247 Twitterを使ったConoverらの研究では、リツイート（情報共有）は政治的に分断されているが、メンション（現実世界でいう対話）は保守とリベラルの間で活発に（そして敵対的に）行われている。

＊248 調査の方法によって結果が異なっている。社会調査を使った研究はエコーチェンバーを否定する傾向にあるが (Dubois & Blank, 2018; Terren & Borge-Bravo, 2021)、ＳＮＳをもとにした研究ではエコーチェンバーを支持する傾向にある。ＳＮＳデータは実際の生活の場における人々の行動であり、そうした場における行動と、社会調査で得られる傾向との乖離があるのかもしれない。

集団に対する反感が減り、ついでに健康も良くなる（Allcott, et al., 2020; Mosquera, et al., 2020）。ベイルらと同じような枠組みで、Facebook上で自身と反対の政治的意見に触れてもらうというフィールド実験があり、この実験では政治的に敵対する集団に対する反感が減るという結果となった（Levy, 2021）。[*249] 今後も研究の積み重ねが必要であり確定的なことはいえないのだが、ベイルらの研究は例外的な結果であったかもしれない。ベイル以外の研究では、自分と異なる意見に曝されることで、もともとの自分の意見が変わるという結果が一貫して得られている。言い換えると、エコーチェンバーの存在は示されているといえよう。

ここまではＳＮＳと政治的イデオロギーとの関連に関するより一般的な研究を紹介してきたが、排外主義でもエコーチェンバーは見られるのだろうか。ドイツの極右政党（ＡｆＤ）のFacebook上でのファンページの研究がこの問いによく答えている。新聞などの伝統的なメディアのファンページに「いいね」をしているユーザーと比べて、ＡｆＤのファンページに「いいね」をしているユーザーは、難民に関する書き込みを2倍近く多くする傾向にあった。閉じたコミュニティ内で関心のある話題を集中して扱っているといえよう。こうしてエコーチェンバーに陥った人々は、排外主義を現実の行動にも移している。Facebookのファンページは、そのページに「いいね」をするとそのページの投稿が自動で閲覧できるようになるのだが、極右政党がFacebook上で新たに難民や移民に対する反感を扇動するような投稿をした直後、ＡｆＤファンが多い地域で難民に対するヘイトクライムが増加するという傾向が見られた（Müller & Schwarz, 2021）。さらにこの研究では、因果関係を実証するために、通信障害という個人にはどうしようもない外部の力で強制的に

Facebookの閲覧を遮断された状況を利用している。通信障害で一時的にインターネットに接続できない地域では、極右政党がFacebook上に新たに移民に対する反感を扇動する投稿をしても、ヘイトクライムが増えていないということも同時に示している。

日本においてエコーチェンバーに関する研究は非常に少ないものの、タキカワとナガヨシ（Takikawa & Nagayoshi, 2017）は2017年3月から5月のTwitterのデータを用い、Twitterのコミュニティがどういった話題を共有しているかを分析した。結果、右派コミュニティ[*250]の中で排外主義的なトピックが共有される一方で、それ以外のコミュニティでは排外主義的なトピックはほとんど共有されていなかった。つまり、特定の排外主義的なトピックが、ネット上の閉じたコミュニティで回覧されているという状況がある。さらにロの研究では、極端な政治的イデオロギーをもつ人

＊249 Levyの研究では、敵対する集団に対する態度が変わったものの、もとから抱いていた政治的意見はほとんど変わらないという結果だったことに注意したい。Bailらの研究との違いについて、Levyは自身の研究では政治的に異なる意見のニュース記事を見せるが、BailらのそれはTwitter上での政治家などの意見であるため、より怒りを誘発し反発しやすかったとしている。加えて、Bailらは回答者に定期的にTwitterを見てもらうことを求めたため、回答者は敵対的な政治的意見を強く注視することとなったが、Levyの研究ではこうした強制はなかった。そのためLevyらの研究の方がより自然な日常生活を再現している。

＊250 コミュニティは、主要な政党や政治家のTwitterアカウントをフォローしているかで形成している。右派コミュニティには、当時の自民党総裁安倍晋三と、当時あった「日本のこころ」という政党をフォローしているという特徴がある。それ以外のコミュニティとして、安倍晋三フォロワー、蓮舫フォロワー、左派フォロワー、山本太郎フォロワー、与党フォロワーなどがある。

ほど政治的・社会的な議論に参加し、情報を共有し、自分たちの考えを表明する傾向にある（Lyu, 2019）。こうした極端なイデオロギーをもつ人の数は少ないものの（Lyu, 2019; 永吉, 2019）、情報拡散を頻繁にするため、一定の影響力をもちうるといえよう。他方で、特定のユーザーでなく、日本・香港・アメリカで一般的な選択的接触の傾向を検証した実験研究もある（Kobayashi, Zhang, & Liu, 2024）。この研究では、アメリカでのみ自身の政治的立場と合致したニュースを読む傾向にあり、日本や香港ではそうした傾向は見られなかった。筆者らは、政治的立場に基づいた分断が大きい社会でのみ選択的接触が見られると解釈しており、アメリカ中心的な研究からの脱却を主張している。

第4節　社会経済的地位とデモグラフィック属性

社会経済的地位（socioeconomic status, SES）とは、個人や家族の経済的な状況を表す言葉で、収入や職業、教育などを指す。デモグラフィック（人口統計学的）属性は、性別や年齢、居住地域といった属性の総称である。こうした要因は身近である分、研究者でなくとも直観的にも理解できるかもしれない。しかし、実際の分析はそこまで簡単ではなく、考慮すべきことがいろいろある。本節では年齢や居住地域、教育といった身近な変数と排外主義との関連を注意深く検討した研究を見ていこう。

年齢

年齢とともに政治的に保守的になるという傾向は、一般的にもよく聞く話だろう。例えば定年退職した父親がネットで見かけた動画の影響で中国や韓国に対して敵対的になってしまった、などという話はもはや定番になってきている（鈴木, 2023）。他国においても同様に、年齢が上であればより排外的になるという傾向が多くの研究で示されている（Ceobanu & Escandell, 2010）。こうした関連は高齢の人に対して人々が抱くイメージと整合的なのではないかと思われるが、実際には仔細に検証しなければならない。仮に２０２０年の調査で、70歳の人が20歳の人よりも排外的だとして、それが70歳という年齢（age）のせいなのか、この調査が行われた２０２０年という時代（period）のせいなのか、それとも70歳の人が生まれた時期（コーホート, cohort）のせいなのかがわからない。[*251] 仮に年齢が人を排外的にするのであれば、生まれ年にかかわらず70歳になると排外的になるが、コーホートが影響するのであれば、今70歳の人が生まれた時期のせいで排外的になっており、将来の70歳は排外的でないかもしれない。こうした問題に対処した分析を行った結果、年齢と排外主義はあまり関連がなく、生まれた時代によって排外主義が左右されるという結果が優勢の

＊251 これをＡＰＣ問題（age-period-cohort problem）と呼び、年齢・時代・コーホートを同時に検証することができない。なぜなら時代（2020年）－年齢（70歳）＝コーホート（1950年）という等式が成り立ち、二つの変数の値が定まると三つ目の変数の値が一意的に決まるからである。ＡＰＣ問題に対処するための手法のまとめとしてFosse & Winship（2019）などがある。

ようだ[252] (Dražanová, 2022; Gorodzeisky & Semyonov, 2018; Janmaat & Keating, 2019; Rekker, 2016; Schmidt, 2021; Schotte & Winkler, 2018)。

コーホート、つまり生まれた時期はなぜ移民に対する態度を形成するのだろうか。コーホートの効果を掘り下げた研究の中に、特に若年期や青年期に移民に対する態度を含む政治的態度が形成されるという指摘がある。これを「多感な時期仮説（impressionable years hypothesis）」という (e.g., Alwin & Krosnick, 1991; Krosnick & Alwin, 1989)。若い頃は社会化、すなわち社会環境や人との関わりを通して社会に適応していく過程にある。人々はその時期に人や環境との関わりから政治的な態度を形成し、それが生涯にわたりほぼ変わらないという。多感な時期仮説を考える上で、双子を比較し遺伝と環境が政治的態度に与える影響を検討した研究が特に示唆的だろう（Hatemi, et al., 2009）[253]。この研究によれば、家を出るまでの9歳から18歳程度までは家庭環境を含めた周囲の影響が遺伝要因よりも大きく、さらに環境の影響は18歳まで年々増加する[254]。他方、20代後半以降の政治的態度は環境の影響が減少し遺伝の影響が増加するようだ。多感な時期には環境によって自身の態度が形成され、その後は変動しにくいという仮説を裏づける結果といえよう。

ここでいう環境は単に家庭環境だけでなく、社会全体の環境も含んでいる。1節の経済的脅威の議論では社会全体の経済状況が人々の態度と関連するとまとめたが、経済的に不況で失業率が高い時期に青年期を過ごした世代は、その後移民に対して否定的な態度をとるようになる（Coenders & Scheepers, 2008; Laaker, 2024[255]; Mitchell, 2019）。これは不況時に働き始めたせいで移民と職をめぐる競合をしたり、国全体で移民に対する否定的な論調が噴出したりしたためと考えられている。

256ページで紹介した移民割合の効果にも、多感な時期仮説が関わっている。16歳時点で居住していた州の移民割合が多かった人は、現在移民に対する態度が好意的だった（Coenders & Scheepers, 2008; Eger, Mitchell, & Hjerm, 2022）。若い頃の移民との接触が移民に対する態度を形

---

*252 時代、つまり調査年が最近であるほど移民に対する態度が全体的により好意的になっているという研究もある（Sanderson, Semyonov, & Gorodzeisky, 2021）。また、政治的イデオロギーを対象に分析した研究は、年齢を重ねるにつれて人々はより保守的な方向に多少なりとも変わることを示している（Geys, Heggedal, & Sørensen, 2022; Peterson, Smith, & Hibbing, 2020; Tilley & Evans, 2014）。保守的なイデオロギーは当然移民に対する排外的な態度と関わっているため、加齢効果は否定しきれない。本文中で触れたように、コーホートの効果があるといいつつ、研究によっては加齢効果が見られるということを意味する。

*253 一卵性双生児は遺伝子がほぼ同一であり、二卵性双生児は遺伝子の半分を共有している。一卵性双生児の二人がもつ政治的態度の関連度合いと、二卵性双生児の二人の関連度合いが近ければ、政治的態度は家庭環境などの環境（shared environment, 共有環境）によって説明されるといえる。他方で、一卵性双生児の二人の態度の関連度合いが非常に強いものの、二卵性双生児の態度の関連度合いが少なければ、遺伝によって説明されるといえるだろう（additive genetics, 相加遺伝）。環境にはもう一つ、非共有環境（unique environment）があるのだが、本文中の研究では9歳から17歳までは共有環境と非共有環境の両方の影響が年々増えていくという結果だった。

*254 発達心理学の分野でも、親や友人がもつ偏見が子どもに伝播するという研究がある。この効果は親が子どもに対して協力的なときにより強く顕現するが（Miklikowska, 2016）、外集団の友人がいるときには周囲への偏見の効果は減少する（Miklikowska, 2017）。態度が青年期に形成され、その後（青年期内ですら）変動しにくいという研究をまとめたメタ分析もある（Crocetti, et al., 2021）。

*255 Laakerの研究は、18歳から25歳のときに、２００８年に発生した世界金融危機（日本でいうリーマンショック）を経験した人を対象にしている。

成し、その効果が安定していることを意味する。多感な時期の接触の効果は、70年後に測定しても顕現したという（Brown, et al., 2021）。

日本の研究はほとんどが年齢を制御変数として入れるに留まっており、これまで紹介したような厳密な実証は行っていない。筆者が知る中で唯一年齢とコーホートを弁別した研究（原田，2017）では、年齢が上がればより排外的になるということだった。[*256] コーホートについても、若い世代であればあるほど排外的ではなくなるという結果だった。この研究が出版された当時は、ネットが若者のものであり、かつネット上で排外的な言説が流布していたことから、若者がより保守的、排外的になっているという言説が飛び交っていた。こうした背景に対し、カウンターを実証的に提示した研究といえる。今後はこの研究をもとに、特有のコーホートが排外的になる理由についても検証してよいだろう。

居住地

排外主義研究における共有知として、都市居住者は非都市（田舎や郊外）居住者に比べて、移民に対する態度がより好意的だという論がある（Ceobanu & Escandell, 2010; Gorodzeisky & Semyonov, 2009）。この論は実際のデータでも確認されており、非都市の居住者に比べ、都市居住者は移民に対してより寛容であった（Huijsmans, et al., 2021; Kenny & Luca, 2021; Luca, Terrero-Davila, Stein, & Lee, 2023）。理由はいくつかあるが、一つには都市の人口構成と関連している。都市は人種やエスニックグループ、またそれ以外の側面でも多様性があり、自分とは異なる集団とより遭遇しやすく、結果としてそうした集団に対する不安が減り知識が増える、つまり集団間接触が生じているというものである（256ページ、309ページを参照）。また都市には文化的・経済的な選択肢が非常に多く、移民による脅威を緩和してくれる環境だということも一因となっている（Huijsmans, et al., 2021）。近代化理論[*257]に基づけば、経済的に発展した環境ではより自由主義的で進歩的な価値観が広まっているとも考えられる。

都市と非都市の排外主義の関連は、閉鎖的な田舎のイメージと合致する、という読者もいるのではないだろうか。しかし実態はより複雑で、都市を選んで居住する、いわゆる自己選択（self-selection）の効果を考えなければならない。このプロセスはランダムに発生しているわけではなく、都市に移住する人には何らかの傾向がある（Gallego, et al., 2016）。ドイツとスイスのパネルデータを使った検証では、移民に対して好意的な人々（特に、学歴が高く、収入の高い仕事に就いている人）が非都市から都市に移住するため、都市全体の移民に対する態度が好意的になるという（Maxwell, 2019, 2020）。こうした人々はもともとの居住地である非都市から都市に移住しても態

＊256　この研究では加齢と排外主義のU字の関連（つまり中年が最も排外主義が高い／低い）も検証しているが、実際に見られたのは単線形の関係、つまり年齢が上がれば上がるほどより排外的になる、という結論だった。

＊257　近代化理論の内容のうち、本稿の内容に関係するものとして、経済発展により個人の基本的なニーズを満たすことができれば、自己選択や個人の自律性、ジェンダー平等などがより発生しやすくなる、というものがある（Inglehart & Welzel, 2005）。

度を変えることはなく、そのため過去の研究が想定していた、都市が人々の態度を変えるという効果は見られない。[258] つまり、都市に住んだり都市に移住したりするような人は確かに移民に対して好意的であるものの、都市そのものが人の態度を変えるわけではない、ということになる。

教育

教育年数の長さや、高い学歴などの教育に関わる変数が排外主義を下げる効果をもつことは、多くの研究者によって一貫して指摘されてきた（e.g., Ceobanu & Escandell, 2010）。ちなみにここでいう学歴とは、中卒と比べた場合の高卒、高卒と比べた場合の大卒といった、教育段階の区分を指す。有名大学に行くかどうかは学校歴といい、学歴とは区別される。学校に行く期間が長ければそれだけ排外的ではなくなるということだ。教育にはリベラル化の効果（liberalizing effect）があるといわれており、移民に対する態度だけでなく、他のマイノリティに寛容になったり、権威主義的態度（i.e., 伝統的な価値観への服従など）を低下させるといわれている。[259]

教育がリベラル化効果をもつ理由の一つに、認知的アプローチが挙げられる（Coenders & Scheepers, 2003）。教育は広い知識や情報、規範を伝達する機能をもつ。知識の中には外国文化や集団間関係に関するものが含まれており、外国や外国人に関する情報がないことからくる不安を除去できる。また規範の中には、差別が社会的に許容されていないというものだったり、多様性の重要性を伝えたりするものが含まれるだろう。知識の伝達に加えて、教育年数が増えれば、自身で情報探索をする能力も高くなる。この結果、例えば（犯罪率を増加させるなどの）移民が社会全体に対して悪影響をもたらすといった情報を精査することができるようになり、[260] 排外主義が減るという。また他の理由として、学歴が高い人は労働市場において移民と職の競合を経験しにくく、そのため排外的になりにくい、という議論もある[261]（Coenders & Scheepers, 2003）。

＊258　ただし、同じ都市に生涯住み続けている人は、非都市に生涯住み続けている人よりも移民に対して好意的な態度をもっていた（Maxwell, 2020）。つまり、都市が人の態度を変える効果ももっている可能性を示唆している。Maxwellは生涯住み続けることを選ぶこと自体が自己選択の結果であり、都市に生涯住み続けることがもたらす結果を過大評価してはいけないと論じているものの、この点は今後の研究が待たれるだろう。

＊259　教育年数が長いため、研究者はリベラルな思想をもっていると思う人は多いだろう。実際にデータを集めても、研究者（特に社会科学者）は概してリベラルな人が多い（Cardiff & Klein, 2005; Duarte, et al., 2015）。ヨーロッパで行われた研究では、研究者のリベラルな傾向は教育年数が長い他の専門職に比べても強い（van de Werfhorst, 2020）。ただしトピック別の態度にはばらつきが多く、例えば福祉を支持する人とそうでない人のばらつき具合は他の職業と違いはないという。しかし唯一研究者が一貫して寛容な態度をもつトピックが本書で扱っている移民問題であった。これは外国の研究者と交流する機会が多いためと解釈されている。ちなみに、リベラルな人が多いからといって、研究成果が意図的に曲げられているということは（少なくとも心理学の研究では）ない。既存の研究が再現されるかどうかは、その研究結果が政治的にリベラルか保守かに左右されないということがわかっている（Reinero, et al., 2020）。ただし、研究結果が極端に政治的にリベラルであったり保守であったりすると、再現される度合いは多少下がるようだ。

＊260　移民が犯罪率を上げるという研究はほぼ示されていない。日本語のまとめとして永吉（2020b）を参照。

＊261　Hainmueller & Hiscox（2007）がこのメカニズムに対する否定的な証拠を示している。235ページで展開した、経済的脅威の議論にも立ち戻ってもらいたい。

しかし、近年では教育と排外主義との関連に対して疑問が投げかけられるようになった。もとから知識が豊富だったり、複雑な物事を理解する認知能力に長けていたり、高い能力をもつような子どもが、大学に行ったり教育年数が長くなりやすい。言い換えると、教育が、ある人の排外主義を下げるのではなく、もとから排外主義が低くなりやすい人が教育を長く受ける傾向にあるのかもしれない。

こうした疑問に対して、いくつかの研究がなされてきた。一つは、事前に予測できない制度の変更を用いた自然実験研究である。第二次世界大戦後の西ヨーロッパでは教育制度が断続的に改革され、それまでより1年長く中学校期間を経験する世代が出てきた（Cavaille & Marshall, 2019; d'Hombres & Nunziata, 2016; Margaryan, Paul, & Siedler, 2021）。また80年代の韓国では大学の定員を30％ないし50％拡大することが義務化され、その直前であれば大学に入ることができなかった学生までも大学に入学できるようになった（Jung & Gil, 2019）。こうした制度変化は生徒が選んで経験することができず、半ば強制的に教育年数を上げることとなる。ヨーロッパや韓国で起こった教育改革を経験した世代は、その前の世代と比べてより移民に対して好意的であることが明らかとなった。ただし中学校期間の延長の効果は北欧諸国では見られないという研究もあり、必ずしもすべての国に当てはまる結果ではないということに注意が必要である（Cavaille & Marshall, 2019; Finseraas, Skorge, & Strøm, 2018）[*262]。

もう一つのアプローチとして、パネルデータを使い、時点間の独立変数の変化（ここでは教育年数）が、従属変数の変化（ここでは移民に対する態度）を伴っているかを検討する方法もある。過去に行われた研究の多くはヨーロッパで行われた調査をもとにしており、一部の研究では学歴が移民に対する排外的な態度を下げることがわかっている（Hooghe, Meeusen, & Quintelier, 2013; Scott, 2022）。ただし効果が小さいという研究や（Simon, 2022; Velásquez & Eger, 2022）、そもそも効果がなかったという研究もある（Lancee & Sarrasin, 2015; Weber, 2022）。効果がないという研究は、教育歴が長い人とそうでない人の間に差があるということを示してはいるものの、同一個人の教育年数が長くなっても排外主義は変わらないという結果であった。

パネルデータを使った研究の副産物的な発見として、教育にはバッファ効果があるかもしれない、というものがある。人生の中で就職や失業、出産に伴う休職といったイベントは、労働市場で移民と職をめぐって競合に陥るリスクを高めることとなり、人は排外的になりがちである。こうしたイベントと排外主義との関連を、学歴が抑えてくれるというものだ（Kratz, 2021; Velásquez & Eger, 2022）。教育年数が長いと、それだけ自身が労働市場でうまくいくと思いやすく、移民と職をめぐって競合するという認識をしないで済むため、こうしたイベントを経験しても排外的になりにくい。[*263]

ところで、教育年数や学歴が排外主義を低下させるメカニズムの一つとして、規範的な内容に曝

＊262 リベラル化効果は移民に対する態度だけで測定されているわけではない。中国やヨーロッパでの教育改革の影響を受け1年間義務教育期間が長くなった世代は、その前の世代よりもジェンダー平等意識が高い（Deole & Zeydanli, 2021; Du, Xiao, & Zhao, 2021）。

＊263 ただし、バッファ効果の研究にも例外があり、Lancee & Sarrasin（2015）は全く逆の効果を示している。

される機会が増えることに言及した。言い換えると、異なる社会や教育内容に応じて、教育が排外主義に与える効果が変わり得ることを指している。例えば、民主主義の歴史が長い国であるほど教育年数が排外主義に与える効果が強いことを示した研究がある（Thomsen & Olsen, 2017）。民主主義の歴史が長ければ、教育の場において外集団を劣ったものとみなさないとか、自民族中心主義を否定するといった内容を教えられやすいためだという。[*264] 他の研究では、台湾においてナショナリズムに重点を置いた教科書が１９９７年に導入された結果、その教科書で学習した人は移民に対する態度が悪化したという結果もある（Lee, 2023）。改訂された教科書には、台湾と中国とが文化的、歴史的、地理的に異なっており、独自のエスニックグループを形成しているという記述がある。より排他的で強固な台湾のナショナル・アイデンティティが形成され、その結果外集団に対する態度が悪化したという。[*265]

以上、学歴と排外主義の関連をまとめたが、日本ではあまり明確な結果が得られていない。排外主義と負の関連をもったり（永吉, 2008; 大槻, 2006）、アメリカ人やブラジル人などに対する排外的な態度とは負の関連をもつが、中国人や韓国人に対する態度とは関連をもたなかったり（五十嵐, 2019）、一部の脅威認識を高めたり（田辺, 2019）といった具合である。そもそもこれらの研究は、上記の自然実験やパネルデータのように教育を中心とした研究ではないため、教育を対象とした研究は十分に行われていないといってもいい。教科書に関しては、筆者が共同で行った研究が日本で唯一のものといえるかもしれない。筆者と共同研究者は、２０１０年代に横浜の一部の公立中学校で愛国主義的な教科書[*266]が使われたことを利用し、導入の前後、そして導入していない地域との比較を行った（加藤・五十嵐・マッケルウェイン＝盛, 2023）。当時横浜で公立中学校に通っていた人は現在20代になっているが、その人たちに対して調査を行った結果、愛国主義的な教科書を使っていた人の排外主義やナショナリズム、またそれ以外の政治的な意見は、そうでない人と変わらなかった。この結果からも、日本の教育と排外主義との関連の微妙さがうかがえるだろう。

第5節　歴史の遺産

過去の制度や出来事の影響が、現在の人々の態度や行動を規定するという研究分野が経済学や政

＊264 民主主義であるかどうかは必ずしも唯一のメカニズムではないだろう。現在の国際政治体制で支配的な地位を占める国であれば、国の正統性を問われることがないために、ナショナリズムを推進する内容を教科書に載せない傾向にある（Lerch, Russell, & Ramirez, 2017）。支配的な地位を占める国は民主主義である場合が多いため、民主主義の効果が得られた可能性があるだろう。

＊265 排外主義以外に焦点を当てた教科書の研究もある。中国で２０００年代に行われた教育改革の結果、新たな教科書では中国政府そのものや経済介入の正当性が強調されることとなった。その結果、改革後に教育を受けた世代では中国政府をより信頼し、市場経済に対する疑いが増したという（Cantoni, et al., 2017; Kao, 2021）。

＊266 戦後の標準的教科書を「自虐史観」に基づくとして批判し、異なる歴史観に基づく教科書を作ることを目的として、１９９７年に「新しい歴史教科書をつくる会」が設立された。同会が作った教科書は文部省（現・文部科学省）の検定に合格しており、学校が採択すれば公立の学校で使用することができるようになっている。

治学を中心に興っている。[*267] 一部の研究者は、こうした研究をまとめて、レガシー、すなわち歴史の遺産研究（legacy studies）と呼ぶ。

排外主義におけるレガシー研究としておそらく最も有名なアチャリア、ブラックウェル、セン（Acharya, Blackwell & Sen, 2016a）のアメリカの奴隷制に関する研究を例に、レガシー研究を紹介しよう。アメリカの奴隷制は南北戦争の後1865年に正式に廃止されたが、アチャリアらは1860年の時点でのアメリカ南部における奴隷の数を郡ごとに集計した。そして、当時奴隷が多かった地域では、現在、白人の共和党支持が高く、アフリカ系アメリカ人に対して否定的な態度が強く、アファーマティブ・アクションに反対する傾向があることが明らかになった。なぜこうした結果が得られたのだろうか。奴隷が多かった地域では、解放されたアフリカ系アメリカ人が政治的な力をもち、それまでの白人優位な状況を脅かすこととなった。さらに、奴隷という安価な労働力を失った結果、労働者へ支払う賃金が高騰することとなった。その結果、白人は自分たちの経済的・政治的優位性を保つために、アフリカ系アメリカ人に対してより否定的な態度や暴力、果ては人種差別的な法律を作るようになった。[*268] こうして過去に形成された規範が現代にも受け継がれ、現在の反アフリカ系アメリカ人態度に結実している。奴隷制を扱った他の研究によれば、奴隷制は白人だけでなくアフリカ系アメリカ人の態度に対しても影響を与え、過去に奴隷が多かった地域に住むアフリカ系アメリカ人は、そうでない地域のアフリカ系アメリカ人と比べ、白人に対してより否定的な態度をもっているという結果が得られた（Payne, Vuletich, & Brown-Iannuzzi, 2019）。人種差別的な制度や法律、規範によってアフリカ系アメリカ人の経済的な平等が達成されず、その結果、白人に対する不満が募っているといえる。

このように、過去の出来事が世代を超えて現代にも影響をもたらす、というのがレガシー研究の基本的な考え方である。ただ、おそらく多くの読者の方々は、過去の出来事がなぜ現在にも影響を与えているのか訝しがっていることだろう。歴史が人々に影響を与えるメカニズム（つまり仕組み、背景にある経路）のうち最もよく使われるのは経路依存（path dependence）である。経路依存とは、現在の行動が過去の状態に左右されることを意味する。先行研究（Cirone & Pepinsky, 2022）の説明を援用すると、ある町の建物が自然災害によりすべて崩壊したとしよう。[*269] その後一斉に建物が造られるが、資材のせいで建物がすべて赤に塗られている。その後毎年建物の1％が再建されるとして、再建される建物の色は、周囲の既存の建物の色に合わせたり、利用できる資材に

＊267　まとめとしてCharnysh, Finkel, & Gehlbach,（2023）, Ermakoff（2019）など。Acemogluら（2001）をはじめとする歴史経済研究のまとめとして、Cirone & Pepinsky（2022）やNunn（2020）などがある。

＊268　Acharyaらは奴隷制廃止後の移住行動に目を配っており、奴隷が多かった地域と少なかった地域で、住居移動が変わらないことを示している。さらに上述のメカニズムを検証するため、奴隷の数が多いところでアフリカ系アメリカ人に対するリンチが多いこと、そして両親と子どもの間で人種態度の相関があり、それが年を経ても変わらないことを示している。加えて、奴隷の代替となる技術が発展している地域であれば、奴隷への依存度が低く奴隷解放が経済的に問題とならないと想定できる。仮説通り、技術発展の象徴であるトラクターがより多く導入されていた地域だと、奴隷割合と現在の態度との関連が薄くなっていた。

＊269　ここでいう自然災害のような歴史的出来事や制度を「重大局面（critical junctures）」と呼ぶ。重大局面によって今までの制度などの軌道に変化が生じ、新しい軌道が形成されて、それが経路依存となる。

左右されたりする。再建される建物を何色で塗るにせよ、すべての建物の色が赤という事前の状態の影響から免れることはできない。[270] 事前の状態や出来事が、新しく作られたり生じたりする出来事や物事に対して影響を与え、過去の状態が将来へと受け継がれていく。

ただし、経路依存は常に生じるわけではなく、場合によっては過去の状態が引き継がれないことがある。例えば、居住環境が安定しているかどうかが一つの要因として働いている。狩猟や農耕、生活の知恵を知識として世代間で受け渡す際に、仮に居住環境が全く変わらないのであれば、その知識に何か変更を加える必要はないだろう。しかし気候変動などにより変化しやすい環境にあれば、環境に対応するために、上の世代から継承する知識や行動に対して変化を加える重要性を感じるはずだ。ジュリアーノとナン（Giuliano & Nunn, 2021）の研究では、５００年から１９００年、およそ20世代にわたる気候変動を計測し、気候変動が生じやすい国や地域だと、伝統を重視する傾向が薄く、文化が残りにくいことを示した[271]（Nunn, 2022）。他には、人の移住が多く発生している地域だと、価値観が世代間で継承されにくいかもしれない。14世紀にユダヤ人迫害が生じたドイツの地域では、[272] １９２０年代において反ユダヤ主義を掲げていたナチス政党への投票率が高く、シナゴーグ（ユダヤ教の会堂）への攻撃が多く、ユダヤ人迫害も行っていた。世代間で反ユダヤ感情が継承されていったと解釈できるが、貿易が盛んに行われていた、あるいは他地域からの移住者が多い地域だと、14世紀の迫害の効果が小さかった[273]（Voigtländer & Voth, 2012）。新たな考えが持ち込まれ、反ユダヤ感情の継承が妨げられたのだと解釈されている。[274]

他のレガシー研究として、過去の紛争や戦争の効果を検証した研究もある。過去に地政学的脅威を経験した国に住む人は、そうでない国に住む人と比べて現在の移民に対する態度が否定的であり、排他的なナショナリズムをもつ傾向にある（Hiers, Soehl, & Wimmer, 2017; Soehl & Karim, 2021）。ここでいう地政学的脅威とは、主権や領土を失う、あるいは長期にわたる戦争や紛争を指

＊270　経路依存にも種類があり（Page, 2006）、収穫逓増（increasing returns）、自己強化（self-reinforcement）、正のフィードバック（positive feedbacks）、ロックイン（lock-in）の四つがある。収穫逓増とはある選択をし続けることでより利益が得られること、自己強化とはある選択によってその後その選択が取られ続けるように促す制度や状態ができること、正のフィードバックとは他の人も同様の選択をするような環境が、ある選択によって作られること、ロックインはすでに多くの人がその選択をしたことによって、ある選択が他の選択肢よりもより良くなっていることを指す。本文の例に即せば、隣人の家が赤だから再建する家も赤く塗る、というのは正のフィードバックであり、赤い塗料を廉価で生産できる体制が確立していると自己強化となる（Cirone & Pepinsky, 2022）。

＊271　国際比較に加えて、アメリカに移住した移民の価値観も検証している。気候変動しにくい国から移住してきた移民であれば、結婚相手として外集団の人を選びにくく、家で英語を話さない。これらも自集団の文化が変化することを肯定的に見ない傾向の表れといえる。ただしこの研究は、分析の手続きが不適切（本来欠損値にすべきサンプルを欠損値にしていない、など）であることから批判されている（Bertoli, et al., 2024）。再反論の論文も出ているが、あまり説得的ではない（Giuliano & Nunn, 2024）。

＊272　黒死病の原因がユダヤ人であるというデマにより、ユダヤ人が迫害や虐殺の対象となっていた。

＊273　重大局面によって移住が生じるのであれば、重大局面がその後の世代に対して与える効果との関連について因果関係を検証しにくくなる。重大局面の影響がその後の世代に継承されたのか、それとも地域の構成員が重大局面によって変わったからなのかがわからないためだ（Marbach, 2023）。

＊274　レガシー研究は基本的に地域を分析対象としているが、地域には時間的な連続性があり、そのせいで統計の結果が歪みやすいという指摘がある（Casey & Klemp, 2021; Kelly, 2019. ただしVoth, 2021も参照）。

し、この度合いの高さが態度やナショナリズムと関連している。地政学的脅威を多く経験してきた国は、国家（領土や政府）のような単位ではなく、民族単位でのまとまりを形成しやすい。領土や政府という境界が外敵に脅かされて（そして時には失われて）しまうために、国家という境界が意味をもたなくなるからだ。結果として、ナショナル・プライドが低く、より厳格な成員条件を定め、外集団である移民に対して一層否定的な態度をとるようになる。アフリカ49カ国を対象に行われた研究がこのメカニズムと整合的な結果を示している。１４００年から１７００年までの紛争の件数が多いほど、現在エスニック・アイデンティフィケーションが高く、ナショナル・アイデンティフィケーションが低かった（Besley & Reynal-Querol, 2014）。これはつまり、紛争が多い地域では、国家を単位とした境界ではなく、自民族を中心としてまとまりやすいことを意味している。[*275]

戦争に巻き込まれた集団が、その記憶や経験を次の世代に継承した結果、過去の経験が現在の態度と関連している可能性もある。第二次世界大戦時にギリシャはドイツに占領されたが、その際、ギリシャのパルチザン（非正規の反乱勢力）がドイツ軍に対して攻撃を行い、それに対してドイツ軍が報復をする、という応酬があった。ドイツ軍によるパルチザンに対する報復の度合いが特にひどかった地域では、現在ドイツに対する態度が否定的で、例えばドイツ車のシェアが少なかったり、反ドイツ政党への投票率が高かったりした（Fouka & Voth, 2023）。この結果は、負の歴史に関する集合的記憶（集団が相互に共有する歴史）をそれぞれの町が維持しているために、否定的な態度を形成すると解釈されている。この解釈に対する傍証として、この研究の筆者らは、パルチザンへの報復が記憶として共有されている地域（パルチザンへの追悼を行う街）ほど、過去のドイツ軍による報復が現在のドイツに対する態度に与える影響が強いことを示した。[*276]

前章で扱った移民割合も、レガシー研究で扱われている。ポーランドを対象にした研究では、第二次世界大戦前にユダヤ人が多かった地域において、現在でもユダヤ人に対する態度が否定的であることがわかっている（Charnysh, 2015）。様々な理由が考えられるが、親子間で外集団に対する態度が受け継がれていたり、ユダヤ人が強制収容所へ送られた後、その持ち物を収奪したポーランド人の間で、収得を正当化するためにユダヤ人に対して排外的になったといったものが挙げられて

＊275 ちなみに、領土をめぐる紛争は現代でも排外主義に影響を及ぼしている（Gibler, Hutchison, & Miller, 2012; Hutchison & Gibler, 2007; Martinovic & Verkuyten, 2024; Tir & Singh, 2015）。筆者の分析（Igarashi, 2018）では日本でも同様の結果が観測されており、２０１２年８月に竹島や尖閣諸島へ李明博元韓国大統領や香港の活動家が上陸した直後、中国や韓国への態度が大幅に悪化している（Ioku & Watamura, 2024も参照）。

＊276 他にも、第二次世界大戦期にドイツによって建てられた強制収容所の効果を検証した研究もある。この強制収容所に近い地域に住んでいるドイツ人は、現在移民に対して排外的だったり、極右政党をより支持していたりする（Homola, Pereira, & Tavits, 2020）（ただしPepinsky, Goodman, & Ziller, 2024とHomola, Pereira, & Tavits, 2024も参照）。同様の傾向はポーランドでも見られている（Charnysh & Finkel, 2017）。ただし、他の研究では、ナチスによる残虐行為が行われた地域の現在の居住者は、かえって外集団に対してより好意的になり、極右政党の支持が下がるという結果が得られている（De Juan, et al., 2023）。また、故郷にユダヤ教の会堂であるシナゴーグがあったドイツの政治家は、戦後に戦争犯罪人の処罰に対する時効の延長を支持する傾向にあった（Charnysh & Riaz, 2022）。つまり、個人的にユダヤ人を知っている場合には、より過去の不正義を正そうとする傾向にあるといえる。これらの研究結果は、注の前半で紹介した結果と拮抗しており、今後の研究がまたれるだろう。

いる。日本を対象にした数少ないレガシー研究も同様の結果を示している。キョウとワン（Gong & Wang, 2021）は戦前の日本において移民割合が多かった地域では、現在の移民割合の影響を取り除いてもなお[277]、移民に対する現在の人々の態度が否定的であったと示している。この傾向は当時韓国人が多かった地域で特に見られ、当時の集団間対立が現在にも引き継がれているといえるだろう[278]。

第6節　まとめ

本章では排外主義を形成する要因のごく一部を簡単にまとめた。他にも多くの研究がなされており[279]、排外主義を形成するきっかけは日常のあらゆる側面に埋め込まれているといっていいかもしれない。ここで改めて強調したいのは、本章で紹介した概念のうちどれか一つが決定的に人々の排外主義を定めるのではなく、紹介した概念がそれぞれ独自の影響をもち、少しずつ人々の移民や人種・エスニックマイノリティに対する態度を形成しているということだ。いうなれば、日常生活のあらゆる場面に、排外主義を形成する種（たね）がある。そういう意味では、排外的な態度は我々の日常生活の延長線上にあるものであり、「排外的な人」と「そうでない人」との間に明確な区分けがあるというよりも、生活を通して徐々に排外的な態度を形成していく、いわばグラデーションのような違いがあるともいえるのではないだろうか。

日本においても排外主義研究は比較的盛んに行われており、その結果もおおよそではあるが海外

＊277 ただしこの変数は本来分析に含めてはいけない変数であるため（Acharya, Blackwell, & Sen, 2016b）、過去の移民割合と現在の態度の関係の解釈については注意が必要である。

＊278 韓国の釜山港から多くの移民が日本に出港したため、釜山港からのそれぞれの都道府県の距離を操作変数とした分析も行っている。

＊279 特に本書では紙幅の関係から心理学の研究の紹介を大幅に削減した。例えば右翼的権威主義と社会的支配志向性、個人のパーソナリティといった領域は排外主義を考える上で重要な役割を果たす。これらの概念は日本でも研究が進んでおり、概ね海外での主要な研究結果と同様な結果となっている（三船・横田, 2018; 高野・高・野村, 2021; 吉野・小塩, 2020）。より詳しくは『偏見や差別はなぜ起こる?』（北村英哉・唐沢 穣編, 2018）を読んでもらいたい。

他には感染症脅威も重要だろう（Schaller & Park, 2011）。感染症は生存にとって脅威となるため、人（を含む生物）は感染症にかかっていると知覚される対象に対し不快感をもち、距離を置く。しかし感染症を常に敏感に知覚するのは困難であるため、感染症にかかっていそうな人を粗い基準で選別し、そうした人や集団に対して嫌悪感情を向ける。特に、普段接触しないような、別の地域や文化圏から移住してきた外集団は大きな感染源として認識されやすくなってしまう。自分や自集団のウイルスや病原体への感染リスクを下げ、生存確率を高めるために、こうした外集団を積極的に避けたり排斥したりすること、つまり外集団に対する排外意識を形成することが重要となる。こうした仮説を支持するように、慢性疾患や感染症に対する不安が高い人は、移民に対して否定的な態度をもっており（Faulkner, et al., 2004）、実際に健康状態が悪い人であれば極右政党を支持するといった傾向があった（Kavanagh, Menon, & Heinze, 2021）。メタ分析でも感染症脅威と移民に対する態度との関連が確認されている（Aarøe, Petersen, & Arceneaux, 2017; Terrizzi, Shook, & McDaniel, 2013）。いわゆる新型コロナウイルスが流行した際に日本でも多く研究がなされており、感染に対する嫌悪感が移民に対する否定的な態度と関連していることが報告されている（山縣・寺口・三浦, 2021）。さらにこの感染嫌悪と外国人に対する否定的な態度との関連は、新型コロナウイルスに対するワクチンの接種後に低下することが報告されている（田戸岡・石井・樋口, 2023）。ワクチンを接種したことで新型コロナウイルスの発症率や重篤化リスクを下げる（と認識される）ため、感染への忌避感から移民に対して否定的な態度をもつようなことがなくなったのだといえる。

の研究と類似している。ただし、日本の排外主義研究において残されている課題もある。例えば、排外主義形成における文化の役割については未だわかっていないことが多い。西ヨーロッパの研究ではムスリム移民に対して排外的な態度が形成されているが、それはムスリム移民との間で自由主義的な価値観をめぐる対立があるからだと考えられてきた。日本でも文化的脅威が排外的な態度に結びつくことはわかっているが（永吉，2014）、その内情、つまりどういった文化的対立軸があるのかは明確ではない。例えば道徳心や礼儀、もしくは何か他の要素が重視されているのか、それとも形容できない漠然とした〝文化〟観があるのか。近年行われたサーベイ実験では、日本人は働き者、物静か、従順さといった文化的価値を備えている移民をより好意的に見る傾向があるが、アメリカでは特に物静かさや従順さは重視されていない（Peters, Kage, Rosenbluth, & Tanaka, 2019）。今後の研究では、日本人が何を自文化として認識しており、移民の文化と相容れないと考えているのか、そしてその認識は安全に対する脅威といった他の脅威とどう関わっているのかをさらに検討してもよいだろう。

前章や本章で扱ったような排外主義の原因は、ゆくゆくは第1章や第2章で扱った差別という行動に帰着していく可能性を秘めている。内心の自由は常にあるが、排外的な態度が行動として表出しないことが何より重要だということを改めて強調しよう。しかし、単に自制することが難しい場合もある。次章では、いかに排外主義や差別に対抗するかについて、個人レベルと制度レベルの観点から明らかにしていこう。

第3部

差別と排外主義は減らせるか

第6章
差別や排外主義を減らすために

1章から3章で差別の研究、そして4章、5章では排外主義の規定要因をまとめてきたが、これらの研究に共通するのは、差別や排外主義は日常につねに潜んでいるということだろう。ほんの些細なきっかけで人は排外的になりうるし、移民や人種・エスニックマイノリティは差別を経験しうる。日常と隣り合わせに差別や排外主義がある以上、これらを低減させる方法を研究者が盛んに検討するのは自然なことで、これまで様々な方法が提唱され、検証されてきた。そこで本章ではその一部を紹介したい。

1節から3節では個人に対する介入を扱う。1節では集団間接触という、集団間関係をテーマとする書籍では必ずといっていいほど目にする研究を紹介しよう。2節では集団の境界として、5章で触れた社会的アイデンティティに基づいた議論をまとめる。排外的な感情は、他者を、自分が所属している集団とそうでない集団とに分けることで形成される。そこで、この集団の境界に対しアプローチを試みるという研究領域である。3節では情報の修正についてまとめる。近年では特にSNSを中心に流布した誤った情報に対して修正が行われているが、主にこうした取り組みを対象とした研究群である。4節と5節では、制度や政策レベルの要因についてまとめよう。4節では移民に関する政策である統合政策と多文化主義政策とを紹介し、これらが排外主義とどう関わっているかを見る。5節では排外主義以外の変数、主に国民や移民の他者への信頼、そして移民や人種・エスニックマイノリティが抱く居住国に対するアイデンティフィケーションと制度や政策との関連をまとめる。加えて、政策や制度が導入されることにより、いかに移民や人種・エスニックマイノリティの差別経験が変動するかを、本書のまとめとして整理する。

第1節　集団間接触

集団間接触の興り

集団間接触理論（intergroup contact theory）とは、外集団の構成員と接触（挨拶や会話など）をすることで、その集団全体に対して好意的になるという理論である。例えば日本の大学に通う日本人が中国人留学生と仲良くなった結果、その留学生だけでなく中国人全体に対して好意的な態度をもつようになる、ということである。オルポート（Allport, 1954）は集団間接触を理論的に整理し、接触が偏見の減少をもたらすには次の条件が満たされる必要があると提唱した。（1）集団間の対等な地位、（2）共通の目標の設定、（3）協力・協同、そして（4）接触の制度的支持である。*280

*280 対等な地位とは集団間に優劣がなく平等な状況を指す。共通の目標とは、言い換えると有限の資源を奪い合わない状態を指す。一つしかない職に応募しているとかでなく、何か共通の利益のためにお互い働いている状態である。

初期の接触研究では、こうした条件が揃わないと、仮に集団間に接触があっても態度が好意的にならないと想定していた。しかしその後ペティグリューとトロップ（Pettigrew & Tropp, 2006）が１９５０年以降出版された５１５件の接触研究を対象にメタ分析を行ったところ、この四つの条件がなくても接触は外集団に対する態度を好意的にすることがわかった。唯一、制度によって接触が支持されている場合には、接触が偏見を減らす効果がより強く見られたが（Christ, et al., 2014）、あくまで強化する効果であり、制度がないと接触の効果が見られないというわけではない。*[281] このメタ分析以降、接触に関する研究は急速に増加した。*[282]

接触には量と質がある。量とは外集団のメンバーとの接触頻度を指し、どれくらい頻繁に会ったり挨拶したりするか、といったものだ。質とはどの程度好意的な接触をするかを指す。どれくらい好ましいかとか、友人関係であるか、などだろう。*[283] 集団間接触のメタ分析が繰り返し行われているが、接触の量と質はどちらも一般的にいって人々の態度を好意的にすることがわかっている（Paluck, et al., 2021; Paluck, Green, & Green, 2019; Pettigrew & Tropp, 2006）。ただし、接触の中には否定的な接触もあるだろう。例えば会話をして嫌な思いをしたり、喧嘩をしたり、罵ったりといったものである。こうした否定的な接触は移民に対する排外主義を悪化させ、その度合いは好意的な接触が排外主義を下げる度合いよりも大きいという（Barlow, et al., 2012; Graf, Paolini, & Rubin, 2014）。否定的な接触が一定数存在するにもかかわらず、なぜ全体的に接触は好意的な態度をもたらすのだろうか。一つの回答として、否定的な接触の頻度がそこまで高くなく、友好的な接触が生じやすいからというものがある。事実、調査対象者が経験した接触のうち78％が友好的であり、22

%が否定的であったという報告もなされている（Graf, et al., 2014; Schäfer, et al., 2021）。

集団間接触がなぜ外集団に対する好意的な態度をもたらすのだろうか。いくつか理由はあるが、メタ分析では外集団に対する不安の減少、[284] 外集団に関する知識の取得、そして外集団の視点取得

協力とは、例えば、共同作業であったりチームとして何かに取り組んだりすることを指す。制度による支持だが、これはアメリカで分離が制度的に支持されていた時代を考えるとわかりやすいだろう。アフリカ系アメリカ人の専用席などがあり、集団間の結婚も禁じられていた時代では、接触は積極的に支持されていなかった。制度による支持は、法律だけでなく社会の雰囲気も含んでいる。

*281 ただし、Pettigrew & Troppの論文を再分析した論文だと、集団間の平等を重視する社会だと接触の効果がより強いという結果が得られた（Kende, et al., 2018）。

*282 １９４７年から２００６年までの60年間で接触を対象にした論文数は４２９件であるのに対し、２００７年から２０１１年までで３３５件、２０１２年から２０１６年に４８４件、２０１７年から２０２１年までで５０７件の集団間接触に関する論文が出版された（Paolini, et al., 2021）。単純に心理学の論文の出版点数が近年増えているとはいえ、注目され続けている分野であることに間違いないだろう。ちなみに２００６年までの接触研究の論文数が４２９件なのに対し、メタ分析が５１５件の研究を対象にしたと書いたが、論文には複数の実験が含まれており、この合計数が５１５ということである。

*283 友人関係だけを対象にしたメタ分析もあり、友人関係は偏見に対する強力な対抗手段だということがわかっている。特に過ごした時間が長かったり、自己開示ができていたりすればより強い効果が望める（Davies, et al., 2011）

*284 不安は脅威の対象に対して注意を差し向けたり、リスク認知やリスク回避傾向を高めたりする（Huddy, et al., 2005）。そのため、集団間接触は脅威を認識する確率を低下させているともいえるかもしれない。

（perspective taking）があるからだと説明されている（Pettigrew & Tropp, 2008）。視点取得とは他者の立場になって考えることを指し、接触をすることによって視点取得を促し、結果として偏見が減る（Simonovits, Kezdi, & Kardos, 2018; Todd & Galinsky, 2014）。他にも集団間接触が好意的な態度をもたらす説明がいくつか挙げられており、例えば外集団との接触が個人のパーソナリティを変えるというものもある。特に集団間接触をすることによって、経験への開放性や協調性という、排外主義を減少させるようなパーソナリティが形成されるという（Vezzali, et al., 2018）。また、集団間接触の結果、人々の政治的イデオロギーが変化し、個人の考え方がよりリベラルなものになるため（例えば集団間の上下を否定したり、新たな視点を取得して問題解決をしやすくしたり）、結果として、移民に対する態度も好意的になるという説明もされている（Hodson, et al., 2018）。さらに、外集団と接触すると環境問題に対してより強い関心をもつようになるということもわかっている（Meleady, et al., 2020）。

ところで、集団間接触において、最も重要な懸念は因果関係であった。接触が原因となって好意的な態度がもたらされているわけではなく、もともと移民に対して好意的な態度をもっている人が接触しているに過ぎないのではないか、という懸念である。こうした問題を解決するべく、実験研究（多くはフィールド実験）が行われてきた。例えば大学寮のどの部屋に住むかがランダムに決まっていることを活かした研究がある。それによると、ルームメイトが自分と異なる人種の人だった場合に、1年後外集団に対する態度が好意的になっていた（Boisjoly, et al., 2006; Levin, van Laar, & Sidanius, 2003; van Laar, et al., 2005）。同様に、ランダムに部屋が決まるノルウェーの軍隊を対象に、エスニックマイノリティと同室になる効果を検証した研究もある。この研究では、エスニックマイノリティと同室になった人は移民に対する否定的なステレオタイプが減少し、移民に対する信頼は向上したものの、移民に対して福祉を再配分しようという態度には変化がなかった（Finseraas, et al., 2019; Finseraas & Kotsadam, 2017）。ナイジェリアにおける研究では、若年層を対象にした職業訓練でキリスト教徒とイスラム教徒とがランダムにグループ分けされた状況を使っている。異なる宗教のメンバーがいるグループの参加者は、宗教の多様性がないグループと比べて外集団に対する偏見は減少しなかったが、差別をしなくなるという効果があった*285（Scacco & Warren, 2018）。これらのフィールド実験のようにランダムな割当を使った研究のみを対象にしたメタ分析でも、接触の効果は確認されている*286（Paluck, et al., 2019）。

集団間接触研究の発展

集団間接触研究の発展は非常に多岐にわたっている。ここでは間接的接触と二次転移効果を簡単

＊285 ここでは、差別は独裁者ゲームという実験室実験の手法で測定されている。二人一組で実施し、自分が受け取った金銭的利益を相手に分配するのだが、その際に相手が自集団の人か外集団の人かで渡す金額が異なる度合いを用いる。

＊286 近年のパネル調査を使った分析では、接触はむしろ個人間の偏見の差異を説明しており、個人内の変遷（接触をより多く行うことで、その後の偏見が減少する）には効果がないという結果が示されている（Friehs, et al., 2024; Hodson & Meleady, 2024; Sengupta, et al., 2023）。

にまとめよう。今まで触れてきたものは直接的接触（direct contact）といい、自分が実際に経験した接触の効果である。接触には集団間関係を良好にするという大きな意義が認められているものの、実際に外集団の人々との接触を経験しないと態度が変化しない、という現実がある。例えば日本のように、他国に比べて移民が少ない環境で、国内の中でも移民が多く住まないような地域だと、集団間接触が発生せず、態度が否定的なままになってしまう。こうした問題意識から、間接的接触（indirect contact）、つまり自分が実際に体験していない接触への関心が高まった[*287]。間接的接触は拡張接触（extended contact）、代理接触（vicarious contact）、そして仮想接触（imagined contact）に分けられる。拡張接触は、自分の内集団の友人に、外集団の友人がいる場合に自分の排外主義が減少することを指す（Wright, et al., 1997; Zhou, et al., 2019）。例えば日本人Aさんの友人である日本人Bさんに、中国人Cさんの友人がいるという状況である。このときAさんは中国人全体に対して好意的になる。友だちの友だちは友だち、ということだ。BさんがCさんに対して好意的に振る舞っているため、Aさん自身もCさんに対して同じ日本人として好意的に振る舞わなければならないと思わされたり、またはただCさんの所属している集団に対する不安が減ったりする。例えばイギリスに来ている留学生を対象にした縦断的研究では、留学生の出身国にいる友人は、イギリス人に対する態度が時間とともに好意的になっていった（Eller, Abrams, & Zimmermann, 2011）。間接的接触によって外集団に対して不安が減少した人は、将来的に外集団の人と直接的に接触するようにもなるため（Wölfer, et al., 2019）、拡張接触を経験した人のその後の行動も変わることになる。友人の存在が重要であることがわかるだろう[*288]。

代理接触は、内集団メンバーと外集団メンバーとが接触している場を観察することで、態度が好意的になる現象を指す（Mazziotta, Mummendey, & Wright, 2011）。主に社会的学習に説明を求めており（Bandura, 1986）、他人の振る舞いを観察することで、自分がどのように振る舞うべきかを学習する。社会的学習は集団間関係においても当てはまり、自集団の構成員が外集団の人と友好的に話していると、自分もそのように振る舞うべきと考えるようになる。代理接触はメディアを通しても発生し、小説の登場人物や動画の中の人々の振る舞いを使った実験がよく行われる（Cocco, et al., 2021; Joyce & Harwood, 2014）。どれも結果として、人々は小説や動画の登場人物の振る舞いを真似し、外集団に対して好意的に振る舞うべきだと思うようになる。

仮想接触は、自分と外集団の構成員とが好意的に接触している場面を想像するだけで外集団に対して好意的になるというものである（Crisp, Stathi, Turner, & Husnu, 2009; Crisp & Turner, 2009）。想像した環境に自分を置くと、現実の環境下で得られる感情や考えと似たようなものが得られるという。メタ分析でも効果が確認されており、中でもより具体的に接触の状況を思い描く場

＊287 まとめとして、Dovidio, Eller, & Hewstone（2011）、Vezzali, et al.（2014）などがある。直接的接触ではないという意味でインターネット上での接触も研究が進んでおり、メタ分析でも効果が確認されている（Imperato, et al., 2021）。

＊288 従来の直接的接触は実際には直接的に排外主義を低下させる効果がなく、外集団に対して好意的な友人がいることで、外集団に対して好意的になるのが規範的だと認識して排外的でなくなるというメカニズムも提唱されている（Bracegirdle, et al., 2022）。真偽は別として、自集団の友人関係も含めた接触の研究が求められているだろう。

合に仮想接触の強い効果が見られる（Miles & Crisp, 2014）。

最後に、二次転移効果（secondary transfer effect）を紹介しよう。[*289] 二次転移効果は、外集団との接触が、実際に接触したその集団（一次集団）に対する好意的な態度だけでなく、実際には接触していない他の集団（二次集団）に対する態度にも影響するというものである（Pettigrew, 2009）。実際に接触した集団と似ている集団であれば態度がより好意的になりやすく（Schmid, Hewstone, & Tausch, 2014）、例えばドイツ人から見たロシア人移民とヨーロッパ系移民、エスニックマイノリティと性的マイノリティなどの間で二次転移が起きることがわかっている。二次転移効果のメカニズムとして、ある集団に対して抱いている態度が他の集団にも一般化するというものと、自集団の価値観や規範を絶対視するような考えをなくすというものがある（Vezzali, et al., 2021）。

ところで、日本においても集団間接触研究は多く行われている。直接的接触、つまり移民と実際に接触したことがある人は、接触をしたことがない人と比べて移民に対して排外的な態度をもたない（永吉, 2008; 大槻, 2006; 高, 2015）。さらにこうした接触は、挨拶などの簡単な接触でも好意的な態度をもたらすことがわかっており（大槻, 2006）、ペティグリューとトロップ（2006）のメタ分析が示したように、オルポートの提唱した条件（３０９ページ）が必須の条件でないことがわかるだろう。移民の友人がいる人は当然好意的であることもわかっている（Woo, 2021）。仮想接触は日本においても効果があり、韓国人や中国人との好意的な接触を想像すると態度がより好意的になる（Anqi & Takai, 2018, 2020）。この効果は１カ月持続しており、集団間接触や間接的接触が排外主義に対する強力な対抗手段であることがわかるだろう。

接触の異質性と悪影響

最後に、接触がどういった条件でより強い効果をもつのか、かえって排外主義を悪化させる効果をもつのかという研究をまとめよう。

まず、接触が効果をもつには、次節で触れる集団の境界が意外な作用をもつ。外集団のメンバー個人と接触し、その外集団全体に対して好意的になるには、その集団の境界がはっきりと意識されていないといけない*290（Brown & Hewstone, 2005; Vezzali, et al., 2023）。例えば会話する相手を完全に個人として見て、その人が所属している集団を全く顧みないのであれば、接触の効果は非常に薄くなるだろう。逆に、会話相手の国籍やエスニシティを明確に意識し、集団間の境界が明確になっているのであれば、ある個人との接触がその集団全体に対する好意的態度へと一般化されやすい。また、接触をする相手が、その集団にとって典型的な人であれば、接触の効果がより強く出る（Binder, et al., 2009）。その集団にとって例外的な人物であれば、その集団全体に対して好意的な態度を一般化することは難しいかもしれないが、典型的な人物であれば、同じような人物がその集団に多くいるということであり、その集団全体に対して好意的な態度をもちやすくなる。

一方で、接触を検証しようとして、かえって脅威に基づく結果が得られる場合もある。こうした

＊289　まとめとしてBoin, et al.（2021）やVezzali, et al.（2021）が有用である。
＊290　完全な一個人として接触を行うのか、集団の構成員として接触を行うのか、それとも集団の構成員として認識しつつ、集団内部の多様な個人として接触するのか、といったパターンが考えられる（Miller, 2002）。

研究は一貫して、親密な接触が成り立たない場合にかえって外集団に対する態度が否定的になることを示している。職場における移民との接触を検証したスウェーデンの研究によれば、人数が少ない職場における移民との接触は極右に対する支持を下げるが、人数が多い職場ではかえって極右政党に対する支持を高めるという（Andersson & Dehdari, 2021）。小さい職場だと繰り返し仲の良い接触を行う確率が高いが、人数が多いとそうした接触をもちにくく、かえって移民の存在が脅威に映るのだろう。他にも、住民の多くを白人が占めるアメリカの地域の電車に、あえてスペイン語話者の実験者を乗せる実験をした研究もある。この路線は乗客が少なく、乗客たちは互いに見知った仲のようだったのだが、そこに新たに実験者（つまりサクラ）として複数人のスペイン語話者を乗せた結果、この電車の乗客の移民に対する態度が悪化した（Enos, 2014）。外集団が自分たちのものではない言語を話すところを見ると、接触といえる効果が生じないのだといえる。この研究に類似したものとして、外集団と共通の言語を喋れない人が外集団と同じ空間にいた場合には、外集団と接触がない場合と比べて、その集団に対する寄付行動をしなくなった（Condra & Linardi, 2019）。以上の結果から、実際に話す機会がないことによって接触がかえって阻害され、移民や外集団の存在が脅威と映る可能性も示唆されるだろう。

　接触が移民やマイノリティにとって否定的な効果をもつこともある。マジョリティと接触することによって、マイノリティは不平等な現状を変えようと思わなくなり、社会運動への参加が低下したり、差別や不公正を感じなくなったり、現状を変える政策への支持が低下したりする（Hässler, et al.[*291], 2020; Reimer, et al., 2017; Saguy, et al., 2009; Tropp, et al., 2012）。効果は弱いものの、これらの傾向はメタ分析でも確認されている（Reimer & Sengupta, 2023)。このような皮肉な効果が出る理由の一つに、接触は集団間に共通したところに目を向けさせ、集団間の違い（つまり集団の置かれた状況の違い）から目を背けさせる効果をもつということがある。さらに、集団間接触の結果、マイノリティのマジョリティに対する態度が好意的になることで、集団の不平等を楽観的に考えることにもつながる。また集団間関係が良好になることで、不平等への鋭さや現状に対する不満や怒りの感情が低下してしまうためだと考えられている。

集団間接触は排外主義や差別を扱う書籍で、排外主義を低減するための理論として必ずといっていいほど扱われる。しかしながらこのように、皮肉効果があったり、場合によってはかえって逆効果になったりもする。また、接触によって効果的に排外主義が低減するには、外集団の境界を明確にしたり、ある個人を典型的とみなしたりする必要があり、集団のイメージの固定化につながる可能性もある。集団間接触は万能な解決法ではない、ということを理解しておく必要があるだろう。

---

*291 Hässlerらの研究は69カ国を対象にしたもので、マジョリティとの接触はマイノリティにとって社会変革の必要性を減じるが、マイノリティとの接触はマジョリティにとって社会変革の必要性と正の関連があった。マジョリティがマイノリティの実情をよく知り、相手のことを好意的に思い、何かしたいと思うためである。

第2節　集団の境界

社会的カテゴリー化

第5章（264ページ）で触れた社会的アイデンティティに大きく依拠した介入として、社会的カテゴリー化（social categorization）がある。社会的アイデンティティの考え方に基づくと、人は自分が所属する内集団と、自分が所属しない外集団とに他者を分け、外集団に該当する人に対しては否定的な態度を取る傾向にある。このように、人を集団に分けることそれ自体が排外主義のもとになっているといえよう。そのため、この境界に対する考え方、つまり認知を変えることで、外集団に対する態度も変わるだろうというのが基本的な発想である。排外主義を低下させるためのカテゴリー化には、大まかに分けて二つの戦略、脱カテゴリー化（decategorization）と再カテゴリー化（recategorization）がある。

脱カテゴリー化は、集団の分類や区分の重要性を低下させる過程を指す（Brewer & Miller, 1984; Wilder, 1981）。脱カテゴリー化が生じている場合には、特に集団間接触の場面において、異なる集団に所属する人々が、自分たちはそれぞれ異なる個人であることを自覚し、相手と外集団の構成員というよりも一個人として接するようになる。言い換えると、集団の中にも多様性がある、ということを自覚し、外集団の構成員が多様であるという認識を高めることとなる。一般的に人は、外集団の中に個人差があるという事実にあまり気づかず、外集団は全員似たような人だと思う傾向にある

(Boldry, Gaertner, & Quinn, 2007; Park & Rothbart, 1982)。これを外集団の同質性（outgroup homogeneity）と呼び、この性質のために外集団に対して付与される固定化・戯画化されたイメージ、つまりステレオタイプ（例えば外国人は仕事ができない、罪を犯す、など）を抱いたりする。脱カテゴリー化を行うことで、外集団の中にも多様性があることに対して自覚的になり、外集団の同質性が減少し、結果としてステレオタイプや排外的な態度も減少することになる（Ensari & Miller, 2001）。外集団の同質性を低減させることによって排外主義が減少することはメタ分析で示されており、この効果は偏見を減少させる他の方法と比べて最も強い効果があった（Hsieh, Faulkner, & Wickes, 2022）。

もう一つの再カテゴリー化では、主に共通内集団アイデンティティ（common ingroup identity）に基づいた議論が行われる（Dovidio, Gaertner, & Saguy, 2008; Gaertner & Dovidio, 2000）。従来、人々が抱いていた複数の集団の分類を、より大きく包括的な分類にまとめなおすことを指す。これを上位アイデンティティと呼ぶ（superordinate identity）。こうしてまとめなおすことで、従来は外集団として認識していた他者を、内集団の一員として捉えなおすことができ、結果として排外主義が低下する。

この効果は様々な場面で検証されており、インドにおける実験では、マジョリティ集団であるヒンドゥー教徒に対し、マイノリティ集団であるイスラム教徒は同じインドの国民であるという共通内集団アイデンティティを提示すると、イスラム教徒に対する寄付額が増える（Charnysh, Lucas, & Singh, 2015）。他にも、アメリカでは近年民主党支持者と共和党支持者の間の対立が激化しているが、同じアメリカ人であるというアイデンティティを提示すると、相手の政党に対する態度が緩和される（Levendusky, 2018）。Twitter（現X）上でのヘイトスピーチに対するカウンター研究も行われている。この実験では、湾岸諸国に住むイスラム教スンニ派の信者の一部が、イスラム教シーア派を侮蔑するようなツイートを行った際に、共通内集団を思い起こさせるような返信を行う。複数種類の返信内容を用意し、例えば同じ宗教集団アイデンティティを思い起こさせるツイートとして「言葉は（宗派間の）不和や争いを生むという。私たちは皆イスラム教徒なのです」といった内容の返信をTwitter上で行う。ランダムにユーザーを選んでどういった内容を送るのか、そもそも送らないのかを決め、侮蔑的なツイートに対して決まった内容を返信する。結果、宗教集団アイデンティティ、特に宗教的な指導者のもとでの共通アイデンティティを思い起こさせる返信をもらった人は、何も返信をもらってない人に比べて、その後侮蔑的なツイートをする頻度が減少したという（Siegel & Badaan, 2020）。

日本で行われたエスニシティや国籍に関わる共通内集団アイデンティティの研究で、筆者が知る限りで唯一のものは、企業内のエスニシティや国籍の多様性に着目した研究である（林・森永・佐藤・島貫, 2019）。多様性が高い職場に勤めている人は、自分にとっての外集団である外国籍従業員と自分たちとの違いを認識し、結果として外国籍従業員も含めた周囲の従業員と協力しようとしなくなる。しかし、企業に対するアイデンティティ（つまり共通内集団アイデンティティ）が高い従業員が多様性の高い職場に勤めている場合には、かえって周りの従業員と協力しようと思う。これは自分が帰属している集団に対してアイデンティティが高い場合、そこに所属している人を国籍にかかわらず仲間だと思い、多様な背景をもつ従業員とかえって積極的に協力しようとするようになるためだと考えられている。

ただし、再カテゴリー化も万能ではない。例えば、アメリカの民主党と共和党の例でいうと、どちらの党がより代表的な〝アメリカ〟のイメージであるかは人によって分かれるところだろう。人々は上位アイデンティティに対して自集団のイメージを投影するため、上位アイデンティティにとって、自集団が代表的で典型的だと考える傾向にある[*292]（Bianchi, et al., 2010; Wenzel, Mummendey, & Waldzus, 2008)。上位アイデンティティとしてまとめられたとしても、どの集団が最も典型的な集団であるか、言い換えるとどの集団の価値観や考え方に他の集団が合わせるか、こうした上位アイデンティティの中での地位をめぐりさらなる対立が起こる可能性がある。

境界策定

これまで述べてきたカテゴリー化に関する研究は、主に心理学を中心に発達してきた。他方で、心理学とは別に、社会学（特にアメリカ社会学）においても集団間のカテゴリーに目を向けた議論が発展してきた。社会学の研究は、もともとは移民の同化（assimilation）から発展してきている（第3章184ページ参照）。移民が完全に居住国に同化すると、国民は移民を自分たちと同じ集団

---

*292　これを自集団投影モデル（ingroup projection model）と呼ぶ。

だとみなし、偏見や差別がなくなると想定されていた。しかし同化理論は現実にそぐわなかったり、移民が文化を捨てたりするという非対称の構造に対する批判が出てきた。[*293]

こうした批判をもとに、新たな同化理論（new assimilation theory）が提唱された（Alba & Nee, 1997, 2003）。新たな同化理論の特徴は、同化を集団間の境界策定（boundary-making）と言い換えたことにある。境界とは、日本人、中国人、（アメリカの）白人といった、ある人々を集団としてまとめる範囲のことであり、同化はこの境界が動いたり、認識されなくなったりする過程だと再解釈された。新たな同化理論では三つの境界策定の方法が提示された。境界横断（boundary crossing）、境界推移（boundary shifting）、そして境界の不鮮明化（boundary blurring）である。

境界横断はもともと別の集団だった人が、境界のあり方を変えずに別の集団に移動することとされている（Kruse & Kroneberg, 2019; Wimmer, 2008）。境界横断は主にマイノリティ側が行うことで、従来はマイノリティ集団に所属していた個人が、新たに自分をマジョリティ集団に所属していると考えるようになることを指す。他方、境界推移は主にマジョリティ側によって行われ、かつては一方の側にいた人々が他方の側に含まれるように境界を移すことを指し、この結果かつて外集団だった人々は内集団に変わる。境界推移の例として、19世紀終わりから20世紀はじめにかけてアメリカに大規模に移住してきた人々（例えばイタリア人やポーランド人など）は、当初は白人として扱われなかったのだが、徐々に白人というカテゴリーに入れられるようになった、というストーリーがよく使われる。[*294] 主に先行してアメリカに居住していた白人マジョリティ集団が境界推移を行うことで、それまで白人として扱われなかった人々を、新たに白人として扱うようになる。最後に、境界の不鮮明化は、集団間の境界がはっきりしなくなり、境界それ自体も重要でなくなるという過程を指す。

境界策定、特に境界推移が心理学の議論と異なるところは、ミクロレベルとマクロレベルの行き来が意識されているところだろう。イタリア系アメリカ人を例に取ろう。イタリア系アメリカ人の中で自身を白人だと考える人が増え、これと前後してアメリカの他の人々の認識も変わり、イタリア系アメリカ人を白人だとみなす人が増える（これをミクロレベルの境界推移と呼ぶ）。その後、人々の認識を汲み取り、制度的・法律的にもイタリア系アメリカ人を白人だとみなすようになる（これをマクロレベルの境界推移と呼ぶ）（Wimmer, 2008）。例えばアメリカの国勢調査では人種を

＊293 代表的なものとして、同化して経済的に成功する移民、同化せずに経済的に失敗していく移民、そして同化せずとも経済的に成功する移民といったパターンがあるという分断同化理論（segmented assimilation）が展開された（Portes & Zhou, 1993; Zhou, 1997）。すべての移民が同じ同化の過程をたどるのではなく、エスニシティや居住環境に応じて異なる分岐をたどると論じられている。

＊294 このように境界が変動しうるため、将来的に他の集団も白人というカテゴリーに入るといった論が展開されがちであった。ただ南ヨーロッパや東ヨーロッパの移民はほぼ最初から白人カテゴリーから積極的に疎外されていたわけではないという議論もある。むしろ白人というカテゴリーに当初から入れられており、その中でイタリア系とかポーランド系といった境界が曖昧になっていった、つまり境界の不鮮明化の一例だという（Fox & Guglielmo, 2012）。集団推移は起きない（少なくとも非常に起きにくい）という可能性もこの研究は示唆しており、実際、例えばアメリカでは中東や北アフリカの出身者を制度上白人とカテゴライズしているが、本人たち自身も他のアメリカ人もそのように思っていないという研究もある（Maghbouleh, Schachter, & Flores, 2022）。

記入する欄があるが、イタリア系アメリカ人であれば白人と記入するという指示が出る、などである。人々の境界に関する考え方が変化するミクロレベルの境界推移がまず生じて、その後マクロレベルの境界推移として制度的な変化が生じ、社会全体が変わっていく。境界策定は社会の変化を明示的に意識した議論といえる。ただ、こうした変化が実際に起こっているかについては、未だに議論が分かれている（Alba, Lindeman, & Insolera, 2016; Kramer, DeFina, & Hannon, 2016; Saperstein & Penner 2012, 2016）。

最後に、人々を取り巻く環境の変化と境界策定を結びつけ、境界策定を実証しようとする研究をいくつか紹介しよう。一つ目の研究は、20世紀はじめのアメリカにおいて、イタリア系アメリカ人やその他ヨーロッパからの移民に対する人々の排外主義が減少した理由の一つに、当時アメリカ南部から北部に向けアフリカ系アメリカ人が大規模に移動したということがあることを実証している。アフリカ系アメリカ人が増えたことにより、白人のアメリカ人はもともといたヨーロッパからの移民の方が見た目や文化的な距離がより自分たちに近いとみなし、ヨーロッパからの移民を自分たちの一員とみなすようになった。つまりアフリカ系アメリカ人という比較対象ができたことで、相対的にヨーロッパ系アメリカ人が近い存在としてみられるようになった。この結果、ヨーロッパからの移民の同化が進んだという（Fouka, Mazumder, & Tabellini, 2022）*295。

もう一つの研究は、現代のアメリカに居住する白人に対して実施されたサーベイ実験である（Abascal, 2020）。この実験では、回答者をランダムに二つの群に分け、片方の群にはアメリカの白人の人口が1960年には85％だったのが、近い将来半分以下になってしまうという情報を提示し、もう片方の群には、そこまで減少しないという情報を提示する。[*296] その後、人種区分が曖昧な顔写真を提示し、どの人種に当てはまるかの分類を答えてもらう。結果、白人が大幅に減少するという情報を与えられた群では、曖昧な顔写真を白人としてカテゴライズする割合が低かった。自集団が脅威（230ページ）に曝されていると感じた場合には、新たに自集団のメンバーになるような人を増やす余裕がないため、境界推移が厳しくなるのだと解釈できる。これは言い換えると、集団の資源に余裕があれば、より境界推移が生じる可能性も同時に秘めているということである。

第3節　誤認識の修正

誤認識

移民に関する情報はメディアから、もしくは実際の接触から日々得ることができる。しかしここで得る情報がすべて真実とは限らない。例えば外国人住民が罪を犯してテレビで放映される際に、名前とともに国籍が必ずといっていいほど一緒に紹介される。こうした情報を通じて人々は外国籍

---

*295 アフリカ系アメリカ人の流入が多い地域では、ヨーロッパからの移民を否定的に描写する新聞記事が減った。これが好意的な態度の間接的な測定と捉えられている。こうした地域では、ヨーロッパからの移民のアメリカ国籍取得や現地の白人との結婚が多かった。

*296 情報は異なっているものの、どちらも虚偽ではない。白人の人口がマイノリティになるのは2040年から2045年であり、そこまで大きく変わらないのが2025年前後である。

と犯罪を結びつけ、外国人による犯罪が多発すると思い込み、実際の犯罪率よりも外国人犯罪率を高く見積もるようになる。これを誤認識（misperception）といい、「虚偽であるか、または公的に入手可能な最善の証拠と矛盾する信念」と定義される（Flynn, Nyhan & Reifler, 2017: 128）。要するに間違った考えだ。

移民に関する誤認識は大きく分けて三つ、移民の性質に関するもの、移民が社会に対して与える影響に関するもの、そして移民と政府の関連に関するものがある[*297]（Lutz & Bitshnau, 2023）。移民の性質について最も盛んに研究されているのは〝数字オンチ〟（innumeracy）だろう。これは国内に住む移民の割合を実際の値よりも異なった値（多くの場合は過剰な値）として推定してしまうことを指す（Herda, 2010; Nadeau, Niemi, & Levine, 1993）。これの何が問題なのかと思われる方もいるかもしれない。例えば、２０２３年時点で日本に住む外国人は３２２万人、全人口の約２・６％を占めているのだが、この割合を正確に答えられる人はほとんどいないだろう。しかし単なる知識の問題を超えて、移民に対する否定的な感情がある人は移民割合を多く見積もる傾向にあり、さらに移民を多く見積もるからこそ、移民に対して否定的な感情が生じる（Citrin & Sides, 2008; Herda, 2010, 2023）。また、どういった移民が国内に居住しているかについても誤認識している可能性がある。人々が代表的な移民としてイメージするのは難民や永住権をもつ移民であったり（Blinder, 2015）、非正規移民であったりするのだが[*298]（Flores & Azar, 2023）、このような移民の割合は実際にはそこまで高くない。にもかかわらずこうした移民を代表的な移民として挙げる人は、高い排外主義をもつ傾向にある。このように、移民を本来よりも多く見積もり、実際の移民とは異なるような移民像を抱くことによって、排外的な態度が形成される可能性がある。

次に移民が社会に対して与える影響だが、これは移民が増えることによって経済状況が悪化したり、犯罪が増えたりするという認識などを含んでいる。こうした認識は、第5章（230ページ）で触れた集団脅威と強く結びついており、場合によっては人々が感じる脅威そのものが誤認識といってもいいかもしれない。現実には、移民が増えることによって犯罪率が上がるという研究はほとんどなく、むしろ下がるという研究の方が多い（Helbling & Meierrieks, 2022; Ousey & Kubrin, 2018）。経済も同様で、移民が増えても多くの場合、経済状況はほぼ変わらない[*299]（Edo, 2019; Longhi, Nijkamp, & Poot, 2010）。移民が社会を悪化させないのであれば、人々が抱く脅威は誤情報だと言い換えてもいいかもしれない。

＊297 本節はLutz & Bitschnau（2023）に大きく依拠している。誤情報についてより詳細に知りたい人はぜひ読んでもらいたい。同論文は移民に関する誤情報に限定したまとめだが、より一般的な誤情報についてはFlynn, Nyhan, & Reifler（2017）が詳しい。

＊298 ちなみに、非正規移民（undocumented immigrants, もしくはunauthorized immigrants）とは過去に不法移民（illegal immigrants）という言葉で表現されていた。しかし「不法」という言葉を使うことで人々の態度が悪化するという研究があり（Djourelova, 2023）、不法移民という言葉を使うことは推奨されない。この研究は新聞で不法移民という言葉が禁止された地域において、そうでない場所や時点と比べ、人々の移民に対する態度が好意的になったというものである。

＊299 この分野の日本語で読める文献として、『移民と日本社会』（永吉, 2020b）や『移民の経済学』（友原, 2020）『移民の経済学』（パウエル, 2015=2016）『日本の労働市場』（神林・橋本, 2017）などがある。

最後に、移民と政府との関連に関するものである。アメリカや西ヨーロッパの研究では、移民の受け入れや移民に関する政策に必要となる真の費用を政府が隠しているとか（Gaston & Uscinski 2018）、非正規移民の数が政府によって報告されているものより多いとか（Blinder & Jeannet, 2018）、非正規移民が２０２０年のアメリカ大統領選で投票した（Ekins & Kemp, 2021）といった誤認識が報告されている。特に移民にかかる費用については、アメリカでは58%の回答者が、政府によって真のコストが隠蔽されていると考えている。日本の場合だと、外国人に参政権を与えると地方議会が乗っ取られるという認識がこれに当たるだろうか。[*300] 注で示したように、移民に対して参政権を与えた国では、移民が政治参加しないことがかえって問題となっている。

情報修正

誤認識は換言すると移民による脅威を過剰に推定している状況ともいえるだろう。移民割合が多いと認識したり、移民が経済や治安を損なうと認識したりすることは、事実がどうであれ移民に対する否定的な態度につながりかねない。誤情報によって人々が移民に対する否定的な態度を形成するのであれば、情報を修正することによって人々の態度が好意的になる可能性もある。これを情報修正（correcting information）などと呼ぶ。情報修正の研究は主にサーベイ実験を通して行われ、まず事前に移民に関する知識について答えてもらう。その後ランダムに処置群と統制群に回答者を分け、処置群に対してのみ移民に関する正確な情報を提供する（統制群には何も提示しない）。その後、両群での移民に対する態度などを比較することで、情報が修正されることの効果を見る。
　修正する情報は主に移民割合や移民が社会にもたらす影響で、どちらの場合でも正確な情報を与えられると移民に対する態度が好意的になるという傾向が得られている。例えば、移民が賃金や失業率を悪化させないという情報（Haaland & Roth, 2020）や、移民は文化的に適合し、犯罪や福祉負担を増やさないという情報（Abascal, et al., 2021; Igarashi & Ono, 2022b; Levy & Wright, 2020; Williamson, 2020）によって移民に対する排外主義が低下する。移民の割合に関する情報だけでなく、非正規移民割合や移民の失業率、収監率、英語ができない人の割合に関する情報を修正した実験も行われており、情報を提示された人は、移民に対する態度が好意的になった（Grigorieff, Roth, & Ubfal, 2020）。情報修正の効果は少なくとも4週間は持続し（Carnahan, Bergan, & Lee, 2021; Grigorieff, et al., 2020）、特に一度だけでなく数回正確な情報を提示することで効果の持続期間が長持ちする[*301]（Carnahan, et al., 2021）。

---

*300 移民に対して参政権を与えても、政治参加する割合が低いということが一貫して示されている。移民が地方参政権をもつスウェーデンでは、移民1世の投票率はスウェーデン人の半分未満だった（Bevelander & Hutcheson, 2022）。理由は様々だが、幼少期に居住国の選挙制度について学ばなかったり（Bratsberg, et al., 2021）、成人後も政治に熱心なマイノリティが周りにいなかったりするために政治参加しない（Bhatti & Hansen, 2016; Shertzer, 2016）。また手続きが煩雑であることや、政治家による排外的なキャンペーンが理由だという研究もある（Gaikwad & Nellis, 2021）。

*301 誤情報ではないために本文では触れないが、日本に来る移民が増えると年金問題、介護の担い手不足、少子化

ただし、誤情報の修正が常にうまくいくわけではない。すでに述べた通り既存の研究のほとんどが回答者に対して情報を研究者側から与えるというものだが、現実にはそうした場面はなかなかないだろう。第5章（279ページ）でも触れたように、人は情報を選択的に選ぶ傾向があり、自ら進んで情報を取得することは稀である。こうした傾向を検証するために、正確な情報を得るかどうかを回答者に委ねるという、より現実の状況に即した実験もある。回答者はウェブ画面上で1クリックをするだけで正確な情報を得ることができるのだが、人々はこれだけの労力を惜しみ、実験に参加した半分以上の人が情報を取得しないという選択をした（Choi, Choi, & Kim, 2023）。つまり、仮に正確な情報が人々の排外主義を低下させるとしても、その情報にいかに触れてもらうかが課題となる。近年ではメディアのファクトチェックや、SNS上でも誤情報に対してユーザーが修正を行うことができるようになっている。ユーザーによる情報修正の効果については研究結果が分かれており（Chuai, et al., 2023; Martel & Rand, 2023）、今後の展開がまたれる。

回答者が抱く誤情報を修正しても、排外主義が低下しないという研究も一部ある。正確な移民割合や、移民が働き者だという情報を示しても、排外主義などが変わらなかったという結果が報告されている（Alesina, Miano, & Stantcheva, 2023; Hopkins, Sides, & Citrin, 2019; Huang, 2023）。また正確な情報を提示すると、回答者は自身の情報をアップデートするものの、排外主義を低下させるには至らなかったという研究もある（Barrera, et al., 2020）。ただ、こうした反証論文がいくつかあるものの、ドイツの研究者であるシェイファーら（Schaeffer & Dochow-Sondershaus）が現在進めているメタ分析の結果によれば、全体的に情報修正には効果があるようだ。*302

以上、排外主義を低減させるために個人に対して介入する方法として、集団間接触、カテゴリーの変化、そして誤情報修正の三つを紹介した。多くの研究がこれらの妥当性について検証しており、一部に反論はあるものの、概ね排外主義を低下させるような効果が認められているといっていいだろう。ただし、排外主義を低下させる要因はこの3点以外にもあり、視点取得（perspective taking)、個人が差別や排外主義に対して立ち向かうこと（confrontation)、多様性に関するトレーニング、そして企業に対する介入などについても研究が進んでいる。レビュー論文としてHsieh, Faulkner, & Wickes,（2022）やPaluck, Porat, Clark, & Green（2021）がまとまっているので、関心のある人は読んでもらいたい。日本語だと『暴力と紛争の〝集団心理〟』（縄田，2022）の第9章が詳しい。

による労働力不足などの問題が解決するという情報を提示すると、移民受け入れに賛成するようになる（Facchini, Margalit, & Nakata, 2022)。さらにこの効果は少なくとも12日程度は持続するようだ。情報提示の重要性がわかるだろう。

＊302 本書の執筆時点では学会報告含めて未だ発表されていない。筆者が過去に発表した研究（Igarashi & Ono, 2022b）をメタ分析に利用したいと連絡があったため、やり取りをして情報を得た。Schaeffer & Dochow-Sondershausの許可を得て本書に掲載している。

第4節　移民に関する政策と排外主義

ここまでは移民に対する排外主義や差別に対抗するための、個人レベルの介入についてまとめてきた。本節と続く5節では、移民に関する政策という制度レベルの効果について見てみよう。[*303] 移民を対象にした政策は大きく分けて外的政策（external policy, migration policy とも）と内的政策（internal policy）がある。よく移民に関する政策としていわれるのは外的政策であり、これは入国管理に関するもの、つまりどういった移民をどれくらい入れるのか、という基準に関する政策を指す。他方で、本節で扱うのは内的政策、つまり国内に居住している移民に対する政策である。移民が国内居住者として円滑な生活を送る上で、差別や排外主義、さらには言語の壁といった様々な障壁があるが、内的政策はそうした障壁を可能な限り取り除くことを主な目的として施行される。こうした政策のもとで、人々の移民に対する態度や差別、さらには信頼やアイデンティフィケーションといったこれまで見てきた変数はどのような様相を見せるだろうか。

政策の分類

まずは内的政策について少し整理しよう。内的政策は主に統合政策（integration policy）と多文化主義政策（multicultural policy）に分けられる。[*304] 統合政策とは、移民の居住国への統合を促す複数の政策の総称である。例えば移民が労働市場に公平に差別なく参加できたり、国籍取得の障害が少なかったり、政治的参加ができるようにする政策などである。多文化主義政策（multicultural policy）は、移民の文化を保護・尊重することを促すために施行される政策の総称（Banting & Kymlicka, 2013; Koopmans, 2013）で、例えば移民のグループや言語学校に対する補助金、学校におけるマイノリティの文化や多文化主義に関するカリキュラムの採用、メディアにおける文化的配慮などが含まれる。同化主義としばしば対置される。

多文化主義政策や統合政策を対象にした計量研究の多くは、政策の指標を使って分析を行う。ここでいう指標とは政策を数値化したものを指し、あらかじめ決められた統一的な基準に沿って、どの程度政策が整備されているかを、それぞれの国のそれぞれの政策について数値として評価するも

＊303　日本では時の首相が「移民政策をとることは考えていない」などと発言することもあるのだが、移民政策は（そしておそらくその他の政策もそうだが）、とる、とらないといった次元のものではなく、どの程度施行されているかという程度の問題となる。例えば差別を禁止する政策があったとして、それが誰に対する差別を禁止しているのかという範囲の次元、そしてどの程度の罰則があるかという強度の問題という次元があり、これらの程度が小さいか大きいかという観点で測定される。この場合、政策がない、というわけではなく、反差別政策が拡充されていない、ということになる。

＊304　統合は人によって様々な定義があり、例えば移民の社会参加を促し、それと同時に社会が移民を受け入れること（Entzinger & Biezeveld, 2003の大意）、移民が居住国で充実した生活を送るための知識や能力を備えること（Harder, et al., 2018）、国民と文化的に近くなり、集団間の関係が良好で、集団間の経済状況が似たような状態になること（van Tubergen, 2020）などがある。つまり、国民と移民とが不平等なく関わっている状態を指す、といえるだろうか。統合は同化と異なり、移民が自集団の文化を捨てることは求めていない。

のである。例えば多文化主義政策の指標として、カナダの研究者らが作成した多文化主義政策指数（Multicultural policy index）は八つの政策領域から測定され、[*305]これら八つの政策領域について、対象となる各国の政策の状況を精査し、点数をつけることとなる（Banting & Kymlicka, 2013）。すべての政策が整備されていれば8点、すべて整備されていなければ0点となる。統合政策も同様に、教育や反差別といった七つの政策領域に関して、対象となる国の政策の拡充度合いに基づいて点数をつけていき、指数化している。[*306]政策の研究では、こうして算出した点数の高い国に住んでいる人と低い国に住んでいる人を比較し、移民に対する態度や差別行動がどう違うかを検討することになる。

規範と脅威

移民に関する政策は人々の態度や移民に対する差別行動と、どういった関連があるだろうか。主に相反する二つの帰結が考えられており、一つは移民に関する政策が移民にとって有利なものであるほど、移民に対する態度が悪化するという可能性、もう一つは態度が好意的になるという可能性である。態度の悪化は主に集団脅威に基づいている（230ページ）。統合政策は移民の生産性を上げるような政策や差別禁止政策、さらには市民権を取得しやすくなるような政策も含んでいる。こうした政策が拡充されていれば、市民にとって移民は経済的・政治的な脅威になりやすくなる。多文化主義政策も同様に、移民の文化を残すことで国民は自集団の文化が脅かされやすくなると感じるだろう。事実、アメリカの白人は自身の文化が多文化主義の対象となっておらず、除外されていると認識しやすい（Plaut, et al., 2011）。政策が移民に対してもたらす変化に加えて、政策を実施するためのコストは税金から支払われているため、国民は自分たちが得るはずだった経済的利益が、統合政策や多文化主義政策の実施によって損なわれていると考えるかもしれない。

他方、統合政策や多文化主義政策が実施されれば、規範が浸透する可能性がある。具体的には、差別をしてはいけないとか、移民に対して排外的な態度をもってはいけない、という考えが共有されている場合に、規範が浸透しているといえる。規範は短期的、長期的に形成される。短期的には、周囲がある行為を咎めたりすることで、規範が人々の間で共有され、浸透していく。例えば歩きタバコをする人がいたとして、罰金などの公的な罰が与えられたり、歩きタバコをするところを見ていた知り合いの間で評判が下がったりすることで規範が浸透していく。[*307] こうした罰を受けない

---

*305 具体的には、(1) 多文化主義を憲法上、立法上、または議会で認めること、(2) 学校のカリキュラムに多文化主義を取り入れること、(3) 公共メディアやメディア・ライセンスの認可の条件に、エスニシティの表象の仕方や配慮を含めること、(4) 服装規定や日曜定休法などの適用除外、(5) 二重国籍、(6) 文化活動を支援するためのエスニックマイノリティ団体への資金援助、(7) バイリンガル教育や母語教育への資金援助、(8) 不利な立場にある移民グループに対するアファーマティブ・アクション、である。これは移民を対象にした多文化主義政策であり、先住民やナショナル・マイノリティに対する多文化主義政策はまた別にある。2020年の最高得点はオーストラリアの8点、日本は0点である。

*306 Migrant integration policy index, 略してMIPEXと呼ばれる統合政策指数があり、多くの研究で活用されている。対象となる政策領域としては (1) 労働市場、(2) 教育、(3) 政治参加、(4) 家族呼び寄せ、(5) 健康、(6) 国籍取得・永住、(7) 反差別がある (Solano & Huddleston, 2020)。

*307 罰は、公的な罰 (formal sanction) と評判などの私的な罰 (informal sanction) とに分けられる。前者は法

ようにするために、人々は規範に沿った行動をとるようになる。ただしこの場合、本心が変わっているとは言い難い。つまり、単に罰せられたくないから歩きタバコをしないだけであって、心の底から歩きタバコがいけないことだと思っているわけではない、ということだ。長期的には、例えば教育などを通して、規範が人々の間で当然のものと受け止められるようになるだろう（これを内面化〈internalization〉とも呼ぶ）。こうした状態では、歩きタバコが当然いけないことだと思えるようになっている。

政策と排外主義

それでは、統合政策や多文化主義政策は移民に対する態度と関連しているのだろうか。いくつか研究のタイプがあるので、それぞれ紹介していこう。

まずは最もベーシックな研究である、ある一時点での国際比較を見てみよう。ヨーロッパの20数カ国などが対象となっており、統合政策や多文化主義政策の充実度合いと、その国に住んでいる人の移民に対する態度とがどのように関連しているかを検証している。多くの場合、規範と整合的な結果を示しており、統合政策や多文化主義政策が充実している国であれば、人々の移民に対する態度はより好意的である[*308]（Callens & Meuleman, 2017; De Coninck, et al., 2021; Heizmann, 2016; Heizmann & Ziller, 2020; Nagayoshi & Hjerm, 2015; Sarrasin, Green, & van Assche, 2020; Schlueter, Masso, & Davidov, 2020; Schlueter, Meuleman, & Davidov, 2013; Weldon, 2006; Wright, 2011）。

ここまで読んできて、人々の態度が好意的であれば、移民に対してより寛容な統合政策や多文化主義政策が導入されるのでは、と思う人もいるだろう。実際そうした関連は報告されている(Böhmelt, 2021; Steil & Vasi, 2014)。移民に対して好意的な人が多い場合には、移民に対して寛容な政策が制定される傾向にある。[*309] つまり政策が移民に寛容だから人々が移民に対して好意的になったのではなく、もともと移民に対して人々が好意的だったから、移民に寛容な政策ができただけかもしれない。

こうした懸念に答えるような研究をいくつか紹介しよう。フロレス(Flores, 2017)は、アメリカのアリゾナ州における不法移民排斥法案(SB 1070)が導入された直後の、人々の移民に対する態度の変遷を分析した。導入前後の変動だけだと単に他の社会的な変化によって人々の態度が変わ

律などで定められている場合にのみ現れるため、規範が十分に浸透していない段階では後者がより重要となる。

＊308 ただし、移民の宗教に対する寛容な政策は、移民に対する否定的な態度と一貫して関連している(Helbling & Traunmüller, 2016; Wright, et al., 2017)。自身の住む地域がマイノリティの宗教に対して寛容であれば、住民は自分たちの宗教や伝統が破壊されると考えているようだ。また右翼権威主義傾向が高い人の間でのみ、多文化主義政策が移民に対する否定的な態度と関連しているという研究もある(Kauff, et al., 2013)。

＊309 引用した研究の他に、アメリカにおける禁酒法の研究もある(Andrews & Seguin, 2015)。移民の割合が多い地域だと(つまりより脅威を感じやすいと)、禁酒法が制定されやすい。これは当時の移民がドイツ人やイタリア人、アイルランド人などパブで飲酒する文化を重視する人々が多く、質素倹約を尊ぶアメリカのプロテスタントの文化と相容れなかったことを理由とする。

っただけで、政策が原因とは言い切れないかもしれない。そこでアリゾナ州に人口構成や経済状況がよく似たネバダ州と比較することで、政策の効果を検証した。[*310] 人々の態度をリアルタイムで検証することは困難だが、フロレスは人々がTwitter上で移民に関して発言した内容を収集し、文章から感情を計測した。分析の結果、政策が導入されていないネバダでは態度が変化していなかったが、政策が導入されたアリゾナ州では人々の移民に関する意見がより厳しいものとなっていた。導入されたのが移民に対する扱いをより厳しくする政策であるため、否定的な規範が浸透したものといえるだろう。しかしより詳細に分析すると、政策導入前にTwitterをやっていた人の間では感情は変わらないが、移民に対してもとから否定的な意見をもつ人が、政策導入後にTwitterをやり始めて否定的な意見を表明するようになった、という効果を検出しているようだった。言い換えると、政策は人々の態度ではなく、行動を変えて意見をより言うようになる効果がある、と結論づけられる。[*311]

ドイツにおける難民の労働市場統合政策を対象にした研究も、フロレスのそれと同様に政策と排外主義との因果関係に気を配り、政策の導入前後と政策を導入した地域を組み合わせて比較している（Hager, Hilbig, & Riaz, 2024）。難民がより働きやすくなる政策を導入した地域では、ドイツ人は右翼政党に投票しなくなった。つまり、難民を対象とした労働市場統合政策が、人々の態度を好意的にしたのだといえる。これは労働市場統合政策のもとで難民が仕事を探しやすくなり、難民とドイツ人とが同じ職場で働くようになって集団間の接触が促されたためだということも示されている。[*312] 少し性質が異なるものだが、レバノンにおけるシリア難民への経済的援助を検討した研究もある（Lehmann & Masterson, 2020)。国連がレバノンの一部の難民に対して現金給付を行った結果[*313]、給付が行われた地区ではレバノン人による難民に対する暴力が減少していた。これは難民が給付された現金を使い、地域経済がより潤ったためだと推測されている[*314]。

統合政策や多文化主義政策は、比較的安定して移民に対する態度と好意的な関連をもっているようである。しかし、なぜこうした関連が得られるかまでは明らかでない。先述の通り政策の規範的

＊310　この法律（SB 1070）の効果は他にも研究されており、政策制定後にラテン系移民の間で気分の落ち込みが観測されたというものもある（Luo & Escalante, 2021）。

＊311　この結果は、255ページ注215で示したYouTubeの分析と整合的だろう。つまり、否定的なコメントをするためのユーザーが増える、ということである。

＊312　この研究のもう一つの重要な発見として、労働市場統合政策が導入された地域でも、ドイツ人の賃金や就業率は変わらなかったということがある。

＊313　一部地域というのは、標高500メートルを超える地域に住む貧困層の難民で、月に100ドルの給付が6カ月にわたり行われた。寒さと貧困を凌ぐための給付なのだが、標高500メートルに満たない地域では給付が行われなかった。標高500メートルの前後ぎりぎりに住んでいる人であれば、給付を受けたという事実以外はほとんど属性などが変わらないはずだと考え（これを回帰不連続デザイン〈regression discontinuity design, RDD〉という）、この差を検証している。

＊314　移民側の犯罪に対する政策の効果を見た研究もある。好意的な移民政策、例えば移民の政治参加を促したり、教育や運転免許証、健康保険といった行政サービスにアクセスできる地域で、かつ移民が多い場合には、移民による犯罪や殺人が減る。これは行政地区に対する信頼が高まり、コミュニティへの帰属意識が高まるからだといわれている（Lyons, Vélez, & Santoro, 2013)。

メッセージを人々が受け取るという解釈が主流であり、この点をサーベイ実験を使って検証した研究がいくつかある。この研究によれば、政策の明確さ（clarity）と一貫性（coherence）が示されていると、移民に対する態度が好意的になるようだ（de La Sablonnière, et al., 2020）。明確さとは政策が目指す目標であり、一貫性は他の政策や社会状況との関連を指す。人々の間で政策が目指すものが共有されており、それが社会の状況と矛盾ないものであれば、受け入れやすいのだろう。移民に対して好意的な政策（多文化主義政策）の理念を提示すると人々の態度が好意的になるという傾向も、メタ分析によって確認されている[*315]（Whitley & Webster, 2019）。また、規範以外の説明として、統合政策を実施することによって、移民が労働市場に参加しやすくなり、集団間接触の頻度が増えて態度が改善するという研究もある（Green, et al., 2020; Kende, et al., 2022）。

政治家と排外主義

政策の効果に触れてきたが、規範は政策だけでなく政治家のスピーチや発言でも形成される。政治家の排外的な発言は、いわば偏見に対する公的な支持であり、排外主義を表明してもいいという環境を作ることに一役買っている[*316]（Newman, et al., 2021）。おそらく近年で最も大きい影響力をもっていたのは、アメリカのドナルド・トランプ大統領だろう。２０１６年に当選したトランプは反移民を表明し、非正規移民を取り締まるためにメキシコとの国境沿いに壁を建設すると公約したり、移民の親子を強制的に引き離す政策を打ち出したりした。こうした言動が、人々の態度を変える可能性がある。

研究によれば、トランプがメキシコ人を犯罪者だと名指しで批判した後、アメリカ人の移民に対する態度が短期間ではあるものの悪化した（Flores, 2018）。こうしたネガティブな効果は他国にも波及しており、トランプの当選直後にヨーロッパにおいて移民に対する態度が悪化した（Giani & Méon, 2021）[*317]。メディアによって各国がつながっており、他国の出来事であっても国内の規範に影響を及ぼす可能性を示している。トランプはTwitterを使ったキャンペーンでも知られているが、トランプがムスリムについて否定的なツイートをした直後には、彼のフォロワーの間でムスリムに対する否定的な発言が増え、愛国的な内容を報道する番組でムスリムに関する報道が増え、Twitter

---

＊315 ただし、これらの研究はあくまで多文化主義の抽象的な理念を提示した場合であり、具体的にどのような政策が打ち出されるかを示すと、人々はかえって反発して移民に対して否定的な態度をとるようになってしまう（Yogeeswaran & Dasgupta, 2014）。抽象的な理念とは文化の多様性の重要性についてなどを指し、具体的な政策はエスニックマイノリティの祝日を祝ったり、言語を学校で教えたりすることなどを指す。そのため、抽象的なゴールと具体的な手段を同時に示すことが必要なのかもしれない。

＊316 規範の研究は、態度が否定的ではなかった人が否定的になるというメカニズムに加えて、もともと移民に対して否定的な態度をもっていた人が、普段はその態度を抑えているものの、否定的なメッセージに触れることで自身の態度を表明するようになるというメカニズムもある。後者を「勇気づけ効果（emboldening effect）」といい、研究が進んでいる（Álvarez-Benjumea, 2023; Newman, et al., 2021）。

＊317 トランプ以前の大統領の効果も検証しているが、トランプ以外の大統領の当選はヨーロッパの人々の態度を変えなかった。その後２０２０年の選挙でトランプは落選したが、その結果、スペインの極右政党の支持も落ち込んだ（Turnbull-Dugarte & Rama, 2022）。これらの研究は同じ現象を別のデータ・場面で再現している好例といえるだろう。

ユーザーが多い地域でムスリム住民に対するヘイトクライムが増加した（Müller & Schwarz, 2023）。トランプの発言は移民やエスニックマイノリティの行動をも変えることとなった。トランプのスピーチの後、アラブ系アメリカ人は公共の場に現れるのを避けるようになり、Twitterで自分の現在地を共有する頻度が減った（Hobbs & Lajevardi, 2019）。

以上の研究結果はトランプだけに当てはまる現象だと思われるかもしれない。しかし、同じようなことがヨーロッパでも観測されている。ヨーロッパの主要政党のマニフェストが移民の文化に対して否定的であり、ナショナリズムを称揚するような内容であれば、国民やマジョリティのムスリム移民に対する態度が否定的になり（Czymara, 2020）、エスニックマイノリティに対する差別はもうすでに解決した問題だと考えるようになる（Müller, et al., 2023）。このように差別が解決した問題だという考えを抱く人が増えると、移民―国民間の経済的不平等の解消が遅れてしまうことにつながりかねない。日本においても政治家の発言の影響は観測されている。２０１７年に小池百合子都知事が関東大震災で虐殺された朝鮮人の追悼式典に対して追悼文を送らない方針を発表した前後で、Twitter上でのヘイト発言のリツイート件数が増加し、ヘイト発言をするユーザーの数自体も上がった（Kim & Ogawa, 2024）。他の研究では、マイノリティの反応を扱った分析も行っている。政治家によるあまりに極端なナショナリズムの称揚によって、エスニックマイノリティが自身の存在を脅かされると考えるようになるかもしれない。実際、ナショナリズムの度合いが高い大統領や総理大臣がいたり、政治家がヘイトスピーチを行ったりした結果、マイノリティが自身や自集団の存在を守るために、テロを起こす確率が高まった（Choi, 2022; Piazza, 2020）。

第5節　移民に関する政策の多様な関連

本章の最後となる本節では、政策と排外主義以外の変数との関連を見てみよう。国民と移民の信頼、移民が居住国に対して抱くアイデンティフィケーション、そして移民や人種・エスニックマイノリティの差別経験である。

信頼

多文化主義政策や統合政策が拡充された環境では、多くの国民は移民に対する好意的な態度をもつようになるものの、一部の国民の間では政府に対する不信感が募るようになる。シトリンらの研究によると、多文化主義政策が拡充された国において、移民に対して否定的な態度をもつ国民は政府を信頼しなくなるという結果が得られた（Citrin, Levy, & Wright, 2014）。多文化主義は移民の文化保持を促進するが、そうした施策は移民を好ましく思わない人にとっては自集団の文化を脅かすような政策に映る。結果、そのような政策を打ち出す政府に対し、不信感を覚えるようになるのだろう。

政策の拡充と低い信頼という関連は、多文化主義以外の政策でも一貫して見られており、反差別政策、入国管理政策、統合政策が充実している国において、移民に対して否定的な国民の間で政府への信頼が下がる（McLaren, 2017; Simon, 2024; Ziller & Helbling, 2019）。さらに政策だけでなく、政治家の処遇が人々の信頼に影響することもある。オランダの極右政党の党首であるヘルト・ウィルダースが自身のヘイトスピーチに関して有罪判決を受けた直後、多文化主義に反対するオランダ人の間でオランダ政府や司法制度に対する支持が減少するという傾向も見られた[*316] (Rekker & van Spanje, 2022)。これはウィルダースに対する判決が恣意的で不当なものだと人々が考えたことの表れといえる。

移民は国民と比べて他者への信頼の度合いが低く、その理由は移民が差別を経験しているからだと第3章（194ページ）で簡単に触れた。それでは、移民に関する政策の拡充度合いによって、移民と国民の間の信頼の差はどう変わるのだろうか。あまり研究は多くないものの、アメリカで行われた、移民の強制送還プログラムを使った研究が示唆的である。このプログラムは当初、重大な罪を犯した移民を優先して強制送還させることを目的としていた。しかし軽犯罪であったり、そもそも有罪判決を受けていない移民も強制送還させたりと、当初の目的と政策のズレが生じ、地域によってはこのプログラムから離脱するところも現れた。このように強制送還をどの程度熱心に行うかは地域によって違いがあり、強制送還を熱心に行っている地域では、移民1世・2世のラテン系住民が抱く政府に対する信頼が低かった[*319] (Rocha, Knoll, & Wrinkle, 2015)。特に、犯罪歴がない移民を強制送還する割合が高ければ、ラテン系住民の政府に対する信頼がさらに低下する。犯罪歴がない移民を強制送還する施策は極端であまり正当性がないように見えるのだろう。他方で、強制送還を熱心に行っている地域では、白人の間で政府に対する信頼がかえって高まっていた。

アイデンティフィケーション

次に、移民の居住国や自集団に対するアイデンティフィケーション（第3章、183ページも参照）と政策との関連を見てみよう。居住国に対するアイデンティフィケーションの議論は、特に多文化主義政策との関連でなされていた。多文化主義政策は移民やエスニックマイノリティの文化を尊重することを促す政策だが、多文化主義に反対する研究者たちは、多文化主義のもとでは移民の居住国に対するアイデンティフィケーションが低下すると主張してきた。曰く、移民の文化が維持されていれば、移民自身のコミュニティは居住国と文化的に異なり、孤立してしまう。結果として、自集団のコミュニティに居続け、居住国とは関わらないこととなり、居住国への関心や愛着、アイデンティフィケーションをもたなくなるというのである（Barry, 2001; Freeman, 2002）。言い換えると、多文化主義のもとでは自集団に対するアイデンティフィケーションが高まるが、それと反比例の関係をもつ居住国へのアイデンティフィケーションは低下してしまうという議論である。こうした議論に対し、多文化主義を支持する研究者らは、多文化主義政策のもとでは移民は自集団の文化を保持したまま居住国社会に参加できるため、かえって居住国社会へのアイデンティフィケ

＊318 ウィルダースに対する有罪判決は、非暴力のヘイトクライム（侮辱や脅し、いじめなど）も増加させている（Jacobs & van Spanje, 2021）。

＊319 アメリカへの移民が多い南米の国々を対象にした研究では、強制送還政策は移住の意図を低下させないが、アメリカの司法システムへの不信感を高めるという（Ryo, 2021）。

ーションは高いという反論を行った（Levrau & Loobuyck, 2013; Modood, 2007; Parekh, 2000; Uberoi, 2008）。このような理論的な予測に対する実証的な研究はあまり多くないものの、アメリカとカナダを比較した研究では、多文化主義で有名なカナダの方が移民の居住国に対するアイデンティフィケーションが高かった（Bloemraad & Wright, 2014; Wright & Bloemraad, 2012）。筆者が行ったヨーロッパ20カ国を対象にした研究でも、多文化主義政策がより拡充していれば、移民と国民のアイデンティフィケーションの差が縮まるという結果が得られている*320（Igarashi, 2019. まとめとしてWatters, Ward, & Stuart, 2020）。

しかし、反多文化主義の研究者が展開していた、多文化主義が自集団アイデンティフィケーションを高め、その結果居住国に対するアイデンティフィケーションが下がるという議論は説得的に聞こえる。実際両者の関連は相互に排他的で、一般的に自集団に対して高いアイデンティフィケーションをもつ移民は居住国に対するアイデンティフィケーションが低い（e.g., Hochman & Davidov, 2014）。にもかかわらず、なぜ多文化主義政策が拡充している国では、移民は居住国アイデンティフィケーションが高いという結果が得られたのだろうか。一つには、多文化主義のもとでは居住国のアイデンティティのイメージが変容しているという説明が考えられる。第5章（266ページ）で触れたように、移民が居住国をどう理解しているかがアイデンティティの中身を変容させる可能性がある。多文化主義の国では、多様性を尊重することが国を成り立たせると移民が考え、こうした考えそのものがナショナル・アイデンティティの構成要素となりうるだろう。そのため、多文化主義のもとでは、移民の自集団に対するアイデンティフィケーションは、ナショナル・アイデンティティと排他的な関係をもたず、むしろその一部として考えられる。結果として、多文化主義の国に住む移民は自集団のアイデンティフィケーションをもち、それと同時に居住国に対するアイデンティフィケーションももっていることになる。こうした関連はヨーロッパを対象にした研究で支持されている（Breton, 2019; Igarashi, 2023）。

今までの研究は、20カ国程度の国を対象に、一時点で行われた社会調査をもとにした分析であった。しかし、こうした分析では因果関係を捉えるには限界がある。これに対し、20世紀初頭のアメリカの一部で実施された、移民の文化を禁じる同化主義政策を対象にした研究が、多文化主義の議論に対しより強固で洗練された支持を与えてくれる（Fouka, 2020）。20世紀初頭のアメリカではドイツからの移民が多い州の公立学校でドイツ語が頻繁に使用されていた。しかし第一次世界大戦においてドイツは敵国となり、結果、大戦後一部の州の学校でドイツ語の使用が禁止されるようになった。これは半強制的な同化政策ともいえるが、こうした州に住んでいたドイツ系アメリカ人の間で、その後、第二次世界大戦への従軍が減少するようになった。当時の従軍は自発的なものであり、愛国心に基づいたものだと考えられる。さらに、ドイツ人としてのアイデンティティがかえって高まり、ドイツ語が禁止された州ではドイツ語への学習投資が上がったり、ルーテル教会（ドイ

＊320　多文化主義政策によって最も影響を受けそうな集団である移民1世と非ヨーロッパ系移民にのみ、多文化主義政策が関連している。移民2世やヨーロッパ系移民は居住国と文化的に近いため、多文化主義政策の影響をあまり受けなかったのだろう。

ツ系の教会で、ドイツ語の学習を重視する）への出席が増えたり、子どもにドイツ系の名前をつけるようになった。移民の文化の強制的な禁止（つまり強制的な同化政策）が反発を生み、アメリカに対するアイデンティフィケーションが低下し、自集団の文化を維持するような行動に人々が走るようになったとまとめられる。*321

差別

最後に、本書の重要なテーマである差別と政策との関連を検討した論文をまとめる。まずは排外主義の研究で見たように、数十カ国の政策を国際指標を使って測定し、それぞれの国の移民の主観的差別と関連があるかを検討した論文を見てみよう。ただ、この分野の論文は数が少なく、そもそもあまり明確な結果が出ていない。反差別政策を含む統合政策全般が移民の主観的差別と関連がないという研究がある一方で（André & Dronkers, 2017）、差別の定義が明確で範囲が広い（つまり、性別や人種、性的指向といった反差別政策の対象となる属性が多い）場合には、差別がより明示的に禁じられやすいため、移民は差別を経験しにくくなるという研究もある（Kisley, 2018）。反差別政策と移民の経済的達成との関連を見る研究もいくつかあるが、こちらは比較的一貫しており、反差別政策がより充実している国であれば移民の社会経済的地位が高く（Platt, Polavieja, & Radl, 2022）、国民と移民の間の経済的格差が小さくなる（Guzi, Kahanec, & Mýtna Kureková, 2023）。また反差別政策が拡充している国では、移民の権利や差別に関する国民の知識が多い（Ziller, 2014）。移民の権利や差別に対して国民が自覚的になることで、差別が減少している可能性は指摘できるだろう。

より洗練された研究として、フランスのヒジャーブ（スカーフ）禁止政策を扱ったものがある（Abdelgadir & Fouka, 2020）。２００４年にフランスでは公立学校でムスリム女性がヒジャーブを被ることを禁止した。[*322] これは多文化主義政策の逆をいく政策とも解釈できる。この政策が導入された結果、非ムスリム系の女子生徒と比べて、ムスリム系女子生徒の成績が下がり、高校の卒業率が下がることとなった。[*323] ヒジャーブ禁止政策は長期的な影響をもち、この政策の対象期間に学校に通っていたムスリム女性は、そうでない女性と比べて失業したり、両親と暮らしたりする傾向にあった。こうしたネガティブな帰結の理由の一つとして差別経験の増加があり、事実ムスリム女性は政策導入後、より差別を経験しやすくなっていた。政策がヒジャーブを禁止することで、禁止されたものと結びつくムスリム女性に否定的な印象が与えられ、差別をしてもいい対象というイメージが

＊321 こうした傾向は多文化主義政策だけでなく、差別的な政策にも見られる。難民の自由な移動を制限する政策がドイツで打ち出された結果、難民の居住国に対するアイデンティフィケーションが低下したという（Hilbig & Riaz, 2022）。

＊322 フランスではライシテ（laïcité）、つまり教育や婚姻といった市民の生活に関する法律と宗教とを分離し、国家が宗教的に中立になることが定められており、宗教的なシンボルを公的な場で身につけることがかねてより疑問視されていた。

＊323 ムスリム女性と非ムスリム女性、そして２００４年以降に中学生だったかどうか、という４パターンの比較を行っている。

植えつけられたのだと解釈されている。

最後に、現場において差別禁止が施行された際の効果についてもまとめよう。いかに反差別政策が打ち立てられようとも、現場で施行されていないと差別は減少しない。第2章（72ページ）で見たような一致監査の研究に、実験的な介入を組み合わせた研究が住居差別の領域で行われている。実験者（つまり偽の借り主）が大家に対して家を借りたいという連絡をするところまでは住居差別の研究と同様なのだが、連絡の前に大家に対して住居差別は禁止されているという警告を送り（ランダムに大家を選び、一部の大家には差別禁止の警告を送り、その他の大家には何も送らない）、その数週間後、実験者が大家に対して部屋を借りたい旨を連絡する。こうした手続きの結果、何の警告も受け取っていない大家と比べ、差別は処罰されるのだという警告を受け取った大家において、一部のエスニックグループに対する差別が減少した（Fang, Guess, & Humphreys, 2019）。こうした効果は他の研究でも観測されており、差別が禁止されていると警告することは現場レベルの差別を減少させるのに効果的なように思われる。ただしこの警告の効果の持続期間に関しては結果が割れており、1週間経てばほとんど前の水準に戻るという研究もあれば（Murchie, Pang, & Schwegman, 2021）、警告の効果が少なくとも2年持続するという研究もある（Chareyron, et al., 2023）。

労働市場における差別に対抗するため、履歴書の匿名化（anonymous application procedure, AAP）の重要性も指摘されている。履歴書から応募者のエスニシティや性別を隠すことで、採用担当者によるより公平な審査を実現する方法である。この方法が差別の解消に効果があるか、今まで多くの研究が実施されてきた。例えばオランダではもともとオランダ人の方がエスニックマイノリティに比べてより多く面接に呼ばれたり採用されたりしていたが、オランダのハーグで試験的に匿名化された履歴書が導入された後、完全には解消しないものの、面接に呼ばれ、採用される集団差が減少した（Blommaert & Coenders, 2023）。ただし匿名化は常に差別を減少させるわけではなく、ハーグでの実験のように差別を減少させるという結果が得られたケース（Åslund & Skans, 2012; Bøg & Kranendonk, 2011）と効果がなかったケースとがある（Krause, Rinne, & Zimmermann, 2012）。また、フランスで行われた研究では、匿名化された履歴書を受け取った会社ではかえってエスニックマイノリティの採用率が下がったという（Behaghel, Crépon, & Le Barbanchon, 2015）。ただしこの研究は、履歴書匿名化の試験的なプログラムに自発的に参加した企業のみを対象にしており、一部のマイノリティにもともと好意的な企業であったためという解釈が与えられている。言い換えると、エスニックマイノリティに対して差別的な、本来のターゲットとなるべき企業を対象にしていないため、この実験から断定的な結論を下すのは避けるべきだろう。このように採用担当者の意図にも履歴書の導入は大きく左右されており、先述のオランダ・ハーグの実験でも、採用担当者に対して調査をしたところ、採用担当者は、自身が差別的な採用を行っていないと思い込んでおり、匿名化の意義に対して懐疑的であったという。しかし、実際には差別を減少させるという結果を得たわけで、採用担当者自身が差別的な採用をしていることに自覚的でなかったとしても、匿名化された履歴書はそうした採用担当者による差別を減少させたといえる。そのため、企業が考える必要性ではなく、移民や人種・エスニックマイノリティ側に立ち匿名化された履歴書などの施策の是非を議論することが重要であり、研究結果に基づいたトップダウンによる政策や制度の導入が求められるだろう。

第6節　日本の研究の展望

日本は現在、移民の文化的統合（例えば母語教育や日本語教育、医療現場における通訳など）に関する国レベルの政策は十分施行されておらず、基本的に地方自治体任せとなっている。さらに、現行の多様性に関する施策は「うわべの多文化主義（cosmetic multiculturalism）」（テッサ・モーリス＝スズキ，2002: 154-155）といった言葉で表されることがある。日本は厳格な条件に適う望ましい多様性を志向しており、（1）審美的な文化（祭りや踊りなどであり、権利は含まれない）、（2）管理や展示可能な文化（ストリート上の文化は含まれない）、（3）既存の制度の構造的改変を求めず、外面的な文化によって多様性が構成されている。さらに、（4）日本に対する忠誠心を示すことで文化的多様性が許容されるという特徴も指摘されている。これは、２００２年に提唱された概念だが、現在でも的を射た議論ではないだろうか。

特に日本では「多文化共生」という、名称だけは多文化主義に類似した概念をもって外国人住民の日本への統合を促そうとしている。しかし、移民やエスニックマイノリティの文化的権利を積極的に認める多文化主義とは根本的に異なっており、その実態も同化主義に近い（Nakamatsu, 2014）。こうした多文化共生を含む地方自治体が施行する施策が、人々の態度や移民の統合度合いとの程度関連しているかについては、未だ量的な研究がなされていない。自治体レベルで移民に関する政策が異なっている国は、スイスなど少数の国に限定されているため、分析の対象としては稀有であり、他国にない知見が得られる機会といえる。日本のより良い施策の検討のためにも分析が求められているだろう。

差別の禁止についても徹底されているとは言い難く、例えば住居差別などを禁止する法律はない。労働基準法第3条には国籍などに基づく労働条件差別が明記されているものの、採用時点での差別には適用されないなど適用範囲が限定されている（長谷川，2013）。他国と比べても移民や人種・エスニックマイノリティに対する差別禁止法の適用範囲や禁止する内容は狭く（近藤，2019）、差別の対象となる人々の権利や利益が侵害されたままになっているのが現状といえよう。序章で述べた通り、日本では政治家を含む非研究者の間で差別に関して理解が進んでおらず、正面から向き合うことから避けている。しかし、今まで見てきたように、差別禁止法が拡充されている国では、集団間関係が良好であり、移民の経済的統合が進んでおり、国民の差別に関する知識も多い。差別禁止政策は社会の統合にとって必要な施策であることは間違いなく、一刻も早い整備が求められている。*324

*324 差別禁止法案導入を求める声も国内で上がっており、例えば日本弁護士連合会は「新しい外国人労働者受入れ制度を確立し、外国にルーツを持つ人々と共生する社会を構築することを求める宣言」を２０１８年に発表し、「人種等を理由とする差別的言動を禁止する法律の制定を求める意見書」を２０２３年に提出している。

第7節　まとめ

本章では、差別や排外主義に対抗するための、個人レベル、そして制度・政策レベルの方策をまとめた。特に本章の前半では、個人レベルの介入に関しては、マジョリティの排外主義に対して効果があるといわれている、集団間接触、集団の境界の認知、そして誤情報修正を取り上げた。排外主義や偏見を強く抱く人であれば、差別（つまり嗜好に基づく差別）をしやすくなるため、これらの方法は排外主義、ひいては差別を減少させるのに有用であるといえるだろう。

続く4節と5節では、統合政策や多文化主義といった制度・政策レベルの変数に着目し、移民に寛容な政策が導入されることによって人々の排外主義が低下すること、そして移民の差別経験が低減するということをまとめた。差別に関しては、特に現場レベルでの実施の効果も検証されており、明示的に差別を禁止したり、履歴書を匿名化したりすることの効果が示された。一部例外はあるものの、移民に寛容な政策が集団間の関係を良好にすると、概ね結論づけてもいいだろう。人によっては移民に好意的な政策を導入することで、移民や人種・エスニックマイノリティの社会と国民やマジョリティの社会が分断されるのではと考えるかもしれないが、多文化主義政策とアイデンティフィケーションの研究で概観した通り、多文化主義政策はかえって移民が社会に対して愛着を抱く契機となるといえる。ただし、移民に対して反対している人にとっては、政府などに対する信頼を低下させることにもつながりかねないため、運用の際には注意が必要となる。

差別や排外主義の種と呼べるものが日常のあらゆる場面に潜んでいる以上、これらに対抗する何か唯一の処方箋のようなものを求める、というのは現実的ではないかもしれない。本章でまとめた様々な方法も、排外主義や差別を一気に解消できるようなものではなく、あくまで解決方法の一つである。しかしそれでもなお、こうした方法の地道な積み重ねが、集団間関係の改善に寄与するのだといえよう。

終章

マジョリティと差別研究

本書は、移民や人種・エスニックマイノリティに対する差別や排外主義を扱ったものである。このように差別に関するトピックを扱うと、「政治的に偏っている」といったコメントをもらうことがある。「政治的な偏り」を忌避したがる傾向は一部の人だけに見られるわけではなく、もしかしたら一般的な傾向なのかもしれない。事実、横山と荒井（2023）は、会話相手を選ぶ際に政治的に中道な人が選ばれやすく、右寄りでも左寄りでも選ばれにくいことを、日本人を対象にした実験研究で示している。

こうした「中立性」を求める姿勢は、マジョリティ側が差別の話を聞いた際にとる防衛機能の一つといえる。アメリカの研究をもとにしたコウバー（Kolber, 2017）のまとめに基づくと、差別の話に曝されたマジョリティ（白人男性）は、人種の否定、特権の否定、被害者であることの主張を行う。人種（エスニシティや性別に置き換えてもいいだろう）の否定は第4章（220ページ）でも触れたカラーブラインド・レイシズムであり、社会的不平等の原因としての人種を否定することを指す。特権の否定とは、自身の社会的な成功は自身の努力によって達成されたのであり、人種やエスニシティのような下駄を履いているからではないと考えることを指す。そして被害者であることの主張とは、自身も差別を受けているという主張である。

このうち人種の否定や特権の否定が明確な誤りであることは本書から明らかだろう。第1章から第2章で見たように、マジョリティであることは、多くの場面において相対的に有利な結果をもたらしている。それでは差別の経験はどうだろうか。マジョリティも確かに何かしらの差別を経験しているが、その質は移民や人種・エスニックマイノリティのそれとは異なっている。*325 アメリカで行われたいくつかの研究から、政治的に保守的だったり、移民や人種・エスニックマイノリティによる脅威を感じたりすると、差別を認識しやすくなることがわかっている（Mayrl & Saperstein, 2013; Okuyan, Vollhardt, & Stewart, 2023; Wilkins & Kaiser, 2014）。これらの研究では白人の学歴や失業経験、収入の影響を加味した上でこうした結果が得られている。無論、脅威と差別の関係は因果関係ではなく循環的なものかもしれないが（つまり差別されたために外集団に対して脅威を覚える）、単純に個人の経済的不安にかかわらず、自身や自集団に対する脅威に反応して差別を経験

*325 アメリカの研究をもとにしたメタ分析では、アフリカ系アメリカ人ほどではないものの、白人も職場で人種をもとにした不当な扱いを受けていると感じているようだ（McCord, et al., 2018）。このメタ分析では、男性も同じく、女性ほどではないにしろ性別をもとにした不当な扱いを受けていると報告している。この結果に対して二つの解釈が与えられている。まず、白人や男性はアフリカ系アメリカ人や女性と比べてより力のある立場にいるため、差別を報告しても他の人から報復されにくいし、守られやすい。次に、より優位な立場にいるために、自身が優遇されるという期待を抱いており、それが裏切られた際に差別経験として報告しやすい。他に、イギリスにおける研究では、白人男性はエスニックマイノリティよりも職場でいじめられていると感じる確率が高い（Patel, Kamerāde, & Carr, 2024）。アメリカのメタ分析と同様に、男性社会においては職場ではより競争的な雰囲気が作られているためだと解釈されている。

するというのは示唆的だろう。つまり、収入が高かろうが低かろうが、自集団の優位性が脅かされると認識すると、差別されたと感じるということである。社会的に劣位な立場に置かれた人種・エスニックマイノリティが経験する差別と、優位な立場に置かれたマジョリティが経験する差別とでは、明確に意味合いが異なっているのがわかるだろう。

マジョリティの差別を人種・エスニックマイノリティのそれと同列に扱わないことに違和感をもつ人は、もしかしたらマジョリティと人種・エスニックマイノリティの社会的地位や置かれた立場を同じものとみなしているのかもしれない。これは、コウバーがまとめた「人種の否定」「特権の否定」である。つまり、マジョリティは特権を有した集団でないために、自身が被害を受けた差別経験も、人種・エスニックマイノリティの受けた差別経験と同列に扱うべきだ、という理屈である。しかし、現実の社会はそのようになっていない。人種・エスニックマイノリティに対する差別がここまで根深くあるということは、マジョリティが生きやすいように社会の多くの側面が整備され、維持されているためだといわざるを得ない。右利きの人が暮らしやすいように社会が設計されているのと同じように、エスニックマジョリティが暮らしやすいように社会が設計されている。人種・エスニックマイノリティが経験する差別の現状を記述することは、決して政治的な偏りなどではなく、かえって既存の偏りを是正するために不可欠なのである。

海外の研究が与える示唆

本書は基本的にアメリカや西ヨーロッパで行われた研究をもとにレビューを行っている。序章でも触れたように、これらの国に移民関連の研究機関が集中しているからである（Piccoli, Ruedin, & Geddes, 2023)。発表される論文もこれらの国を対象にしたものが多く、かつ調査研究の理論的・手法的な発展も見られている。しかし、読者の中には、これらの研究を日本語で読む意義を感じられないとか、研究の対象となる国が違っているために、日本のことを考える上で、こうした研究は全く参考にならないと考える人もいるかもしれない。

しかし、対象となる国が違っていても、日本の現状に対する何らかの示唆は得られるのではないかと考え、本書では多くの研究を引用した。序章でも述べたように、仮に国が違ったとしても、その背景にある抽象的な考え方（例えば、なぜ年齢や学歴と排外主義の間に関連があるのか、など）が国や環境によって大きく左右されるものでないのだとしたら、他国の研究で得られた結果をもとに日本の状況を考えることは有益だろう。とはいえ、過去にアメリカやヨーロッパで得られた結果と同様の結果が日本においても得られるかどうか、日本の環境によって研究結果が変わらないかどうかを検証することは重要である。本書では日本で行われた研究も極力引用するようにしており、その多くは過去にアメリカやヨーロッパで行われた研究の結果を再現していた。以上からも差別や排外主義の背景には、ある程度共通したメカニズムがあるのだと考えられる。

ここで繰り返し述べなければならないが、必ずしも排外主義や差別の原因のうち日本独自のものを探究しなければならないわけではなく、まずは過去の研究で提唱されている理屈がどの程度日本で当てはまるかを地道に検証することが重要である。無論、共通のメカニズムがあったとしても、それが即ち特定の社会に依存した差別や排外主義の説明を否定するわけではない。

日本社会と差別

日本でも移民や人種・エスニックマイノリティに対する差別がある、という事実は繰り返し強調しておかなければならない。第2章で述べたように、筆者が行った研究では、日本の採用担当者は外国にルーツのある応募者を否定的に評価しており、その背景の一つには採用担当者が抱く排外的な態度があることが明らかとなった（102ページ）。他にも、外国人に対して警察が職務質問を行うことを、日本人に対するそれと比べてより正当化する傾向にあることがわかっており、この背景には犯罪の多くが外国人によってなされているという（誤った）統計情報がある（129ページ）。これらの結果は、明らかに日本にも差別があり、統計的差別や嗜好に基づく差別がその原因といえることを明確に示している。差別は明確に存在し、それもかなり重い程度で人々の生活に影響している。こうした現実に対処する必要性はもっと広く認識されてもいいだろう。

こうした現実に対し、人によっては目を背けたり、あたかも理解していないかのように振る舞ったりすることがある。もしくは本当に事実として捉えていないのかもしれない。序章で引用したように、警察庁長官は、偏見がないのであれば差別ではないと認識しているし、「何が不当な差別に当たるか」は定まっていない、と考える政治家もいる。一般の人々の間でも差別について十分理解が深まっているとは言い切れない（Igarashi, Kano, & Miwa, 2023）。特に、筆者らが行った警察の職務質問に関する統計的差別も、外国人住民の犯罪率という適切な情報がなかったために生じた差別だといえる。こうした知識不足が差別への無理解や、さらなる差別を引き起こす原因の一つになっている。しかし本書で示したように、差別の定義や検証方法、検証結果などは広く共有されているのである。こうした知識を専門家が適切に広めたり、一般の人々が知識を増やしたりすることが、差別を減らす第一歩となるだろう。

日本社会に蔓延するもの

最後に、日本社会に蔓延していると思われる考え方についてまとめ、本書を終えよう。

第５章（２４８ページ）で扱ったリスト実験は、社会における規範を検出する上で重要な役割を担っている。アメリカやヨーロッパで実施されたリスト実験の結果によれば、一般的に人々は質問紙上で排外的な回答を控える傾向にある（e.g., Creighton & Jamal, 2015; Blair, Coppock, & Moor, 2020も参照）。本当は内心排外的な態度をもっているのだが、それを質問紙上で表明しようとしない。これは、移民やエスニックマイノリティに対して好意的にならなければならないという規範が社会にあり、自身がそれに反した言動をして周囲から非難されることを恐れているのだと解釈されている。

こうした傾向が日本でも観察されるかどうかを検証したのが、筆者と永吉希久子氏とが執筆した論文である（Igarashi & Nagayoshi, 2022）。「日本に働きにくる外国人の受け入れを制限すべきだ」という文言に対する賛否をリスト実験で聞き、日本人回答者が排外主義を意図的に隠そうとするかを検証した。結果はアメリカやヨーロッパで得られた多くの研究と異なり、日本人はかえって排外主義的態度を質問紙上でより表明しようとしており、逆にリスト実験で聞かれた場合には、排外主義の度合いは低かった。本心では排外的ではないのに、他者（この場合は五十嵐と永吉）に自身の回答が見られる場合には、排外的な回答をしてしまっているという結果である。これはつまり、日本社会には、排外的にならなければならないという規範があることを意味している。文言が異なるリスト実験でも結果は同様であったため、比較的堅い結果ではないかと考えている。

ではなぜ多くの人が排外的でなければならないと思っているのか。当初論文を書いたときには、日本が単一民族社会であると思っているため、他文化を排斥するという姿勢が望ましく思われるのでは、と考察した。当時はそれだけで論文を締めていたが、今になって思えば、他にも可能な解釈があるかもしれないと考えている。*326 例えば日本では移民排斥を掲げる人の意見に容易に触れることができる。テレビや新聞、ＳＮＳを通じ、日本に住む見知らぬ人や芸能人、政治家が排外的なことを述べている場面に簡単に遭遇できる。国によっては差別的な発言や言動は批判の対象となるが、日本ではそこまで深刻に捉えられていないのではないかと思う。仮にそうであれば、実は一部の他者の排外的な発言を、あたかも日本の大勢のものかのように錯覚してしまっており、それにあわせた意見表明をすべきだと思ってしまっているのではないだろうか。しかしながら、この研究が示すことは、実際にはそこまで日本の人々は排外的ではないかもしれない、ということである。そうだとすれば、今後、集団間の関係を良好なものにするためにも、個人個人が排外的な規範から脱却することが求められている。

＊326 この結果を日本社会の特殊性、という議論に落とし込むことは非常に簡単だし魅力的だが、そうした議論のまとめ方はできない。アメリカで行われたリスト実験では、アメリカの文化が他国によって脅かされているという認識をより強く表明することが規範的だ、という結果となった（Knoll, 2013）。同様にリスト実験を使った研究で、フランスでは極右政党支持者の間で、かえって排外主義を強く表明するような結果が得られている（Nakai, 2023）。どちらも社会の規範や個人が置かれた状況の規範が、人々の表明すべき態度を規定しているといえる。

あとがき

２０２２年9月末、新泉社の内田朋恵さんから日本の差別意識や移民政策について本を書かないかと打診をいただきました。内田さんが以前に担当された中井遼先生から、僕の名前を聞いたそうです。折しも排外主義や差別に関するレビュー本を書きたいと思っていたところで、数日考えた後お引き受けしました。

普段自分は本、特に今回のように一人で一つのトピックについて書く単著本とは無縁の生活を送っています（英文査読誌に論文を投稿し、リジェクトされる日々です）。そんな中でレビュー本を書こうと思い立ったきっかけは主に二つあります。一つ目は、日本の社会学者が書いた差別に関する本の中で、少なくとも僕が読んだ本の中で、監査実験について触れているものはなかったということです。もしかしたら注を見逃しているかもしれませんが、それくらい扱いが少ない。差別の検証に監査実験やそれに準じる考え方を用いることはもはや現代の黄金律ですが、こうした考えに触れることなく差別を論じることができるのだろうか、というのが当時抱いていた率直な思いでした。もちろんすべての本が統計的な検証を必要としているわけではありませんが、誰かがまとめないといけないだろうと思ったのが本書執筆の動機の一つです。

二つ目は、「差別」という言葉を雑に使っている風潮です。雑な扱い方の典型例として二つあると思っていて、一つには嗜好に基づく差別のみを差別とする場合です。序章で引用した、差別的な職務質問に関する警察庁長官の発言はその代表ですが、移民研究の専門家でも嗜好に基づく差別のみを差別と考えている人がたまにいます。もう一つには、無限定に差別という言葉を使うものです。自分の研究領域が差別であるという話を非研究者の知り合いに話した際に、「トランプ元大統領が『アメリカ・ファースト』と言っているのもある意味で差別でしょ」と言われたこともあります。無限定に使われているせいで、他者を糾弾すること自体も差別として捉え、差別だから他者を責めてはいけない、などとたしなめる場面もネット上ではしばしば目にします。もちろん本書が扱った研究もあくまで差別に関する考え方の一つであり、他の考え方もあるとは思います。しかし、ここで紹介したような議論が展開されている、ということを出発点として、今後の議論を深める方が効率的でしょう。

書籍の執筆をお引き受けした当初は、自分にとって慣れ親しんだテーマであるため、そこまで執筆に苦労しないだろうと考えていました。甘かったです。いざまとめ始めると、想像以上に時間と労力、そして気力を使いました。扱うトピックを広めに設定しましたが、それぞれのトピックについて文献がとにかく膨大でした。それにせっかく書くなら自分の好きな研究をたくさん盛り込みたいし、研究者が論文中で見せる非常に細かいこだわりも紹介したい。そして何よりも、序章にも書きましたが、社会科学の研究は一つだけでは結論が出ません。環境や時代のせいでそうした結果になっているかもしれないし、分析方法のせいで異なる結果が出るかもしれません。本書では可能な限り多くの研究を載せ、反証論文や結果が相反する論文も掲載しました（編集の内田さんには「何を信じればいいかわからない」と、こうした書き方を止められそうになりましたが。しかし全くその通りだと思います）。すべての研究が同じ方向を指し示すことは稀であり、多くの研究を積み重ねることで徐々に方向性がわかっていくというのが社会科学の検証過程だと思います。そうした、ぐちゃぐちゃしたものをぐちゃぐちゃしたままとめるのが本書の目的でもありました。そうこうしているうちに参考文献は増え、記述は膨れ上がり、謝辞を書いている今も書籍として無事収拾がついたのか定かではありません。これでもなお、触れることができなかった重要文献やトピックが多くあるので、本書はあくまで入門書のようなものと捉えてもらえるといいかと思います。

本書は多くの方々に目を通していただきました。園田薫先生、石田柊先生、加藤晋先生、木原盾先生、竹ノ下弘久先生、長南トルングレンさや佳先生、永吉希久子先生、鎌田拓馬先生、齋藤僚介先生、山縣芽生先生、縄田健悟先生、八木景之さん、白井友梨さんにはこの場を借りて感謝申し上げます。

本書の記述は、共同研究のやり取りから得た資料や発想に大きく依拠しています。本書執筆中に共同研究をしてくださった皆さま、特に尾野嘉邦、小椋郁馬、三輪洋文、東島雅昌、ユジン・ウ、善教将大、Mathew Creighton、中井遼、狩野芳伸、大石奈々、森田果、釜賀浩平、マッケルウェイン・ケネス・盛の各先生方に感謝いたします。また、若手が自由に研究できる環境を整えてくださっている大阪大学人間科学研究科の先生方、特に経験社会学研究室の吉川徹先生と川端亮先生にも感謝申し上げます。そして岸政彦先生、素敵な帯文を書いてくださってありがとうございました。

本書は新泉社の内田朋恵さんなくしては成立しませんでした。専門家と非専門家で前提としているものが違う、という当然ですが、日々全く意識していない事実をあの手この手で言語化してくださり、荒削りな原稿に対して辛抱強くコメントしてくださいました。そして何より本書にぴったりのタイトルを考えてくださいました。この場を借りて深く感謝申し上げます。

最後に、おそらく本書を読んではいないでしょうが、僕を移民研究に導いてくれたユトレヒト大学の Edwin Poppe, Louk Hagendoorn, Borja Martinovic, Maykel Verkuyten に感謝します。彼／彼女らがいなければ今の僕はありませんでした。

本研究は公益財団法人日本証券奨学財団の出版助成、ＪＳＰＳ科研費（19H00609, 20K20335, 21K13427, 22H05086, 23H00040, 23K22076）の助成を受けたものです。記して感謝申し上げます。

２０２４年12月　五十嵐　彰

参考文献（アルファベット順）

Aarøe, L., Petersen, M. B., & Arceneaux, K. (2017). The behavioral immune system shapes political intuitions: Why and how individual differences in disgust sensitivity underlie opposition to immigration. *American Political Science Review*, 111(2): 277-294.

Aaronson, D., Hartley, D., & Mazumder, B. (2021). The effects of the 1930s HOLC "redlining" maps. *American Economic Journal: Economic Policy*, 13(4): 355-392.

Abascal, M. (2020). Contraction as a response to group threat: Demographic decline and Whites' classification of people who are ambiguously White. *American Sociological Review*, 85(2): 298–322.

Abascal, M., Huang, T. J., & Tran, V. C. (2021). Intervening in anti-immigrant sentiments: The causal effects of factual information on attitudes toward immigration. *The ANNALS of the American Academy of Political and Social Science*, 697(1): 174-191.

Abdelgadir, A., & Fouka, V. (2020). Political secularism and Muslim integration in the West: Assessing the effects of the French headscarf ban. *American Political Science Review*, 114(3): 707-723.

Acemoglu, D., Johnson, S., & Robinson, J. A. (2001). The colonial origins of comparative development: An empirical investigation. *American Economic Review*, 91(5): 1369-1401.

Acharya, A., Blackwell, M., & Sen, M. (2016a). The political legacy of American slavery. *The Journal of Politics*, 78(3): 621-641.

Acharya, A., Blackwell, M., & Sen, M. (2016b). Explaining causal findings without bias: Detecting and assessing direct effects. *American Political Science Review*, 110(3): 512-529.

Acolin, A., Bostic, R., & Painter, G. (2016). A field study of rental market discrimination across origins in France. *Journal of Urban Economics*, 95: 49-63.

Adamczyk, A., & Pitt, C. (2009). Shaping attitudes about homosexuality: The role of religion and cultural context. *Social Science Research*, 38(2): 338-351.

Adamovic, M. (2020). Analyzing discrimination in recruitment: A guide and best practices for resume studies. *International Journal of Selection and Assessment*, 28(4): 445-464.

Adorno, T. W., Frenkel-Brunswik, E., Levinson, D. J. & Sanford, R. N. (1950). *The Authoritarian Personality*. Harper & Brothers.

Agan, A., & Starr, S. (2018). Ban the box, criminal records, and racial discrimination: A field experiment. *The Quarterly Journal of Economics*, 133(1): 191-235.

Ahmed, A. M., Andersson, L., & Hammarstedt, M. (2010). Can discrimination in the housing market be reduced by increasing the information about the applicants?. *Land Economics*, 86(1): 79-90.

Ahmed, A. M., & Hammarstedt, M. (2008). Discrimination in the rental housing market: A field experiment on the Internet. *Journal of Urban Economics*, 64(2): 362-372.

Ahmed, S., & Matthes, J. (2017). Media representation of Muslims and Islam from 2000 to 2015: A meta-analysis. *International Communication Gazette*, 79(3): 219-244.

Aigner, D. J., & Cain, G. G. (1977). Statistical theories of discrimination in labor markets. *ILR Review*, 30(2): 175-187.

Ajzen, I., & Fishbein, M. (1977). Attitude-behavior relations: A theoretical analysis and review of empirical research. *Psychological Bulletin*, 84(5): 888.

明石純一. (2010).『入国管理政策：「1990 年体制」の成立と展開』. ナカニシヤ出版.

Akcigit, U., Grigsby, J., & Nicholas, T. (2017). Immigration and the rise of American ingenuity. *American Economic Review*, 107(5): 327-331.

明戸隆浩・有園洋一・古池秀・宮下萌. (2023).「量的データから見る日本のレイシャル・プロファイリングの実態——2021年度東弁調査の分析から」宮下萌編『レイシャル・プロファイリング：警察による人種

差別を問う』(pp. 99-117). 大月書店.
Alan, S., Duysak, E., Kubilay, E., & Mumcu, I. (2023). Social exclusion and ethnic segregation in schools: The role of teachers' ethnic prejudice. *Review of Economics and Statistics*, 105(5): 1039-1054.
Alba, R. D., Lindeman, S., & Insolera, N. E. (2016). Is race really so fluid? Revisiting Saperstein and Penner's empirical claims. *American Journal of Sociology*, 122(1): 247-262.
Alba, R., & Nee, V. (1997). Rethinking assimilation theory for a new era of immigration. *International Migration Review*, 31(4): 826-874.
Alba, R. D., & Nee, V. (2003). *Remaking the American mainstream: Assimilation and contemporary migration*. Harvard University Press.
Albdour, M., & Krouse, H. J. (2014). Bullying and victimization among African American adolescents: A literature review. *Journal of Child and Adolescent Psychiatric Nursing*, 27(2): 68-82.
Alesina, A., & La Ferrara, E. (2014). A test of racial bias in capital sentencing. *American Economic Review*, 104(11): 3397-3433.
Alesina, A., Miano, A., & Stantcheva, S. (2023). Immigration and redistribution. *The Review of Economic Studies*, 90(1): 1-39.
Alexander, L. (1992). What makes wrongful discrimination wrong? Biases, preferences, stereotypes, and proxies. *University of Pennsylvania Law Review*, 141(1): 149-219.
Alfaro, E. C., Umaña-Taylor, A. J., Gonzales-Backen, M. A., Bámaca, M. Y., & Zeiders, K. H. (2009). Latino adolescents' academic success: The role of discrimination, academic motivation, and gender. *Journal of Adolescence*, 32(4): 941-962.
Alizade, J., Dancygier, R., & Ditlmann, R. K. (2021). National penalties reversed: the local politics of citizenship and politician responsiveness to immigrants. *The Journal of Politics*, 83(3): 867-883.
Alizade, J., & Ellger, F. (2022). Do politicians discriminate against constituents with an immigration background? Field experimental evidence from Germany. *The Journal of Politics*, 84(3): 1823-1827.
Allcott, H., Braghieri, L., Eichmeyer, S., & Gentzkow, M. (2020). The welfare effects of social media. *American Economic Review*, 110(3): 629-676.
Allcott, H., & Gentzkow, M. (2017). Social media and fake news in the 2016 election. *Journal of Economic Perspectives*, 31(2): 211-236.
Allen, J. D., Fu, Q., Shrestha, S., Nguyen, K. H., Stopka, T. J., Cuevas, A., & Corlin, L. (2022). Medical mistrust, discrimination, and COVID-19 vaccine behaviors among a national sample US adults. *SSM-Population Health*, 20: 101278.
Allport, F. H. (1924). *Social Psychology*. Boston: Houghton Mifflin Company.
Allport, G. W. (1954). *The Nature of Prejudice*. Boston: Addison-Wesley.
AlShebli, B. K., Rahwan, T., & Woon, W. L. (2018). The preeminence of ethnic diversity in scientific collaboration. *Nature Communications*, 9(1): 5163.
Altemeyer, B. (1981). *Right-wing Authoritarianism*. Winnipeg: University of Manitoba Press.
Altonji, J. G., & Blank, R. M. (1999). Race and gender in the labor market. *Handbook of Labor Economics*, 3: 3143-3259.
Altonji, J. G., & Pierret, C. R. (2001). Employer learning and statistical discrimination. *The Quarterly Journal of Economics*, 116(1): 313-350.
Álvarez-Benjumea, A. (2023). Uncovering hidden opinions: Social norms and the expression of xenophobic attitudes. *European Sociological Review*, 39(3): 449-463.
Alwin, D. F., & Krosnick, J. A. (1991). Aging, cohorts, and the stability of sociopolitical orientations over the life span. *American Journal of Sociology*, 97(1): 169-195.
Amis, J. M., Mair, J., & Munir, K. A. (2020). The organizational reproduction of inequality. *Academy of*

Management Annals, 14(1): 195-230.

Andersen, J. G., & Bjørklund, T. (1990). Structural changes and new cleavages: The progress parties in Denmark and Norway. *Acta Sociologica*, 33(3): 195-217.

Andersen, S. C., & Guul, T. S. (2019). Reducing minority discrimination at the front line—Combined survey and field experimental evidence. *Journal of Public Administration Research and Theory*, 29(3): 429-444.

Anderson, K. F., & Finch, J. K. (2014). Racially charged legislation and Latino health disparities: The case of Arizona's SB 1070. *Sociological Spectrum*, 34(6): 526-548.

Anderson, E. S., & Pildes, R. H. (2000). Expressive theories of law: A general restatement. *University of Pennsylvania Law Review*, 148(5): 1503-1575.

Andersson, H., & Dehdari, S. H. (2021). Workplace contact and support for anti-immigration parties. *American Political Science Review*, 115(4): 1159-1174.

Andrade, G. (2021). COVID-19 vaccine hesitancy, conspiracist beliefs, paranoid ideation and perceived ethnic discrimination in a sample of University students in Venezuela. *Vaccine*, 39(47): 6837-6842.

André, S., & Dronkers, J. (2017). Perceived in-group discrimination by first and second generation immigrants from different countries of origin in 27 EU member-states. *International Sociology*, 32(1): 105-129.

Andrews, K. T., Beyerlein, K., & Tucker Farnum, T. (2016). The legitimacy of protest: Explaining White Southerners' attitudes toward the civil rights movement. *Social Forces*, 94(3): 1021-1044.

Andrews, K. T., & Seguin, C. (2015). Group threat and policy change: The spatial dynamics of prohibition politics, 1890–1919. *American Journal of Sociology*, 121(2): 475-510.

Ang, D. (2021). The effects of police violence on inner-city students. *The Quarterly Journal of Economics*, 136(1): 115-168.

Ang, D. (2023). The birth of a nation: Media and racial hate. *American Economic Review*, 113(6): 1424-1460.

Anqi, H. U., & Takai, J. (2018). Effect of imagined contact in reducing explicit prejudice toward outgroups in Japan. *Intercultural Communication Studies*, 27(2): 59-80.

Anqi, H. U., & Takai, J. (2020). Can imagined contact improve intergroup attitude in the long run?. *Intercultural Communication Studies*, 29(2): 1-17.

Anwar, S., Bayer, P., & Hjalmarsson, R. (2012). The impact of jury race in criminal trials. *The Quarterly Journal of Economics*, 127(2): 1017-1055.

Anwar, S., & Fang, H. (2006). An alternative test of racial prejudice in motor vehicle searches: Theory and evidence. *American Economic Review*, 96(1): 127-151.

Ariely, G. (2012). Globalisation and the decline of national identity? An exploration across sixty-three countries. *Nations and Nationalism*, 18(3): 461-482.

Ariely, G. (2020). Measuring dimensions of national identity across countries: Theoretical and methodological reflections. *National Identities*, 22(3): 265-282.

Arneson, R. J. (2017). Discrimination and harm. In Lippert-Rasmussen, K. (Eds.), *The Routledge Handbook of the Ethics of Discrimination* (pp. 151-163). London; New York: Routledge.

Arnett, J. J. (2009). The neglected 95%, a challenge to psychology's philosophy of science. *American Psychologist*, 64(6): 571–574.

Arnold, D., Dobbie, W., & Hull, P. (2022). Measuring racial discrimination in bail decisions. *American Economic Review*, 112(9): 2992-3038.

Arnold, D., Dobbie, W., & Yang, C. S. (2018). Racial bias in bail decisions. *The Quarterly Journal of Economics*, 133(4): 1885-1932.

Arriola, L. R., & Grossman, A. N. (2021). Ethnic marginalization and (non) compliance in public health emergencies. *The Journal of Politics*, 83(3): 807-820.

Arrow, K. J. (1973). The theory of discrimination. In Ashenfelter O. & Rees, A. (eds.), *Discrimination in Labor Markets* (pp.3-33). Princeton: Princeton University Press.

Arrow, K. J. (1998). What has economics to say about racial discrimination?. *Journal of Economic Perspectives*, 12(2): 91-100.

Asakura, T., Gee, G. C., Nakayama, K., & Niwa, S. (2008). Returning to the "homeland": Work-related ethnic discrimination and the health of Japanese Brazilians in Japan. *American Journal of Public Health*, 98(4): 743-750.

Asiedu, E., Freeman, J. A., & Nti-Addae, A. (2012). Access to credit by small businesses: How relevant are race, ethnicity, and gender?. *American Economic Review*, 102(3): 532-537.

Åslund, O., & Skans, O. N. (2012). Do anonymous job application procedures level the playing field?. *ILR Review*, 65(1): 82-107.

Auer, D., Bonoli, G., Fossati, F., & Liechti, F. (2019). The matching hierarchies model: Evidence from a survey experiment on employers' hiring intent regarding immigrant applicants. *International Migration Review*, 53(1): 90-121.

Auspurg, K., Hinz, T., & Schmid, L. (2017). Contexts and conditions of ethnic discrimination: Evidence from a field experiment in a German housing market. *Journal of Housing Economics*, 35: 26-36.

Auspurg, K., Schneck, A., & Hinz, T. (2019). Closed doors everywhere? A meta-analysis of field experiments on ethnic discrimination in rental housing markets. *Journal of Ethnic and Migration Studies*, 45(1): 95-114.

Ayotte, B. J., Hausmann, L. R., Whittle, J., & Kressin, N. R. (2012). The relationship between perceived discrimination and coronary artery obstruction. *American Heart Journal*, 163(4): 677-683.

Ayres, I., Banaji, M., & Jolls, C. (2015). Race effects on eBay. *The RAND Journal of Economics*, 46(4): 891-917.

Bail, C. A. (2008). The configuration of symbolic boundaries against immigrants in Europe. *American Sociological Review*, 73(1): 37-59.

Bail, C. A. (2021=2022).『ソーシャルメディア・プリズム：SNS はなぜヒトを過激にするのか？』. 松井信彦訳. みすず書房.

Bail, C. A., Argyle, L. P., Brown, T. W., Bumpus, J. P., Chen, H., Hunzaker, M. F., ... & Volfovsky, A. (2018). Exposure to opposing views on social media can increase political polarization. *Proceedings of the National Academy of Sciences*, 115(37): 9216-9221.

Bakshy, E., Messing, S., & Adamic, L. A. (2015). Exposure to ideologically diverse news and opinion on Facebook. *Science*, 348(6239): 1130-1132.

Baldini, M., & Federici, M. (2011). Ethnic discrimination in the Italian rental housing market. *Journal of Housing Economics*, 20(1): 1-14.

Bandura, A. (1986). *Social Foundations of Thought and Action: A Social Cognitive Theory*. Englewood Cliffs: Prentice Hall.

Banting, K., Harell, A., & Kymlicka, W. (2022). Nationalism, membership and the politics of minority claims-making. *Canadian Journal of Political Science*, 55(3): 537-560.

Banting, K., & Kymlicka, W. (2013). Is there really a retreat from multiculturalism policies? New evidence from the multiculturalism policy index. *Comparative European Politics*, 11: 577-598.

Bar-Tal, D. (1993). Patriotism as fundamental beliefs of group members. *Politics and the Individual*, 3(2): 45-62.

Bal-Tal,D.(2012).『紛争と平和構築の社会心理学：集団間の葛藤とその解決』.熊谷智博・大渕憲一訳.

北大路書房.

Barberá, P., Jost, J. T., Nagler, J., Tucker, J. A., & Bonneau, R. (2015). Tweeting from left to right: Is online political communication more than an echo chamber?. *Psychological Science*, 26(10): 1531-1542.

Barlow, F. K., Paolini, S., Pedersen, A., Hornsey, M. J., Radke, H. R., Harwood, J., ... & Sibley, C. G. (2012). The contact caveat: Negative contact predicts increased prejudice more than positive contact predicts reduced prejudice. *Personality and Social Psychology Bulletin*, 38(12): 1629-1643.

Barrera, O., Guriev, S., Henry, E., & Zhuravskaya, E. (2020). Facts, alternative facts, and fact checking in times of post-truth politics. *Journal of Public Economics*, 182: 104123.

Barry, B. (2001). *Culture and Equality: An Egalitarian Critique of Multiculturalism*. Massachusetts: Harvard University Press.

Bartkoski, T., Lynch, E., Witt, C., & Rudolph, C. (2018). A meta-analysis of hiring discrimination against Muslims and Arabs. *Personnel Assessment and Decisions*, 4(2): 1-16.

Bartoš, V., Bauer, M., Chytilová, J., & Matějka, F. (2016). Attention discrimination: Theory and field experiments with monitoring information acquisition. *American Economic Review*, 106(6): 1437-1475.

Bayer, P., Casey, M., Ferreira, F., & McMillan, R. (2017). Racial and ethnic price differentials in the housing market. *Journal of Urban Economics*, 102: 91-105.

Baylis, P. (2020). Temperature and temperament: Evidence from Twitter. *Journal of Public Economics*, 184: 104161.

Bayram Özdemir, S., & Stattin, H. (2014). Why and when is ethnic harassment a risk for immigrant adolescents' school adjustment? Understanding the processes and conditions. *Journal of Youth and Adolescence*, 43: 1252-1265.

Becker, G. S. (1957). *The Economics of Discrimination*. University of Chicago Press.

Becker, S. O., & Ferrara, A. (2019). Consequences of forced migration: A survey of recent findings. *Labour Economics*, 59: 1-16.

Behaghel, L., Crépon, B., & Le Barbanchon, T. (2015). Unintended effects of anonymous resumes. *American Economic Journal: Applied Economics*, 7(3): 1-27.

Behrens, A., Uggen, C., & Manza, J. (2003). Ballot manipulation and the "menace of Negro domination": Racial threat and felon disenfranchisement in the United States, 1850–2002. *American Journal of Sociology*, 109(3): 559-605.

Bengtson, A. (2024a). Affirmative action in the political domain. *Political Studies*, 72(1): 158-176.

Bengtson, A. (2024b). Affirmative action without competition. *American Journal of Political Science*.

Benner, A. D., & Graham, S. (2011). Latino adolescents' experiences of discrimination across the first 2 years of high school: Correlates and influences on educational outcomes. *Child Development*, 82(2): 508-519.

Benner, A. D., Wang, Y., Shen, Y., Boyle, A. E., Polk, R., & Cheng, Y. P. (2018). Racial/ethnic discrimination and well-being during adolescence: A meta-analytic review. *American Psychologist*, 73(7): 855-883.

Berg, J. A. (2015). Explaining attitudes toward immigrants and immigration policy: A review of the theoretical literature. *Sociology Compass*, 9(1): 23-34.

Berinsky, A. J., Karpowitz, C. F., Peng, Z. C., Rodden, J. A., & Wong, C. J. (2023). How social context affects immigration attitudes. *The Journal of Politics*, 85(2): 372-388.

Bernardo, C. D. O., Bastos, J. L., González-Chica, D. A., Peres, M. A., & Paradies, Y. C. (2017). Interpersonal discrimination and markers of adiposity in longitudinal studies: A systematic review. *Obesity Reviews*, 18(9): 1040-1049.

Bertrand, M., & Duflo, E. (2017). Field experiments on discrimination. *Handbook of Economic Field Experiments*, 1: 309-393.

Bertrand, M., & Mullainathan, S. (2004). Are Emily and Greg more employable than Lakisha and Jamal? A field experiment on labor market discrimination. *American Economic Review*, 94(4): 991-1013.

Bertoli, S., Clerc, M., Loper, J., & Roca Fernández, È. (2024). Understanding cultural persistence and change: A replication of Giuliano and Nunn (2021). *Economic Inquiry*.

Besco, R., Garcia-Rios, S., Lagodny, J., Lajevardi, N., Oskooii, K., & Tolley, E. (2022). Fight not flight: The effects of explicit racism on minority political engagement. *Electoral Studies*, 80: 102515.

Besley, T., & Reynal-Querol, M. (2014). The legacy of historical conflict: Evidence from Africa. *American Political Science Review*, 108(2): 319-336.

Best, H., & Rüttenauer, T. (2018). How selective migration shapes environmental inequality in Germany: Evidence from micro-level panel data. *European Sociological Review*, 34(1): 52-63.

Betz, H. G. (1994). *Radical Right-Wing Populism in Western Europe*. Springer.

Bevelander, P., & Hutcheson, D. S. (2022). Voting behavior of immigrants and their children in Sweden. *Journal of Immigrant & Refugee Studies*, 20(3): 427-443.

Bhatti, Y., & Hansen, K. M. (2016). The effect of residential concentration on voter turnout among ethnic minorities. *International Migration Review*, 50(4): 977-1004.

Bianchi, M., Mummendey, A., Steffens, M. C., & Yzerbyt, V. Y. (2010). What do you mean by "European"? Evidence of spontaneous ingroup projection. *Personality and Social Psychology Bulletin*, 36(7): 960-974.

Biggs, M., & Andrews, K. T. (2015). Protest campaigns and movement success: Desegregating the US South in the early 1960s. *American Sociological Review*, 80(2): 416-443.

Billiet, J., Maddens, B., & Beerten, R. (2003). National identity and attitude toward foreigners in a multinational state: A replication. *Political Psychology*, 24(2): 241-257.

Bilodeau, A. (2017). Mobilisation or demobilisation? Perceived discrimination and political engagement among visible minorities in Quebec. *Political Science*, 69(2): 122-138.

Binder, J., Zagefka, H., Brown, R., Funke, F., Kessler, T., Mummendey, A., ... & Leyens, J. P. (2009). Does contact reduce prejudice or does prejudice reduce contact? A longitudinal test of the contact hypothesis among majority and minority groups in three European countries. *Journal of Personality and Social Psychology*, 96(4): 843-856.

Black, D. A. (1995). Discrimination in an equilibrium search model. *Journal of Labor Economics*, 13(2): 309-334.

Blair, G., Coppock, A., & Moor, M. (2020). When to worry about sensitivity bias: A social reference theory and evidence from 30 years of list experiments. *American Political Science Review*, 114(4): 1297-1315.

Blalock, H. M. (1967). *Toward a Theory of Minority-Group Relations*. Capricorn Books, New York.

Blanchard, L., Zhao, B., & Yinger, J. (2008). Do lenders discriminate against minority and woman entrepreneurs?. *Journal of Urban Economics*, 63(2): 467-497.

Blank, T., & Schmidt, P. (2003). National identity in a united Germany: Nationalism or patriotism? An empirical test with representative data. *Political Psychology*, 24(2): 289-312.

Blinder, S. (2015). Imagined immigration: The impact of different meanings of 'immigrants' in public opinion and policy debates in Britain. *Political Studies*, 63(1): 80-100.

Blinder, S., & Jeannet, A. M. (2018). The 'illegal' and the skilled: effects of media portrayals on perceptions of immigrants in Britain. *Journal of Ethnic and Migration Studies*, 44(9): 1444-1462.

Bloemraad, I., & Wright, M. (2014). "Utter failure" or unity out of diversity? Debating and evaluating policies of multiculturalism. *International Migration Review*, 48: S292-S334.

Blommaert, L., & Coenders, M. (2023). The effects of and support for anonymous job application procedures: Evidence from a large-scale, multi-faceted study in the Netherlands. *Journal of*

Ethnic and Migration Studies, 1-23.

Blommaert, L., van Tubergen, F., & Coenders, M. (2012). Implicit and explicit interethnic attitudes and ethnic discrimination in hiring. *Social Science Research*, 41(1): 61-73.

Blumer, H. (1958). Race prejudice as a sense of group position. *Pacific Sociological Review*, 1(1): 3-7.

Blumer, H. (1969=1991). 『シンボリック相互作用論：パースペクティヴと方法』. 後藤将之訳. 勁草書房.

Bobo, L. (1983). Whites' opposition to busing: Symbolic racism or realistic group conflict?. *Journal of Personality and Social Psychology*, 45(6): 1196-1210.

Bobo, L., Kluegel, J. R., & Smith, R. A. (1997). Laissez-faire racism: The crystallization of a kinder, gentler, antiblack ideology. In Tuch, S. A. & Martin, J. (Eds.), *Racial Attitudes in the 1990s: Continuity and Change* (pp.15-42), Westport: Praeger.

Bøg, M., & Kranendonk, E. (2011). Labor market discrimination of minorities? Yes, but not in job offers. MPRA Paper No. 33332.

Bogardus, E. S. (1925). Measuring social distance. *Journal of Applied Sociology*, 9: 299-308.

Bogner, (2014). Effects of the visual presentation of don't know options in rating scales on responses: Comparing results of a PAPI and an online panel experiment. Presented at XVIII ISA World Congress of Sociology, Yokohama.

Böhmelt, T. (2021). How public opinion steers national immigration policies. *Migration Studies*, 9(3): 1461-1479.

Bohren, J. A., Haggag, K., Imas, A., & Pope, D. G. (2023). Inaccurate statistical discrimination: An identification problem. *Review of Economics and Statistics*, 1-45.

Bohren, J. A., Imas, A., & Rosenberg, M. (2019). The dynamics of discrimination: Theory and evidence. *American Economic Review*, 109(10): 3395-3436.

Boin, J., Rupar, M., Graf, S., Neji, S., Spiegler, O., & Swart, H. (2021). The generalization of intergroup contact effects: Emerging research, policy relevance, and future directions. *Journal of Social Issues*, 77(1): 105-131.

Boisjoly, J., Duncan, G. J., Kremer, M., Levy, D. M., & Eccles, J. (2006). Empathy or antipathy? The impact of diversity. *American Economic Review*, 96(5): 1890-1905.

Boldry, J. G., Gaertner, L., & Quinn, J. (2007). Measuring the measures: A meta-analytic investigation of the measures of outgroup homogeneity. *Group Processes & Intergroup Relations*, 10(2): 157-178.

Bolet, D. (2020). Local labour market competition and radical right voting: Evidence from France. *European Journal of Political Research*, 59(4): 817-841.

Bonikowski, B. (2016). Nationalism in settled times. *Annual Review of Sociology*, 42: 427-449.

Bonikowski, B., & DiMaggio, P. (2016). Varieties of American popular nationalism. *American Sociological Review*, 81(5): 949-980.

Bonikowski, B., & DiMaggio, P. (2022). Mapping culture with latent class analysis: A response to Eger and Hjerm. *Nations and Nationalism*, 28(1): 353-365.

Bonilla-Silva, E. (1997). Rethinking racism: Toward a structural interpretation. *American Sociological Review* 62(3): 465-480.

Bonilla-Silva, E. (2006). *Racism Without Racists: Color-Blind Racism and the Persistence of Racial Inequality in the United States*. Rowman & Littlefield Publishers.

Bonilla-Silva, E. (2015). More than prejudice: Restatement, reflections, and new directions in critical race theory. *Sociology of Race and Ethnicity*, 1(1): 73-87.

Boomgaarden, H. G., & Vliegenthart, R. (2007). Explaining the rise of anti-immigrant parties: The role of news media content. *Electoral Studies*, 26(2): 404-417.

Boomgaarden, H. G., & Vliegenthart, R. (2009). How news content influences anti-immigration attitudes:

Germany, 1993–2005. *European Journal of Political Research*, 48(4): 516-542.

Bordalo, P., Coffman, K., Gennaioli, N., & Shleifer, A. (2016). Stereotypes. *The Quarterly Journal of Economics*, 131(4): 1753-1794.

Bourabain, D., & Verhaeghe, P. P. (2019). Could you help me, please? Intersectional field experiments on everyday discrimination in clothing stores. *Journal of Ethnic and Migration Studies*, 45(11): 2026-2044.

Boutyline, A., & Willer, R. (2017). The social structure of political echo chambers: Variation in ideological homophily in online networks. *Political Psychology*, 38(3): 551-569.

Bove, V., & Böhmelt, T. (2016). Does immigration induce terrorism?. *The Journal of Politics*, 78(2): 572-588.

Bracegirdle, C., Reimer, N. K., van Zalk, M., Hewstone, M., & Wölfer, R. (2022). Disentangling contact and socialization effects on outgroup attitudes in diverse friendship networks. *Journal of Personality and Social Psychology*, 122(1): 1-15.

Bradford, B., Sargeant, E., Murphy, K., & Jackson, J. (2017). A leap of faith? Trust in the police among immigrants in England and Wales. *British Journal of Criminology*, 57(2): 381-401.

Branscombe, N. R., Schmitt, M. T., & Harvey, R. D. (1999). Perceiving pervasive discrimination among African Americans: Implications for group identification and well-being. *Journal of Personality and Social Psychology*, 77(1): 135-149.

Bratsberg, B., Ferwerda, J., Finseraas, H., & Kotsadam, A. (2021). How settlement locations and local networks influence immigrant political integration. *American Journal of Political Science*, 65(3): 551-565.

Brauer, J. R., Day, J. C., & Hammond, B. M. (2021). Do employers "walk the talk" after all? An illustration of methods for assessing signals in underpowered designs. *Sociological Methods & Research*, 50(4): 1801-1841.

Breton, C. (2019). Do incorporation policies matter? Immigrants' identity and relationships with the receiving society. *Comparative Political Studies*, 52(9): 1364-1395.

Brewer, M. B., & Miller, N. (1984). Beyond the contact hypothesis: Theoretical perspectives on desegregation. In Miller, N. & Brewer, M. B. (Eds.), *Group in Contact: The Psychology of Desegregation* (pp. 281–302). Orlando, FL: Academic Press.

Brewster, Z. W., & Nowak III, G. R. (2021). Racialized workplaces, contemporary racial attitudes, and stereotype endorsement: A recipe for consumer racial profiling. *Sociological Perspectives*, 64(3): 343-364.

Brown, J. R., Enos, R. D., Feigenbaum, J., & Mazumder, S. (2021). Childhood cross-ethnic exposure predicts political behavior seven decades later: Evidence from linked administrative data. *Science Advances*, 7(24): eabe8432.

Brown, R., & Hewstone, M. (2005). An integrative theory of intergroup contact. *Advances in Experimental Social Psychology*, 37(37): 255-343.

Brown, J. R., & Hilbig, H. (2022). Locked out of college: When admissions bureaucrats do and do not discriminate. *British Journal of Political Science*, 52(3): 1436-1446.

Brubaker, R. (1992=2005).『フランスとドイツの国籍とネーション』. 佐藤成基・佐々木てる監訳. 明石書店.

Burscher, B., van Spanje, J., & de Vreese, C. H. (2015). Owning the issues of crime and immigration: The relation between immigration and crime news and anti-immigrant voting in 11 countries. *Electoral Studies*, 38: 59-69.

Burson, E., & Godfrey, E. B. (2020). Intraminority solidarity: The role of critical consciousness. *European Journal of Social Psychology*, 50(6): 1362-1377.

Burt, C. H., Simons, R. L., & Gibbons, F. X. (2012). Racial discrimination, ethnic-racial socialization, and

crime: A micro-sociological model of risk and resilience. *American Sociological Review*, 77(4): 648-677.

Butler, D. M., & Broockman, D. E. (2011). Do politicians racially discriminate against constituents? A field experiment on state legislators. *American Journal of Political Science*, 55(3): 463-477.

Callens, M. S., & Meuleman, B. (2017). Do integration policies relate to economic and cultural threat perceptions? A comparative study in Europe. *International Journal of Comparative Sociology*, 58(5): 367-391.

Cameron, D. (2011). PM's speech to the Munich Security Conference. Available from https://www.gov.uk/government/speeches/pms-speech-at-munich-security-conference（2025年5月21日アクセス）.

Camp, N. P., Voigt, R., Jurafsky, D., & Eberhardt, J. L. (2021). The thin blue waveform: Racial disparities in officer prosody undermine institutional trust in the police. *Journal of Personality and Social Psychology*, 121(6): 1157-1171.

Canetti-Nisim, D., Ariely, G., & Halperin, E. (2008). Life, pocketbook, or culture: The role of perceived security threats in promoting exclusionist political attitudes toward minorities in Israel. *Political Research Quarterly*, 61(1): 90-103.

Cantoni, D., Chen, Y., Yang, D. Y., Yuchtman, N., & Zhang, Y. J. (2017). Curriculum and ideology. *Journal of Political Economy*, 125(2): 338-392.

Cardiff, C. F., & Klein, D. B. (2005). Faculty partisan affiliations in all disciplines: A voter-registration study. *Critical Review*, 17(3-4): 237-255.

Careja, R., & Harris, E. (2022). Thirty years of welfare chauvinism research: Findings and challenges. *Journal of European Social Policy*, 32(2): 212-224.

Carlsson, M. (2010). Experimental evidence of discrimination in the hiring of first-and second-generation immigrants. *Labour*, 24(3): 263-278.

Carlsson, M., & Eriksson, S. (2015). Ethnic discrimination in the London market for shared housing. *Journal of Ethnic and Migration Studies*, 41(8): 1276-1301.

Carlsson, M., & Eriksson, S. (2017). Do attitudes expressed in surveys predict ethnic discrimination?. *Ethnic and Racial Studies*, 40(10): 1739-1757.

Carnahan, D., Bergan, D. E., & Lee, S. (2021). Do corrective effects last? Results from a longitudinal experiment on beliefs toward immigration in the US. *Political Behavior*, 43: 1227-1246.

Carpusor, A. G., & Loges, W. E. (2006). Rental discrimination and ethnicity in names. *Journal of Applied Social Psychology*, 36(4): 934-952.

Carter, R. T., Lau, M. Y., Johnson, V., & Kirkinis, K. (2017). Racial discrimination and health outcomes among racial/ethnic minorities: A meta-analytic review. *Journal of Multicultural Counseling and Development*, 45(4): 232-259.

Casey, G., & Klemp, M. (2021). Historical instruments and contemporary endogenous regressors. *Journal of Development Economics*, 149: 102586.

Castilla, E. J. (2011). Bringing managers back in: Managerial influences on workplace inequality. *American Sociological Review*, 76(5): 667-694.

Castles, S., & Miller, M. J. (2009). *The Age of Migration: International Population Movements in the Modern World (Fourth Edition)*. Palgrave Macmillan.

加藤晋, 五十嵐彰, マッケルウェイン・ケネス・盛. (2023).「歴史教科書は将来の政治的信条に影響するのか」第75回数理社会学会大会口頭発表.

Cavaille, C., & Marshall, J. (2019). Education and anti-immigration attitudes: Evidence from compulsory schooling reforms across Western Europe. *American Political Science Review*, 113(1): 254-263.

Cave, L., Cooper, M. N., Zubrick, S. R., & Shepherd, C. C. (2020). Racial discrimination and child and adolescent health in longitudinal studies: A systematic review. *Social Science & Medicine*, 250: 112864.

Ceobanu, A. M., & Escandell, X. (2010). Comparative analyses of public attitudes toward immigrants and immigration using multinational survey data: A review of theories and research. *Annual Review of Sociology*, 36: 309-328.

Chan, E. W., & Fan, Y. (2023). Housing discrimination in the low-income context: Evidence from a correspondence experiment. *Journal of Housing Economics*, 59: 101889.

Chareyron, S., L'Horty, Y., Mbaye, S., & Petit, P. (2023). Reducing ethnic discrimination through formal warning: Evidence from two combined field experiments. *Regional Science and Urban Economics*, 98: 103850.

Charles, K. K., & Guryan, J. (2008). Prejudice and wages: An empirical assessment of Becker's *The Economics of Discrimination*. *Journal of Political Economy*, 116(5): 773-809.

Charles, K. K., & Guryan, J. (2011). Studying discrimination: Fundamental challenges and recent progress. *Annual Review of Economics*, 3(1): 479-511.

Charnysh, V. (2015). Historical legacies of interethnic competition: Anti-Semitism and the EU referendum in Poland. *Comparative Political Studies*, 48(13): 1711-1745.

Charnysh, V., & Finkel, E. (2017). The death camp Eldorado: Political and economic effects of mass violence. *American Political Science Review*, 111(4): 801-818.

Charnysh, V., Finkel, E., & Gehlbach, S. (2023). Historical political economy: Past, present, and future. *Annual Review of Political Science*, 26:175-191.

Charnysh, V., Lucas, C., & Singh, P. (2015). The ties that bind: National identity salience and pro-social behavior toward the ethnic other. *Comparative Political Studies*, 48(3): 267-300.

Charnysh, V., & Riaz, S. (2022). After the genocide: Proximity to victims and support for punishing ingroup crimes. *Comparative Political Studies*, 00104140231209964.

陳默. (2022).「ハーバート・ブルーマーの社会理論再考:「人種関係論」に着目して」『社会学研究』107: 173-196.

Chen, D. L., & Loecher, M. (2019). Mood and the malleability of moral reasoning. Available at SSRN 2740485.

Chen, D. L., Moskowitz, T. J., & Shue, K. (2016). Decision making under the gambler's fallacy: Evidence from asylum judges, loan officers, and baseball umpires. *The Quarterly Journal of Economics*, 131(3): 1181-1242.

Chen, J., Pan, J., & Xu, Y. (2016). Sources of authoritarian responsiveness: A field experiment in China. *American Journal of Political Science*, 60(2): 383-400.

Chen, S., & Xie, B. (2020). Institutional discrimination and assimilation: Evidence from the Chinese Exclusion Act of 1882. IZA Discussion Papers, No. 13647, Institute of Labor Economics (IZA), Bonn.

Chenoweth, E., Stephan, M. J., & Stephan, M. (2011). *Why Civil Resistance Works: The Strategic Logic of Nonviolent Conflict*. New York: Columbia University Press.

Childs, T. M., & Wooten, N. R. (2023). Teacher bias matters: An integrative review of correlates, mechanisms, and consequences. *Race Ethnicity and Education*, *26*(3): 368-397.

Chiswick, B. R., & Miller, P. W. (2009). The international transferability of immigrants' human capital. *Economics of Education Review*, 28(2): 162-169.

Choi, S. W. (2022). Leader nationalism, ethnic identity, and terrorist violence. *British Journal of Political Science*, 52(3): 1151-1167.

Choi, S., Choi, C. Y., & Kim, S. (2023). Tackling misperceptions about immigrants with fact-checking interventions: A randomized survey experiment. *Labour Economics*, 84: 102428.

Choi, D. D., Harris, J. A., & Shen-Bayh, F. (2022). Ethnic bias in judicial decision making: Evidence from criminal appeals in Kenya. *American Political Science Review*, 116(3): 1067-1080.

Choi, D. D., Poertner, M., & Sambanis, N. (2019). Parochialism, social norms, and discrimination against immigrants. *Proceedings of the National Academy of Sciences*, 116(33): 16274-16279.

Choi, D. D., Poertner, M., & Sambanis, N. (2021). Linguistic assimilation does not reduce discrimination against immigrants: evidence from Germany. *Journal of Experimental Political Science*, 8(3): 235-246.

Choi, D. D., Poertner, M., & Sambanis, N. (2023a). Temperature and outgroup discrimination. *Political Science Research and Methods*, 11(1): 198-206.

Choi, D. D., Poertner, M., & Sambanis, N. (2023b). The hijab penalty: Feminist backlash to Muslim immigrants. *American Journal of Political Science*, 67(2): 291-306.

Christ, O., Schmid, K., Lolliot, S., Swart, H., Stolle, D., Tausch, N., ... & Hewstone, M. (2014). Contextual effect of positive intergroup contact on outgroup prejudice. *Proceedings of the National Academy of Sciences*, 111(11): 3996-4000.

Christensen, P., Sarmiento-Barbieri, I., & Timmins, C. (2022). Housing discrimination and the toxics exposure gap in the United States: Evidence from the rental market. *Review of Economics and Statistics*, 104(4): 807-818.

Christensen, P., & Timmins, C. (2022). Sorting or steering: The effects of housing discrimination on neighborhood choice. *Journal of Political Economy*, 130(8): 2110-2163.

Chuai, Y., Tian, H., Pröllochs, N., & Lenzini, G. (2023). The roll-out of community notes did not reduce engagement with misinformation on Twitter. arXiv preprint arXiv:2307.07960.

Cikara, M., Fouka, V., & Tabellini, M. (2022). Hate crime towards minoritized groups increases as they increase in sized-based rank. *Nature Human Behaviour*, 6(11): 1537-1544.

Cinelli, M., De Francisci Morales, G., Galeazzi, A., Quattrociocchi, W., & Starnini, M. (2021). The echo chamber effect on social media. *Proceedings of the National Academy of Sciences*, 118(9): e2023301118.

Cirone, A., & Pepinsky, T. B. (2022). Historical persistence. *Annual Review of Political Science*, 25: 241-259.

Citrin, J., Green, D. P., Muste, C., & Wong, C. (1997). Public opinion toward immigration reform: The role of economic motivations. *The Journal of Politics*, 59(3): 858-881.

Citrin, J., Johnston, R., & Wright, M. (2012). Do patriotism and multiculturalism collide? Competing perspectives from Canada and the United States. *Canadian Journal of Political Science*, 45(3): 531-552.

Citrin, J., Levy, M., & Wright, M. (2014). Multicultural policy and political support in European democracies. *Comparative Political Studies*, 47(11): 1531-1557.

Citrin, J., & Sides, J. (2008). Immigration and the imagined community in Europe and the United States. *Political Studies*, 56(1): 33-56.

Claassen, C., & McLaren, L. (2022). Does immigration produce a public backlash or public acceptance? Time-series, cross-sectional evidence from thirty European democracies. *British Journal of Political Science*, 52(3): 1013-1031.

Coate, S., & Loury, G. C. (1993). Will affirmative-action policies eliminate negative stereotypes?. *American Economic Review*, 83(5): 1220-1240.

Cocco, V. M., Bisagno, E., Di Bernardo, G. A., Cadamuro, A., Riboldi, S. D., Crapolicchio, E., ... & Vezzali, L. (2021). Comparing story reading and video watching as two distinct forms of vicarious contact: An experimental intervention among elementary school children. *British Journal of Social Psychology*, 60(1): 74-94.

Coenders, M., & Scheepers, P. (2003). The effect of education on nationalism and ethnic exclusionism: An international comparison. *Political Psychology*, 24(2): 313-343.

Coenders, M., & Scheepers, P. (2008). Changes in resistance to the social integration of foreigners in Germany 1980–2000: Individual and contextual determinants. *Journal of Ethnic and Migration Studies*, 34(1): 1-26.

Cohen, A., & Yang, C. S. (2019). Judicial politics and sentencing decisions. *American Economic Journal: Economic Policy*, 11(1): 160-91.

Coimbra, B. M., Hoeboer, C., Yik, J., Mello, A. F., Mello, M. F., & Olff, M. (2022). Meta-analysis of the effect of racial discrimination on suicidality. *SSM-Population Health*, 101283.

Colella, A., Hebl, M., & King, E. (2017). One hundred years of discrimination research in the Journal of Applied Psychology: A sobering synopsis. *Journal of Applied Psychology*, 102(3): 500-513.

Condra, L. N., & Linardi, S. (2019). Casual contact and ethnic bias: Experimental evidence from Afghanistan. *The Journal of Politics*, 81(3): 1028-1042.

Condran, J. G. (1979). Changes in white attitudes toward blacks: 1963-1977. *Public Opinion Quarterly*, 43(4): 463-476.

Conover, M., Ratkiewicz, J., Francisco, M., Gonçalves, B., Menczer, F., & Flammini, A. (2011). Political polarization on twitter. *Proceedings of the International AAAI Conference on Web and Social Media*, 5(1): 89-96.

Constant, A., & Zimmermann, K. F. (2006). The making of entrepreneurs in Germany: Are native men and immigrants alike?. *Small Business Economics*, 26: 279-300.

Cook, A., & Glass, C. (2014a). Above the glass ceiling: When are women and racial/ethnic minorities promoted to CEO?. *Strategic Management Journal*, 35(7): 1080-1089.

Cook, A., & Glass, C. (2014b). Analyzing promotions of racial/ethnic minority CEOs. *Journal of Managerial Psychology*, 29(4): 440-454.

Cools, S., Finseraas, H., & Rogeberg, O. (2021). Local Immigration and support for anti-immigration parties: A meta-analysis. *American Journal of Political Science*, 65(4): 988-1006.

Coppock, A. (2019). Generalizing from survey experiments conducted on Mechanical Turk: A replication approach. *Political Science Research and Methods*, 7(3): 613-628.

Coppock, A., & Green, D. P. (2015). Assessing the correspondence between experimental results obtained in the lab and field: A review of recent social science research. *Political Science Research and Methods*, 3(1): 113-131.

Coppock, A., Leeper, T. J., & Mullinix, K. J. (2018). Generalizability of heterogeneous treatment effect estimates across samples. *Proceedings of the National Academy of Sciences*, 115(49): 12441-12446.

Correll, J., Judd, C. M., Park, B., & Wittenbrink, B. (2010). Measuring prejudice, stereotypes and discrimination. In Dovidio, J. F., Hewstione, M., Glick, P., & Esses, V. M. (Eds.) *The SAGE Handbook of Prejudice, Stereotyping and Discrimination* (pp. 45–62). Thousand Oaks, CA: Sage.

Correll, J., Park, B., Judd, C. M., Wittenbrink, B., Sadler, M. S., & Keesee, T. (2007). Across the thin blue line: police officers and racial bias in the decision to shoot. *Journal of Personality and Social Psychology*, 92(6): 1006-1023.

Cortland, C. I., Craig, M. A., Shapiro, J. R., Richeson, J. A., Neel, R., & Goldstein, N. J. (2017). Solidarity through shared disadvantage: Highlighting shared experiences of discrimination improves relations between stigmatized groups. *Journal of Personality and Social Psychology*, 113(4): 547-567.

Costa, M. (2017). How responsive are political elites? A meta-analysis of experiments on public officials. *Journal of Experimental Political Science*, 4(3): 241-254.

Couch, K. A., & Fairlie, R. (2010). Last hired, first fired? Black-white unemployment and the business cycle. *Demography*, 47(1): 227-247.

Couch, K. A., Fairlie, R., & Xu, H. (2018). Racial differences in labor market transitions and the Great Recession. In Polachek, S. W. & Tatsiramos, K. (Eds.), *Transitions through the Labor Market* (pp. 1-53), Emerald.

Couch, K. A., Fairlie, R. W., & Xu, H. (2020). Early evidence of the impacts of COVID-19 on minority

unemployment. *Journal of Public Economics*, 192: 104287.

Crabtree, C., & Dhima, K. (2022). Auditing ethics: A cost–benefit framework for audit studies. *Political Studies Review*, 20(2): 209-216.

Crawfurd, L., & Ramli, U. (2022). Discrimination by politicians against religious minorities: Experimental evidence from the UK. *Party Politics*, 28(5): 826-833.

Creighton, M. J., & Jamal, A. (2015). Does Islam play a role in anti-immigrant sentiment? An experimental approach. *Social Science Research*, 53: 89-103.

Crisp, R. J., Stathi, S., Turner, R. N., & Husnu, S. (2009). Imagined intergroup contact: Theory, paradigm and practice. *Social and Personality Psychology Compass*, 3(1): 1-18.

Crisp, R. J., & Turner, R. N. (2009). Can imagined interactions produce positive perceptions?: Reducing prejudice through simulated social contact. *American Psychologist*, 64(4): 231-240.

Crocetti, E., Albarello, F., Prati, F., & Rubini, M. (2021). Development of prejudice against immigrants and ethnic minorities in adolescence: A systematic review with meta-analysis of longitudinal studies. *Developmental Review*, 60: 100959.

Cronin, T. J., Levin, S., Branscombe, N. R., van Laar, C., & Tropp, L. R. (2012). Ethnic identification in response to perceived discrimination protects well-being and promotes activism: A longitudinal study of Latino college students. *Group Processes & Intergroup Relations*, 15(3): 393-407.

Crosby, F., Bromley, S., & Saxe, L. (1980). Recent unobtrusive studies of Black and White discrimination and prejudice: A literature review. *Psychological Bulletin*, 87(3): 546-563.

Crowder, K., & Downey, L. (2010). Interneighborhood migration, race, and environmental hazards: Modeling microlevel processes of environmental inequality. *American Journal of Sociology*, 115(4): 1110-1149.

Cuddy, A. J., Fiske, S. T., Kwan, V. S., Glick, P., Demoulin, S., Leyens, J. P., ... & Ziegler, R. (2009). Stereotype content model across cultures: Towards universal similarities and some differences. *British Journal of Social Psychology*, 48(1): 1-33.

Cui, R., Li, J., & Zhang, D. J. (2020). Reducing discrimination with reviews in the sharing economy: Evidence from field experiments on Airbnb. *Management Science*, 66(3): 1071-1094.

Cunningham, S. (2021=2023).『因果推論入門〜ミックステープ：基礎から現代的アプローチまで』. 加藤真大・河中祥吾・白木紀行・冨田燿志・早川裕太・兵頭亮介・藤田光明・邊土名朝飛・森脇大輔・安井翔太訳. 技術評論社.

Curtis, D. S., Washburn, T., Lee, H., Smith, K. R., Kim, J., Martz, C. D., ... & Chae, D. H. (2021). Highly public anti-Black violence is associated with poor mental health days for Black Americans. *Proceedings of the National Academy of Sciences*, 118(17): e2019624118.

Curtis, M. G., Whalen, C. C., Pjesivac, I., & Kogan, S. M. (2023). Contextual pathways linking cumulative experiences of racial discrimination to black american men's COVID Vaccine Hesitancy. *Journal of Racial and Ethnic Health Disparities*, 10(6): 2944-2956.

Czymara, C. S. (2020). Propagated preferences? Political elite discourses and Europeans' openness toward Muslim immigrants. *International Migration Review*, 54(4): 1212-1237.

Czymara, C. S., & Dochow, S. (2018). Mass media and concerns about immigration in Germany in the 21st century: Individual-level evidence over 15 years. *European Sociological Review*, 34(4): 381-401.

Czymara, C. S., Dochow-Sondershaus, S., Drouhot, L. G., Simsek, M., & Spörlein, C. (2023). Catalyst of hate? Ethnic insulting on YouTube in the aftermath of terror attacks in France, Germany and the United Kingdom 2014–2017. *Journal of Ethnic and Migration Studies*, 49(2): 535-553.

Czymara, C. S., & Mitchell, J. (2023). All cops are trusted? How context and time shape immigrants' trust in the police in Europe. *Ethnic and Racial Studies*, 46(1): 72-96.

Dafoe, A., Zhang, B., & Caughey, D. (2018). Information equivalence in survey experiments. *Political Analysis*, 26(4): 399-416.

Dahlum, S., Pinckney, J., & Wig, T. (2023). Moral logics of support for nonviolent resistance: Evidence from a cross-national survey experiment. *Comparative Political Studies*, 56(3): 326-362.

D'Alessio, S. J., & Stolzenberg, L. (2003). Race and the probability of arrest. *Social Forces*, 81(4): 1381-1397.

Damelang, A., Ebensperger, S., & Stumpf, F. (2020). Foreign credential recognition and immigrants' chances of being hired for skilled jobs: Evidence from a survey experiment among employers. *Social Forces*, 99(2): 648-671.

Dancygier, R. M., & Donnelly, M. J. (2013). Sectoral economies, economic contexts, and attitudes toward immigration. *The Journal of Politics*, 75(1): 17-35.

Dancygier, R., Lindgren, K. O., Nyman, P., & Vernby, K. (2021). Candidate supply is not a barrier to immigrant representation: A case–control study. *American Journal of Political Science*, 65(3): 683-698.

Dancygier, R. M., Lindgren, K. O., Oskarsson, S., & Vernby, K. (2015). Why are immigrants underrepresented in politics? Evidence from Sweden. *American Political Science Review*, 109(4): 703-724.

Darity Jr, W. A., & Mason, P. L. (1998). Evidence on discrimination in employment: Codes of color, codes of gender. *Journal of Economic Perspectives*, 12(2): 63-90.

Daumeyer, N. M., Onyeador, I. N., Brown, X., & Richeson, J. A. (2019). Consequences of attributing discrimination to implicit vs. explicit bias. *Journal of Experimental Social Psychology*, 84: 103812.

Davenport, C., McDermott, R., & Armstrong, D. (2018). Protest and police abuse: Racial limits on perceived accountability. In Bonner, M. D., Seri, G., Kubal, M. R., Kempa, M. (Eds.), *Police Abuse in Contemporary Democracies* (pp.165-192), Springer.

Davenport, C., Soule, S. A., & Armstrong, D. A. (2011). Protesting while black? The differential policing of American activism, 1960 to 1990. *American Sociological Review*, 76(1): 152-178.

David, O., & Bar-Tal, D. (2009). A sociopsychological conception of collective identity: The case of national identity as an example. *Personality and Social Psychology Review*, 13(4): 354-379.

Davidov, E. (2011). Nationalism and constructive patriotism: A longitudinal test of comparability in 22 countries with the ISSP. *International Journal of Public Opinion Research*, 23(1): 88-103.

Davies, K., Tropp, L. R., Aron, A., Pettigrew, T. F., & Wright, S. C. (2011). Cross-group friendships and intergroup attitudes: A meta-analytic review. *Personality and Social Psychology Review*, 15(4): 332-351.

De Coninck, D., Solano, G., Joris, W., Meuleman, B., & d'Haenens, L. (2021). Integration policies and thre at perceptions following the European migration crisis: New insights into the policy-threat nexus. *International Journal of Comparative Sociology*, 62(4): 253-280.

de Figueiredo Jr, R. J., & Elkins, Z. (2003). Are patriots bigots? An inquiry into the vices of in-group pride. *American Journal of Political Science*, 47(1): 171-188.

De Juan, A., Gläßel, C., Haass, F., & Scharpf, A. (2023). The Political effects of witnessing state atrocities: Evidence from the Nazi Death Marches. *Comparative Political Studies*, 00104140231178736.

de La Sablonnière, R., Nugier, A., Kadhim, N., Kleinlogel, E. P., Pelletier-Dumas, M., & Guimond, S. (2020). The impact of national integration policies on prejudice and psychological well-being: The fundamental role of the clarity and coherence of integration policies. *European Journal of Social Psychology*, 50(3): 614-633.

de Lafuente, D. M. (2021). Cultural assimilation and ethnic discrimination: An audit study with schools. *Labour Economics*, 72: 102058.

de Lange, S. (2007). A new winning formula? The programmatic appeal of the radical right. *Party Politics*,

13(4): 411–435

De Rooij, E. A., Goodwin, M. J., & Pickup, M. (2018). A research note: The differential impact of threats on ethnic prejudice toward three minority groups in Britain. *Political Science Research and Methods*, 6(4): 837-845.

De Vroome, T., Verkuyten, M., & Martinovic, B. (2014). Host National Identification of Immigrants in the Netherlands. *International Migration Review*, 48(1): 76-102.

Dee, T. S. (2005). A teacher like me: Does race, ethnicity, or gender matter?. *American Economic Review*, 95(2): 158-165.

Dehdari, S. H. (2022). Economic distress and support for radical right parties—Evidence from Sweden. *Comparative Political Studies*, 55(2): 191-221.

Del Toro, J., Jackson, D. B., & Wang, M. T. (2022). The policing paradox: Police stops predict youth's school disengagement via elevated psychological distress. *Developmental Psychology*, 58(7): 1402-1412.

Del Toro, J., Lloyd, T., Buchanan, K. S., Robins, S. J., Bencharit, L. Z., Smiedt, M. G., ... & Goff, P. A. (2019). The criminogenic and psychological effects of police stops on adolescent black and Latino boys. *Proceedings of the National Academy of Sciences*, 116(17): 8261-8268.

Della Posta, D. J. (2013). Competitive threat, intergroup contact, or both? Immigration and the dynamics of Front National voting in France. *Social Forces*, 92(1): 249-273.

DellaVigna, S., Enikolopov, R., Mironova, V., Petrova, M., & Zhuravskaya, E. (2014). Cross-border media and nationalism: Evidence from Serbian radio in Croatia. *American Economic Journal: Applied Economics*, 6(3): 103-132.

Deole, S. S., & Zeydanli, T. (2021). The causal impact of education on gender role attitudes: Evidence from European datasets. Available at SSRN 3791949.

Derous, E., Nguyen, H. H., & Ryan, A. M. (2009). Hiring discrimination against Arab minorities: Interactions between prejudice and job characteristics. *Human Performance*, 22(4): 297-320.

Derous, E., & Ryan, A. M. (2019). When your resume is (not) turning you down: Modelling ethnic bias in resume screening. *Human Resource Management Journal*, 29(2): 113-130.

Derous, E., Ryan, A. M., & Serlie, A. W. (2015). Double jeopardy upon resume screening: When Achmed is less employable than Aisha. *Personnel Psychology*, 68(3): 659-696.

Desmond, M., Papachristos, A. V., & Kirk, D. S. (2016). Police violence and citizen crime reporting in the black community. *American Sociological Review*, 81(5): 857-876.

Desmond, M., Papachristos, A. V., & Kirk, D. S. (2020). Evidence of the effect of police violence on citizen crime reporting. *American Sociological Review*, 85(1): 184-190.

Desposato, S. (2018). Subjects and scholars' views on the ethics of political science field experiments. *Perspectives on Politics*, 16(3): 739-750.

d'Hombres, B. & Nunziata, L. (2016). Wish you were here? Quasi-experimental evidence on the effect of education on self-reported attitude toward immigrants. *European Economic Review*, 90: 201-224.

Diehl, C., Koenig, M., and Ruckdeschel, K. (2009). Religiosity and gender equality: Comparing natives and Muslim migrants in Germany. *Ethnic and Racial Studies* 32 (2): 278–301.

Dietrich, B. J., & Sands, M. L. (2023). Seeing racial avoidance on New York City streets. *Nature Human Behaviour*, 7(8): 1275-1281.

Dinesen, P. T., Dahl, M., & Schiøler, M. (2021). When are legislators responsive to ethnic minorities? Testing the role of electoral incentives and candidate selection for mitigating ethnocentric responsiveness. *American Political Science Review*, 115(2): 450-466.

Dinesen, P. T., Schaeffer, M., & Sønderskov, K. M. (2020). Ethnic diversity and social trust: A narrative and meta-analytical review. *Annual Review of Political Science*, 23: 441-465.

Djourelova, M. (2023). Persuasion through slanted language: Evidence from the media coverage of immigration. *American Economic Review*, 113(3): 800-835.

Doherty, D., Dowling, C. M., & Miller, M. G. (2019). Do local party chairs think women and minority candidates can win? Evidence from a conjoint experiment. *The Journal of Politics*, 81(4): 1282-1297.

Doleac, J. L., & Hansen, B. (2020). The unintended consequences of "ban the box": Statistical discrimination and employment outcomes when criminal histories are hidden. *Journal of Labor Economics*, 38(2): 321-374.

Doleac, J. L., & Stein, L. C. (2013). The visible hand: Race and online market outcomes. *The Economic Journal*, 123(572): F469-F492.

Dollard, J., Doob, L. W., Miller, N. E., Mowrer, O. H., & Sears, R. R. (1939). *Frustration and Aggression*. New Haven, CT: Yale University Press.

Douds, K., & Wu, J. (2018). Trust in the bayou city: Do racial segregation and discrimination matter for generalized trust?. *Sociology of Race and Ethnicity*, 4(4): 567-584.

Dovidio, J. F., Eller, A., & Hewstone, M. (2011). Improving intergroup relations through direct, extended and other forms of indirect contact. *Group Processes & Intergroup Relations*, 14(2): 147-160.

Dovidio, J. F., & Gaertner, S. L. (2000). Aversive racism and selection decisions: 1989 and 1999. *Psychological Science*, 11(4): 315-319.

Dovidio, J. F., & Gaertner, S. L. (2004). Aversive racism. In Zanna, M. P. (Eds.), *Advances in Experimental Social Psychology* (pp. 1–51). San Diego, CA: Academic Press.

Dovidio, J. F., Gaertner, S. L., & Saguy, T. (2008). Another view of "we": Majority and minority group perspectives on a common ingroup identity. *European Review of Social Psychology*, 18(1): 296-330.

Dovidio, J. F., Hewstone, M., Glick, P., & Esses, V. M. (2010). Prejudice, stereotyping and discrimination: Theoretical and empirical overview. In Dovidio, J. F., Hewstione, M., Glick, P., & Esses, V. M. (Eds.) *The SAGE Handbook of Prejudice, Stereotyping and Discrimination* (pp. 3–28). Thousand Oaks, CA: Sage.

Doyle, D. M., & Molix, L. (2014). Perceived discrimination as a stressor for close relationships: Identifying psychological and physiological pathways. *Journal of Behavioral Medicine*, 37: 1134-1144.

Doyle, R. A., & Voyer, D. (2016). Stereotype manipulation effects on math and spatial test performance: A meta-analysis. *Learning and Individual Differences*, 47: 103-116.

Dražanová, L. (2022). Sometimes it is the little things: A meta-analysis of individual and contextual determinants of attitudes toward immigration (2009–2019). *International Journal of Intercultural Relations*, 87: 85-97.

Driscoll, A., Cepaluni, G., Guimaraes, F. D. S., & Spada, P. (2018). Prejudice, strategic discrimination, and the electoral connection: Evidence from a pair of field experiments in Brazil. *American Journal of Political Science*, 62(4): 781-795.

Druckman, J. N., & Shafranek, R. M. (2020). The intersection of racial and partisan discrimination: Evidence from a correspondence study of four-year colleges. *The Journal of Politics*, 82(4): 1602-1606.

Du, H., Xiao, Y., & Zhao, L. (2021). Education and gender role attitudes. *Journal of Population Economics*, 34: 475-513.

Duarte, J. L., Crawford, J. T., Stern, C., Haidt, J., Jussim, L., & Tetlock, P. E. (2015). Political diversity will improve social psychological science. *Behavioral and Brain Sciences*, 38: e130.

Dubois, E., & Blank, G. (2018). The echo chamber is overstated: The moderating effect of political interest and diverse media. *Information, Communication & Society*, 21(5): 729-745.

Duckitt, J. (2010). Historical overview. In Dovidio, J. F., Hewstione, M., Glick, P., & Esses, V. M. (Eds.) *The SAGE Handbook of Prejudice, Stereotyping and Discrimination* (pp. 29-44). Thousand Oaks, CA: Sage.

Dustmann, C., Vasiljeva, K., & Piil Damm, A. (2019). Refugee migration and electoral outcomes. *The Review of Economic Studies*, 86(5): 2035-2091.

Eberl, J. M., Meltzer, C. E., Heidenreich, T., Herrero, B., Theorin, N., Lind, F., ... & Strömbäck, J. (2018). The European media discourse on immigration and its effects: A literature review. *Annals of the International Communication Association*, 42(3): 207-223.

Edelman, B., Luca, M., & Svirsky, D. (2017). Racial discrimination in the sharing economy: Evidence from a field experiment. *American Economic Journal: Applied Economics*, 9(2): 1-22.

Edelmann, A., Wolff, T., Montagne, D., & Bail, C. A. (2020). Computational social science and sociology. *Annual Review of Sociology*, 46: 61-81.

Edling, C., Rydgren, J., & Sandell, R. (2016). Terrorism, belief formation, and residential integration: Population dynamics in the aftermath of the 2004 Madrid terror bombings. *American Behavioral Scientist*, 60(10): 1215-1231.

Edo, A. (2019). The impact of immigration on the labor market. *Journal of Economic Surveys*, 33(3): 922-948.

Edwards, L. (2016). Homogeneity and inequality: School discipline inequality and the role of racial composition. *Social Forces*, 95(1): 55-76.

Edwards, P., & Arnon, D. (2021). Violence on many sides: Framing effects on protest and support for repression. *British Journal of Political Science*, 51(2): 488-506.

Egan, M., Matvos, G., & Seru, A. (2022). When Harry fired Sally: The double standard in punishing misconduct. *Journal of Political Economy*, 130(5): 1184-1248.

Eger, M. A., & Hjerm, M. (2022a). Identifying varieties of nationalism: A critique of a purely inductive approach. *Nations and Nationalism*, 28(1): 341-352.

Eger, M. A., & Hjerm, M. (2022b). Argumentum ad populum: A reply to Bonikowski and DiMaggio. *Nations and Nationalism*, 28(1): 366-370.

Eger, M. A., Mitchell, J., & Hjerm, M. (2022). When I was growing up: The lasting impact of immigrant presence on native-born American attitudes towards immigrants and immigration. *European Sociological Review*, 38(2): 169-188.

Eibach, R. P., & Keegan, T. (2006). Free at last? Social dominance, loss aversion, and White and Black Americans' differing assessments of racial progress. *Journal of Personality and Social Psychology*, 90(3): 453-467.

Ekins, E. & Kemp, D. (2021) *E Pluribus Unum: Findings from the Cato Institute 2021 Immigration and Identity National Survey*. https://www.cato.org/survey-reports/e-pluribus-unum-findings-cato-institute-2021-immigration-identity-national-survey. (2024年5月27日アクセス).

Eller, A., Abrams, D., & Zimmermann, A. (2011). Two degrees of separation: A longitudinal study of actual and perceived extended international contact. *Group Processes & Intergroup Relations*, 14(2): 175-191.

Emeriau, M. (2023). Learning to be unbiased: Evidence from the French Asylum Office. *American Journal of Political Science*, 67(4): 1117-1133.

English, P. (2019). Visibly restricted: Public opinion and the representation of immigrant origin communities across Great Britain. *Ethnic and Racial Studies*, 42(9): 1437-1455.

Enos, R. D. (2014). Causal effect of intergroup contact on exclusionary attitudes. *Proceedings of the National Academy of Sciences*, 111(10): 3699-3704.

Enos, R. D. (2016). What the demolition of public housing teaches us about the impact of racial threat on political behavior. *American Journal of Political Science*, 60(1): 123-142.

Enos, R. D., Kaufman, A. R., & Sands, M. L. (2019). Can violent protest change local policy support? Evidence from the aftermath of the 1992 Los Angeles riot. *American Political Science Review*,

113(4): 1012-1028.

Ensari, N., & Miller, N. (2001). Decategorization and the reduction of bias in the crossed categorization paradigm. *European Journal of Social Psychology*, 31(2): 193-216.

Entzinger, H., & Biezeveld, R. (2003). *Benchmarking in Immigrant Integration*.

Eren, O., & Mocan, N. (2018). Emotional judges and unlucky juveniles. *American Economic Journal: Applied Economics*, 10(3): 171-205.

Erhard, L., Heiberger, R. H., & Windzio, M. (2022). Diverse effects of mass media on concerns about immigration: New evidence from Germany, 2001–2016. *European Sociological Review*, 38(4): 629-647.

Eriksson, L. M., & Vernby, K. (2021). Welcome to the party? Ethnicity and the interaction between potential activists and party gatekeepers. *The Journal of Politics*, 83(4): 1861-1866.

Ermakoff, I. (2019). Causality and history: Modes of causal investigation in historical social sciences. *Annual Review of Sociology*, 45: 581-606.

Ersanilli, E., & Präg, P. (2023). Fixed-term work contracts and anti-immigration attitudes. A novel test of ethnic competition theory. *Socio-Economic Review*, 21(1): 293-318.

Esposito, E., Rotesi, T., Saia, A., & Thoenig, M. (2023). Reconciliation narratives: The birth of a nation after the us civil war. *American Economic Review*, 113(6): 1461-1504.

Esses, V. M., Dovidio, J. F., Jackson, L. M., & Armstrong, T. L. (2001). The immigration dilemma: The role of perceived group competition, ethnic prejudice, and national identity. *Journal of Social Issues*, 57(3): 389-412.

Eubank, N., & Fresh, A. (2022). Enfranchisement and incarceration after the 1965 voting rights act. *American Political Science Review*, 116(3): 791-806.

Evangelist, M. (2022). Narrowing racial differences in trust: How discrimination shapes trust in a racialized society. *Social Problems*, 69(4): 1109-1136.

Ewens, M., Tomlin, B., & Wang, L. C. (2014). Statistical discrimination or prejudice? A large sample field experiment. *Review of Economics and Statistics*, 96(1): 119-134.

Faber, J. W. (2020). We built this: Consequences of new deal era intervention in America's racial geography. *American Sociological Review*, 85(5): 739-775.

Facchini, G., Margalit, Y., & Nakata, H. (2022). Countering public opposition to immigration: The impact of information campaigns. *European Economic Review*, 141: 103959.

Facchini, G., & Mayda, A. M. (2009). Does the welfare state affect individual attitudes toward immigrants? Evidence across countries. *The Review of Economics and Statistics*, 91(2): 295-314.

Fairchild, H. H., & Gurin, P. (1978). Traditions in the social-psychological analysis of race relations. *American Behavioral Scientist*, 21(5): 757-778.

Fairlie, R. W., Hoffmann, F., & Oreopoulos, P. (2014). A community college instructor like me: Race and ethnicity interactions in the classroom. *American Economic Review*, 104(8): 2567-2591.

Fairlie, R. W., & Lofstrom, M. (2015). Immigration and entrepreneurship. In Chiswick, B. & Miller, P. (Eds.), *Handbook of the Economics of International Migration* (pp.877–911), Elsevier.

Fang, A. H., Guess, A. M., & Humphreys, M. (2019). Can the government deter discrimination? Evidence from a randomized intervention in New York City. *The Journal of Politics*, 81(1): 127-141.

Farber, H. S., & Gibbons, R. (1996). Learning and wage dynamics. *The Quarterly Journal of Economics*, 111(4): 1007-1047.

Farris, E. M., & Silber Mohamed, H. (2018). Picturing immigration: How the media criminalizes immigrants. *Politics, Groups, and Identities*, 6(4): 814-824.

Faulkner, J., Schaller, M., Park, J. H., & Duncan, L. A. (2004). Evolved disease-avoidance mechanisms and

contemporary xenophobic attitudes. *Group Processes & Intergroup Relations*, 7(4): 333-353.

Feinberg, M., Willer, R., & Kovacheff, C. (2020). The activist's dilemma: Extreme protest actions reduce popular support for social movements. *Journal of Personality and Social Psychology*, 119(5): 1086-1111.

Feinstein, Y. (2016). Pulling the trigger: How threats to the nation increase support for military action via the generation of hubris. *Sociological Science*, 3: 317-334.

Feliciano, C. (2020). Immigrant selectivity effects on health, labor market, and educational outcomes. *Annual Review of Sociology*, 46: 315-334.

Fernández-Reino, M., Di Stasio, V., & Veit, S. (2023). Discrimination unveiled: A field experiment on the barriers faced by Muslim women in Germany, the Netherlands, and Spain. *European Sociological Review*, *39*(3), 479-497.

Ferrín, M., Mancosu, M., & Cappiali, T. M. (2020). Terrorist attacks and Europeans' attitudes towards immigrants: An experimental approach. *European Journal of Political Research*, 59(3): 491-516.

Fibbi, R., Midtbøen, A. H., & Simon, P. (2021). *Migration and Discrimination: IMISCOE Short Reader*. Springer Nature.

Fibbi, R., Ruedin, D., Stünzi, R., & Zschirnt, E. (2022). Hiring discrimination on the basis of skin colour? A correspondence test in Switzerland. *Journal of Ethnic and Migration Studies*, 48(7): 1515-1535.

Findley, M. G., Laney, B., Nielson, D. L., & Sharman, J. C. (2017). External validity in parallel global field and survey experiments on anonymous incorporation. *The Journal of Politics*, 79(3): 856-872.

Fink, J. J., & Brady, D. (2020). Immigration and preferences for greater law enforcement spending in rich democracies. *Social Forces*, 98(3): 1074-1111.

Finnemore, M., & Sikkink, K. (1998). International norm dynamics and political change. *International Organization*, 52(4): 887-917.

Finseraas, H., Hanson, T., Johnsen, Å. A., Kotsadam, A., & Torsvik, G. (2019). Trust, ethnic diversity, and personal contact: A field experiment. *Journal of Public Economics*, 173: 72-84.

Finseraas, H., & Kotsadam, A. (2017). Does personal contact with ethnic minorities affect anti-immigrant sentiments? Evidence from a field experiment. *European Journal of Political Research*, 56(3): 703-722.

Finseraas, H., Skorge, Ø. S., & Strøm, M. (2018). Does education affect immigration attitudes? Evidence from an education reform. *Electoral Studies*, 55: 131-135.

Firebaugh, G., & Davis, K. E. (1988). Trends in antiblack prejudice, 1972-1984: Region and cohort effects. *American Journal of Sociology*, 94(2): 251-272.

Fisher, S. D., Heath, A. F., Sanders, D., & Sobolewska, M. (2015). Candidate ethnicity and vote choice in Britain. *British Journal of Political Science*, 45(4): 883-905.

Fiske, S. T., Cuddy, A. J., Glick, P., & Xu, J. (2002). A model of (often mixed) stereotype content: Competence and warmth respectively follow from perceived status and competition. *Journal of Personality and Social Psychology*, 82(6): 878–902.

Fisman, R., Sarkar, A., Skrastins, J., & Vig, V. (2020). Experience of communal conflicts and intergroup lending. *Journal of Political Economy*, 128(9): 3346-3375.

Flage, A. (2018). Ethnic and gender discrimination in the rental housing market: Evidence from a meta-analysis of correspondence tests, 2006–2017. *Journal of Housing Economics*, 41: 251-273.

Fleischmann, F., & Verkuyten, M. (2016). Dual identity among immigrants: Comparing different conceptualizations, their measurements, and implications. *Cultural Diversity and Ethnic Minority Psychology*, 22(2): 151-165.

Flores, R. D. (2017). Do anti-immigrant laws shape public sentiment? A study of Arizona's SB 1070 using Twitter data. *American Journal of Sociology*, 123(2): 333-384.

Flores, R. D. (2018). Can elites shape public attitudes toward immigrants?: Evidence from the 2016 US presidential election. *Social Forces*, 96(4): 1649-1690.

Flores, R. D., & Azar, A. (2023). Who are the "immigrants"?: How Whites' diverse perceptions of immigrants shape their attitudes. *Social Forces*, 101(4): 2117-2146.

Flores, E., Tschann, J. M., Dimas, J. M., Pasch, L. A., & de Groat, C. L. (2010). Perceived racial/ethnic discrimination, posttraumatic stress symptoms, and health risk behaviors among Mexican American adolescents. *Journal of Counseling Psychology*, 57(3): 264-273.

Flynn, D. J., Nyhan, B., & Reifler, J. (2017). The nature and origins of misperceptions: Understanding false and unsupported beliefs about politics. *Political Psychology*, 38(51): 127-150.

Fosse, E., & Winship, C. (2019). Analyzing age-period-cohort data: A review and critique. *Annual Review of Sociology*, 45: 467-492.

Fouka, V. (2019). How do immigrants respond to discrimination? The case of Germans in the US during World War I. *American Political Science Review*, 113(2): 405-422.

Fouka, V. (2020). Backlash: The unintended effects of language prohibition in US schools after World War I. *The Review of Economic Studies*, 87(1): 204-239.

Fouka, V., Mazumder, S., & Tabellini, M. (2022). From immigrants to Americans: Race and assimilation during the Great Migration. *Review of Economic Studies*, 89(2): 811–842.

Fouka, V., & Voth, H. J. (2023). Collective remembrance and private choice: German–Greek conflict and behavior in times of crisis. *American Political Science Review*, 117(3): 851-870.

Fox, C., & Guglielmo, T. A. (2012). Defining America's racial boundaries: Blacks, Mexicans, and European immigrants, 1890–1945. *American Journal of Sociology*, 118(2): 327-379.

Fraga, B. L., & Hassell, H. J. (2021). Are minority and women candidates penalized by party politics? Race, gender, and access to party support. *Political Research Quarterly*, 74(3): 540-555.

Freeman, S. (2002). Liberalism and the accommodation of group claims. In: Kelly, P. (Ed.), *Multiculturalism Reconsidered* (pp. 18–30). Cambridge: Polity Press.

Frey, A. (2022). Getting under the skin: The impact of terrorist attacks on native and immigrant sentiment. *Social Forces*, 101(2): 943-973.

Friehs, M. T., Bracegirdle, C., Reimer, N. K., Wölfer, R., Schmidt, P., Wagner, U., & Hewstone, M. (2024). The between-person and within-person effects of intergroup contact on outgroup attitudes: A multi-context examination. *Social Psychological and Personality Science*, 15(2): 125-141.

Fryer Jr, R. G. (2019). An empirical analysis of racial differences in police use of force. *Journal of Political Economy*, 127(3): 1210-1261.

Fryer Jr, R. G., & Levitt, S. D. (2004). The causes and consequences of distinctively black names. *The Quarterly Journal of Economics*, 119(3): 767-805.

藤田智博. (2011).「インターネットと排外性の関連における文化差：日本・アメリカ比較調査の分析から」『年報人間科学』32: 77-86.

Fussell, E. (2014). Warmth of the welcome: Attitudes toward immigrants and immigration policy. *Annual Review of Sociology*, 40: 479-498.

Gadarian, S. K. (2010). The politics of threat: How terrorism news shapes foreign policy attitudes. *The Journal of Politics*, 72(2): 469-483.

Gaddis, S. M. (2015). Discrimination in the credential society: An audit study of race and college selectivity in the labor market. *Social Forces*, 93(4): 1451-1479.

Gaddis, S. M. (2017). How Black are Lakisha and Jamal? The effects of name perception and selection on social science measurement of racial discrimination. *Sociological Science*, 4: 469-89.

Gaddis, S. M. (Ed.). (2018). *Audit Studies: Behind the Scenes with Theory, Method, and Nuance*. Springer.

Gaddis, S. M. (2019). Understanding the "how" and "why" aspects of racial-ethnic discrimination: A multimethod approach to audit studies. *Sociology of Race and Ethnicity*, 5(4): 443-455.

Gaddis, S. M., Larsen, E., Crabtree, C., & Holbein, J. (2021). Discrimination against black and Hispanic Americans is highest in hiring and housing contexts: A meta-analysis of correspondence audits. Available at SSRN 3975770.

Gaertner, S.L., & Dovidio, J.F. (2000). *Reducing Intergroup Bias: The Common Ingroup Identity Model*. Hove, UK: Psychol. Press

Gaikwad, N., & Nellis, G. (2021). Overcoming the political exclusion of migrants: Theory and experimental evidence from India. *American Political Science Review*, 115(4): 1129-1146.

Gallego, A., Buscha, F., Sturgis, P., & Oberski, D. (2016). Places and preferences: A longitudinal analysis of self-selection and contextual effects. *British Journal of Political Science*, 46(3): 529-550.

Garrett, R. K. (2009). Echo chambers online?: Politically motivated selective exposure among Internet news users. *Journal of Computer-Mediated Communication*, 14(2): 265-285.

Garth, T. R. (1925). A review of racial psychology. *Psychological Bulletin*, 22(6): 343-364.

Garth, T. R. (1931). *Race Psychology: A Study of Racial Mental Differences*. Whittlesey House, McGraw-Hill Book Company.

Gaston, S. A., & Jackson, C. L. (2022). Invited commentary: The need for repeated measures and other methodological considerations when investigating discrimination as a contributor to health. *American Journal of Epidemiology*, 191(3): 379-383.

Gaston, S., & Uscinski, J. E. (2018). *Out of the Shadows: Conspiracy Thinking on Immigration*. The Henry Jackson Society.

Gautier, P. A., Siegmann, A., & van Vuuren, A. (2009). Terrorism and attitudes towards minorities: The effect of the Theo van Gogh murder on house prices in Amsterdam. *Journal of Urban Economics*, 65(2): 113-126.

Ge, Y., Knittel, C. R., MacKenzie, D., & Zoepf, S. (2020). Racial discrimination in transportation network companies. *Journal of Public Economics*, 190: 104205.

Gellner, E. (1983=2000).『民族とナショナリズム』. 加藤節監訳. 岩波書店.

Gemmill, A., Catalano, R., Casey, J. A., Karasek, D., Alcalá, H. E., Elser, H., & Torres, J. M. (2019). Association of preterm births among US Latina women with the 2016 presidential election. *JAMA Network Open*, 2(7): e197084-e197084.

Gerard, F., Lagos, L., Severnini, E., & Card, D. (2021). Assortative matching or exclusionary hiring? The impact of employment and pay policies on racial wage differences in brazil. *American Economic Review*, 111(10): 3418-57.

Gerber, A. S., Huber, G. A., Biggers, D. R., & Hendry, D. J. (2017). Self-interest, beliefs, and policy opinions: Understanding how economic beliefs affect immigration policy preferences. *Political Research Quarterly*, 70(1): 155-171.

Gerhards, J., & Hans, S. (2009). From Hasan to Herbert: Name-giving patterns of immigrant parents between acculturation and ethnic maintenance. *American Journal of Sociology*, 114(4): 1102-1128.

Gershenson, S., Holt, S. B., & Papageorge, N. W. (2016). Who believes in me? The effect of student–teacher demographic match on teacher expectations. *Economics of Education Review*, 52: 209-224.

Geven, S., & Spörlein, C. (2023). Who benefits from school-to-work linkages in the labour market? A comparison between natives, migrants educated abroad, and those educated domestically. *European Sociological Review*, 39(3), 418-432.

Geys, B., Heggedal, T. R., & Sørensen, R. J. (2022). Age and vote choice: Is there a conservative shift among older voters?. *Electoral Studies*, 78: 102485.

Ghekiere, A., Lippens, L., Baert, S., & Verhaeghe, P. P. (2023). Ethnic discrimination on paper: Uncovering realtors' willingness to discriminate with mystery mails. *Applied Economics Letters*, 30(9): 1235–1238.

Giani, M., & Méon, P. G. (2021). Global racist contagion following Donald Trump's election. *British Journal of Political Science*, 51(3): 1332-1339.

Giani, M., & Merlino, L. P. (2021). Terrorist attacks and minority perceived discrimination. *The British Journal of Sociology*, 72(2): 286-299.

Gibbons, F. X., Etcheverry, P. E., Stock, M. L., Gerrard, M., Weng, C. Y., Kiviniemi, M., & O'Hara, R. E. (2010). Exploring the link between racial discrimination and substance use: What mediates? What buffers?. *Journal of Personality and Social Psychology*, 99(5): 785-801.

Gibler, D. M., Hutchison, M. L., & Miller, S. V. (2012). Individual identity attachments and international conflict: The importance of territorial threat. *Comparative Political Studies*, 45(12): 1655-1683.

Gilbert, P. A., & Zemore, S. E. (2016). Discrimination and drinking: A systematic review of the evidence. *Social Science & Medicine*, 161: 178-194.

Gillion, D. Q. (2012). Protest and congressional behavior: Assessing racial and ethnic minority protests in the district. *The Journal of Politics*, 74(4): 950-962.

Giuliano, P., & Nunn, N. (2021). Understanding cultural persistence and change. *The Review of Economic Studies*, 88(4): 1541-1581.

Giuliano, P., & Nunn, N. (2021). A Note on "Understanding Cultural Persistence and Change: A Replication of Giuliano and Nunn (2021)". *I4R DISCUSSION PAPER SERIES*, No. 117.

Glasman, L. R., & Albarracín, D. (2006). Forming attitudes that predict future behavior: A meta-analysis of the attitude-behavior relation. *Psychological Bulletin*, 132(5): 778-822.

Glass, C., & Cook, A. (2016). Leading at the top: Understanding women's challenges above the glass ceiling. *The Leadership Quarterly*, 27(1): 51-63.

Glover, D., Pallais, A., & Pariente, W. (2017). Discrimination as a self-fulfilling prophecy: Evidence from French grocery stores. *The Quarterly Journal of Economics*, 132(3): 1219-1260.

Godefroidt, A. (2023). How terrorism does (and does not) affect citizens' political attitudes: A meta-analysis. *American Journal of Political Science*, 67(1): 22-38.

Goerres, A., Mayer, S. J., & Spies, D. C. (2022). A new electorate? Explaining the party preferences of immigrant-origin voters at the 2017 Bundestag election. *British Journal of Political Science*, 52(3): 1032-1054.

Goncalves, F., & Mello, S. (2021). A few bad apples? Racial bias in policing. *American Economic Review*, 111(5): 1406-1441.

Gong, S. (2018). Are the consequences of experiencing discrimination the same for immigrants of differing socio-economic status in Japan?. *International Migration*, 56(2): 37-55.

Gong, S., & Wang, S. (2021). History matters: the long-term impact of historical immigrant size on current xenophobia in Japan. *The Journal of Chinese Sociology*, 8(1): 1-17.

González-Bailón, S., Lazer, D., Barberá, P., Zhang, M., Allcott, H., Brown, T., ... & Tucker, J. A. (2023). Asymmetric ideological segregation in exposure to political news on Facebook. *Science*, 381(6656): 392-398.

Goosby, B. J., Cheadle, J. E., & Mitchell, C. (2018). Stress-related biosocial mechanisms of discrimination and African American health inequities. *Annual Review of Sociology*, 44: 319-340.

Gordon, M. (1964). *Assimilation in American Life: The Role of Race, Religion, and National Origins*. New York: Oxford University Press.

Gorodzeisky, A., & Semyonov, M. (2009). Terms of exclusion: Public views towards admission and allocation of rights to immigrants in European countries. *Ethnic and Racial Studies*, 32(3): 401-423.

Gorodzeisky, A., & Semyonov, M. (2018). Competitive threat and temporal change in anti-immigrant sentiment: Insights from a hierarchical age-period-cohort model. *Social Science Research*, 73: 31-44.

Gorodzeisky, A., & Semyonov, M. (2020). Perceptions and misperceptions: Actual size, perceived size and opposition to immigration in European societies. *Journal of Ethnic and Migration Studies*, 46(3): 612-630.

Gould, E. D., & Klor, E. F. (2016). The long-run effect of 9/11: Terrorism, backlash, and the assimilation of Muslim immigrants in the West. *The Economic Journal*, 126(597): 2064-2114.

GOV.UK. (2021). Writing about ethnicity. https://www.ethnicity-facts-figures.service.gov.uk/style-guide/writing-about-ethnicity. (2024年5月27日アクセス).

Graf, S., Paolini, S., & Rubin, M. (2014). Negative intergroup contact is more influential, but positive intergroup contact is more common: Assessing contact prominence and contact prevalence in five Central European countries. *European Journal of Social Psychology*, 44(6): 536-547.

Gramlich, J. (2020). Black imprisonment rate in the U.S. has fallen by a third since 2006. Pew Research Center. https://www.pewresearch.org/short-reads/2020/05/06/share-of-black-white-hispanic-americans-in-prison-2018-vs-2006/ (2024年12月2日アクセス).

Grdešić, M. (2019). Neoliberalism and welfare chauvinism in Germany: An examination of survey evidence. *German Politics and Society*, 37(2): 1–22.

Green, D., & Kadoya, Y. (2015). Contact and threat: Factors affecting views on increasing immigration in Japan. *Politics & Policy*, 43(1): 59-93.

Green, E. G., Visintin, E. P., Sarrasin, O., & Hewstone, M. (2020). When integration policies shape the impact of intergroup contact on threat perceptions: A multilevel study across 20 European countries. *Journal of Ethnic and Migration Studies*, 46(3): 631-648.

Greenberg, J., Pyszczynski, T., & Solomon, S. (1986). The causes and consequences of a need for selfesteem: A terror management theory. In Baumeister, R. F. (Eds.), *Public and Private Self* (pp.189-212), New York: Springer-Verlag.

Greene, M. L., Way, N., & Pahl, K. (2006). Trajectories of perceived adult and peer discrimination among Black, Latino, and Asian American adolescents: Ppatterns and psychological correlates. *Developmental Psychology*, 42(2): 218-236.

Greenwald, A. G., & Banaji, M. R. (1995). Implicit social cognition: attitudes, self-esteem, and stereotypes. *Psychological Review*, 102(1): 4-27.

Greenwald, A. G., Banaji, M. R., & Nosek, B. A. (2015). Statistically small effects of the Implicit Association Test can have societally large effects. *Journal of Personality and Social Psychology*, 108(4): 553-561.

Greenwald, A. G., McGhee, D. E., & Schwartz, J. L. (1998). Measuring individual differences in implicit cognition: The implicit association test. *Journal of Personality and Social Psychology*, 74(6): 1464-1480.

Greenwald, A. G., Nosek, B. A., & Banaji, M. R. (2003). Understanding and using the implicit association test: I. An improved scoring algorithm. *Journal of Personality and Social Psychology*, 85(2): 197-216.

Greenwald, A. G., Poehlman, T. A., Uhlmann, E. L., & Banaji, M. R. (2009). Understanding and using the Implicit Association Test: III. Meta-analysis of predictive validity. *Journal of Personality and Social Psychology*, 97(1): 17-41.

Grewal, S., & Hamid, S. (2024). Discrimination, inclusion, and anti-system attitudes among Muslims in Germany. *American Journal of Political Science*, 68(2): 511-528.

Grigorieff, A., Roth, C., & Ubfal, D. (2020). Does information change attitudes toward immigrants?. *Demography*, 57(3): 1117-1143.

Grigoryan, L., Cohrs, J. C., Boehnke, K., van de Vijver, F. A., & Easterbrook, M. J. (2022). Multiple

categorization and intergroup bias: Examining the generalizability of three theories of intergroup relations. *Journal of Personality and Social Psychology*, 122(1): 34-52.

Grossman, G., Gazal-Ayal, O., Pimentel, S. D., & Weinstein, J. M. (2016). Descriptive representation and judicial outcomes in multiethnic societies. *American Journal of Political Science*, 60(1): 44-69.

Guimond, S., Crisp, R. J., De Oliveira, P., Kamiejski, R., Kteily, N., Kuepper, B., ... & Zick, A. (2013). Diversity policy, social dominance, and intergroup relations: Predicting prejudice in changing social and political contexts. *Journal of Personality and Social Psychology*, 104(6): 941-958.

Guzi, M., Kahanec, M., & Mýtna Kureková, L. (2023). The impact of immigration and integration policies on immigrant-native labour market hierarchies. *Journal of Ethnic and Migration Studies*, 49(16): 4169-4187.

Haaland, I., & Roth, C. (2020). Labor market concerns and support for immigration. *Journal of Public Economics*, 191: 104256.

Habtegiorgis, A. E., Paradies, Y. C., & Dunn, K. M. (2014). Are racist attitudes related to experiences of racial discrimination? Within sample testing utilising nationally representative survey data. *Social Science Research*, 47: 178-191.

Hager, A., Hilbig, H., & Riaz, S. (2024). Refugee labor market access increases support for immigration. *Comparative Political Studies*, 57(5): 749-777.

Hainmueller, J., & Hangartner, D. (2013). Who gets a Swiss passport? A natural experiment in immigrant discrimination. *American Political Science Review*, 107(1): 159-187.

Hainmueller, J., Hangartner, D., & Yamamoto, T. (2015). Validating vignette and conjoint survey experiments against real-world behavior. *Proceedings of the National Academy of Sciences*, 112(8): 2395-2400.

Hainmueller, J., & Hiscox, M. J. (2007). Educated preferences: Explaining attitudes toward immigration in Europe. *International Organization*, 61(2): 399-442.

Hainmueller, J., & Hiscox, M. J. (2010). Attitudes toward highly skilled and low-skilled immigration: Evidence from a survey experiment. *American Political Science Review*, 104(1): 61-84.

Hainmueller, J., & Hopkins, D. J. (2014). Public attitudes toward immigration. *Annual Review of Political Science*, 17: 225-249.

Hainmueller, J., & Hopkins, D. J. (2015). The hidden American immigration consensus: A conjoint analysis of attitudes toward immigrants. *American Journal of Political Science*, 59(3): 529-548.

Halberstam, Y., & Knight, B. (2016). Homophily, group size, and the diffusion of political information in social networks: Evidence from Twitter. *Journal of Public Economics*, 143: 73-88.

Halla, M., Wagner, A. F., & Zweimüller, J. (2017). Immigration and voting for the far right. *Journal of the European Economic Association*, 15(6): 1341-1385.

Halldenius, L. (2017). Discrimination and irrelevance. In Lippert-Rasmussen, K. (Eds.), *The Routledge Handbook of the Ethics of Discrimination* (pp. 108-118). London; New York: Routledge.

濱田国佑. (2008).「外国人住民に対する日本人住民意識の変遷とその規定要因」『社会学評論』59(1): 216-231.

濱田国佑. (2010).「外国人集住地域における日本人住民の排他性/寛容性とその規定要因―地域間比較を通して―」『日本都市社会学会年報』28: 101-115.

Hangartner, D., Dinas, E., Marbach, M., Matakos, K., & Xefteris, D. (2019). Does exposure to the refugee crisis make natives more hostile?. *American Political Science Review*, 113(2): 442-455.

Hanson, A., & Hawley, Z. (2011). Do landlords discriminate in the rental housing market? Evidence from an internet field experiment in US cities. *Journal of Urban Economics*, 70(2-3): 99-114.

Hanson, A., Hawley, Z., Martin, H., & Liu, B. (2016). Discrimination in mortgage lending: Evidence from a

correspondence experiment. *Journal of Urban Economics*, 92: 48-65.

Hanson, A., Hawley, Z., & Taylor, A. (2011). Subtle discrimination in the rental housing market: Evidence from e-mail correspondence with landlords. *Journal of Housing Economics*, 20(4): 276-284.

Hanson, G. H., Scheve, K., & Slaughter, M. J. (2007). Public finance and individual preferences over globalization strategies. *Economics & Politics*, 19(1): 1-33.

原田哲志. (2017).「JGSS 累積データ 2000-2012 にみる排外主義の変化―若者の排外主義高揚論の検討―」『日本版総合的社会調査共同研究拠点　研究論文集』17: 19-28.

Harder, N., Figueroa, L., Gillum, R. M., Hangartner, D., Laitin, D. D., & Hainmueller, J. (2018). Multidimensional measure of immigrant integration. *Proceedings of the National Academy of Sciences*, 115(45): 11483-11488.

Harding, R., & Nwokolo, A. (2023). Terrorism, trust, and identity: Evidence from a natural experiment in Nigeria. *American Journal of Political Science*.

Harell, A., Banting, K., Kymlicka, W., & Wallace, R. (2022). Shared membership beyond national identity: Deservingness and solidarity in diverse societies. *Political Studies*, 70(4): 983-1005.

Harkness, S. K. (2016). Discrimination in lending markets: Status and the intersections of gender and race. *Social Psychology Quarterly*, 79(1): 81-93.

Hart, W., Albarracín, D., Eagly, A. H., Brechan, I., Lindberg, M. J., & Merrill, L. (2009). Feeling validated versus being correct: A meta-analysis of selective exposure to information. *Psychological Bulletin*, 135(4): 555-558.

長谷川珠子. (2013).「雇用差別禁止法に対する法的アプローチの変遷と課題」『RIETI Discussion Paper Series』13-J-027.

Hassell, H. J., & Visalvanich, N. (2019). The party's primary preferences: Race, gender, and party support of congressional primary candidates. *American Journal of Political Science*, 63(4): 905-919.

Hässler, T., Ullrich, J., Bernardino, M., Shnabel, N., Laar, C. V., Valdenegro, D., ... & Ugarte, L. M. (2020). A large-scale test of the link between intergroup contact and support for social change. *Nature Human Behaviour*, 4(4): 380-386.

秦正樹・Song Jaehyun. (2020).「オンライン・サーベイ実験の方法: 実践編」『理論と方法』35(1): 109-127.

Hatemi, P. K., Funk, C. L., Medland, S. E., Maes, H. M., Silberg, J. L., Martin, N. G., & Eaves, L. J. (2009). Genetic and environmental transmission of political attitudes over a life time. *The Journal of Politics*, 71(3): 1141-1156.

林祥平・森永雄太・佐藤佑樹・島貫智行. (2019).「職場のダイバーシティが協力志向的モチベーションを向上させるメカニズム」『日本経営学会誌』42: 52-62.

Hayward, M. D., Miles, T. P., Crimmins, E. M., & Yang, Y. (2000). The significance of socioeconomic status in explaining the racial gap in chronic health conditions. *American Sociological Review*, 910-930.

Heath, A. F., & Di Stasio, V. (2019). Racial discrimination in Britain, 1969–2017: A meta-analysis of field experiments on racial discrimination in the British labour market. *The British Journal of Sociology*, 70(5): 1774-1798.

Heckman, J. J. (1998). Detecting discrimination. *Journal of Economic Perspectives*, 12(2): 101-116.

Heinrich, H. A. (2020). Causal relationship or not? Nationalism, patriotism, and anti-immigration attitudes in Germany. *Sociology of Race and Ethnicity*, 6(1): 76-91.

Heizmann, B. (2016). Symbolic boundaries, incorporation policies, and anti-immigrant attitudes: What drives exclusionary policy preferences?. *Ethnic and Racial Studies*, 39(10): 1791-1811.

Heizmann, B., & Ziller, C. (2020). Who is willing to share the burden? Attitudes towards the allocation of asylum seekers in comparative perspective. *Social Forces*, 98(3): 1026-1051.

Hekman, D. R., Johnson, S. K., Foo, M. D., & Yang, W. (2017). Does diversity-valuing behavior result in diminished performance ratings for non-white and female leaders?. *Academy of Management Journal*, 60(2): 771-797.

Helbling, M. (2016). Immigration, integration and citizenship policies: Indices, concepts and analyses. In Freeman, G.P. & Mirilovic, N. (Eds), *Handbook of Migration and Social Policy* (pp.28-41). Cheltenham: Edward Elgar.

Helbling, M., Jäger, F., & Traunmüller, R. (2022). Muslim bias or fear of fundamentalism? A survey experiment in five Western European democracies. *Research & Politics*, 9(1): 20531680221088491.

Helbling, M., & Kriesi, H. (2014). Why citizens prefer high-over low-skilled immigrants. Labor market competition, welfare state, and deservingness. *European Sociological Review*, 30(5): 595-614.

Helbling, M., & Meierrieks, D. (2022). Terrorism and migration: An overview. *British Journal of Political Science*, 52(2): 977-996.

Helbling, M., Reeskens, T., & Wright, M. (2016). The mobilisation of identities: A study on the relationship between elite rhetoric and public opinion on national identity in developed democracies. *Nations and Nationalism*, 22(4): 744-767.

Helbling, M., & Traunmüller, R. (2016). How state support of religion shapes attitudes toward Muslim immigrants: New evidence from a sub-national comparison. *Comparative Political Studies*, 49(3): 391-424.

Helbling, M., & Traunmüller, R. (2020). What is Islamophobia? Disentangling citizens' feelings toward ethnicity, religion and religiosity using a survey experiment. *British Journal of Political Science*, 50(3): 811-828.

Hellerstein, J. K., & Neumark, D. (2008). Workplace segregation in the United States: Race, ethnicity, and skill. *The Review of Economics and Statistics*, 90(3): 459-477.

Hellman, D. (2008=2018).『差別はいつ悪質になるのか』. 池田喬・堀田義太郎訳. 法政大学出版局.

Henley & Partners (2024). The Henley Passport Index.
https://www.henleyglobal.com/passport-index/ranking (2024年11月30日アクセス).

Henrich, J., Heine, S. J., & Norenzayan, A. (2010). The weirdest people in the world?. *Behavioral and Brain Sciences*, 33(2-3): 61-83.

Herda, D. (2010). How many immigrants? Foreign-born population innumeracy in Europe. *Public Opinion Quarterly*, 74(4): 674-695.

Herda, D. (2023). Population innumeracy and anti-immigrant violence: The case of South Africa. *International Migration Review*, 01979183231170794.

Herring, C. (2009). Does diversity pay?: Race, gender, and the business case for diversity. *American Sociological Review*, 74(2): 208-224.

Herring, C. (2017). Is diversity still a good thing?. *American Sociological Review*, 82(4): 868-877.

Hetherington, M. J. (1998). The political relevance of political trust. *American Political Science Review*, 92(4): 791-808.

Heyes, A., & Saberian, S. (2019). Temperature and decisions: Evidence from 207,000 court cases. *American Economic Journal: Applied Economics*, 11(2): 238-265.

Heyes, A., & Saberian, S. (2022). Correction to "Temperature and decisions: Evidence from 207,000 court cases" and Reply to Spamann. *American Economic Journal: Applied Economics*, 14(4): 529-533.

Hiers, W., Soehl, T., & Wimmer, A. (2017). National trauma and the fear of foreigners: How past geopolitical threat heightens anti-immigration sentiment today. *Social Forces*, 96(1): 361-388.

Hilbig, H., & Riaz, S. (2022). Freedom of movement restrictions inhibit the psychological integration of refugees. *The Journal of Politics*, 84(4): 2288-2293.

Hindriks, P., Verkuyten, M., & Coenders, M. (2014). Dimensions of social dominance orientation: The roles of legitimizing myths and national identification. *European Journal of Personality*, 28(6): 538-549.

Hirsh, C. E., & Kornrich, S. (2008). The context of discrimination: Workplace conditions, institutional environments, and sex and race discrimination charges. *American Journal of Sociology*, 113(5): 1394-1432.

Hjerm, M. (2007). Do numbers really count? Group threat theory revisited. *Journal of Ethnic and Migration Studies*, 33(8): 1253-1275.

Hjerm, M., & Nagayoshi, K. (2011). The composition of the minority population as a threat: Can real economic and cultural threats explain xenophobia?. *International Sociology*, 26(6): 815-843.

Hjort, J. (2014). Ethnic divisions and production in firms. *The Quarterly Journal of Economics*, 129(4): 1899-1946.

Hobbs, W., & Lajevardi, N. (2019). Effects of divisive political campaigns on the day-to-day segregation of Arab and Muslim Americans. *American Political Science Review*, 113(1): 270-276.

Hochman, O., & Davidov, E. (2014). Relations between second-language proficiency and national identification: The case of immigrants in Germany. *European Sociological Review*, 30(3): 344-359.

Hodson, G., Crisp, R. J., Meleady, R., & Earle, M. (2018). Intergroup contact as an agent of cognitive liberalization. *Perspectives on Psychological Science*, 13(5): 523-548.

Hodson, G., & Meleady, R. (2024). Replicating and extending Sengupta et al. (2023): Contact predicts no within-person longitudinal outgroup-bias change. *American Psychologist*, 79(3): 451–462.

Hoekstra, M., & Sloan, C. (2022). Does race matter for police use of force? Evidence from 911 calls. *American Economic Review*, 112(3): 827-860.

Holbrow, H. J. (2020). Detangling capital from context: A critical investigation of human capital explanations for immigrant wage inequality. *Journal of Ethnic and Migration Studies*, 46(19): 4043–4065.

Holbrow, H. J., & Nagayoshi, K. (2018). Economic integration of skilled migrants in Japan: The role of employment practices. *International Migration Review*, 52(2): 458-486.

Homola, J., Pereira, M. M., & Tavits, M. (2020). Legacies of the Third Reich: Concentration camps and outgroup intolerance. *American Political Science Review*, 114(2): 573-590.

Homola, J., Pereira, M. M., & Tavits, M. (2024). Fixed effects and post-treatment bias in legacy studies. *American Political Science Review*, 118(1): 537-544.

Hooghe, M., Meeusen, C., & Quintelier, E. (2013). The impact of education and intergroup friendship on the development of ethnocentrism. A latent growth curve model analysis of a five-year panel study among Belgian late adolescents. *European Sociological Review*, 29(6): 1109-1121.

Hopkins, D. J., Sides, J., & Citrin, J. (2019). The muted consequences of correct information about immigration. *The Journal of Politics*, 81(1): 315-320.

Hornsey, M. J. (2008). Social identity theory and self-categorization theory: A historical review. *Social and Personality Psychology Compass*, 2(1): 204-222.

堀田義太郎. (2014).「差別の規範理論: 差別の悪の根拠に関する検討」『社会と倫理』29: 93-109.

Hou, Y., & Truex, R. (2022). Ethnic discrimination in criminal sentencing in china. *The Journal of Politics*, 84(4): 2294-2299.

Hraba, J., Hagendoorn, L., & Hagendoorn, R. (1989). The ethnic hierarchy in the Netherlands: Social distance and social representation. *British Journal of Social Psychology*, 28(1): 57-69.

Hsieh, W., Faulkner, N., & Wickes, R. (2022). What reduces prejudice in the real world? A meta-analysis of prejudice reduction field experiments. *British Journal of Social Psychology*, 61(3): 689-710.

Huang, T. J. (2023). Misperceptions of immigrant flows and their associations with anti-immigrant attitudes. *Journal of Ethnic and Migration Studies*, 49(19): 4870-4886.

Huber, K., Lindenthal, V., & Waldinger, F. (2021). Discrimination, managers, and firm performance: Evidence from "aryanizations" in Nazi Germany. *Journal of Political Economy*, 129(9): 2455-2503.

Huddy, L., Feldman, S., Taber, C., & Lahav, G. (2005). Threat, anxiety, and support of antiterrorism policies. *American Journal of Political Science*, 49(3): 593-608.

Huddy, L., & Khatib, N. (2007). American patriotism, national identity, and political involvement. *American Journal of Political Science*, 51(1): 63-77.

Huijsmans, T., Harteveld, E., van der Brug, W., & Lancee, B. (2021). Are cities ever more cosmopolitan? Studying trends in urban-rural divergence of cultural attitudes. *Political Geography*, 86: 102353.

Hunt, J., & Gauthier-Loiselle, M. (2010). How much does immigration boost innovation?. *American Economic Journal: Macroeconomics*, 2(2): 31-56.

Hutchison, M. L., & Gibler, D. M. (2007). Political tolerance and territorial threat: A cross-national study. *The Journal of Politics*, 69(1): 128-142.

Huynh, V. W., & Fuligni, A. J. (2010). Discrimination hurts: The academic, psychological, and physical well-being of adolescents. *Journal of Research on Adolescence*, 20(4): 916-941.

五十嵐彰. (2015a).「東アジアにおけるエスニックヒエラルキーに関する研究—Mokken Scale Analysis による EASS 2008 データの分析—」『日本版総合的社会調査共同研究拠点 研究論文集』15: 41-50.

五十嵐彰. (2015b).「「日本人の条件」に対する一般的イメージ—Mokken Scale Analysis による条件の重要性の順位の検証—」『理論と方法』30(2): 293-306.

Igarashi, A. (2018). Territorial conflicts and Japanese attitudes towards East Asian countries: Natural experiments with foreigners' landings on disputed islands. *Political Psychology*, 39(4): 977-992.

Igarashi, A. (2019). Till multiculturalism do us part: Multicultural policies and the national identification of immigrants in European countries. *Social Science Research*, 77: 88-100.

五十嵐彰. (2019).「排外主義：外国人増加はその源泉となるか」田辺俊介編著『日本人は右傾化したのか：データ分析で実像を読み解く』(pp. 94-114). 勁草書房.

五十嵐彰. (2021).「移民の日本に対する帰属意識—水準と規定要因」永吉希久子編『日本の移民統合：全国調査から見る現況と障壁』(pp.186-207). 明石書店.

Igarashi, A. (2023). Compatibility of ethnic and national identifications under multicultural policies. *International Migration*, 61(3): 373-389.

五十嵐彰. (2025).「排外主義」善教将大編『政治意識研究の最前線』(pp.128-142). 法律文化社.

Igarashi, A., Kano, Y., & Miwa, H. (2023). Exploring disparities in subjective discrimination assessments: A comparative vignette experiment between humans and ChatGPT. Presented at the Japanese Society for Quantitative Political Science 2023 Summer Meeting.

Igarashi, A., & Laurence, J. (2021). How does immigration affect anti-immigrant sentiment, and who is affected most? A longitudinal analysis of the UK and Japan cases. *Comparative Migration Studies*, 9:1-24.

Igarashi, A., Miwa, H., & Ono, Y. (2022). Why do citizens prefer high-skilled immigrants to low-skilled immigrants? Identifying causal mechanisms of immigration preferences with a survey experiment. *Research & Politics*, 9(2): 20531680221091439.

Igarashi, A., Morita, H., & Ono, Y. (2024). Racial profiling and public perception: Unveiling the role of statistical discrimination in Japan. 2024 JSQPS Summer Meeting.

Igarashi, A., & Mugiyama, R. (2023). Whose tastes matter? Discrimination against immigrants in the Japanese labour market. *Journal of Ethnic and Migration Studies*, 49(13): 3365–3388.

五十嵐彰・麦山亮太. (2023).「サーベイ実験を用いた日本における外国人雇用差別の検証：企業属性によ

る差別の異質性」『理論と方法』38(1): 44-58.
Igarashi, A., & Nagayoshi, K. (2022). Norms to be prejudiced: List experiments on attitudes towards immigrants in Japan. *Social Science Research*, 102: 102647.
Igarashi, A., & Ono, Y. (2022a). Who should call for advocacies? The influence of rights advocates on the public's attitude toward immigrants' voting rights in Japan. *Journal of East Asian Studies*, 22(3): 555-566.
Igarashi, A., & Ono, Y. (2022b). The effects of negative and positive information on attitudes towards immigration. *International Migration*, 60(4): 137-149.
Igarashi, A., & Ono, Y. (2022c). Neoliberal ideology and negative attitudes toward immigrants: Evidence from a survey and survey experiment in Japan. *Journal of Applied Social Psychology*, 52(12): 1146-1157.
Igarashi, A. & Ono, Y. (2025). Voter preferences for ethnoracial minority candidates: The role of policy alignment and shared identity. *Journal fo Experimental Political Science*.
池田喬・堀田義太郎. (2021).『差別の哲学入門』.アルパカ.
池上知子. (2014).「差別・偏見研究の変遷と新たな展開—悲観論から楽観論へ—」『教育心理学年報』53: 133-146.
Imai, K., & Kim, I. S. (2019). When should we use unit fixed effects regression models for causal inference with longitudinal data?. *American Journal of Political Science*, 63(2): 467-490.
Imperato, C., Schneider, B. H., Caricati, L., Amichai-Hamburger, Y., & Mancini, T. (2021). Allport meets internet: A meta-analytical investigation of online intergroup contact and prejudice reduction. *International Journal of Intercultural Relations*, 81: 131-141.
Inglehart, R., & Welzel, C. (2005). *Modernization, Cultural Change, and Democracy: The Human Development Sequence*. Cambridge: Cambridge University Press.
Ioku, T., & Watamura, E. (2024). Cultural invariance and ideological variance of collective ownership threat in intergroup relations. *Peace and Conflict: Journal of Peace Psychology*.
IOM, (2021). *World Migration Report 2022*.
石田淳. (2016).「「日本人」の条件—インターネット調査データを用いた社会的カテゴリー分析—」『社会学評論』67(2): 182-200.
石田柊. (2019).「差別と危害—帰結主義的差別論の擁護—」『社会と倫理』34: 73-84.
Ishida, S. (2021). What makes discrimination morally wrong? A harm-based view reconsidered. *Theoria*, 87(2): 483-499.
Jacobs, L., Meeusen, C., & d'Haenens, L. (2016). News coverage and attitudes on immigration: Public and commercial television news compared. *European Journal of Communication*, 31(6): 642-660.
Jacobs, J. A., & Mizrachi, N. (2020). International representation in US social-science journals. *The American Sociologist*, 51(2): 215-239.
Jacobs, L., & van Spanje, J. (2021). A time-series analysis of contextual-level effects on hate crime in the Netherlands. *Social Forces*, 100(1): 169-193.
Janmaat, J. G., & Keating, A. (2019). Are today's youth more tolerant? Trends in tolerance among young people in Britain. *Ethnicities*, 19(1): 44-65.
Jasinskaja-Lahti, I., Liebkind, K., & Solheim, E. (2009). To identify or not to identify? National disidentification as an alternative reaction to perceived ethnic discrimination. *Applied Psychology: An International Review*, 58(1): 105-128.
Jasinskaja-Lahti, I., Mähönen, T. A., & Ketokivi, M. (2012b). The dynamics of ethnic discrimination, identities and outgroup attitudes: A pre–post longitudinal study of ethnic migrants. *European Journal of Social Psychology*, 42(7): 904-914.

Jasinskaja-Lahti, I., Mähönen, T. A., & Liebkind, K. (2012a). Identity and attitudinal reactions to perceptions of inter-group interactions among ethnic migrants: A longitudinal study. *British Journal of Social Psychology*, 51(2): 312-329.

Jenkins, M. D. (1939). The mental ability of the American Negro. *The Journal of Negro Education*, 8(3): 511-520.

人権教育啓発推進センター . (2017).『外国人住民調査報告書―訂正版―』

Jones, J. M. (2017). Killing fields: Explaining police violence against persons of color. *Journal of Social Issues*, 73(4): 872-883.

Jones, K. P., Sabat, I. E., King, E. B., Ahmad, A., McCausland, T. C., & Chen, T. (2017). Isms and schisms: A meta-analysis of the prejudice-discrimination relationship across racism, sexism, and ageism. *Journal of Organizational Behavior*, 38(7): 1076-1110.

Jones, F. L., & Smith, P. (2001). Diversity and commonality in national identities: An exploratory analysis of cross-national patterns. *Journal of Sociology*, 37(1): 45-63.

Joona, P. A. (2010). Exits from self-employment: Is there a native-immigrant difference in Sweden?. *International Migration Review*, 44(3): 539-559.

Joppke, C. (2017). *Is Multiculturalism Dead?: Crisis and Persistence in the Constitutional State*. Hoboken: John Wiley and Sons.

Joyce, N., & Harwood, J. (2014). Improving intergroup attitudes through televised vicarious intergroup contact: Social cognitive processing of ingroup and outgroup information. *Communication Research*, 41(5): 627-643.

Jun, S., Phillips, L. T., & Foster-Gimbel, O. A. (2023). The missing middle: Asian employees' experience of workplace discrimination and pro-black allyship. *Journal of Applied Psychology*, 108(2): 225-248.

Jung, H., & Gil, J. A. (2019). Does college education make people politically liberal?: Evidence from a natural experiment in South Korea. *Social Science Research*, 81: 209-220.

Jung, M., Sprott, J. B., & Greene, C. (2019). Immigrant perceptions of the police: The role of country of origin and length of settlement. *The British Journal of Criminology*, 59(6): 1370-1389.

Jussim, L., & Harber, K. D. (2005). Teacher expectations and self-fulfilling prophecies: Knowns and unknowns, resolved and unresolved controversies. *Personality and Social Psychology Review*, 9(2): 131-155.

Kääriäinen, J. T. (2007). Trust in the police in 16 European countries: A multilevel analysis. *European Journal of Criminology*, 4(4): 409-435.

Kaas, L., & Manger, C. (2012). Ethnic discrimination in Germany's labour market: A field experiment. *German Economic Review*, 13(1): 1-20.

鹿毛利枝子, 田中世紀, フランシス・ローゼンブルース (2018).「外国人労働者に対する態度―コンジョイント実験による分析」『レヴァイアサン』62: 71-95.

Kalleberg, A. L. (2011). *Good Jobs, Bad Jobs: The Rise of Polarized and Precarious Employment Systems in the United States, 1970s-2000s*. Russell Sage Foundation.

Kalmijn, M., & Kraaykamp, G. (2018). Determinants of cultural assimilation in the second generation: A longitudinal analysis of values about marriage and sexuality among Moroccan and Turkish migrants. *Journal of Ethnic and Migration Studies*, 44(5): 697-717.

神林龍・橋本由紀. (2017) .「移民・外国人労働者のインパクト 研究動向と日本におけるデータ」川口大司編『日本の労働市場－経済学者の視点』(pp.182-213). 有斐閣.

Kampelmann, S., & Rycx, F. (2016). Wage discrimination against immigrants: Measurement with firm-level productivity data. *IZA Journal of Migration*, 5(1): 1-24.

Kang, S. K., DeCelles, K. A., Tilcsik, A., & Jun, S. (2016). Whitened résumés: Race and self-presentation in

the labor market. *Administrative Science Quarterly*, 61(3): 469-502.

Kao, J. C. (2021). Family matters: education and the (conditional) effect of state indoctrination in China. *Public Opinion Quarterly*, 85(1): 54-78.

Kao, G., & Thompson, J. S. (2003). Racial and ethnic stratification in educational achievement and attainment. *Annual Review of Sociology*, 29(1): 417-442.

柏原宗一郎・清水裕士. (2022).「反移民的態度の規定要因としての Belief in a Zero-Sum Game」『社会心理学研究』37(3): 101-108.

Kauff, M., Asbrock, F., Thörner, S., & Wagner, U. (2013). Side effects of multiculturalism: The interaction effect of a multicultural ideology and authoritarianism on prejudice and diversity beliefs. *Personality & Social Psychology Bulletin*, 39(3): 305–320.

Kaufmann, E., & Goodwin, M. J. (2018). The diversity wave: A meta-analysis of the native-born white response to ethnic diversity. *Social Science Research*, 76: 120-131.

Kavanagh, N. M., Menon, A., & Heinze, J. E. (2021). Does health vulnerability predict voting for right-wing populist parties in Europe?. *American Political Science Review*, 115(3): 1104-1109.

Kawaguchi, D. (2007). A market test for sex discrimination: Evidence from Japanese firm-level panel data. *International Journal of Industrial Organization*, 25(3): 441-460.

河合優子. (2023).『日本の人種主義：トランスナショナルな視点からの入門書』. 青弓社.

河野辺貴則. (2020).「人権教育と道徳教育の関連性に関する分析的研究―人権課題に関わる道徳教科書教材に着目して―」『教育実践学研究』22(1): 1-16.

Kelly, M. (2019). The standard errors of persistence. *CEPR Discussion Paper*, No.13783.

Kende, J., Phalet, K., Van den Noortgate, W., Kara, A., & Fischer, R. (2018). Equality revisited: A cultural meta-analysis of intergroup contact and prejudice. *Social Psychological and Personality Science*, 9(8): 887-895.

Kende, J., Sarrasin, O., Manatschal, A., Phalet, K., & Green, E. G. (2022). Policies and prejudice: Integration policies moderate the link between immigrant presence and anti-immigrant prejudice. *Journal of Personality and Social Psychology*, 123(2): 337-352.

Kenny, M., & Luca, D. (2021). The urban-rural polarisation of political disenchantment: An investigation of social and political attitudes in 30 European countries. *Cambridge Journal of Regions, Economy and Society*, 14(3): 565-582.

毛塚和宏. (2022).『社会科学のための統計学入門：実例からていねいに学ぶ』. 講談社.

Khalil, S., & Naumann, E. (2022). Does contact with foreigners reduce worries about immigration? A longitudinal analysis in Germany. *European Sociological Review*, 38(2): 189-201.

木原盾. (2021).「誰が永住を予定しているのか― 日本で暮らす移民の滞在予定 ―」永吉希久子編『日本の移民統合：全国調査から見る現況と障壁』(pp.206-230). 明石書店.

Kim, T., & Ogawa, Y. (2024). The impact of politicians' behaviors on hate speech spread: Hate speech adoption threshold on Twitter in Japan. *Journal of Computational Social Science*, 7: 1161–1186.

木村草太. (2023).『「差別」のしくみ』. 朝日新聞出版.

Kinder, D. R., & Sanders, L. M. (1996). *Divided by Color: Racial Politics and Democratic Ideals*. University of Chicago Press.

Kinder, D. R., & Sears, D. O. (1981). Prejudice and politics: Symbolic racism versus racial threats to the good life. *Journal of Personality and Social Psychology*, 40(3): 414-431.

King, R. D., & Johnson, B. D. (2016). A punishing look: Skin tone and Afrocentric features in the halls of justice. *American Journal of Sociology*, 122(1): 90-124.

King, R. D., & Light, M. T. (2019). Have racial and ethnic disparities in sentencing declined?. *Crime and Justice*, 48(1): 365-437.

Kirgios, E. L., Rai, A., Chang, E. H., & Milkman, K. L. (2022). When seeking help, women and racial/ethnic minorities benefit from explicitly stating their identity. *Nature Human Behaviour*, 6(3): 383-391.

Kirk, D. S., & Papachristos, A. V. (2011). Cultural mechanisms and the persistence of neighborhood violence. *American Journal of Sociology*, 116(4): 1190-1233.

Kislev, E. (2018). The effect of anti-discrimination policies on Middle Eastern and North African immigrants in 24 European countries. *International Migration*, 56(3): 88-104.

北村英哉・唐沢穣編. (2018).『偏見や差別はなぜ起こる?：心理メカニズムの解明と現象の分析』. ちとせプレス.

Kitschelt, H. (1995). *The Radical Right in Western Europe: A Comparative Analysis*. University of Michigan Press.

Klink, A., & Wagner, U. (1999). Discrimination against ethnic minorities in Germany: Going back to the field. *Journal of Applied Social Psychology*, 29(2): 402-423.

Knoll, B. R. (2013). Assessing the effect of social desirability on nativism attitude responses. *Social Science Research*, 42(6): 1587-1598.

Knox, D., Lowe, W., & Mummolo, J. (2020). Administrative records mask racially biased policing. *American Political Science Review*, 114(3): 619-637.

Kobayashi, T., Zhang, Z., & Liu, L. (2024). Is partisan selective exposure an American peculiarity? A comparative study of news browsing behaviors in the United States, Japan, and Hong Kong. *Communication Research*, 00936502241289109.

Kohn, H. (1944). *The Idea of Nationalism: A Study in Its Origins and Background*. New York: Macmillan.

Kolber, J. (2017). Having it both ways: White denial of racial salience while claiming oppression. *Sociology Compass*, 11(2): e12448.

近藤敦. (2019).『多文化共生と人権：諸外国の「移民」と日本の「外国人」』. 明石書店.

Koopmans, R. (2013). Multiculturalism and immigration: A contested field in cross-national comparison. *Annual Review of Sociology*, 39: 147-169.

Kootstra, A. (2016). Deserving and undeserving welfare claimants in Britain and the Netherlands: Examining the role of ethnicity and migration status using a vignette experiment. *European Sociological Review*, 32(3): 325-338.

是川夕. (2015).「外国人労働者の流入による日本の労働市場の変容— 外国人労働者の経済的達成の特徴、およびその決定要因の観点から— 」『人口問題研究』71(2): 122-140.

是川夕. (2018).「移民第二世代の教育達成に見る階層的地位の世代間変動— 高校在学率に注目した分析—」『人口学研究』54: 19-42.

Kosterman, R., & Feshbach, S. (1989). Toward a measure of patriotic and nationalistic attitudes. *Political Psychology*, 10(2): 257-274.

Kovel, J. (1970). *White Racism: A Psychohistory*. New York: Pantheon.

Kramer, R., DeFina, R., & Hannon, L. (2016). Racial rigidity in the United States: Comment on Saperstein and Penner. *American Journal of Sociology*, 122(1): 233-246.

Kratz, F. (2021). Do concerns about immigration change after adolescence? How education and critical life events affect concerns about immigration. *European Sociological Review*, 37(6): 987-1003.

Kraus, S. J. (1995). Attitudes and the prediction of behavior: A meta-analysis of the empirical literature. *Personality and Social Psychology Bulletin*, 21(1): 58-75.

Krause, A., Rinne, U., & Zimmermann, K. F. (2012). Anonymous job applications in Europe. *IZA Journal of European Labor Studies*, 1(1): 1-20.

Krosnick, J. A., & Alwin, D. F. (1989). Aging and susceptibility to attitude change. *Journal of Personality and Social Psychology*, 57(3): 416-425.

Krumer, A., Otto, F., & Pawlowski, T. (2022). Nationalistic bias among international experts: Evidence from professional ski jumping. *The Scandinavian Journal of Economics*, 124(1): 278-300.

Kruse, H., & Kroneberg, C. (2019). More than a sorting machine: Ethnic boundary making in a stratified school system. *American Journal of Sociology*, 125(2): 431-484.

Kübler, D., Schmid, J., & Stüber, R. (2018). Gender discrimination in hiring across occupations: A nationally-representative vignette study. *Labour Economics*, 55: 215-229.

Kudashvili, N., & Lergetporer, P. (2022). Minorities' strategic response to discrimination: Experimental evidence. *Journal of Public Economics*, 208: 104630.

Kunovich, R. M. (2009). The sources and consequences of national identification. *American Sociological Review*, 74(4): 573-593.

Kunstman, J. W., & Plant, E. A. (2008). Racing to help: Racial bias in high emergency helping situations. *Journal of Personality and Social Psychology*, 95(6): 1499-1510.

Kymlicka, W. (1995). *Multicultural Citizenship: A Liberal Theory of Minority Rights*. Oxford University Press.

Kymlicka, W. (2015). Solidarity in diverse societies: Beyond neoliberal multiculturalism and welfare chauvinism. *Comparative Migration Studies*, 3: 1-19.

Laaker, D. (2024). Economic shocks and the development of immigration attitudes. *British Journal of Political Science*, 54(1): 220-240.

Lacroix, J., Ruedin, D., & Zschirnt, E. (2023). Discrimination driven by variation in social and economic conservatism: Evidence from a nationwide field experiment. *European Sociological Review*, 39(3): 464-478.

Lahav, G., & Courtemanche, M. (2012). The ideological effects of framing threat on immigration and civil liberties. *Political Behavior*, 34: 477-505.

Lahey, J., & Beasley, R. (2018). Technical aspects of correspondence studies. In Gaddis, S. M. (Eds.), *Audit Studies: Behind the Scenes with Theory, Method, and Nuance* (pp. 81-101). Springer.

Lahey, J. N., & Oxley, D. R. (2021). Discrimination at the intersection of age, race, and gender: Evidence from an eye-tracking experiment. *Journal of Policy Analysis and Management*, 40(4): 1083-1119.

Lajevardi, N. (2021). The media matters: Muslim American portrayals and the effects on mass attitudes. *The Journal of Politics*, 83(3): 1060-1079.

Lancee, B., & Bol, T. (2017). The transferability of skills and degrees: Why the place of education affects immigrant earnings. *Social Forces*, 96(2): 691-716.

Lancee, B., & Pardos-Prado, S. (2013). Group conflict theory in a longitudinal perspective: Analyzing the dynamic side of ethnic competition. *International Migration Review*, 47(1): 106-131.

Lancee, B., & Sarrasin, O. (2015). Educated preferences or selection effects? A longitudinal analysis of the impact of educational attainment on attitudes towards immigrants. *European Sociological Review*, 31(4): 490-501.

Landgrave, M., & Weller, N. (2022). Do name-based treatments violate information equivalence? Evidence from a correspondence audit experiment. *Political Analysis*, 30(1): 142-148.

Lang, K., & Lehmann, J. Y. K. (2012). Racial discrimination in the labor market: Theory and empirics. *Journal of Economic Literature*, 50(4): 959-1006.

Lang, K., Manove, M., & Dickens, W. T. (2005). Racial discrimination in labor markets with posted wage offers. *American Economic Review*, 95(4): 1327-1340.

Laniyonu, A. (2022). Phantom pains: The effect of police killings of Black Americans on Black British attitudes. *British Journal of Political Science*, 52(4): 1651-1667.

Laouénan, M., & Rathelot, R. (2022). Can information reduce ethnic discrimination? Evidence from

Airbnb. *American Economic Journal: Applied Economics*, 14(1): 107-32.

LaPiere, R. T. (1934). Attitudes vs. actions. *Social Forces*, 13(2): 230-237.

Larsson Taghizadeh, J., Åström, A., & Adman, P. (2022). Do politicians discriminate against ethnic minority constituents? A field experiment on social interactions between citizens and Swedish local politicians. *Parliamentary Affairs*, 75(1): 154-172.

Lauderdale, D. S. (2006). Birth outcomes for Arabic-named women in California before and after September 11. *Demography*, 43: 185-201.

Laurence, J. (2011). The effect of ethnic diversity and community disadvantage on social cohesion: A multi-level analysis of social capital and interethnic relations in UK communities. *European Sociological Review*, 27(1): 70-89.

Laurence, J., Igarashi, A., & Ishida, K. (2022). The dynamics of immigration and anti-immigrant sentiment in Japan: How and why changes in immigrant share affect attitudes toward immigration in a newly diversifying society. *Social Forces*, 101(1): 369-403.

Laurence, J., Schmid, K., Rae, J. R., & Hewstone, M. (2019). Prejudice, contact, and threat at the diversity-segregation nexus: A cross-sectional and longitudinal analysis of how ethnic out-group size and segregation interrelate for inter-group relations. *Social Forces*, 97(3): 1029-1066.

Leach, C. W. (2005). Against the notion of a 'new racism'. *Journal of Community & Applied Social Psychology*, 15(6): 432-445.

Leath, S., Mathews, C., Harrison, A., & Chavous, T. (2019). Racial identity, racial discrimination, and classroom engagement outcomes among Black girls and boys in predominantly Black and predominantly White school districts. *American Educational Research Journal*, 56(4): 1318-1352.

Lee, B. (2023). The impact of educational content on anti-immigrant attitudes. *The Journal of Politics*, 85(4): 1182-1197.

Legewie, J. (2013). Terrorist events and attitudes toward immigrants: A natural experiment. *American Journal of Sociology*, 118(5): 1199-1245.

Legewie, J., & Cricco, N. J. (2022). Long-term exposure to neighborhood policing and the racial/ethnic gap in high school graduation. *Demography*, 59(5): 1739-1761.

Legewie, J., & Fagan, J. (2019). Aggressive policing and the educational performance of minority youth. *American Sociological Review*, 84(2): 220-247.

Lehmann, M. C., & Masterson, D. T. (2020). Does aid reduce anti-refugee violence? Evidence from Syrian refugees in Lebanon. *American Political Science Review*, 114(4): 1335-1342.

Lens, D. (2023). Does self-employment contribute to immigrants' economic integration? Examining patterns of self-employment exit in Belgium. *International Migration Review*, 57(1): 217-264.

Lerch, J. C., Russell, S. G., & Ramirez, F. O. (2017). Wither the nation-state? A comparative analysis of nationalism in textbooks. *Social Forces*, 96(1): 153-180.

Levanon, A., & Grusky, D. B. (2016). The persistence of extreme gender segregation in the twenty-first century. *American Journal of Sociology*, 122(2): 573-619.

Levendusky, M. S. (2018). Americans, not partisans: Can priming American national identity reduce affective polarization?. *The Journal of Politics*, 80(1): 59-70.

Levin, S., van Laar, C., & Sidanius, J. (2003). The effects of ingroup and outgroup friendships on ethnic attitudes in college: A longitudinal study. *Group Processes & Intergroup Relations*, 6(1): 76-92.

LeVine, R. A. & Campbell, D. T. (1972). *Ethnocentrism: Theories of Conflict, Ethnic Attitudes, and Group Behavior*. New York: John Wiley & Sons.

Levitt, B. S. (2015). Discrimination and the distrust of democratic institutions in Latin America. *Politics, Groups, and Identities*, 3(3): 417-437.

Levrau, F., & Loobuyck, P. (2013). Is multiculturalism bad for social cohesion and redistribution?. *The Political Quarterly*, 84(1): 101-109.

Levy, G., & Razin, R. (2019). Echo chambers and their effects on economic and political outcomes. *Annual Review of Economics*, 11: 303-328.

Levy, M. & Wright, M. (2020) *Immigration and the American Ethos*. Cambridge: Cambridge University Press.

Levy, R. E. (2021). Social media, news consumption, and polarization: Evidence from a field experiment. *American Economic Review*, 111(3): 831-870.

Lewis, T. T., Cogburn, C. D., & Williams, D. R. (2015). Self-reported experiences of discrimination and health: Scientific advances, ongoing controversies, and emerging issues. *Annual Review of Clinical Psychology*, 11(1): 407-440.

Lewis, T. T., Everson-Rose, S. A., Powell, L. H., Matthews, K. A., Brown, C., Karavolos, K., ... & Wesley, D. (2006). Chronic exposure to everyday discrimination and coronary artery calcification in African-American women: The SWAN Heart Study. *Psychosomatic Medicine*, 68(3): 362-368.

Lewis, T. T., Williams, D. R., Tamene, M., & Clark, C. R. (2014). Self-reported experiences of discrimination and cardiovascular disease. *Current Cardiovascular Risk Reports*, 8: 1-15.

Li, Q., & Brewer, M. B. (2004). What does it mean to be an American? Patriotism, nationalism, and American identity after 9/11. *Political Psychology*, 25(5): 727-739.

Liao, S., Malhotra, N., & Newman, B. J. (2020). Local economic benefits increase positivity toward foreigners. *Nature Human Behaviour*, 4(5): 481-488.

Liebe, U., & Beyer, H. (2021). Examining discrimination in everyday life: A stated choice experiment on racism in the sharing economy. *Journal of Ethnic and Migration Studies*, 47(9): 2065-2088.

Light, M. T. (2016). The punishment consequences of lacking national membership in Germany, 1998–2010. *Social Forces*, 94(3): 1385-1408.

Light, M. T. (2022). The declining significance of race in criminal sentencing: Evidence from US federal courts. *Social Forces*, 100(3): 1110-1141.

Light, M. T., Massoglia, M., & Dinsmore, E. (2019). How do criminal courts respond in times of crisis? Evidence from 9/11. *American Journal of Sociology*, 125(2): 485-533.

Light, M. T., Massoglia, M., & King, R. D. (2014). Citizenship and punishment: The salience of national membership in US criminal courts. *American Sociological Review*, 79(5): 825-847.

Light, M. T., & Thomas, J. T. (2021). Undocumented immigration and terrorism: Is there a connection?. *Social Science Research*, 94: 102512.

Light, M. T., & Wermink, H. (2021). The criminal case processing of foreign nationals in the Netherlands. *European Sociological Review*, 37(1): 104-120.

Lindstam, E., Mader, M., & Schoen, H. (2021). Conceptions of national identity and ambivalence towards immigration. *British Journal of Political Science*, 51(1): 93-114.

Lippens, L., Baert, S., Ghekiere, A., Verhaeghe, P. P., & Derous, E. (2022). Is labour market discrimination against ethnic minorities better explained by taste or statistics? A systematic review of the empirical evidence. *Journal of Ethnic and Migration Studies*, 48(17): 4243-4276.

Lippens, L., Vermeiren, S., & Baert, S. (2023). The state of hiring discrimination: A meta-analysis of (almost) all recent correspondence experiments. *European Economic Review*, 151: 104315.

Lippert-Rasmussen, K. (2006). The badness of discrimination. *Ethical Theory and Moral Practice*, 9: 167-185.

Lippert-Rasmussen, K. (2013). *Born Free and Equal?: A Philosophical Inquiry into the Nature of Discrimination*. Oxford University Press.

Lippert-Rasmussen, K. (2017a). Affirmative action, historical injustice, and the concept of beneficiaries. *Journal of Political Philosophy*, 25(1): 72-90.

Lippert-Rasmussen, K. (2017b). *The Routledge Handbook of the Ethics of Discrimination*. London; New York: Routledge.

Lippert-Rasmussen, K. (2020). *Making Sense of Affirmative Action*. Oxford University Press.

List, J. A. (2004). The nature and extent of discrimination in the marketplace: Evidence from the field. *The Quarterly Journal of Economics*, 119(1): 49-89.

Liu, Y. (2024). Immigrant-native gaps of unemployment and permanent employment in Japan. *Economic Analysis and Policy*, 81: 1443-1463.

Lockwood, K. G., Marsland, A. L., Matthews, K. A., & Gianaros, P. J. (2018). Perceived discrimination and cardiovascular health disparities: A multisystem review and health neuroscience perspective. *Annals of the New York Academy of Sciences*, 1428(1): 170-207.

Longhi, S., Nijkamp, P., & Poot, J. (2010). Joint impacts of immigration on wages and employment: Review and meta-analysis. *Journal of Geographical Systems*, 12: 355-387.

Lowe, M. (2021). Types of contact: A field experiment on collaborative and adversarial caste integration. *American Economic Review*, 111(6): 1807-1844.

Lubbers, M., & Coenders, M. (2017). Nationalistic attitudes and voting for the radical right in Europe. *European Union Politics*, 18(1): 98-118.

Lubbers, M., Gijsberts, M., & Scheepers, P. (2002). Extreme right-wing voting in Western Europe. *European Journal of Political Research*, 41(3): 345-378.

Luca, D., Terrero-Davila, J., Stein, J., & Lee, N. (2023). Progressive cities: Urban–rural polarisation of social values and economic development around the world. *Urban Studies*, 00420980221148388.

Lucassen, G., & Lubbers, M. (2012). Who fears what? Explaining far-right-wing preference in Europe by distinguishing perceived cultural and economic ethnic threats. *Comparative Political Studies*, 45(5): 547-574.

Lundberg, S. J., & Startz, R. (1983). Private discrimination and social intervention in competitive labor market. *American Economic Review*, 73(3): 340-347.

Luo, T., & Escalante, C. L. (2021). Stringent immigration enforcement and the mental health and health-risk behaviors of Hispanic adolescent students in Arizona. *Health Economics*, 30(1): 86-103.

Lupu, N., & Peisakhin, L. (2017). The legacy of political violence across generations. *American Journal of Political Science*, 61(4): 836-851.

Lutz, P., & Bitschnau, M. (2023). Misperceptions about immigration: Reviewing their nature, motivations and determinants. *British Journal of Political Science*, 53(2): 674-689.

Lyngstad, T. H., Härkönen, J., & Rønneberg, L. T. S. (2020). Nationalistic bias in sport performance evaluations: An example from the ski jumping world cup. *European Journal for Sport and Society*, 17(3): 250-264.

Lyons, C. J., Vélez, M. B., & Santoro, W. A. (2013). Neighborhood immigration, violence, and city-level immigrant political opportunities. *American Sociological Review*, 78(4): 604-632.

Lyu, Z. (2019, October). Towards an Understanding of Online Extremism in Japan. *IEEE/WIC/ACM International Conference on Web Intelligence* (pp. 7-13).

Maddens, B., Billiet, J., & Beerten, R. (2000). National identity and the attitude towards foreigners in multi-national states: The case of Belgium. *Journal of Ethnic and Migration Studies*, 26(1): 45-60.

Mader, M., & Schoen, H. (2023). Stability of national-identity content: Level, predictors, and implications. *Political Psychology*, 44(4): 871-891.

Maghbouleh, N., Schachter, A., & Flores, R. D. (2022). Middle Eastern and North African Americans may

not be perceived, nor perceive themselves, to be White. *Proceedings of the National Academy of Sciences*, 119(7): e2117940119.

Major, B., & Sawyer, P. J. (2009). Attributions to discrimination: Antecedents and consequences. In Nelson, T. D. (Ed.), *Handbook of Prejudice, Stereotyping, and Discrimination* (pp. 89–110). New York: Taylor & Francis Group.

Malhotra, N., Margalit, Y., & Mo, C. H. (2013). Economic explanations for opposition to immigration: Distinguishing between prevalence and conditional impact. *American Journal of Political Science*, 57(2): 391-410.

Malouff, J. M., & Thorsteinsson, E. B. (2016). Bias in grading: A meta-analysis of experimental research findings. *Australian Journal of Education*, 60(3): 245-256.

Manekin, D., & Mitts, T. (2022). Effective for whom? Ethnic identity and nonviolent resistance. *American Political Science Review*, 116(1): 161-180.

Marbach, M. (2023), Causal effects, migration, and legacy studies. *American Journal of Political Science*.

Marcus-Newhall, A., Pedersen, W. C., Carlson, M., & Miller, N. (2000). Displaced aggression is alive and well: A meta-analytic review. *Journal of Personality and Social Psychology*, 78(4): 670-689.

Margalit, Y., & Solodoch, O. (2022). Against the flow: Differentiating between public opposition to the immigration stock and flow. *British Journal of Political Science*, 52(3): 1055-1075.

Margaryan, S., Paul, A., & Siedler, T. (2021). Does education affect attitudes towards immigration?: Evidence from Germany. *Journal of Human Resources*, 56(2): 446-479.

Martel, C., & Rand, D. G. (2023). Misinformation warning labels are widely effective: A review of warning effects and their moderating features. *Current Opinion in Psychology*, 101710.

Martin, J. L. (2001). *The authoritarian personality*, 50 years later: What questions are there for political psychology?. *Political Psychology*, 22(1): 1-26.

Martinez Jr, C. R., DeGarmo, D. S., & Eddy, J. M. (2004). Promoting academic success among Latino youths. *Hispanic Journal of Behavioral Sciences*, 26(2): 128-151.

Martinovic, B., & Verkuyten, M. (2012). Host national and religious identification among Turkish Muslims in Western Europe: The role of ingroup norms, perceived discrimination and value incompatibility. *European Journal of Social Psychology*, 42(7): 893-903.

Martinovic, B., & Verkuyten, M. (2024). Collective psychological ownership as a new angle for understanding group dynamics. *European Review of Social Psychology, 35*(1), 123-161.

Maxwell, R. (2019). Cosmopolitan immigration attitudes in large European cities: Contextual or compositional effects?. *American Political Science Review*, 113(2): 456-474.

Maxwell, R. (2020). Geographic divides and cosmopolitanism: Evidence from Switzerland. *Comparative Political Studies*, 53(13): 2061-2090.

May, R. A. (2022). Exploring the use of exclusionary practices against African American participation in urban nightlife. *Sociological Forum* 37(1):91-110.

May, R. A., & Goldsmith, P. R. (2018). Dress codes and racial discrimination in urban nightclubs. *Sociology of Race and Ethnicity*, 4(4): 555-566.

Mayda, A. M. (2006). Who is against immigration? A cross-country investigation of individual attitudes toward immigrants. *The Review of Economics and Statistics*, 88(3): 510-530.

Mayrl, D., & Saperstein, A. (2013). When white people report racial discrimination: The role of region, religion, and politics. *Social Science Research*, 42(3): 742-754.

Mays, V. M., Cochran, S. D., & Barnes, N. W. (2007). Race, race-based discrimination, and health outcomes among African Americans. *Annual Review of Psychology*, 58: 201-225.

Mazumder, S. (2018). The persistent effect of US civil rights protests on political attitudes. *American*

Journal of Political Science, 62(4): 922-935.

Mazziotta, A., Mummendey, A., & Wright, S. C. (2011). Vicarious intergroup contact effects: Applying social-cognitive theory to intergroup contact research. *Group Processes & Intergroup Relations*, 14(2): 255-274.

McClendon, G. H. (2016). Race and responsiveness: An experiment with South African politicians. *Journal of Experimental Political Science*, 3(1): 60-74.

McCombs, M. (2005). A look at agenda-setting: Past, present and future. *Journalism Studies*, 6(4): 543-557.

McCombs, M. E., & Shaw, D. L. (1972). The agenda-setting function of mass media. *Public Opinion Quarterly*, 36(2): 176-187.

McConahay, J. B. (1983). Modern racism and modern discrimination: The effects of race, racial attitudes, and context on simulated hiring decisions. *Personality and Social Psychology Bulletin*, 9(4): 551-558.

McConahay, J. B., Hardee, B. B., & Batts, V. (1981). Has racism declined in America? It depends on who is asking and what is asked. *Journal of Conflict Resolution*, 25(4): 563-579.

McCord, M. A., Joseph, D. L., Dhanani, L. Y., & Beus, J. M. (2018). A meta-analysis of sex and race differences in perceived workplace mistreatment. *Journal of Applied Psychology*, 103(2): 137-163.

McGann, A. J., & Kitschelt, H. (2005). The radical right in the Alps: Evolution of support for the Swiss SVP and Austrian FPÖ. *Party Politics*, 11(2): 147-171.

McLaren, L. M. (2003). Anti-immigrant prejudice in Europe: Contact, threat perception, and preferences for the exclusion of migrants. *Social Forces*, 81(3): 909-936.

McLaren, L. (2017). Immigration, national identity and political trust in European democracies. *Journal of Ethnic and Migration Studies*, 43(3): 379-399.

McLaren, L., Boomgaarden, H., & Vliegenthart, R. (2018). News coverage and public concern about immigration in Britain. *International Journal of Public Opinion Research*, 30(2): 173-193.

McLaren, L., & Johnson, M. (2007). Resources, group conflict and symbols: Explaining anti-immigration hostility in Britain. *Political Studies*, 55(4): 709-732.

McPherson, M., Smith-Lovin, L., & Cook, J. M. (2001). Birds of a feather: Homophily in social networks. *Annual Review of Sociology*, 27(1): 415-444.

Meeus, J., Duriez, B., Vanbeselaere, N., & Boen, F. (2010). The role of national identity representation in the relation between in-group identification and out-group derogation: Ethnic versus civic representation. *British Journal of Social Psychology*, 49(2): 305-320.

Meleady, R., Crisp, R. J., Dhont, K., Hopthrow, T., & Turner, R. N. (2020). Intergroup contact, social dominance, and environmental concern: A test of the cognitive-liberalization hypothesis. *Journal of Personality and Social Psychology*, 118(6): 1146-1164.

Memmi, A. (1982=1996).『人種差別』. 菊地昌実・白井成雄訳. 法政大学出版局.

Menshikova, A., & van Tubergen, F. (2022). What drives anti-immigrant sentiments online? a novel approach using twitter. *European Sociological Review*, 38(5): 694-706.

Metcalfe, C., & Pickett, J. T. (2022). Public fear of protesters and support for protest policing: An experimental test of two theoretical models. *Criminology*, 60(1): 60-89.

Meuleman, B., Abts, K., Schmidt, P., Pettigrew, T. F., & Davidov, E. (2020). Economic conditions, group relative deprivation and ethnic threat perceptions: A cross-national perspective. *Journal of Ethnic and Migration Studies*, 46(3): 593-611.

Meuleman, B., Davidov, E., & Billiet, J. (2009). Changing attitudes toward immigration in Europe, 2002-2007: A dynamic group conflict theory approach. *Social Science Research*, 38(2): 352-365.

Meyer, J. W. (2010). World society, institutional theories, and the actor. *Annual Review of Sociology*, 36: 1-20.

Midtbøen, A. H. (2014). The invisible second generation? Statistical discrimination and immigrant stereotypes in employment processes in Norway. *Journal of Ethnic and Migration Studies*, 40(10): 1657-1675.

Midtbøen, A. H. (2016). Discrimination of the second generation: Evidence from a field experiment in Norway. *Journal of International Migration and Integration*, 17: 253-272.

三船恒裕・横田晋大. (2018).「社会的支配志向性と外国人に対する政治的・差別的態度: 日本人サンプルを用いた相関研究」『社会心理学研究』34(2): 94-101.

Miklikowska, M. (2016). Like parent, like child? Development of prejudice and tolerance towards immigrants. *British Journal of Psychology*, 107(1): 95-116.

Miklikowska, M. (2017). Development of anti-immigrant attitudes in adolescence: The role of parents, peers, intergroup friendships, and empathy. *British Journal of Psychology*, 108(3): 626-648.

Miles, E., & Crisp, R. J. (2014). A meta-analytic test of the imagined contact hypothesis. *Group Processes & Intergroup Relations*, 17(1): 3-26.

Miller, N. (2002). Personalization and the promise of contact theory. *Journal of Social Issues*, 58(2): 387-410.

Miller, R., Tomita, Y., Ong, K. I. C., Shibanuma, A., & Jimba, M. (2019). Mental well-being of international migrants to Japan: A systematic review. *BMJ Open*, 9(11): e029988.

Milner, D. (1975). *Children & Race*. Sage Publications.

南川文里. (2024).『アファーマティブ・アクション―平等への切り札か、逆差別か』. 中央公論新社.

Mitchell, J. (2019). Context and change: A longitudinal analysis of attitudes about immigrants in adolescence. *Socius*, 5: 2378023119855157.

宮下萌編著. (2023).『レイシャル・プロファイリング: 警察による人種差別を問う』.大月書店.

Modood, T. (2007). *Multiculturalism*. John Wiley & Sons.

Modood, T., & Khattab, N. (2016). Explaining ethnic differences: Can ethnic minority strategies reduce the effects of ethnic penalties?. *Sociology*, 50(2): 231-246.

Moody, J., & White, D. R. (2003). Structural cohesion and embeddedness: A hierarchical concept of social groups. *American Sociological Review*, 68(1): 103-127.

Morgan, J., & Kelly, N. J. (2021). Inequality, exclusion, and tolerance for political dissent in Latin America. *Comparative Political Studies*, 54(11): 2019-2051.

モーリス＝スズキ・テッサ. (2002).『批判的想像力のために：グローバル化時代の日本』. 平凡社.

Mosquera, R., Odunowo, M., McNamara, T., Guo, X., & Petrie, R. (2020). The economic effects of Facebook. *Experimental Economics*, 23: 575-602.

Mouzon, D. M., Taylor, R. J., Keith, V. M., Nicklett, E. J., & Chatters, L. M. (2017). Discrimination and psychiatric disorders among older African Americans. *International Journal of Geriatric Psychiatry*, 32(2): 175-182.

Mueller, J. C. (2017). Producing colorblindness: Everyday mechanisms of white ignorance. *Social Problems*, 64(2): 219-238.

向井智哉・金信遇・木村真利子・近藤文哉・松木祐馬. (2020).「ムスリムに対する受容的態度の日韓における規定要因―統合脅威理論の立場から―」『宗教と社会』26: 1-16.

Müller, K., Blommaert, L., Savelkoul, M., Lubbers, M., & Scheepers, P. (2023). Political elite discourses and majority members' beliefs about the prevalence of ethnic discrimination in Europe. *International Journal of Public Opinion Research*, 35(2): edad003.

Müller, K., & Schwarz, C. (2021). Fanning the flames of hate: Social media and hate crime. *Journal of the European Economic Association*, 19(4): 2131-2167.

Müller, K., & Schwarz, C. (2023). From hashtag to hate crime: Twitter and antiminority sentiment.

American Economic Journal: Applied Economics, 15(3): 270-312.
Mullinix, K. J., Leeper, T. J., Druckman, J. N., & Freese, J. (2015). The generalizability of survey experiments. *Journal of Experimental Political Science*, 2(2): 109-138.
Munnell, A. H., Tootell, G. M., Browne, L. E., & McEneaney, J. (1996). Mortgage lending in Boston: Interpreting HMDA data. *American Economic Review*, 86(1): 25-53.
Muñoz, J., Falcó-Gimeno, A., & Hernández, E. (2020). Unexpected event during survey design: Promise and pitfalls for causal inference. *Political Analysis*, 28(2): 186-206.
Murchie, J., Pang, J., & Schwegman, D. J. (2021). Can information help Lakisha and Jamal find housing? Evidence from a low-cost online experiment of landlords. *Regional Science and Urban Economics*, 90: 103712.
Myers, T. D., Balmer, N. J., Nevill, A. M., & Al Nakeeb, Y. (2006). Evidence of nationalistic bias in Muaythai. *Journal of Sports Science & Medicine*, 5(CSSI): 21-27.
Mylonas, H., & Tudor, M. (2021). Nationalism: what we know and what we still need to know. *Annual Review of Political Science*, 24: 109-132.
Nadeau, R., Niemi, R. G., & Levine, J. (1993). Innumeracy about minority populations. *Public Opinion Quarterly*, 57(3): 332-347.
長松奈美江. (2021).「移民のメンタルヘルス―移住後のストレス要因と社会関係に注目して」永吉希久子編『日本の移民統合: 全国調査から見る現況と障壁』(pp.163-185). 明石書店
永吉希久子. (2008).「排外意識に対する接触と脅威認知の効果―JGSS-2003の分析から―」『日本版General Social Surveys 研究論文集』7: 259-270.
Nagayoshi, K. (2011). Support of multiculturalism, but for whom? Effects of ethno-national identity on the endorsement of multiculturalism in Japan. *Journal of Ethnic and Migration Studies*, 37(4): 561-578.
永吉希久子. (2014).「外国籍者への権利付与意識の規定構造」『理論と方法』29(2): 345-361.
永吉希久子. (2015).「新聞記事における「外国人」表象と排外意識への影響―地域間比較の視点から―」第88回日本社会学会大会口頭報告.
永吉希久子. (2019).「ネット右翼とは誰か―ネット右翼の規定要因」『ネット右翼とは何か』(pp.13-43).青弓社.
永吉希久子. (2020a).「差別の「エビデンス」は示しうるか」『現代思想』48(12)(pp.203-210). 青土社.
永吉希久子. (2020b).『移民と日本社会：データで読み解く実態と将来像』. 中央公論新社.
Nagayoshi, K., & Hjerm, M. (2015). Anti-immigration attitudes in different welfare states: Do types of labor market policies matter?. *International Journal of Comparative Sociology*, 56(2): 141-162.
Nagayoshi, K., & Kihara, T. (2023). Economic achievement of immigrants in Japan: Examining the role of country-of-origin and host-country-specific human capital in an inflexible labor market. *Japanese Journal of Sociology*, 32(1): 69-95.
中川雅之. (2001).「監査調査法による賃貸住宅市場における高齢者差別の実証分析」『都市住宅学』35: 21-26.
中川雅之. (2002).「高齢者の集中居住の分析」『都市住宅学』39: 19-24.
中原慧. (2021).「移民的背景といじめ―TIMSS を用いた実証的分析―」『京都社会学年報: KJS』29: 25-47.
Nakai, R. (2023). Partisan difference in social desirability bias on anti-immigrant sentiments: Covert and overt expression among French voters. *International Migration*, 61(5): 248-261.
Nakamatsu, T. (2014). Under the multicultural flag: Japan's ambiguous multicultural framework and its local evaluations and practices. *Journal of Ehhnic and Migration Studies*, 40(1): 137-154.
中澤渉. (2007).「在日外国人の多寡と外国人に対する偏見との関係― JGSS を用いたマルチレベル・モデル分析―」『ソシオロジ』52(2): 75-91.

Narayan, A. (2022). The impact of extreme heat on workplace harassment and discrimination. *Proceedings of the National Academy of Sciences*, 119(39): e2204076119.

Naumann, E., F. Stoetzer, L. & Pietrantuono, G. (2018). Attitudes towards highly skilled and low-skilled immigration in Europe: A survey experiment in 15 European countries. *European Journal of Political Research*, 57(4): 1009-1030.

縄田健悟. (2022).『暴力と紛争の〝集団心理〟：いがみ合う世界への社会心理学からのアプローチ』. ちとせプレス.

Neal, D. A., & Johnson, W. R. (1996). The role of premarket factors in black-white wage differences. *Journal of Political Economy*, 104(5): 869-895.

Neumark, D. (2018). Experimental research on labor market discrimination. *Journal of Economic Literature*, 56(3): 799-866.

Neumark, D., & Rich, J. (2019). Do field experiments on labor and housing markets overstate discrimination? A re-examination of the evidence. *ILR Review*, 72(1): 223-252.

Neville, F., Forrester, J. K., O'Toole, J., & Riding, A. (2018). 'Why even bother trying?'Examining discouragement among racial-minority entrepreneurs. *Journal of Management Studies*, 55(3): 424-456.

Newman, B. J. (2013). Acculturating contexts and Anglo opposition to immigration in the United States. *American Journal of Political Science*, 57(2): 374-390.

Newman, B. J., & Malhotra, N. (2019). Economic reasoning with a racial hue: Is the immigration consensus purely race neutral?. *The Journal of Politics*, 81(1): 153-166.

Newman, B., Merolla, J. L., Shah, S., Lemi, D. C., Collingwood, L., & Ramakrishnan, S. K. (2021). The Trump effect: An experimental investigation of the emboldening effect of racially inflammatory elite communication. *British Journal of Political Science*, 51(3): 1138-1159.

Niwa, E. Y., Way, N., & Hughes, D. L. (2014). Trajectories of ethnic-racial discrimination among ethnically diverse early adolescents: Associations with psychological and social adjustment. *Child Development*, 85(6): 2339-2354.

Norman, P. (2003). Statistical discrimination and efficiency. *The Review of Economic Studies*, 70(3): 615-627.

Norris, P., & Inglehart, R. F. (2012). Muslim integration into Western cultures: Between origins and destinations. *Political Studies*, 60(2): 228-251.

Nosek, B. A., Greenwald, A. G., & Banaji, M. R. (2005). Understanding and using the Implicit Association Test: II. Method variables and construct validity. *Personality and Social Psychology Bulletin*, 31(2): 166-180.

Novak, N. L., Geronimus, A. T., & Martinez-Cardoso, A. M. (2017). Change in birth outcomes among infants born to Latina mothers after a major immigration raid. *International Journal of Epidemiology*, 46(3): 839-849.

Nukaga, M. (2006). Xenophobia and the effect of education: Determinants of Japanese attitudes toward acceptance of foreigners. *JGSS Research Series*, 2: 191-202.

Nunley, J. M., Owens, M. F., & Howard, R. S. (2011). The effects of information and competition on racial discrimination: Evidence from a field experiment. *Journal of Economic Behavior & Organization*, 80(3): 670-679.

Nunn, N. (2020). The historical roots of economic development. *Science*, 367(6485): eaaz9986.

Nunn, N. (2022). On the dynamics of human behavior: The past, present, and future of culture, conflict, and cooperation. *AEA Papers and Proceedings*, 112: 15-37.

Oh, S. J., & Yinger, J. (2015). What have we learned from paired testing in housing markets?. *Cityscape*, 17(3): 15-60.

大槻茂実. (2006).「外国人接触と外国人意識：JGSS-2003データによる接触仮説の再検討」『日本版General Social Surveys研究論文集』5: 149-159.

Oishi, N. (2012). The limits of immigration policies: The challenges of highly skilled migration in Japan. *American Behavioral Scientist*, 56(8): 1080-1100.

Ojeda, C., & Pacheco, J. (2019). Health and voting in young adulthood. *British Journal of Political Science*, 49(3): 1163-1186.

Okonofua, J. A., & Eberhardt, J. L. (2015). Two strikes: Race and the disciplining of young students. *Psychological Science*, 26(5): 617-624.

Okuyan, M., Vollhardt, J. R., & Stewart, A. (2023). What predicts perceived discrimination among white Americans? Findings from two nationally representative studies. *Analyses of Social Issues and Public Policy*, 23(1): 45-72.

Olsen, A. L., Kyhse-Andersen, J. H., & Moynihan, D. (2022). The unequal distribution of opportunity: A national audit study of bureaucratic discrimination in primary school access. *American Journal of Political Science*, 66(3): 587-603.

Olsson, F. (2024). Implicit terror: A natural experiment on how terror attacks affect implicit bias. *Sociological Science*, 11: 379-412.

Oskooii, K. A. (2020). Perceived discrimination and political behavior. *British Journal of Political Science*, 50(3): 867-892.

Oswald, F. L., Mitchell, G., Blanton, H., Jaccard, J., & Tetlock, P. E. (2013). Predicting ethnic and racial discrimination: A meta-analysis of IAT criterion studies. *Journal of Personality and Social Psychology*, 105(2): 171-192.

Oswald, F. L., Mitchell, G., Blanton, H., Jaccard, J., & Tetlock, P. E. (2015). Using the IAT to predict ethnic and racial discrimination: Small effect sizes of unknown societal significance. *Journal of Personality and Social Psychology*, 108(4): 562–571.

Ousey, G. C., & Kubrin, C. E. (2018). Immigration and crime: Assessing a contentious issue. *Annual Review of Criminology*, 1: 63-84.

Owens, J. (2022). Double jeopardy: Teacher biases, racialized organizations, and the production of racial/ethnic disparities in school discipline. *American Sociological Review*, 87(6): 1007-1048.

Page, S. E. (2006). Path dependence. *Quarterly Journal of Political Science*, 1(1): 87-115.

Pager, D. (2003). The mark of a criminal record. *American Journal of Sociology*, 108(5): 937-975.

Pager, D. (2007). The use of field experiments for studies of employment discrimination: Contributions, critiques, and directions for the future. *The Annals of the American Academy of Political and Social Science*, 609(1): 104-133.

Pager, D. (2016). Are firms that discriminate more likely to go out of business?. *Sociological Science*, 3: 849-859.

Pager, D., Bonikowski, B., & Western, B. (2009). Discrimination in a low-wage labor market: A field experiment. *American Sociological Review*, 74(5): 777-799.

Pager, D., & Karafin, D. (2009). Bayesian bigot? Statistical discrimination, stereotypes, and employer decision making. *The Annals of the American Academy of Political and Social Science*, 621(1): 70-93.

Pager, D., & Pedulla, D. S. (2015). Race, self-selection, and the job search process. *American Journal of Sociology*, 120(4): 1005-1054.

Pager, D., & Quillian, L. (2005). Walking the talk? What employers say versus what they do. *American Sociological Review*, 70(3): 355-380.

Pager, D., & Shepherd, H. (2008). The sociology of discrimination: Racial discrimination in employment, housing, credit, and consumer markets. *Annual Review of Sociology*, 34: 181-209.

Pais, J., Crowder, K., & Downey, L. (2014). Unequal trajectories: Racial and class differences in residential exposure to industrial hazard. *Social Forces*, 92(3): 1189-1215.

Palloni, A., & Arias, E. (2004). Paradox lost: Explaining the Hispanic adult mortality advantage. *Demography*, 41: 385-415.

Paluck, E. L. (2009a). Reducing intergroup prejudice and conflict using the media: a field experiment in Rwanda. *Journal of Personality and Social Psychology*, 96(3): 574-587.

Paluck, E. L. (2009b). What's in a norm? Sources and processes of norm change. *Journal of Personality and Social Psychology*, 96(3): 594–600.

Paluck, E. L., & Green, D. P. (2009). Deference, dissent, and dispute resolution: An experimental intervention using mass media to change norms and behavior in Rwanda. *American Political Science Review*, 103(4): 622-644.

Paluck, E. L., Green, S. A., & Green, D. P. (2019). The contact hypothesis re-evaluated. *Behavioural Public Policy*, 3(2): 129-158.

Paluck, E. L., Porat, R., Clark, C. S., & Green, D. P. (2021). Prejudice reduction: Progress and challenges. *Annual Review of Psychology*, 72: 533-560.

Paolini, S., White, F. A., Tropp, L. R., Turner, R. N., Page-Gould, E., Barlow, F. K., & Gómez, Á. (2021). Intergroup contact research in the 21st century: Lessons learned and forward progress if we remain open. *Journal of Social Issues*, 77(1): 11-37.

Paradies, Y., Ben, J., Denson, N., Elias, A., Priest, N., Pieterse, A., ... & Gee, G. (2015). Racism as a determinant of health: A systematic review and meta-analysis. *PloS One*, 10(9): e0138511.

Pardos-Prado, S., & Xena, C. (2019). Skill specificity and attitudes toward immigration. *American Journal of Political Science*, 63(2): 286-304.

Parekh, B. (2000). *Rethinking Multiculturalism: Cultural Diversity and Political Theory*. London: Macmillan.

Park, B., & Rothbart, M. (1982). Perception of out-group homogeneity and levels of social categorization: Memory for the subordinate attributes of in-group and out-group members. *Journal of Personality and Social Psychology*, 42(6): 1051-1068.

Park, S. H., & Westphal, J. D. (2013). Social discrimination in the corporate elite: How status affects the propensity for minority CEOs to receive blame for low firm performance. *Administrative Science Quarterly*, 58(4): 542-586.

Park, M., Yu, C., & Macy, M. (2023). Fighting bias with bias: How same-race endorsements reduce racial discrimination on Airbnb. *Science Advances*, 9(6): eadd2315.

Parrotta, P., Pozzoli, D., & Pytlikova, M. (2014a). The nexus between labor diversity and firm's innovation. *Journal of Population Economics*, 27: 303-364.

Parrotta, P., Pozzoli, D., & Pytlikova, M. (2014b). Labor diversity and firm productivity. *European Economic Review*, 66: 144-179.

Parsons, C. A., Sulaeman, J., Yates, M. C., & Hamermesh, D. S. (2011). Strike three: Discrimination, incentives, and evaluation. *American Economic Review*, 101(4): 1410-1435.

Patel, T. G., Kamerāde, D., & Carr, L. (2024). Higher rates of bullying reported by 'White'males: Gender and ethno-racial intersections and bullying in the workplace. *Work, Employment and Society*, 38(2): 442-460.

Paul, E., Fancourt, D., & Razai, M. (2022). Racial discrimination, low trust in the health system and COVID-19 vaccine uptake: A longitudinal observational study of 633 UK adults from ethnic minority groups. *Journal of the Royal Society of Medicine*, 115(11): 439-447.

Payne, B. K., Vuletich, H. A., & Brown-Iannuzzi, J. L. (2019). Historical roots of implicit bias in slavery. *Proceedings of the National Academy of Sciences*, 116(24): 11693-11698.

Pearson, A. R., Dovidio, J. F., & Gaertner, S. L. (2009). The nature of contemporary prejudice: Insights from aversive racism. *Social and Personality Psychology Compass*, 3(3): 314-338.

Pearson Jr, R. L., & Timberlake, J. M. (2023). Effects of police violence on citizen calls for service: The killing of Samuel DuBose in Cincinnati, Ohio. *Journal of Race, Ethnicity and the City*, 4(1), 27-48.

Pedersen, M. J., & Nielsen, V. L. (2024). Understanding discrimination: Outcome-relevant information does not mitigate discrimination. *Social Problems*, 71(1): 77-105.

Pedulla, D. S., Allen, S., & Baer-Bositis, L. (2023). Can customers affect racial discrimination in hiring?. *Social Psychology Quarterly*, 86(1): 30-52.

Pedulla, D. S., & Pager, D. (2019). Race and networks in the job search process. *American Sociological Review*, 84(6): 983-1012.

Peffley, M., Hutchison, M. L., & Shamir, M. (2015). The impact of persistent terrorism on political tolerance: Israel, 1980 to 2011. *American Political Science Review*, 109(4): 817-832.

Pehrson, S., Vignoles, V. L., & Brown, R. (2009). National identification and anti-immigrant prejudice: Individual and contextual effects of national definitions. *Social Psychology Quarterly*, 72(1), 24-38.

Pepinsky, T. B., Goodman, S. W., & Ziller, C. (2024). Modeling spatial heterogeneity and historical persistence: Nazi concentration camps and contemporary intolerance. *American Political Science Review*, *118*(1), 519-528.

Pereira, C., Vala, J., & Costa-Lopes, R. (2010). From prejudice to discrimination: The legitimizing role of perceived threat in discrimination against immigrants. *European Journal of Social Psychology*, 40(7): 1231-1250.

Pérez, E. O. (2015). Xenophobic rhetoric and its political effects on immigrants and their co-ethnics. *American Journal of Political Science*, 59(3): 549-564.

Peters, M. E., Kage, R., Rosenbluth, F., & Tanaka, S. (2019). Labor markets and cultural values: Evidence from Japanese and American views about caregiving immigrants. *Economics & Politics*, 31(3): 428-464.

Peterson, J. C., Smith, K. B., & Hibbing, J. R. (2020). Do people really become more conservative as they age?. *The Journal of Politics*, 82(2): 600-611.

Pettigrew, T. F. (1958). Personality and sociocultural factors in intergroup attitudes: A cross-national comparison. *Journal of Conflict Resolution*, 2(1): 29-42.

Pettigrew, T. F. (1998). Reactions toward the new minorities of Western Europe. *Annual Review of Sociology*, 24(1): 77-103.

Pettigrew, T. F. (2009). Secondary transfer effect of contact: Do intergroup contact effects spread to noncontacted outgroups?. *Social Psychology*, 40(2): 55-65.

Pettigrew, T. F., Jackson, J. S., Brika, J. B., Lemaine, G., Meertens, R. W., Wagner, U., & Zick, A. (1997). Outgroup prejudice in western Europe. *European Review of Social Psychology*, 8(1): 241-273.

Pettigrew, T. F., & Meertens, R. W. (1995). Subtle and blatant prejudice in Western Europe. *European Journal of Social Psychology*, 25(1): 57-75.

Pettigrew, T. F., & Tropp, L. R. (2006). A meta-analytic test of intergroup contact theory. *Journal of Personality and Social Psychology*, 90(5): 751.

Pettigrew, T. F., & Tropp, L. R. (2008). How does intergroup contact reduce prejudice? Meta-analytic tests of three mediators. *European Journal of Social Psychology*, 38(6): 922-934.

Pfaff, S., Crabtree, C., Kern, H. L., & Holbein, J. B. (2021). Do street-level bureaucrats discriminate based on religion? A large-scale correspondence experiment among American public school principals. *Public Administration Review*, 81(2): 244-259.

Phelan, J. C., & Link, B. G. (2015). Is racism a fundamental cause of inequalities in health?. *Annual Review*

of Sociology, 41: 311-330.

Phelps, E. S. (1972). The statistical theory of racism and sexism. *American Economic Review*, 62(4): 659-661.

Phillips, D. C. (2019). Do comparisons of fictional applicants measure discrimination when search externalities are present? Evidence from existing experiments. *The Economic Journal*, 129(621): 2240-2264.

Piazza, J. A. (2020). Politician hate speech and domestic terrorism. *International Interactions*, 46(3): 431-453.

Piccoli, L., Ruedin, D., & Geddes, A. (2023). A global network of scholars? The geographical concentration of institutes in migration studies and its implications. *Comparative Migration Studies*, 11(1): 1-16.

Piekut, A., & Valentine, G. (2016). Perceived diversity and acceptance of minority ethnic groups in two urban contexts. *European Sociological Review*, 32(3): 339-354.

Pierson, E., Simoiu, C., Overgoor, J., Corbett-Davies, S., Jenson, D., Shoemaker, A., ... & Goel, S. (2020). A large-scale analysis of racial disparities in police stops across the United States. *Nature Human Behaviour*, 4(7): 736-745.

Pittman, C. (2020). "Shopping while Black": Black consumers' management of racial stigma and racial profiling in retail settings. *Journal of Consumer Culture*, 20(1): 3-22.

Pizza, J. A. (2020). Politician hate speech and domestic terrorism. *International Interactions*, 46(3): 431-453.

Platt, L., Polavieja, J., & Radl, J. (2022). Which integration policies work? The heterogeneous impact of national institutions on immigrants' labor market attainment in Europe. *International Migration Review*, 56(2): 344-375.

Plaut, V. C., Garnett, F. G., Buffardi, L. E., & Sanchez-Burks, J. (2011). "What about me?" Perceptions of exclusion and Whites' reactions to multiculturalism. *Journal of Personality and Social Psychology*, 101 (2): 337-353.

Plaut, V. C., Thomas, K. M., Hurd, K., & Romano, C. A. (2018). Do color blindness and multiculturalism remedy or foster discrimination and racism?. *Current Directions in Psychological Science*, 27(3): 200-206.

Polavieja, J. G., Lancee, B., Ramos, M., Veit, S., & Yemane, R. (2023). In your face: A comparative field experiment on racial discrimination in Europe. *Socio-Economic Review*, 21(3): 1551-1578.

Polo, S. M., & Wucherpfennig, J. (2022). Trojan horse, copycat, or scapegoat? Unpacking the refugees-terrorism nexus. *The Journal of Politics*, 84(1): 33-49.

Pope, B. R., & Pope, N. G. (2015). Own-nationality bias: evidence from UEFA Champions League football referees. *Economic Inquiry*, 53(2): 1292-1304.

Portes, A., & Zhou, M. (1993). The new second generation: Segmented assimilation and its variants. *The Annals of the American Academy of Political and Social Science*, 530(1): 74-96.

Portmann, L. (2022a). Do stereotypes explain discrimination against minority candidates or discrimination in favor of majority candidates?. *British Journal of Political Science*, 52(2): 501-519.

Portmann, L. (2022b). What makes a successful candidate? Political experience and low-information cues in elections. *The Journal of Politics*, 84(4): 2049-2063.

Portmann, L., & Stojanović, N. (2022). Are immigrant-origin candidates penalized due to ingroup favoritism or outgroup hostility?. *Comparative Political Studies*, 55(1): 154-186.

Pottie-Sherman, Y., & Wilkes, R. (2017). Does size really matter? On the relationship between immigrant group size and anti-immigrant prejudice. *International Migration Review*, 51(1): 218-250.

Powell, B. (2015=2016).『移民の経済学』.(藪下史郎監修). 東洋経済新報社.

Price, J., & Wolfers, J. (2010). Racial discrimination among NBA referees. *The Quarterly Journal of Economics*, 125(4): 1859-1887.

Price, J., & Wolfers, J. (2012). Biased referees?: reconciling results with the NBA's analysis. *Contemporary Economic Policy*, 30(3): 320-328.

Pryce, D. K. (2018). US citizens' current attitudes toward immigrants and immigration: A study from the general social survey. *Social Science Quarterly*, 99(4): 1467-1483.

Putnam, R. D. (1993=2001).『哲学する民主主義：伝統と改革の市民的構造』. 河田潤一訳. NTT 出版.

Putnam, R. D. (2007). E pluribus unum: Diversity and community in the twenty-first century the 2006 Johan Skytte Prize Lecture. *Scandinavian Political Studies*, 30(2): 137-174.

Quillian, L. (1995). Prejudice as a response to perceived group threat: Population composition and anti-immigrant and racial prejudice in Europe. *American Sociological Review*, 60(4): 586-611.

Quillian, L., Heath, A., Pager, D., Midtbøen, A. H., Fleischmann, F., & Hexel, O. (2019). Do some countries discriminate more than others? Evidence from 97 field experiments of racial discrimination in hiring. *Sociological Science*, 6: 467-496.

Quillian, L., & Lee, J. J. (2023). Trends in racial and ethnic discrimination in hiring in six Western countries. *Proceedings of the National Academy of Sciences*, 120(6): e2212875120.

Quillian, L., Lee, J. J., & Honoré, B. (2020). Racial discrimination in the US housing and mortgage lending markets: A quantitative review of trends, 1976–2016. *Race and Social Problems*, 12: 13-28.

Quillian, L., Lee, J. J., & Oliver, M. (2020). Evidence from field experiments in hiring shows substantial additional racial discrimination after the callback. *Social Forces*, 99(2): 732-759.

Quillian, L., & Midtbøen, A. H. (2021). Comparative perspectives on racial discrimination in hiring: The rise of field experiments. *Annual Review of Sociology*, 47: 391-415.

Quillian, L., Pager, D., Hexel, O., & Midtbøen, A. H. (2017). Meta-analysis of field experiments shows no change in racial discrimination in hiring over time. *Proceedings of the National Academy of Sciences*, 114(41): 10870-10875.

Raijman, R., Davidov, E., Schmidt, P., & Hochman, O. (2008). What does a nation owe non-citizens? National attachments, perception of threat and attitudes towards granting citizenship rights in a comparative perspective. *International Journal of Comparative Sociology*, 49(2-3): 195-220.

Ramos, M. R., Cassidy, C., Reicher, S., & Haslam, S. A. (2012). A longitudinal investigation of the rejection–identification hypothesis. *British Journal of Social Psychology*, 51(4): 642-660.

Raphael, S. (2021). The intended and unintended consequences of ban the box. *Annual Review of Criminology*, 4: 191-207.

Rathje, S., van Bavel, J. J., & van Der Linden, S. (2021). Out-group animosity drives engagement on social media. *Proceedings of the National Academy of Sciences*, 118(26): e2024292118.

Rees, D. I., & Smith, B. (2022). Terror attacks and election outcomes in Europe, 1970–2017. *Economics Letters*, 219: 110770.

Reeskens, T., & van der Meer, T. (2019). The inevitable deservingness gap: A study into the insurmountable immigrant penalty in perceived welfare deservingness. *Journal of European Social Policy*, 29(2): 166-181.

Reeskens, T., & Wright, M. (2013). Nationalism and the cohesive society: A multilevel analysis of the interplay among diversity, national identity, and social capital across 27 European societies. *Comparative Political Studies*, 46(2): 153-181.

Rehavi, M. M., & Starr, S. B. (2014). Racial disparity in federal criminal sentences. *Journal of Political Economy*, 122(6): 1320-1354.

Reijerse, A., van Acker, K., Vanbeselaere, N., Phalet, K., & Duriez, B. (2013). Beyond the ethnic-civic

dichotomy: Cultural citizenship as a new way of excluding immigrants. *Political Psychology*, 34(4): 611-630.

Reimer, N. K., Becker, J. C., Benz, A., Christ, O., Dhont, K., Klocke, U., ... & Hewstone, M. (2017). Intergroup contact and social change: Implications of negative and positive contact for collective action in advantaged and disadvantaged groups. *Personality and Social Psychology Bulletin*, 43(1): 121-136.

Reimer, N. K., & Sengupta, N. K. (2023). Meta-analysis of the "ironic" effects of intergroup contact. *Journal of Personality and Social Psychology*, 124(2): 362-380.

Reinero, D. A., Wills, J. A., Brady, W. J., Mende-Siedlecki, P., Crawford, J. T., & van Bavel, J. J. (2020). Is the political slant of psychology research related to scientific replicability?. *Perspectives on Psychological Science*, 15(6): 1310-1328.

Rekker, R. (2016). The lasting impact of adolescence on left-right identification: Cohort replacement and intracohort change in associations with issue attitudes. *Electoral Studies*, 44: 120-131.

Rekker, R., & van Spanje, J. (2022). Hate speech prosecution of politicians and its effect on support for the legal system and democracy. *British Journal of Political Science*, 52(2): 886-907.

Reny, T. T., & Newman, B. J. (2018). Protecting the right to discriminate: The second great migration and racial threat in the American West. *American Political Science Review*, 112(4): 1104-1110.

Riach, P. A., & Rich, J. (2004). Deceptive field experiments of discrimination: Are they ethical?. *Kyklos*, 57(3): 457-470.

Rice, D., Rhodes, J., & Nteta, T. (2022). Same as it ever was? The impact of racial resentment on White juror decision-making. *The Journal of Politics*, 84(2): 1202-1206.

Rider, C. I., Wade, J. B., Swaminathan, A., & Schwab, A. (2023). Racial disparity in leadership: Evidence of valuative bias in the promotions of National Football League coaches. *American Journal of Sociology*, 129(1): 227–275.

Riek, B. M., Mania, E. W., & Gaertner, S. L. (2006). Intergroup threat and outgroup attitudes: A meta-analytic review. *Personality and Social Psychology Review*, 10(4): 336-353.

Rios, K. (2022). Multiculturalism and colorblindness as threats to the self: A framework for understanding dominant and non-dominant group members' responses to interethnic ideologies. *Personality and Social Psychology Review*, 26(4): 315-341.

Ritter, J. A., & Taylor, L. J. (2011). Racial disparity in unemployment. *The Review of Economics and Statistics*, 93(1): 30-42.

Robinson, G., McNulty, J. E., & Krasno, J. S. (2009). Observing the counterfactual? The search for political experiments in nature. *Political Analysis*, 17(4): 341-357.

Rocha, R. R., Knoll, B. R., & Wrinkle, R. D. (2015). Immigration enforcement and the redistribution of political trust. *The Journal of Politics*, 77(4): 901-913.

Röder, A., & Mühlau, P. (2011). Discrimination, exclusion and immigrants' confidence in public institutions in Europe. *European Societies*, 13(4): 535-557.

Röder, A., & Mühlau, P. (2012a). What determines the trust of immigrants in criminal justice institutions in Europe?. *European Journal of Criminology*, 9(4): 370-387.

Röder, A., & Mühlau, P. (2012b). Low expectations or different evaluations: What explains immigrants' high levels of trust in host-country institutions?. *Journal of Ethnic and Migration Studies*, 38(5): 777-792.

Röder, A., & Mühlau, P. (2014). Are they acculturating? Europe's immigrants and gender egalitarianism. *Social Forces*, 92(3): 899-928.

Roiser, M., & Willig, C. (2002). The strange death of the authoritarian personality: 50 years of

psychological and political debate. *History of the Human Sciences*, 15(4): 71-96.
Rooth, D. O. (2010). Automatic associations and discrimination in hiring: Real world evidence. *Labour Economics*, 17(3): 523-534.
Rosen, E., Garboden, P. M., & Cossyleon, J. E. (2021). Racial discrimination in housing: How landlords use algorithms and home visits to screen tenants. *American Sociological Review*, 86(5): 787-822.
Rozenas, A., Schutte, S., & Zhukov, Y. (2017). The political legacy of violence: The long-term impact of Stalin's repression in Ukraine. *The Journal of Politics*, 79(4): 1147-1161.
Rubalcava, L. N., Teruel, G. M., Thomas, D., & Goldman, N. (2008). The healthy migrant effect: New findings from the Mexican Family Life Survey. *American Journal of Public Health*, 98(1): 78-84.
Ruddell, R., & Trott, K. (2022). Perceptions of trust in the police: A cross-national comparison. *International Journal of Comparative and Applied Criminal Justice*, 1-16.
Ruedin, D. (2020). Do we need multiple questions to capture feeling threatened by immigrants?. *Political Research Exchange*, 2(1): 1758576.
Rugh, J. S., & Massey, D. S. (2010). Racial segregation and the American foreclosure crisis. *American Sociological Review*, 75(5): 629-651.
Rüttenauer, T., & Best, H. (2022). Perceived pollution and selective out-migration: Revisiting the role of income for environmental inequality. *Journal of Ethnic and Migration Studies*, 48(15): 3505-3523.
Ryan, M. K., & Haslam, S. A. (2005). The glass cliff: Evidence that women are over-represented in precarious leadership positions. *British Journal of Management*, 16(2): 81-90.
Ryo, E. (2021). The unintended consequences of US immigration enforcement policies. *Proceedings of the National Academy of Sciences*, 118(21): e2103000118.
Saavedra, M. (2021). Kenji or Kenneth? Pearl harbor and Japanese-American assimilation. *Journal of Economic Behavior & Organization*, 185: 602-624.
Safi, M. (2010). Immigrants' life satisfaction in Europe: Between assimilation and discrimination. *European Sociological Review*, 26(2): 159-176.
Saguy, T., Tausch, N., Dovidio, J. F., & Pratto, F. (2009). The irony of harmony: Intergroup contact can produce false expectations for equality. *Psychological Science*, 20(1): 114-121.
齋藤直子. (2017).『結婚差別の社会学』. 勁草書房.
齋藤僚介. (2024).「統合のパラドクスとその揺らぎ」『「在留外国人総合調査」（時系列調査）を用いた在留外国人の生活に関する二次分析研究成果報告』pp.50-73.
Saleem, M., Wojcieszak, M. E., Hawkins, I., Li, M., & Ramasubramanian, S. (2019). Social identity threats: How media and discrimination affect Muslim Americans' identification as Americans and trust in the US government. *Journal of Communication*, 69(2): 214-236.
Samari, G., Catalano, R., Alcalá, H. E., & Gemmill, A. (2020). The Muslim Ban and preterm birth: Analysis of US vital statistics data from 2009 to 2018. *Social Science & Medicine*, 265: 113544.
Samelson, F. (1978). From "race psychology" to "studies in prejudice": Some observations on the thematic reversal in social psychology. *Journal of the History of the Behavioral Sciences*, 14(3): 265-278.
Sandberg, A. (2018). Competing identities: A field study of in-group bias among professional evaluators. *The Economic Journal*, 128(613): 2131-2159.
Sanderson, M. R., Semyonov, M., & Gorodzeisky, A. (2021). Declining and splitting: Opposition to immigration in the United States, 1996–2018. *International Journal of Intercultural Relations*, 80: 27-39.
Saperstein, A., & Penner, A. M. (2012). Racial fluidity and inequality in the United States. *American Journal of Sociology*, 118(3): 676-727.
Saperstein, A., & Penner, A. M. (2016). Still searching for a true race? Reply to Kramer et al. and Alba et al.

American Journal of Sociology, 122(1): 263-285.

Sarrasin, O., Green, E. G., & van Assche, J. (2020). Consensual versus heterogeneous conceptions of nationhood: The role of citizenship regimes and integration policies across 21 European countries. *Social Indicators Research*, 148(3): 987-1004.

佐藤裕, (2018).『新版 差別論：偏見理論批判』. 明石書店.

Saucier, D. A., Miller, C. T., & Doucet, N. (2005). Differences in helping whites and blacks: A meta-analysis. *Personality and Social Psychology Review*, 9(1): 2-16.

Savelkoul, M., Scheepers, P., Tolsma, J., & Hagendoorn, L. (2011). Anti-Muslim attitudes in the Netherlands: Tests of contradictory hypotheses derived from ethnic competition theory and intergroup contact theory. *European Sociological Review*, 27(6): 741-758.

Savelkoul, M., te Grotenhuis, M., & Scheepers, P. (2022). Has the terrorist attack on Charlie Hebdo fuelled resistance towards Muslim immigrants in Europe? Results from a natural experiment in six European countries. *Acta Sociologica*, 65(4): 357-373.

Sawert, T. (2020). Understanding the mechanisms of ethnic discrimination: A field experiment on discrimination against Turks, Syrians and Americans in the Berlin shared housing market. *Journal of Ethnic and Migration Studies*, 46(19): 3937-3954.

Sawyer, P. J., Major, B., Casad, B. J., Townsend, S. S., & Mendes, W. B. (2012). Discrimination and the stress response: Psychological and physiological consequences of anticipating prejudice in interethnic interactions. *American Journal of Public Health*, 102(5): 1020-1026.

Scacco, A., & Warren, S. S. (2018). Can social contact reduce prejudice and discrimination? Evidence from a field experiment in Nigeria. *American Political Science Review*, 112(3): 654-677.

Schachter, A. (2016). From "different" to "similar" :An experimental approach to understanding assimilation. *American Sociological Review*, 81(5): 981-1013.

Schaeffer, M., & Kas, J. (2023). The integration paradox: A review and meta-analysis of the complex relationship between integration and reports of discrimination. *International Migration Review*, 01979183231170809.

Schäfer, S. J., Kauff, M., Prati, F., Kros, M., Lang, T., & Christ, O. (2021). Does negative contact undermine attempts to improve intergroup relations? Deepening the understanding of negative contact and its consequences for intergroup contact research and interventions. *Journal of Social Issues*, 77(1): 197-216.

Schaller, M., & Park, J. H. (2011). The behavioral immune system (and why it matters). *Current Directions in Psychological Science*, 20(2): 99-103.

Schatz, R. T., Staub, E., & Lavine, H. (1999). On the varieties of national attachment: Blind versus constructive patriotism. *Political Psychology*, 20(1): 151-174.

Scheepers, P., Gijsberts, M., & Coenders, M. (2002). Ethnic exclusionism in European countries. Public opposition to civil rights for legal migrants as a response to perceived ethnic threat. *European Sociological Review*, 18(1): 17-34.

Scheve, K. F., & Slaughter, M. J. (2001). Labor market competition and individual preferences over immigration policy. *Review of Economics and Statistics*, 83(1): 133-145.

Schildkraut, D. J. (2005). The rise and fall of political engagement among Latinos: The role of identity and perceptions of discrimination. *Political Behavior*, 27: 285-312.

Schlueter, E., & Davidov, E. (2013). Contextual sources of perceived group threat: Negative immigration-related news reports, immigrant group size and their interaction, Spain 1996–2007. *European Sociological Review*, 29(2): 179-191.

Schlueter, E., Masso, A., & Davidov, E. (2020). What factors explain anti-Muslim prejudice? An assessment

of the effects of Muslim population size, institutional characteristics and immigration-related media claims. *Journal of Ethnic and Migration Studies*, 46(3): 649-664.

Schlueter, E., Meuleman, B., & Davidov, E. (2013). Immigrant integration policies and perceived group threat: A multilevel study of 27 Western and Eastern European countries. *Social Science Research*, 42(3): 670-682.

Schmid, K., Hewstone, M., & Tausch, N. (2014). Secondary transfer effects of intergroup contact via social identity complexity. *British Journal of Social Psychology*, 53(3): 443-462.

Schmidt, K. (2021). The dynamics of attitudes toward immigrants: Cohort analyses for Western EU member states. *International Journal of Comparative Sociology*, 62(4): 281-310.

Schmidt, A. W., & Spies, D. C. (2014). Do parties "playing the race card" undermine natives' support for redistribution? Evidence from Europe. *Comparative Political Studies*, 47(4): 519-549.

Schmitt, M. T., Branscombe, N. R., Postmes, T., & Garcia, A. (2014). The consequences of perceived discrimination for psychological well-being: A meta-analytic review. *Psychological Bulletin*, 140(4): 921-948.

Schmuck, D., Heiss, R., & Matthes, J. (2020). Drifting further apart? How exposure to media portrayals of Muslims affects attitude polarization. *Political Psychology*, 41(6): 1055-1072.

Scholz, S. J. (2015). Seeking solidarity. *Philosophy Compass*, 10(10): 725-735.

Schor, J. B., & Attwood-Charles, W. (2017). The "sharing" economy: Labor, inequality, and social connection on for-profit platforms. *Sociology Compass*, 11(8): e12493.

Schor, J. B., & Vallas, S. P. (2021). The sharing economy: Rhetoric and reality. *Annual Review of Sociology*, 47: 369-389.

Schotte, S., & Winkler, H. (2018). Why are the elderly more averse to immigration when they are more likely to benefit? Evidence across countries. *International Migration Review*, 52(4): 1250-1282.

Schreer, G. E., Smith, S., & Thomas, K. (2009). "Shopping while black": Examining racial discrimination in a retail setting. *Journal of Applied Social Psychology*, 39(6): 1432-1444.

Schuman, H., Steeh, C., & Bobo, L. (1985). *Racial Attitudes in America: Trends and Interpretations* (Vol. 2). Harvard University Press.

Schütz, H., & Six, B. (1996). How strong is the relationship between prejudice and discrimination? A meta-analytic answer. *International Journal of Intercultural Relations*, 20(3-4): 441-462.

Schütze, C., & Osanami Törngren, S. (2022). Exploring ways of measuring colour-blindness in Sweden: Operationalisation and theoretical understandings of a US concept in a new context. *Ethnic and Racial Studies*, 45(16): 637-658.

Schwab, S. (1986). Is statistical discrimination efficient?. *American Economic Review*, 76(1): 228-234.

Scott, R. (2022). Does university make you more liberal? Estimating the within-individual effects of higher education on political values. *Electoral Studies*, 77: 102471.

Scott, K., Ma, D. S., Sadler, M. S., & Correll, J. (2017). A social scientific approach toward understanding racial disparities in police shooting: Data from the Department of Justice (1980–2000). *Journal of Social Issues*, 73(4): 701-722.

Sears, D. O., & Freedman, J. L. (1967). Selective exposure to information: A critical review. *Public Opinion Quarterly*, 31(2): 194-213.

Sears, D. O., & Henry, P. J. (2003). The origins of symbolic racism. *Journal of Personality and Social Psychology*, 85(2): 259-275.

Sears, D. O., & Henry, P. J. (2005). Over thirty years later: A contemporary look at symbolic racism. *Advances in Experimental Social Psychology*, 37(1): 95-125.

Sears, D. O., & McConahay, J. B. (1973). *The Politics of Violence: The New Urban Blacks and the Watts Riot*

(p. vii). Boston: Houghton Mifflin.

Sekhon, J. S., & Titiunik, R. (2012). When natural experiments are neither natural nor experiments. *American Political Science Review*, 106(1): 35-57.

Semyonov, M., Raijman, R., & Gorodzeisky, A. (2006). The rise of anti-foreigner sentiment in European societies, 1988-2000. *American Sociological Review*, 71(3): 426-449.

Sengupta, N. K., Reimer, N. K., Sibley, C. G., & Barlow, F. K. (2023). Does intergroup contact foster solidarity with the disadvantaged? A longitudinal analysis across 7 years. *American Psychologist*, 78(6): 750–760.

Shayo, M., & Zussman, A. (2011). Judicial ingroup bias in the shadow of terrorism. *The Quarterly Journal of Economics*, 126(3): 1447-1484.

Sherif, M. (1967). *Group Conflict and Cooperation*. London: Routledge and Kegan Paul.

Shertzer, A. (2016). Immigrant group size and political mobilization: Evidence from European migration to the United States. *Journal of Public Economics*, 139: 1-12.

Shih, J. (2002). '... Yeah, I could hire this one, but I know it's gonna be a problem': How race, nativity and gender affect employers' perceptions of the manageability of job seekers. *Ethnic and Racial Studies*, 25(1): 99-119.

下窪拓也. (2021).「失業率が日本人の排外意識に与える影響の（再）検証―社会調査データの二次分析を通じて―」『社会学評論』72(3): 312-326.

Shulman, S. (2002). Challenging the civic/ethnic and West/East dichotomies in the study of nationalism. *Comparative Political Studies*, 35(5): 554-585.

Sides, J., & Citrin, J. (2007). European opinion about immigration: The role of identities, interests and information. *British Journal of Political Science*, 37(3): 477-504.

Siebers, H. (2017). "Race" versus "ethnicity"? Critical race essentialism and the exclusion and oppression of migrants in the Netherlands. *Ethnic and Racial Studies*, 40(3): 369-387.

Siegel, A. A., & Badaan, V. (2020). #No2Sectarianism: Experimental approaches to reducing sectarian hate speech online. *American Political Science Review*, 114(3): 837-855.

Silva, F. (2018). The strength of whites' ties: How employers reward the referrals of black and white job-seekers. *Social Forces*, 97(2): 741-768.

Silva, F. (2022). What predicts employer discrimination? The role of implicit and explicit racial attitudes. *Social Science Research*, 108: 102775.

Simon, E. (2022). Demystifying the link between higher education and liberal values: A within-sibship analysis of British individuals' attitudes from 1994–2020. *The British Journal of Sociology*, 73(5): 967-984.

Simon, S. (2024). Immigration policy congruence and political trust: A cross-national analysis among 23 European countries. *Acta Politica*, 59(1): 145-166.

Simonovits, G., Kezdi, G., & Kardos, P. (2018). Seeing the world through the other's eye: An online intervention reducing ethnic prejudice. *American Political Science Review*, 112(1): 186-193.

Simonsen, K. B. (2016). Ripple effects: An exclusive host national context produces more perceived discrimination among immigrants. *European Journal of Political Research*, 55(2): 374-390.

Simonsen, K. B., & Bonikowski, B. (2020). Is civic nationalism necessarily inclusive? Conceptions of nationhood and anti-Muslim attitudes in Europe. *European Journal of Political Research*, 59(1): 114-136.

Slavny, A., & Parr, T. (2015). Harmless discrimination. *Legal Theory*, 21(2): 100-114.

Slopen, N., Lewis, T. T., & Williams, D. R. (2016). Discrimination and sleep: A systematic review. *Sleep Medicine*, 18: 88-95.

Slough, T. (2023). Phantom counterfactuals. *American Journal of Political Science*, 67(1): 137-153.

Small, M. L., & Pager, D. (2020). Sociological perspectives on racial discrimination. *Journal of Economic Perspectives*, 34(2): 49-67.

Smith, A. D. (1995). *Nations and Nationalism in a Global Era*. Polity Press.

Smith, A.D. (1991＝1998).『ナショナリズムの生命力』. 高柳先男訳, 晶文社.

Smith, A. D. (2010=2018).『ナショナリズムとは何か』. 庄司信訳. 筑摩書房.

Smith, S. S. (2010). Race and trust. *Annual Review of Sociology*, 36: 453-475.

Smith, I. A., & Griffiths, A. (2022). Microaggressions, everyday discrimination, workplace incivilities, and other subtle slights at work: A meta-synthesis. *Human Resource Development Review*, 21(3): 275-299.

Smith, J. R. & Haslam, S. A. (2012=2017).『社会心理学再入門：ブレークスルーを生んだ 12 の研究』. 樋口匡貴・藤島喜嗣監訳. 新曜社.

Smith, R. A., & Hunt, M. O. (2021). White supervisor and subordinate beliefs about black/white inequality: Implications for understanding and reducing workplace racial disparities. *Social Problems*, 68(3): 720-739.

Smythe, H. H., & Kono, S. (1953). A social distance test of the eta caste of Japan. *Sociology and Social Research*, 38(1): 26-31.

Sniderman, P. M., & Hagendoorn, L. (2007). *When Ways of Life Collide: Multiculturalism and its Discontents in the Netherlands*. Princeton University Press.

Sniderman, P. M., Hagendoorn, L., & Prior, M. (2004). Predisposing factors and situational triggers: Exclusionary reactions to immigrant minorities. *American Political Science Review*, 98(1): 35-49.

Soehl, T., & Karim, S. M. (2021). How legacies of geopolitical trauma shape popular nationalism today. *American Sociological Review*, 86(3): 406-429.

Solano, G. & Huddleston, T. (2020). *Migrant Integration Policy Index 2020*.

Sommers, S. R. (2006). On racial diversity and group decision making: Identifying multiple effects of racial composition on jury deliberations. *Journal of Personality and Social Psychology*, 90(4): 597-612.

Son Hing, L. S., Chung-Yan, G. A., Hamilton, L. K., & Zanna, M. P. (2008). A two-dimensional model that employs explicit and implicit attitudes to characterize prejudice. *Journal of Personality and Social Psychology*, 94(6): 971-987.

Song Jaehyun・秦正樹. (2020).「オンライン・サーベイ実験の方法: 理論編」『理論と方法』35(1): 92-108.

Spamann, H. (2022). Comment on "Temperature and Decisions: Evidence from 207,000 Court Cases". *American Economic Journal: Applied Economics*, 14(4): 519-28.

Spencer, S. J., Steele, C. M., & Quinn, D. M. (1999). Stereotype threat and women's math performance. *Journal of Experimental Social Psychology*, 35(1): 4-28.

Spies, D. C., Mayer, S. J., & Goerres, A. (2020). What are we missing? Explaining immigrant-origin voter turnout with standard and immigrant-specific theories. *Electoral Studies*, 65: 102103.

Sprietsma, M. (2013). Discrimination in grading: Experimental evidence from primary school teachers. *Empirical Economics*, 45: 523-538.

Stahl, G. K., Maznevski, M. L., Voigt, A., & Jonsen, K. (2010). Unraveling the effects of cultural diversity in teams: A meta-analysis of research on multicultural work groups. *Journal of International Business Studies*, 41: 690-709.

Stainback, K., & Tomaskovic-Devey, D. (2009). Intersections of power and privilege: Long-term trends in managerial representation. *American Sociological Review*, 74(5): 800-820.

Staub, E., & Pearlman, L. A. (2009). Reducing intergroup prejudice and conflict: A commentary. *Journal of Personality and Social Psychology*, 96(3): 588–593.

Stechemesser, A., Levermann, A., & Wenz, L. (2022). Temperature impacts on hate speech online: Evidence

from 4 billion geolocated tweets from the USA. *The Lancet Planetary Health*, 6(9): e714-e725.

Steele, C. M., & Aronson, J. (1995). Stereotype threat and the intellectual test performance of African Americans. *Journal of Personality and Social Psychology*, 69(5): 797-811.

Steil, J. P., & Vasi, I. B. (2014). The new immigration contestation: Social movements and local immigration policy making in the United States, 2000–2011. *American Journal of Sociology*, 119(4): 1104-1155.

Steinmann, J. P. (2019). The paradox of integration: Why do higher educated new immigrants perceive more discrimination in Germany?. *Journal of Ethnic and Migration Studies*, 45(9): 1377-1400.

Stephen, E., & Perpetual, C. (2013). Migrants' perception of the police: Should it be a cause for concern in Finland?. *European Journal of Criminology*, 10(5): 555-571.

Stephan, W. G., & Stephan, C. W. (2000). An integrated threat theory of prejudice. In Oskamp, S. (Eds.), *Reducing Prejudice and Discrimination* (pp. 23-45). Hillsdale, NJ: Lawrence Erlbaum.

Štětka, V., Mihelj, S., & Tóth, F. (2021). The impact of news consumption on anti-immigration attitudes and populist party support in a changing media ecology. *Political Communication*, 38(5): 539-560.

Stojmenovska, D., Bol, T., & Leopold, T. (2017). Does diversity pay? A replication of Herring (2009). *American Sociological Review*, 82(4): 857-867.

Storer, A., Schneider, D., & Harknett, K. (2020). What explains racial/ethnic inequality in job quality in the service sector?. *American Sociological Review*, 85(4): 537-572.

Strohmeier, D., Kärnä, A., & Salmivalli, C. (2011). Intrapersonal and interpersonal risk factors for peer victimization in immigrant youth in Finland. *Developmental Psychology*, 47(1): 248-258.

Stults, B. J., & Baumer, E. P. (2007). Racial context and police force size: Evaluating the empirical validity of the minority threat perspective. *American Journal of Sociology*, 113(2): 507-546.

Sue, D.W. (2010=2020).『日常生活に埋め込まれたマイクロアグレッション―人種、ジェンダー、性的指向：マイノリティに向けられる無意識の差別』マイクロアグレッション研究会訳. 明石書店.

Sugasawa, T., & Harano, K. (2023). A field experiment on discrimination against foreigners in the rental housing market in Japan examining the 23 wards of Tokyo. *Journal of the Japanese and International Economies*, 69: 101273.

Sunstein, C. R. (2001). *Republic.com*. Princeton University Press.

鈴木淳子. (2016).『質問紙デザインの技法[第2版]』. ナカニシヤ出版.

鈴木大介. (2023).『ネット右翼になった父』. 講談社.

Suzuki, M., Kawai, K., & Shimizu, C. (2022). Discrimination against the atypical type of tenants in the Tokyo private rental housing market: Evidence from moving-in inspection and rent arrear records. *Journal of Housing Economics*, 58: 101879.

田戸岡好香, 石井国雄, & 樋口収. (2023).「新型コロナワクチンの接種が在留外国人に対する態度に及ぼす影響：行動免疫システムの観点から」『実験社会心理学研究』62(2): 130-138.

Tajfel, H. (Eds.) (1978). *Differentiation Between Social Groups: Studies in the Social Psychology of Intergroup Relations*. London: Academic Press.

Tajfel, H., & Turner, J. C. (1979). An intergrative theory of intergroup conflict. In W. G. Austin & S. Worchel (Eds.), *The Social Psychology of Intergroup Relations* (pp. 33–47). Monterey, CA: Brooks/Cole.

高史明. (2015).『レイシズムを解剖する：在日コリアンへの偏見とインターネット』.勁草書房.

高野了太・高史明・野村理朗. (2021).「日本語版右翼権威主義尺度の作成」.『心理学研究』91(6): 398-408.

Takenaka, A., Nakamuro, M., & Ishida, K. (2016). Negative assimilation: How immigrants experience economic mobility in Japan. *International Migration Review*, 50(2): 506-533.

Takenoshita, H. (2006). The differential incorporation into Japanese labor market: A comparative study of

Japanese Brazilians and professional Chinese migrants. *The Japanese Journal of Population*, 4(1): 56-77.

Takenoshita, H. (2015). Social Capital and Mental Health among Brazilian Immigrants in Japan. *International Journal of Japanese Sociology*, 24(1): 48-64.

Takikawa, H., & Nagayoshi, K. (2017). Political polarization in social media: Analysis of the "Twitter political field" in Japan. In *2017 IEEE International Conference on Big Data (Big Data)* (pp. 3143-3150). IEEE.

Talaska, C. A., Fiske, S. T., & Chaiken, S. (2008). Legitimating racial discrimination: Emotions, not beliefs, best predict discrimination in a meta-analysis. *Social Justice Research*, 21: 263-296.

Tamborini, C. R., & Villarreal, A. (2021). Immigrants' employment stability over the Great Recession and its aftermath. *Demography*, 58(5): 1867-1895.

Tamir, Y. (2019). Not so civic: Is there a difference between ethnic and civic nationalism?. *Annual Review of Political Science*, 22: 419-434.

田辺俊介. (2019).「「差別」の計量分析―日本の排外主義を事例にして―」『社会学年報』48: 45-61.

淡野将太. (2010).「置き換えられた攻撃研究の変遷」『教育心理学研究』58(1): 108-120.

Tarman, C., & Sears, D. O. (2005). The conceptualization and measurement of symbolic racism. *The Journal of Politics*, 67(3): 731-761.

Terren, L., & Borge-Bravo, R. (2021). Echo chambers on social media: A systematic review of the literature. *Review of Communication Research*, 9: 99-118.

Terrizzi Jr, J. A., Shook, N. J., & McDaniel, M. A. (2013). The behavioral immune system and social conservatism: A meta-analysis. *Evolution and Human Behavior*, 34(2): 99-108.

Thalmayer, A. G., Toscanelli, C., & Arnett, J. J. (2021). The neglected 95% revisited: Is American psychology becoming less American?. *American Psychologist*, 76(1): 116-129.

Theodore, N., & Habans, R. (2016). Policing immigrant communities: Latino perceptions of police involvement in immigration enforcement. *Journal of Ethnic and Migration Studies*, 42(6): 970-988.

Theorin, N., & Strömbäck, J. (2020). Some media matter more than others: Investigating media effects on attitudes toward and perceptions of immigration in Sweden. *International Migration Review*, 54(4): 1238-1264.

Thijssen, L., Coenders, M., & Lancee, B. (2021). Ethnic discrimination in the Dutch labor market: Differences between ethnic minority groups and the role of personal information about job applicants: Evidence from a field experiment. *Journal of International Migration and Integration*, 22: 1125-1150.

Thijssen, L., van Tubergen, F., Coenders, M., Hellpap, R., & Jak, S. (2022). Discrimination of Black and Muslim minority groups in western societies: Evidence from a meta-analysis of field experiments. *International Migration Review*, 56(3): 843-880.

Thomas, M., & Bodet, M. A. (2013). Sacrificial lambs, women candidates, and district competitiveness in Canada. *Electoral Studies*, 32(1): 153-166.

Thompson, C. H. (1934). The conclusions of scientists relative to racial differences. *Journal of Negro Education*, 3(3): 494-512.

Thomsen, J. P. F., & Olsen, M. (2017). Re-examining socialization theory: How does democracy influence the impact of education on anti-foreigner sentiment?. *British Journal of Political Science*, 47(4): 915-938.

Tibajev, A., & Hellgren, C. (2019). The effects of recognition of foreign education for newly arrived immigrants. *European Sociological Review*, 35(4): 506-521.

Tilcsik, A. (2021). Statistical discrimination and the rationalization of stereotypes. *American Sociological Review*, 86(1): 93-122.

Tilley, J., & Evans, G. (2014). Ageing and generational effects on vote choice: Combining cross-sectional and panel data to estimate APC effects. *Electoral Studies*, 33: 19-27.

Tir, J., & Singh, S. P. (2015). Get off my lawn: Territorial civil wars and subsequent social intolerance in the public. *Journal of Peace Research*, 52(4): 478-491.

Tjaden, J. D., Schwemmer, C., & Khadjavi, M. (2018). Ride with me—Ethnic discrimination, social markets, and the sharing economy. *European Sociological Review*, 34(4): 418-432.

Todd, A. R., & Galinsky, A. D. (2014). Perspective-taking as a strategy for improving intergroup relations: Evidence, mechanisms, and qualifications. *Social and Personality Psychology Compass*, 8(7): 374-387.

Tomaskovic-Devey, D., Hällsten, M., & Avent-Holt, D. (2015). Where do immigrants fare worse? Modeling workplace wage gap variation with longitudinal employer-employee data. *American Journal of Sociology*, 120(4): 1095-1143.

友原章典. (2020).『移民の経済学: 雇用、経済成長から治安まで、日本は変わるか』. 中央公論新社.

Tomova Shakur, T. K., & Phillips, L. T. (2022). What counts as discrimination? How principles of merit shape fairness of demographic decisions. *Journal of Personality and Social Psychology*, 123(5): 957-982.

Torche, F., & Sirois, C. (2019). Restrictive immigration law and birth outcomes of immigrant women. *American Journal of Epidemiology*, 188(1): 24-33.

Triventi, M. (2020). Are children of immigrants graded less generously by their teachers than natives, and why? Evidence from student population data in Italy. *International Migration Review*, 54(3): 765-795.

Tropp, L. R., Hawi, D. R., Van Laar, C., & Levin, S. (2012). Cross-ethnic friendships, perceived discrimination, and their effects on ethnic activism over time: A longitudinal investigation of three ethnic minority groups. *British Journal of Social Psychology*, 51(2): 257-272.

辻大介. (2018).「インターネット利用は人びとの排外意識を高めるか—操作変数法を用いた因果効果の推定—」『ソシオロジ』63(1): 3-20.

Tsutsui, K., & Shin, H. J. (2008). Global norms, local activism, and social movement outcomes: Global human rights and resident Koreans in Japan. *Social Problems*, 55(3): 391-418.

Tubadji, A., & Nijkamp, P. (2015). Cultural gravity effects among migrants: A comparative analysis of the EU15. *Economic Geography*, 91(3): 343-380.

Turkoglu, O., & Chadefaux, T. (2023). The effect of terrorist attacks on attitudes and its duration. *Political Science Research and Methods*, 11(4), 893-902.

Turnbull-Dugarte, S. J., & Rama, J. (2022). When the US far-right sneezes, the European far-right catches a cold: Quasi-experimental evidence of electoral contagion from Spain. *Electoral Studies*, 76: 102443.

Turner, J. C., Hogg, M. A., Oakes, P. J., Reicher, S. D., & Wetherell, M. S. (1987). *Rediscovering the Social Group: A Self-Categorization Theory*. New York: Blackwell.

Tyler, T. R. (2005). Policing in black and white: Ethnic group differences in trust and confidence in the police. *Police Quarterly*, 8(3): 322-342.

Uberoi, V. (2008). Do policies of multiculturalism change national identities?. *The Political Quarterly*, 79(3): 404-417.

Uggen, C., & Manza, J. (2002). Democratic contraction? Political consequences of felon disenfranchisement in the United States. *American Sociological Review*, 67(6): 777-803.

Valentino, N. A., Soroka, S. N., Iyengar, S., Aalberg, T., Duch, R., Fraile, M., ... & Kobayashi, T. (2019). Economic and cultural drivers of immigrant support worldwide. *British Journal of Political Science*, 49(4): 1201-1226.

van Craen, M., & Skogan, W. G. (2015). Differences and similarities in the explanation of ethnic minority groups' trust in the police. *European Journal of Criminology*, 12(3): 300-323.

van de Werfhorst, H. G. (2020). Are universities left-wing bastions? The political orientation of professors,

professionals, and managers in Europe. *The British Journal of Sociology*, 71(1): 47-73.
van den Broeck, K., & Heylen, K. (2015). Differential treatment of rental home seekers according to their sociodemographic and economic status by real estate agencies in Belgium. *European Journal of Homelessness*, 9(2): 39-62.
van der Meer, T., & Tolsma, J. (2014). Ethnic diversity and its effects on social cohesion. *Annual Review of Sociology*, 40(1): 459-478.
van der Zwan, R., Lubbers, M., & Eisinga, R. (2019). The political representation of ethnic minorities in the Netherlands: ethnic minority candidates and the role of party characteristics. *Acta Politica*, 54: 245-267.
van Doorn, M., Scheepers, P., & Dagevos, J. (2013). Explaining the integration paradox among small immigrant groups in the Netherlands. *Journal of International Migration and Integration*, 14: 381-400.
van Dyke, M. E., Kramer, M. R., Kershaw, K. N., Vaccarino, V., Crawford, N. D., & Lewis, T. T. (2022). Inconsistent reporting of discrimination over time using the Experiences of Discrimination Scale: Potential underestimation of lifetime burden. *American Journal of Epidemiology*, 191(3): 370-378.
van Klingeren, M., Boomgaarden, H. G., Vliegenthart, R., & de Vreese, C. H. (2015). Real world is not enough: The media as an additional source of negative attitudes toward immigration, comparing Denmark and the Netherlands. *European Sociological Review*, 31(3): 268-283.
van Laar, C., Levin, S., Sinclair, S., & Sidanius, J. (2005). The effect of university roommate contact on ethnic attitudes and behavior. *Journal of Experimental Social Psychology*, 41(4): 329-345.
van Oorschot, W. (2000). Who should get what, and why? On deservingness criteria and the conditionality of solidarity among the public. *Policy & Politics*, 28(1): 33-48.
van Oorschot, W. (2006). Making the difference in social Europe: deservingness perceptions among citizens of European welfare states. *Journal of European Social Policy*, 16(1): 23-42.
van Oosten, S., Mügge, L., & van der Pas, D. (2024). Race/ethnicity in candidate experiments: A meta-analysis and the case for shared identification. *Acta Politica*, 59(1), 19-41.
van Ryzin, G. G. (2021). The perceived fairness of active representation: Evidence from a survey experiment. *Public Administration Review*, 81(6): 1044-1054.
van Tubergen, F. (2020). *Introduction to Sociology*. Routledge.
van Tubergen, F., Maas, I., & Flap, H. (2004). The economic incorporation of immigrants in 18 western societies: Origin, destination, and community effects. *American Sociological Review*, 69(5): 704-727.
Veit, S., & Thijsen, L. (2021). Almost identical but still treated differently: Hiring discrimination against foreign-born and domestic-born minorities. *Journal of Ethnic and Migration Studies*, 47(6): 1285-1304.
Velásquez, P., & Eger, M. A. (2022). Does higher education have liberalizing or inoculating effects? A panel study of anti-immigrant sentiment before, during, and after the European migration crisis. *European Sociological Review*, 38(4): 605-628.
Verhaeghe, P. P., & De Coninck, D. (2022). Rental discrimination, perceived threat and public attitudes towards immigration and refugees. *Ethnic and Racial Studies*, 45(7): 1371-1393.
Verkuyten, M. (2009). Support for multiculturalism and minority rights: The role of national identification and out-group threat. *Social Justice Research*, 22: 31-52.
Verkuyten, M. (2018). *The Social Psychology of Ethnic Identity*. Routledge.
Verkuyten, M., & Martinovic, B. (2012). Immigrants' national identification: Meanings, determinants, and consequences. *Social Issues and Policy Review*, 6(1): 82-112.
Verkuyten, M., & Martinovic, B. (2015). Behind the ethnic–civic distinction: Public attitudes towards immigrants' political rights in the Netherlands. *Social Science Research*, 53: 34-44.

Verkuyten, M., & Thijs, J. (2006). Ethnic discrimination and global self-worth in early adolescents: The mediating role of ethnic self-esteem. *International Journal of Behavioral Development*, 30(2): 107-116.

Verstraete, J., & Verhaeghe, P. P. (2020). Ethnic discrimination upon request? Real estate agents' strategies for discriminatory questions of clients. *Journal of Housing and the Built Environment*, 35(3): 703-721.

Vezzali, L., Di Bernardo, G. A., Cocco, V. M., Stathi, S., & Capozza, D. (2021). Reducing prejudice in the society at large: A review of the secondary transfer effect and directions for future research. *Social and Personality Psychology Compass*, 15(3): e12583.

Vezzali, L., Hewstone, M., Capozza, D., Giovannini, D., & Wölfer, R. (2014). Improving intergroup relations with extended and vicarious contact: An integrative review. *European Review of Social Psychology*, 25: 314-389.

Vezzali, L., Trifiletti, E., Wölfer, R., Di Bernardo, G. A., Stathi, S., Cocco, V. M., ... & Hewstone, M. (2023). Sequential models of intergroup contact and social categorization: An experimental field test of integrated models. *Group Processes & Intergroup Relations*, 26(6): 1181-1204.

Vezzali, L., Turner, R., Capozza, D., & Trifiletti, E. (2018). Does intergroup contact affect personality? A longitudinal study on the bidirectional relationship between intergroup contact and personality traits. *European Journal of Social Psychology*, 48(2): 159-173.

Vliegenthart, R. (2012). Framing in mass communication research–An overview and assessment. *Sociology Compass*, 6(12): 937-948.

Voas, D., & Fleischmann, F. (2012). Islam moves west: Religious change in the first and second generations. *Annual Review of Sociology*, 38: 525-545.

Voigtländer, N., & Voth, H. J. (2012). Persecution perpetuated: the medieval origins of anti-Semitic violence in Nazi Germany. *The Quarterly Journal of Economics*, 127(3): 1339-1392.

Voth, H. J. (2021). Persistence—myth and mystery. In Bisin, A. & Federico, G. (Eds.), *The Handbook of Historical Economics* (pp.243–267). London: Academic Press.

Vuolo, M., Uggen, C., & Lageson, S. (2016). Statistical power in experimental audit studies: Cautions and calculations for matched tests with nominal outcomes. *Sociological Methods & Research*, 45(2): 260-303.

Vuolo, M., Uggen, C., & Lageson, S. (2018). To match or not to match? Statistical and substantive considerations in audit design and analysis. In Gaddis, S. M. (Eds.), *Audit Studies: Behind the Scenes with Theory, Method, and Nuance* (p.119-140). Springer.

Wagner, U., Becker, J. C., Christ, O., Pettigrew, T. F., & Schmidt, P. (2012). A longitudinal test of the relation between German nationalism, patriotism, and outgroup derogation. *European Sociological Review*, 28(3): 319-332.

Wallace, S., Nazroo, J., & Bécares, L. (2016). Cumulative effect of racial discrimination on the mental health of ethnic minorities in the United Kingdom. *American Journal of Public Health*, 106(7): 1294-1300.

Wark, C., & Galliher, J. F. (2007). Emory Bogardus and the origins of the social distance scale. *The American Sociologist*, 38: 383-395.

Wasow, O. (2020). Agenda seeding: How 1960s black protests moved elites, public opinion and voting. *American Political Science Review*, 114(3): 638-659.

Watters, S. M., Ward, C., & Stuart, J. (2020). Does normative multiculturalism foster or threaten social cohesion?. *International Journal of Intercultural Relations*, 75: 82-94.

Webb, T. L., & Sheeran, P. (2006). Does changing behavioral intentions engender behavior change? A meta-analysis of the experimental evidence. *Psychological Bulletin*, 132(2): 249-268.

Weber, H. (2019). Attitudes towards minorities in times of high immigration: A panel study among young

adults in Germany. *European Sociological Review*, 35(2): 239-257.

Weber, H. (2022). The educational divide over feelings about ethnic minorities: Does more education really lead to less prejudice?. *Journal of Ethnic and Migration Studies*, 48(1): 228-247.

Weber, A., & Zulehner, C. (2014). Competition and gender prejudice: Are discriminatory employers doom-ed to fail?. *Journal of the European Economic Association*, 12(2): 492-521.

Weichselbaumer, D., & Schuster, J. (2021). The effect of photos and a local-sounding name on discrimination against ethnic minorities in Austria. A field experiment. *European Sociological Review*, 37(6): 867-882.

Weldon, S. A. (2006). The institutional context of tolerance for ethnic minorities: A comparative, multilevel analysis of Western Europe. *American Journal of Political Science*, 50(2): 331-349.

Wenzel, M., Mummendey, A., & Waldzus, S. (2008). Superordinate identities and intergroup conflict: The ingroup projection model. *European Review of Social Psychology*, 18(1): 331-372.

Wermink, H., Light, M. T., & Krubnik, A. P. (2022). Pretrial detention and incarceration decisions for foreign nationals: A mixed-methods approach. *European Journal on Criminal Policy and Research*, 28(3): 367-380.

White, A. R., Nathan, N. L., & Faller, J. K. (2015). What do I need to vote? Bureaucratic discretion and discrimination by local election officials. *American Political Science Review*, 109(1): 129-142.

Whitley Jr, B. E., Luttrell, A., & Schultz, T. (2023). The measurement of racial colorblindness. *Personality and Social Psychology Bulletin*, 49(11): 1531-1551.

Whitley Jr, B. E., & Webster, G. D. (2019). The relationships of intergroup ideologies to ethnic prejudice: A meta-analysis. *Personality and Social Psychology Review*, 23(3): 207-237.

Wicker, A. W. (1969). Attitudes versus actions: The relationship of verbal and overt behavioral responses to attitude objects. *Journal of Social Issues*, 25(4): 41-78.

Wilder, D. A. (1981). Perceiving persons as a group: Categorization and intergroup relations. In Hamilton, D. L. (Eds.), *Cognitive Processes in Stereotyping and Intergroup Behavior* (pp. 213-257). Psychology Press.

Wiley, S., Kenny, D. M., & Geer, S. (2021). Perceived personal discrimination, panethnic and national identification, and collective action to support immigrants' rights among us Latinas/os. *International Journal of Intercultural Relations*, 85: 204-212.

Wiley, S., Lawrence, D., Figueroa, J., & Percontino, R. (2013). Rejection-(dis) identification and ethnic political engagement among first-generation Latino immigrants to the United States. *Cultural Diversity and Ethnic Minority Psychology*, 19(3): 310-319.

Wilkins, C. L., & Kaiser, C. R. (2014). Racial progress as threat to the status hierarchy: Implications for perceptions of anti-White bias. *Psychological Science*, 25(2): 439-446.

Williams, D. R., Lawrence, J. A., Davis, B. A., & Vu, C. (2019). Understanding how discrimination can affect health. *Health Services Research*, 54: 1374-1388.

Williamson, S. (2020). Countering misperceptions to reduce prejudice: An experiment on attitudes toward Muslim Americans. *Journal of Experimental Political Science*, 7(3): 167-178.

Wilson, J. P., Hugenberg, K., & Rule, N. O. (2017). Racial bias in judgments of physical size and formidability: From size to threat. *Journal of Personality and Social Psychology*, 113(1): 59-80.

Wilson, G., Petersen, N., Smith, R., & Maume, D. (2019). Particularism and racial mobility into privileged occupations. *Social Science Research*, 78: 82-94.

Wimmer, A. (2008). The making and unmaking of ethnic boundaries: A multilevel process theory. *American Journal of Sociology*, 113(4): 970-1022.

Wimmer, A., Bonikowsi, B., Crabtree, C., Fu, Z., Golder, M., & Tsutsui, K. (2024). Geo-political rivalry and

anti-immigrant sentiment. A conjoint experiment in 22 countries. *American Political Science Review*.
Wölfer, R., Christ, O., Schmid, K., Tausch, N., Buchallik, F. M., Vertovec, S., & Hewstone, M. (2019). Indirect contact predicts direct contact: Longitudinal evidence and the mediating role of intergroup anxiety. *Journal of Personality and Social Psychology*, 116(2): 277-295.
Wong, C., Bowers, J., Williams, T., & Simmons, K. D. (2012). Bringing the person back in: Boundaries, perceptions, and the measurement of racial context. *The Journal of Politics*, 74(4): 1153-1170.
Wong, C. A., Eccles, J. S., & Sameroff, A. (2003). The influence of ethnic discrimination and ethnic identification on African American adolescents' school and socioemotional adjustment. *Journal of Personality*, 71(6): 1197-1232.
Woo, Y. (2021). Why divide migrants by their types?: Contacts and perceptions of migrants in Japan. *Journal of East Asian Studies*, 21(1): 1-25.
Woo, Y. (2022). Homogenous Japan? An empirical examination on public perceptions of citizenship. *Social Science Japan Journal*, 25(2): 209-228.
Wood, M., Hales, J., Purdon, S., Sejersen, T., & Hayllar, O. (2009). *A Test for Racial Discrimination in Recruitment Practice in British Cities*. Department for Work and Pensions Research Report, 607.
Wouters, R., & Walgrave, S. (2017). Demonstrating power: How protest persuades political representatives. *American Sociological Review*, 82(2): 361-383.
Wright, M. (2011). Policy regimes and normative conceptions of nationalism in mass public opinion. *Comparative Political Studies*, 44(5): 598-624.
Wright, S. C., Aron, A., McLaughlin-Volpe, T., & Ropp, S. A. (1997). The extended contact effect: Knowledge of cross-group friendships and prejudice. *Journal of Personality and Social Psychology*, 73(1): 73-90.
Wright, M., & Bloemraad, I. (2012). Is there a trade-off between multiculturalism and socio-political integration? Policy regimes and immigrant incorporation in comparative perspective. *Perspectives on Politics*, 10(1): 77-95.
Wright, M., & Citrin, J. (2011). Saved by the stars and stripes? Images of protest, salience of threat, and immigration attitudes. *American Politics Research*, 39(2): 323-343.
Wright, M., Citrin, J., & Wand, J. (2012). Alternative measures of American national identity: Implications for the civic-ethnic distinction. *Political Psychology*, 33(4): 469-482.
Wright, M., Johnston, R., Citrin, J., & Soroka, S. (2017). Multiculturalism and Muslim accommodation: Policy and predisposition across three political contexts. *Comparative Political Studies*, 50(1): 102-132.
Wulff, J. N., & Villadsen, A. R. (2020). Are survey experiments as valid as field experiments in management research? An empirical comparison using the case of ethnic employment discrimination. *European Management Review*, 17(1): 347-356.
Xiang, B., & Lindquist, J. (2014). Migration infrastructure. *International Migration Review*, 48: S122-S148.
山縣芽生・寺口司・三浦麻子. (2021).「COVID-19 禍の日本社会と心理― 2020 年 3 月下旬実施調査に基づく検討―」『心理学研究』92(5): 452-462.
山岸俊男. (1998).『信頼の構造：こころと社会の進化ゲーム』. 東京大学出版会.
山本崇記. (2022).『差別研究の現代的展開：理論・規制・回復をめぐる社会学』. 日本評論社.
Yanagizawa-Drott, D. (2014). Propaganda and conflict: Evidence from the Rwandan genocide. *The Quarterly Journal of Economics*, 129(4): 1947-1994.
Yogeeswaran, K., & Dasgupta, N. (2014). The devil is in the details: Abstract versus concrete construals of multiculturalism differentially impact intergroup relations. *Journal of Personality and Social Psychology*, 106(5): 772-789.
横山智哉・荒井紀一郎. (2023).「会話相手の選択に与える政治的選好の効果：日常生活での意思決定を

対象としたコンジョイント実験による検証」日本社会心理学会第64回大会.
吉田伸八. (2022).「人種にもとづく職務質問、『指導を徹底』警察庁長官」朝日デジタル（2024年11月13日アクセス）
好井裕明編. (2016).『排除と差別の社会学：新版』. 有斐閣.
吉野伸哉・小塩真司. (2020).「日本における外国人居住者に対する寛容性と Big Five の関連― 社会生態による調整効果―」『心理学研究』91(5): 323-331.
Yu, W. H., & Sun, S. (2019). Race-ethnicity, class, and unemployment dynamics: Do macroeconomic shifts alter existing disadvantages?. *Research in Social Stratification and Mobility*, 63: 100422.
Zhao, Q., Keele, L. J., Small, D. S., & Joffe, M. M. (2022). A note on posttreatment selection in studying racial discrimination in policing. *American Political Science Review*, 116(1): 337-350.
Zhao, B., Ondrich, J., & Yinger, J. (2006). Why do real estate brokers continue to discriminate? Evidence from the 2000 Housing Discrimination Study. *Journal of Urban Economics*, 59(3): 394-419.
Zhirkov, K. (2014). Nativist but not alienated: A comparative perspective on the radical right vote in Western Europe. *Party Politics*, 20(2): 286–296.
Zhou, M. (1997). Segmented assimilation: Issues, controversies, and recent research on the new second generation. *International Migration Review*, 31(4): 975-1008.
Zhou, S., Page-Gould, E., Aron, A., Moyer, A., & Hewstone, M. (2019). The extended contact hypothesis: A meta-analysis on 20 years of research. *Personality and Social Psychology Review*, 23(2): 132-160.
Zhuravskaya, E., Petrova, M., & Enikolopov, R. (2020). Political effects of the internet and social media. *Annual Review of Economics*, 12: 415-438.
Zigerell, L. J. (2018). Black and White discrimination in the United States: Evidence from an archive of survey experiment studies. *Research & Politics*, 5(1): 2053168017753862.
Ziller, C. (2014). Societal implications of antidiscrimination policy in Europe. *Research & Politics*, 1(3): 2053168014559537.
Ziller, C., & Berning, C. C. (2021). Personality traits and public support of minority rights. *Journal of Ethnic and Migration Studies*, 47(3): 723-740.
Ziller, C., & Heizmann, B. (2020). Economic conditions and native-immigrant asymmetries in generalized social trust. *Social Science Research*, 87: 102399.
Ziller, C., & Helbling, M. (2019). Antidiscrimination laws, policy knowledge and political support. *British Journal of Political Science*, 49(3): 1027-1044.
Zimmerman, G. M., & Miller-Smith, A. (2022). The impact of anticipated, vicarious, and experienced racial and ethnic discrimination on depression and suicidal behavior among Chicago youth. *Social Science Research*, 101: 102623.
Zittel, T., Louwerse, T., Helboe Pedersen, H., & Schakel, W. (2023). Should we conduct correspondence study field experiments with political elites?. *International Political Science Review*, 44(4): 459-470.
Zitzewitz, E. (2006). Nationalism in winter sports judging and its lessons for organizational decision making. *Journal of Economics & Management Strategy*, 15(1): 67-99.
Zoorob, M. (2020). Do police brutality stories reduce 911 calls? Reassessing an important criminological finding. *American Sociological Review*, 85(1): 176-183.
Zschirnt, E. (2019). Research ethics in correspondence testing: An update. *Research Ethics*, 15(2): 1-21.
Zschirnt, E., & Ruedin, D. (2016). Ethnic discrimination in hiring decisions: A meta-analysis of correspondence tests 1990–2015. *Journal of Ethnic and Migration Studies*, 42(7): 1115-1134.
Zwysen, W., Di Stasio, V., & Heath, A. (2021). Ethnic penalties and hiring discrimination: Comparing results from observational studies with field experiments in the UK. *Sociology*, 55(2): 263-282.

五十嵐 彰（いがらし・あきら）

大阪大学人間科学研究科准教授。

1988年北海道生まれ。東北大学文学研究科行動科学専修博士課程修了。博士（文学）。立教大学社会情報教育研究センター助教などを経て、2021年より大阪大学人間科学研究科講師、23年より同准教授。

主な共著として『日本の移民統合：全国調査から見る現況と障壁』（2021年、明石書店）、『日本人は右傾化したのか：データ分析で実像を読み解く』（2019年、勁草書房）など。

可視化される差別

―統計分析が解明する移民・エスニックマイノリティに対する差別と排外主義

2025年2月26日　第1版第1刷発行
2025年6月14日　第1版第2刷発行

著　者　五十嵐 彰

発行者　株式会社 新泉社
東京都文京区湯島1-2-5 聖堂前ビル
TEL 03-5296-9620　FAX 03-5296-9621

印刷・製本　株式会社太平印刷社

ISBN 978-4-7877-2418-2　C1036